经济法文库（第二辑）

Economic Law Library

上海市高校一流学科（法学）建设计划（经济法学科）阶段性成果

经济法前沿问题(2013)

The Economic Law Herald 2013

◎ 顾功耘 罗培新 主编

北京大学出版社
PEKING UNIVERSITY PRESS

图书在版编目(CIP)数据

经济法前沿问题.2013/顾功耘,罗培新主编.—北京:北京大学出版社,2014.5
(经济法文库)
ISBN 978-7-301-24158-5

Ⅰ.①经… Ⅱ.①顾… ②罗… Ⅲ.①经济法-研究-中国 Ⅳ.①D922.290.4

中国版本图书馆 CIP 数据核字(2014)第 078168 号

书　　　　名：经济法前沿问题(2013)
著作责任者：顾功耘　罗培新　主编
责 任 编 辑：黄　蔚　杨丽明　朱梅全　王业龙
标 准 书 号：ISBN 978-7-301-24158-5/D·3562
出 版 发 行：北京大学出版社
地　　　　址：北京市海淀区成府路 205 号　100871
网　　　　址：http://www.pup.cn
新 浪 微 博：@北京大学出版社
电 子 信 箱：sdyy-2005@126.com
电　　　　话：邮购部 62752015　发行部 62750672
编辑部 021-62071998　出版部 62754962
印　刷　者：三河市博文印刷有限公司
经　销　者：新华书店
730 毫米×980 毫米　16 开本　23.5 印张　439 千字
2014 年 5 月第 1 版　2014 年 5 月第 1 次印刷
定　　　　价：58.00 元

“经济法文库”总序

我国改革开放二十余年来的经济法制状况，可以用“突飞猛进”这几个字来形容。仅从经济立法来看，在完善宏观调控方面，制定了预算法、中国人民银行法、所得税法、价格法等法律，这些法律巩固了国家在财政、金融等方面的改革成果，为进一步转变政府管理经济的职能，保证国民经济健康运行提供了一定的法律依据。在确立市场规则、维护市场秩序方面，制定了反不正当竞争法、消费者权益保护法、城市房地产管理法等法律，这些法律体现了市场经济公平、公正、公开、效率的原则，有利于促进全国统一、开放的市场体系的形成。

然而应该看到，建立与社会主义市场经济相适应的法制体系还是一个全新的课题。我们还有许多东西不熟悉，不清楚，观念也跟不上。尤其是面对未来逐步建立起的完善的市场经济，我们的法制工作有不少方面明显滞后，执法、司法都还存在着许多亟待解决的问题。

二十余年的经济法研究呈现出百家争鸣、百花齐放的良好局面，各种学术观点和派别不断涌现。但总体来说，经济法基本理论的研究还相当薄弱，部门法的研究更是分散而不成系统。实践需要我们回答和解释众多的疑难困惑，需要我们投入精力进行艰苦的研究和知识理论的创新。

在政府不断介入经济生活的情况下，我们必须思考一些非常严肃的问题：政府介入的法理依据究竟是什么？介入的深度与广度有没有边界？政府要不要以及是否有能力“主导市场”？我们应如何运用法律制度驾驭市场经济？

在国有企业深化改革过程中，我们不能不认真研究这样一些问题：国有的资本究竟应当由谁具体掌握和操作？投资者是否应与监管者实行分离？国有企业应当覆盖哪些领域和行业，应通过怎样的途径实现合并和集中？如何使国有企业既能发挥应有的作用，又不影响市场的竞争机制？

加入 WTO 以后，我国经济、政治、社会生活的方方面面都会发生重大影响。我们必须研究：市场经济法制建设将面临什么样的挑战和机遇？在经济全球化的背景下,我们的经济法制将如何在国际竞争中发挥作用? 国外的投资者和贸易伙伴进入我国,我们会提供一个什么样的法律环境? 我们又如何采取对策维护国家的经济安全和利益?

面对环境日益恶化和资源紧缺的生存条件,循环经济法制建设任务繁重。如何通过立法确定公众的权利义务,引导和促进公众介入和参与循环经济建设?怎样增强主动性和控制能力,以实现经济发展与环境资源保护双赢,实现利益总量增加? 如何发挥法律的鼓励、引导、教育等功能,通过受益者补偿机制,平衡个体与社会之间的利益?

在市场规制与监管方面,如何掌握法律规制监管的空间范围、适当时机和适合的力度? 在法律上,我们究竟有什么样的有效规制和监管的方式、方法及手段? 对各类不同的要素市场,实行法律规制与监管有什么异同?

……

我们的经济法理论研究应当与经济生活紧密结合,不回避现实经济改革与发展中提出的迫切需要解决的问题,在观念、理论和制度等方面大胆创新。这是每一个从事经济法科学研究者与实际工作者应尽的义务和光荣职责。我们编辑出版"经济法文库",就是要为经济法研究者和工作者提供交流平台。

"经济法文库"的首批著作汇集的是上海市经济法重点学科和上海市教委经济法重点学科的项目成果,随后我们将拓展选择编辑出版国内外众多经济法学者的优秀研究成果。我们坚信,这些优秀成果一定会引起社会各方面的广泛关注,一定会对我国的经济法制建设起到推动和促进作用。

期望"经济法文库"在繁花似锦的法学苑中成为一株奇葩。

华东政法大学　顾功耘

CONTENTS 目 录

经济法总论

宏观调控法

CONTENTS 目录

CONTENTS 目 录

CONTENTS 目 录

国有经济法

涉外经济管制法

CONTENTS 目 录

CONTENTS 目 录

CONTENTS 目　录

经济法总论

时代机遇与历史使命：论转型经济法

刘　安

一、继承与批判

我国经济法学基础理论研究伴随着经济体制改革和对外改革开放起步而发轫，历经几代学者孜孜钻研，在与民商法、行政法、社会法等其他部门法的独立性论战中奠基；在不断总结扬弃围绕着"经济法调整对象"这一核心论题而众说纷纭的研究范畴、研究范式中成长；在日渐求同存异，融会贯通，关注实务中成熟。时至今日，我国的经济法基础理论研究已经形成了一批蔚为大观的学术成果，理论上对于探讨政府与市场的关系、拓展法学研究的领域、引入新的研究方法论具有深远意义；实践中对于推动经济社会发展、加强经济法治建设乃至国计民生都有着重要作用。这是中国经济法学术共同体对于中国法学不可磨灭的贡献。

然而，我们必须清醒地认识到：经济法学虽然已在法学研究阵列中稳居一席之地，但盛况之下，仍有隐忧。前人早已指出：我国经济法学基础理论研究一直受制于"逻辑起点定位不准确、价值论研究范式自身不足以及基本范畴混乱"①之痼疾。体现在学科理论体系上，总论与分论脱节，总论难以统摄各分论内容，

① 刘光华等：《而立之年的中国经济法学：光荣与责任》，载《经济法论丛》2008 年第 2 期。

各分论之间又彼此分裂,既不能有机统一,又难以印证总论论断的“两张皮”问题亦是无解。近年来由于关注具体微观制度的实务性研究兴起,相对艰深枯燥的经济法学基础总论研究后继乏力,有被逐步边缘化之虞。①

从理论对于实践的指导作用角度看,经济法学的命运从早年的风头无两到如今的寂寂无声,则更是一目了然。中国经济体制改革与相应的制度变迁堪称“历史上最为伟大的经济改革计划”②。在改革前期,经济法基础理论的研究为推动摒弃以行政计划为基础的经济管理思想,弘扬具备现代性的政治、经济、社会的法律治理机理与逻辑,从无到有地建立市场经济宏观调控体系与微观监管制度提供了有力的思想武器,这一阶段的经济法基础理论,不论是理论成就还是实践意义均可谓名至实归;③而包括经济在内的各项改革已进入深水区,在改革“有了更开阔的行进空间,也面临着‘中流击水、浪遏飞舟’的挑战”④这一全新历史方位下,政府与市场彼此的关系愈加纠结,法律规则与经济实践之间的张力无日不增。“十二五”规划纲要开宗明义,阐明了转变方式、转型升级的国家战略意图,其在规划期内将成为政府工作的重点,以期引导市场主体行为。⑤ 新一届政府随着大政方针的布点铺面而渐次显山露水,能看到“转型”“改革红利”“新型城镇化道路”等新颖施政思路和着力焦点。与此相对应,社会普遍对于中共中央十八届三中全会提出的推进系统性深层次改革的系列重大举措的时间表与路线图充满期待。面对着时不我待的大变局,近年来经济法学基础理论中兼具理论说服力与实践指导意义的研究成果却寥寥。⑥ 改革发展的实践远远走在了经济法学理论的前面,作为中国法学研究具有相当原创性的经济法基础理论研究的既有成果水平,无疑还不足以与经济改革、发展转型的伟大历史实践相称。这也正是经济法学术共同体下一步共同努力,务求进展的突破点所在。

中国经济法学基础理论研究的关键症结何在?已有学者指出:中国法学受西方现代性范式的支配,一直向西方寻求经验和知识的支援,用西方的范式界定和评

---

① 参见蒋悟真:《经济法总论研究之检视——以近年来法学主流刊物论文为视角》,载《法学评论》2011 年第 6 期。

② 〔英〕罗纳德·哈里·科斯、王宁:《变革中国——市场经济的中国之路》,徐克、李哲民译,中信出版社 2013 年版。

③ 参见时建中:《经济法基础理论文献辑要(第一辑)》,中国政法大学出版社 2009 年版,第 51 页。

④ 《宁要不完美的改革,不要不改革的危机》,载《人民日报》2012 年 2 月 23 日。

⑤ 参见《中华人民共和国国民经济和社会发展第十二个五年规划纲要》。

⑥ 不论是十年来中央政府 43 次出手调控房地产却屡成“空调”,并由此引发宏观调控政经困局,还是在以毒奶粉、毒食品泛滥为代表的市场秩序失范现实面前,微观规制法屡遭徒具条文之讥,或是部分国企央企垄断高端上游行业,坐拥全民所有优质资源却持续与民争利,疏于回报社会的国有经济管理难题,都在经济法学研究的各个领域对经济法传统理论提出了严峻的挑战。如果不能对这些问题给予深彻的理论回应,则经济法与经济法学因既往的成功而构筑的存在基础将必然被不断减损。

价中国的现状,构建和规划中国的现代化目标及其实现的道路。[①] 在经济法学研究中,这一现象更为明显。新中国成立前的“六法全书”时期,经济立法及经济法学研究萌芽中有德国战时经济统制法的烙印;改革开放初期,在民法不彰的背景下,经济法横空出世时直接受到苏联和日本经济法理论的影响[②];近年来在中国特色社会主义市场经济体制构建的过程中,特别是加入 WTO 后,经济法学研究以欧美为师又渐成主流。易言之,批判的焦点在于:“西方经济法的逻辑公式对于中国的现实国情有多大现实意义?中国是否存在真正意义上的市场失灵问题?西方范式能否直接用于中国经济法的理论与实践?能否解决中国经济的真问题,有效推进中国的法治进程?”[③]由此指出中国经济法学基础理论的关键问题在于其逻辑前提(市场缺陷—政府弥补)错误地直接构建于西方经济法范式之上。[④]

笔者以为,这一批判对错参半。说其半对,是因为这一批判的问题意识十分敏锐,中国原来实行政府统御下铁板一块的高度集权计划经济,改革开放后开始向市场经济转轨,市场经济从无到有,从弱到强,但与经典市场经济又有着“中国特色”的重大区别;政府宏观调控经济从茫然无知到频繁出手,政府参与、规制经济的技术手段从刚性生涩到柔性娴熟,以至于市场和政府不但没有依照西方现代性范式图景从截然对立走向对立统一,反而发展出了一种难分彼此、互相融合,以行政强力推动经济高速发展,以经济高速发展背书政府治权合法性的所谓“中国模式”。[⑤] 这样错综复杂,内部又呈现多重结构化的现实绝不是经典经济法理论图景中“市场缺陷—政府弥补”的叙事逻辑起点所能一言以蔽之的。

---

① 参见邓正来:《中国法学往何处去(中)——构建“中国法律理想图景”时代的论纲》,载《政法论坛》2005 年第 2 期。

② 参见时建中:《经济法基础理论文献辑要(第一辑)》,中国政法大学出版社 2009 年版,第 47 页。

③ 陈云良:《转轨经济法学:西方范式与中国现实之抉择》,载《现代法学》2006 年第 3 期。

④ 参见邓正来:《中国法学往何处去(中)——构建“中国法律理想图景”时代的论纲》,载《政法论坛》2005 年第 2 期。

⑤ 这里的模式,涵指“该社会中成型且普遍存在,被公认或共同遵守的行为或制度”(香港浸会大学当代中国研究所:《中国模式:国情专题教育手册》,国民教育服务中心 2012 年版,第 5 页)。中国模式的外延则指:“中国作为一个发展中国家在全球化背景下实现社会现代化的一种战略选择,它是中国在改革开放过程中逐渐发展起来的一整套应对全球化挑战的发展战略和治理模式。”(俞可平等:《关于“北京共识”与中国发展模式的对话》,载《当代世界与社会主义》2004 年第 5 期。)中国模式又被称为一种“涉及经济、政治、社会、国际关系等多个领域的新的发展模式”(Joshua Cooper Ramo, The Beijing Consensus, The Foreign Policy Center(2004)。转引自黄平:《中国与全球化:华盛顿共识还是北京共识》,社会科学文献出版社 2005 年版,第 212 页。)中国模式的内涵则“远不止在经济方面,中国的经济模式是由中国的政治模式促成的,而中国的政治模式则是中国社会模式的结果,中国的社会模式则是中国模式的内核”(潘维:《当代中华体制——中国模式的经济、政治、社会解析》,载潘维主编:《中国模式:解读人民共和国的 60 年》,中央编译出版社 2009 年版,第 59 页)。关于中国模式的探讨,还可参见〔英〕马丁·雅克:《当中国统治世界:中国的崛起和西方世界的衰落》,张莉等译,中信出版社 2010 年;徐贵相:《中国发展模式研究》,人民出版社 2008 年版等。另外,也有学者激烈批判中国模式,可参见陈志武:《没有中国模式这回事》,八旗文化 2010 年版。

说其半错,是因为这一批判又有诡辩的成分。它将现有沿袭西方经济法范式的经济法理论缺乏对中国现实的解释力这一结果倒置为原因,从而得出西方范式不能妥帖用于中国经济法的理论和实践的结论,因此,"任何不针对'中国特色'加以区分的理论,当即就该被贴上'盲目照搬'的标签"①。然而,我们在宏观历史的视阈下不难发现:自鸦片战争以来,中国家国一体、礼法并用的陈旧法律制度体系在西方坚船利炮所带来的巨大冲击下,与高度同构化的大一统社会意识形态几乎是同步发生着艰难却不可逆转的变迁。② 人们在洋务运动等肤浅的"器物之变"惨遭失败后恍然大悟:制度以及制约、形塑制度的观念文化之落后,才是积贫积弱的真正原因。而中国传统法律现象之中,几乎汲取不到任何可以适应并有益于这一三千年未有之变局的"植根于历史和文化的法律价值和观念"③,终诱致清末修律这一中国历史上规模最大的法律移植活动,西方大陆法系的法律条规、法律原则、体系制度被迁移至中国,中国始有现代意义上的法律,以及至今仍在勉力寻求落地生根中的现代法律价值和观念。可见,尽管中国走向现代化的路径必然和西方发达国家有着显著的差异,但如果我们所讨论的问题仍以现代化为参照系,至少在法律现象层面,一旦脱离了基本纯属舶来品的研究范畴而去向自己的传统和当下情境寻找答案,就会立即陷入工具缺失,无可凭依的尴尬境地。④ 我们如果尚未充分理解理论工具本身,尚未充分理解理论工具所能应用于解释现象、分析问题、论断趋势的社会现实条件与背景为何,便匆匆以"既有理论水土不服需另辟'中国特色'之蹊径"一言以蔽之,则必有入宝山而空回的遗憾。简而言之,即是"'主义'可拿来,'问题'须土产,理论应自立"。⑤ 我们应当对中国经济社会发展的现实进行更准确的理解,以既有经典理论为基础提出中国经济法学的真问题,努力寻求更契合实际的解读路径,这才是中国经济法和中国经济法学得以安身立命的根本。

二、时代机遇:为什么是转型经济法

如前所述,学界基于对西方经济法"市场缺陷—政府弥补"经典逻辑起点而

① 陈志武:《没有中国模式这回事》,八旗文化 2010 版,第 8 页。

② 参见金观涛、刘青峰:《开放中的变迁:再论中国社会超稳定结构》,法律出版社 2011 年版。

③ L. Friedman, Legal Culture and Social Development, Law and Society Review 6(1969), p. 34.

④ 显而易见,假设我们抽离了"自由市场经济""有限政府""税收法定""反垄断""市场规制""权利"等等正宗舶来品的研究范畴,经济法的既有研究视域内立刻就会变成空洞。这一现象还普遍存在于中国法学研究的各个领域。

⑤ 参见秦晖:《转轨经济学中的公正问题》,载《战略与管理》2001 年第 2 期。

展开的研究范式之批判,提出了“转轨经济法”的概念。[①] 因此,有必要探析“转轨”含义,并与其他近意术语略作比较。

“转轨”(transition 或 transformation),在经济学中指一种“大规模的制度变迁过程或者说经济体制模式的转换”,外延包括“(经济)稳定只是一个方面,其他极端重要的方面与必不可少的大规模制度变迁密切相关:市场的产生与发育,包括金融市场的产生与发育,产权制度及其实施,以及其他与企业私有化和结构重组相关的法律和政治上的变化”。[②] 也有学者认为转轨即社会主义向资本主义过渡,转轨经济学是研究社会主义向资本主义过渡的经济学理论。[③] 在国内,转轨则被理解为从计划经济体制向市场经济体制的转变,或用市场经济机制去替换、转变计划经济机制。[④]

“转轨”在经济学语境中,常和“转型”不加区分地同时使用,但从制度分析的视角看,两者的涵指又有一定的差别。首先,转轨与转型的变迁目标不同。转轨是一种由既有制度体系向另一种既有制度体系变迁的过程,尤指计划经济(或政府集权)体制向市场经济(或自由价格信号下的分权决策)体制的转变,其始态和终态都已确定,重点研究的问题是如何由此及彼,面临着困难的如何从现有体制转向理想体制的问题。[⑤] 而转型是一种由既有制度体系向另一种未知制度体系变迁的过程,“在总和的和个别的层面上,结果的不确定性都是转型的关键特征”[⑥],因而路径和终态目标都是未知的。其次,转型的内涵远较转轨丰富,“它是社会的转型,而不仅仅是经济的转型”[⑦],转型中涵括了经济、政治、意识形态,特别是制度体系变迁等多重描述维度,在广义上,甚至可以包括人类社会结

---

① 参见邓正来:《中国法学往何处去(中)——构建“中国法律理想图景”时代的论纲》,载《政法论坛》2005 年第 2 期;陈云良:《回到中国——转轨经济法的存在及其价值》,载《法制与社会发展》2007 年第 6 期;朱崇实等:《转轨经济法:一种渐进的制度变迁模式——基于经济法学三十年发展历程考察》,载《时代法学》2009 年第 1 期;刘光华:《如何正确解读转轨经济法?》,载《时代法学》2009 年第 2 期。对这一提法的批判,参见李昌庚:《转轨经济法学:一个容易误读的概念》,载《求索》2007 年第 2 期等。

② 参见〔比〕罗兰:《转型与经济学》,张帆等译,北京大学出版社 2002 年版,第 17 页。

③ See Janos Kornai, What the Change of System from Socialism to Capitalism Does and Does Not Mean, Journal of Economies Perspectives 14(2000), pp. 27—42.

④ 吴敬琏、樊纲、钱颖一、秦晖、杨小凯等大多数学者使用“转轨经济学”概念,参见樊纲:《天则经济研究所“中国改革开放三十周年系列报告”之三——转轨经济学与中国三十年改革的实践》,载《“市场化三十年”论坛论文汇编(第三辑)》,2008 年 8 月 1 日。

⑤ 参见〔美〕斯蒂格利茨:《社会主义向何处去——经济体制转型的理论与证据》,周立群等译,吉林人民出版社 1998 年版,第 3 页。

⑥ Janos Kornai, What the Change of System from Socialism to Capitalism Does and Does Not Mean, Journal of Economies Perspectives 14(2000), p. 25.

⑦ 〔英〕波兰尼:《大转型:我们时代的政治与经济起源》,冯钢等译,浙江人民出版社 2007 年版,第 7 页。

构、功能运行、关系网络终至社会整体形态的更替。[①]

对于经济法学研究而言,"转轨经济法"的提法应该说比较好地契合了改革开放前三十年以经济体制改革为核心的社会变迁,经济法的种种显著区别于其他部门法律的鲜明特征,甚或一些纠结难解之理论症结,如以"转轨"视角分析,则有豁然开朗之感:

中国两千余年自然经济传统衍生的各种非正式制度[②](包括制度下人们所形成的观念意识)积淀深厚,而后数十年在斯大林式高度中央集权计划经济体制凝聚而成的各种正式制度"硬核"所交互作用的场域之下,政府主导强制推动经济制度和联动的法律制度变迁,而其他政治、文化(特别是作为整体性背景的人们的观念意识)系统[③]相对变动滞后,彼此不能耦合时,就会发生种种所得非所欲的意外情况。事实上,我们可能已观察到:在经济体制改革单向度衔枚疾行且既有场域的制度弹性尚能容纳的时候,改革便能一帆风顺,甚至在一定程度上实现普惠全体的帕累托改进理想状态;而当改革的逻辑与既有场域的逻辑不符,乃至与既存制度"硬核"发生碰撞时,改革便遇阻滞,甚至发生"尽管一些领域内也在独自地努力改革,但整个制度安排却持续地存在着帕累托无效率(Pareto-inferior)"[④]。转轨经济法既是转轨时期两种体制机制摩擦碰撞的张力下所产生的扭曲产物,其本身同时又是转轨时期政治、经济、文化陵谷变迁之观照。因此,转轨经济法本体与其他部门法大异其趣,体系显得驳杂散乱,更难于以传统法学理论自洽解释,就不难理解了。

然而,如果说改革开放的前三十年,以"转轨"尚能对以经济体制改革为核心的社会变革一言以蔽之,[⑤]世易时移,在有中国特色社会主义市场经济体制已初步建成还亟待完善,而单纯经济体制改革已难奏大效,同时政治体制改革、文化发展、社会治道变革错综交织,已呈牵一发而动全身,处处皆需措手而处处皆难单独突破态势的今天[⑥],我们对于大政方针的顶层乃至顶层设计则应以"转型"为基准,否则难免昨是今非之谬。中国经济法学(特别是总论)研究的注意

---

① 参见〔美〕瓦戈:《社会变迁》,王晓黎等译,北京大学出版社 2007 年版,第 7 页。

② 典型如费孝通先生所提出的"差序格局"(参见费孝通:《乡土中国》,北京出版社 2009 年版)及催生、异化官僚集团的"官本位""宗法制"温床(参见王亚南:《中国官僚政治研究》,中国社会科学出版社 1981 年版等)。

③ 参见金观涛、刘青峰:《开放中的变迁:再论中国社会超稳定结构》,法律出版社 2011 年版,第 417 页。

④ 〔美〕瓦戈:《社会变迁》,王晓黎等译,北京大学出版社 2007 年版,第 28 页。

⑤ 以证券资本市场这一经改核心成果为例,其基本阶段性特征的官方总结即为"新兴加转轨"。参见尚福林:《认真学习贯彻胡锦涛总书记重要讲话精神,积极推进资本市场健康发展》,http://www.csrc.gov.cn/pub/newsite/bgt/xwdd/200707/t20070703_68507.htm,2013 年 8 月 21 日访问。

⑥ 参见胡锦涛:《在中国共产党第十八次全国代表大会上的报告》。

力,应当集中到经济法如何适应于、如何支持于、如何促进于中国经济社会发展转型的宏大且极具独特性的历史命题上去。增长转型提出了近二十年而未竟全功,“它的关键问题是体制问题”[①],而体制转型的核心在于制约、形塑体制又被体制反作用的制度转型。作为国家治理经济运行的制度核心,经济法的转型必然是发展转型的题中应有之义,一定意义上甚至是破题进路之一。笔者以为这才是中国经济法学当前所面临的真问题。故此“转型经济法”应是我们研究的总纲和题眼。

三、转型经济法的核心范畴再解读
——转型期的权力与市场

纵观国内经济法学研究既有理论成果,其核心问题基本都是经济法的调整对象,而经济法的调整对象就众家之言本质看,不外乎围绕两个问题展开:政府有无权力干预市场[②]?如果政府有权干预市场,则公权干预私权的边界何在?前者实际上是经济学领域“永恒的话题”[③],至今莫衷一是,如依法学领域的规范性判断标准,自然是各执一端难有定论;后者同样在法学领域中难寻有力理论工具可清晰分析得出令人信服的结论,但从中却可以引出一对具有相对性的核心范畴——权力与权利的法权结构,作为我们研究的起点。“事实上,范畴论不仅与方法论、本体论直接相关,而且也与规范论、运行论等密切相连,它既关系到整个经济法理论大厦的构筑,也会影响到经济法理论指导下的制度构建。”[④]对于其他部门法学而言,这对核心范畴的关系大多已有定论,如民商法,私权神圣意思自治,权利本位,权力则极度谦抑;如行政法,权力先定而需依严格程序保障权利。到了经济法这里,这对范畴的关系变得扑朔迷离了起来。

细究之,经济法在经典计划经济的语境下是完全的权力领导、组织和管理国民经济的“广泛的经济立法,它全面调整社会主义经济中形成的关系,规定国家经济机关的组织和活动问题”[⑤]。由于计划经济全国一盘棋的条块设计,绝大多数主体都被纳入统一的、由中央集中权力所制订的具有法定效力的经济计划中,

---

① 资料来源:http://big5.ifeng.com/gate/big5/finance.ifeng.com/a/20130914/10685760_0.shtml,2014年1月2日访问。

② 亦有学者根据行为性质的不同细分为调整、调控、参与、规制等,这里统一以“干预”称之。

③ 〔美〕斯蒂格利茨:《政府为什么干预经济:政府在市场经济中的角色》,郑秉文译,中国物资出版社1998年版,第1页。

④ 张守文:《论经济法学的特异性范畴》,载《北京大学学报》2006年第3期。

⑤ 〔苏联〕拉普捷夫:《论苏维埃经济法》,载《经济法论文选集》,西南政法学院经济法教研室1981年版。

只能严格遵照权力的安排进行经济活动,市场极为孱弱,或基本不存在。因此,从总体上看,经济法还是一种经济行政法,也即权力本位、权利劣后甚至消亡的法权结构。经济法在经典市场经济的语境下则又是以反垄断法、反不正当竞争法等竞争法为核心的市场秩序维护法,虽借二战后凯恩斯主义、福利社会思想主导下大政府实践风行①而兴起,但由于实践已经证明公权力的介入未必能比市场更好地解决自身的弊病,市场失灵并非可以不证自明地确立政府干预的正当性,政府失灵即使不比市场失灵更糟,也绝不见得会更好。② 理论界也对此进行了深刻的反思,因而其基本的法权结构还是逐渐复归于尊重权利的自发秩序优先,权力介入只作为一种避免最糟结果但绝不是最好的替代性方案。因此,经济法权力—权利范畴关系所真正复杂之处,正在于充斥不确定性的经济社会发展转型时期。易言之,在经典的计划经济体制与经典的市场经济体制中,经济法(尽管这两种经济法如前所述,其指涉对象、指涉对象的内涵和外延都截然不同)都能发挥其作用。居于两者之间的经济法状态和作用,颇具讨论价值。

应当注意到,我国经济社会发展现状客观上存在着巨大的时空不平衡性,③呈现出结构化的特征。在改革开放之初,全国上下百废待兴,使用"后发国家"等概念概述全国相对匀质化(至少发展水平差异性远较今日为小)④尚敷其用,而今再以"发展中"等概念一概而论实有大而化之之嫌。我们至少可以从中划分出三种形态的转型过程:

(1) 发达地区"发挥对全国经济发展的重要引领和支撑作用,在更高层次参与国际合作和竞争,在改革开放中先行先试,在转变经济发展方式、调整经济

① "首先,它并不只是发生在一两个国家,而是出现在许多以市场经济为主的国家;其次,不管责难的人如何将干涉主义的发展视为所谓海中巨兽(利维坦),但它显然已经赢得了社会的充分承认,并先发制人地阻止了任何要使其逆转的企图。"参见〔美〕沃克:《美国大政府的兴起》,刘进等译,重庆出版社2001年版,第2—3页。

② 参见〔美〕沃尔夫:《市场或政府:权衡两种不完善的选择/兰得公司的一项研究》,谢旭译,中国发展出版社1994年版。

③ 在2004年温家宝总理的政府工作报告中,首次提出了东部、中部、西部、东北地区的划分。在"十一五""十二五"规划中,延续了对这四大板块的划分。十八大报告指出:"继续实施区域发展总体战略,充分发挥各地区比较优势,优先推进西部大开发,全面振兴东北地区等老工业基地,大力促进中部地区崛起,积极支持东部地区率先发展。采取对口支援等多种形式,加大对革命老区、民族地区、边疆地区、贫困地区扶持力度。"另有学者形象地将我国的区域差距概括为"一个中国,四个世界":第一世界是上海、北京、深圳等高收入发达地区;第二世界是天津、广东、浙江、江苏等大中城市和沿海上中等收入地区;第三世界是东北、华北中部等下中等收入地区;第四世界是中西部贫困地区、少数民族地区、农村地区、边远地区。参见胡鞍钢:《中国:走向区域协调发展》,载王梦奎主编:《中国的全面协调可持续发展:中国发展高层论坛》,人民出版社2004年版,第157页。

④ 参见〔美〕劳伦·勃兰特、托马斯·罗斯基编:《伟大的中国经济转型》,方颖、赵扬等译,格致出版社、上海人民出版社2009年版。

结构和自主创新中走在全国前列”[①],率先全面建成小康社会。整体而言,这是一种后工业化的现代化转型。

(2) 不发达地区“壮大优势产业,发展现代产业体系,巩固提升全国重要粮食生产基地、能源原材料基地、现代装备制造及高技术产业基地和综合交通运输枢纽地位。改善投资环境,有序承接东部地区和国际产业转移”[②]。整体而言,这是一种初级阶段工业化(或称“准工业化”)、内向化、替代性工业化的转型。[③]

(3) 落后地区“进一步加大扶持力度,加强基础设施建设,强化生态保护和修复,提高公共服务水平,切实改善老少边穷地区生产生活条件”[④]。整体而言,这是一种从传统自然经济社会形态向前工业化或工业化经济社会形态的转型。

由此可见,发展转型这一宏观事件的内在结构与经济社会发展的结构化不平衡是高度同构化的。市场本身如果依照要素、地域、参与主体等不同的剖面进行分析,其发育成熟程度也是高度结构化的。每一种转型形态和市场发育程度所因应的应然法律功能都不相同:对于发达地区后工业化的现代化转型,社会主义市场经济体制已经能够相对独立地运转,市场机制已经能够比较有效地发挥作用,已知开始更多地转化为未知,既有的知识和信息越来越不足以供给政府有把握地“开拓创新”,“政府参与越多,市场就越缺少效率”。[⑤] 法律此时应是一种“市场支持性制度”[⑥],侧重于保护产权安全、契约自由和有效实施以及限制政府过度的干预和构建活动,为经济交易和投资提供广阔的演化空间和有力保障,进而减少交易成本,促进社会经济发展,权利相对优位于权力。对于不发达地区工业化升级换代的转型,则需要以法律调整国家在调控中部地区发展中的各种社会关系、规范国家调控中部地区发展的权力和行为、规范各种宏观调控手段的综合运用,以避免相互冲突,发挥整体效应,此时权力和权利的关系相对平衡。对于落后地区从传统自然经济社会形态向前工业化或工业化的跨越式转型,“当经济处于低发展阶段时……甚至市场效率也由于缺乏统一性以及经济中产权安排的低发展水平而大打折扣……因而政府政策在促进发展方面便有相当大

---

① 《中华人民共和国国民经济和社会发展第十二个五年规划纲要》。

② 同上。

③ 参见〔美〕杰里·杰里菲、唐纳德·怀曼:《制造奇迹:拉美与东亚工业化的道路》,俞新天等译,上海远东出版社1996年版,第18页;〔美〕H.钱纳里:《工业化与经济增长的比较研究》,吴奇等译,上海三联书店、上海人民出版社1995年版,第116—129页。

④ 《中华人民共和国国民经济和社会发展第十二个五年规划纲要》。

⑤ 参见〔美〕汉科等:《发展经济学的革命》,黄祖辉等译,上海人民出版社2000年版,第13页。

⑥ “市场支持性制度(Market-supporting Institutions)的建立是成功转型的一个关键性条件。”参见〔美〕彼得·穆雷尔主编:《法律的价值:转轨经济中的评价》,韩光明译,法律出版社2006年版,第9页。

的适用空间”[①]。市场经济本身的基础还很薄弱,市场被政府所组织,更可能是政府推动的产物。通过学习既有知识和信息,由政府凭借行政效率集中提供技术、管理特别是先进的制度,将潜在的后发优势转化为现实的发展能力,越是落后,“一个开拓性政府的作用范围就越大”[②]。因此,政府既不应该,实践中也难以被过多地束缚手脚,法律的功能应定位于保证政府能够运用其权力组织市场、推动市场发展,地时权力相对具有优先性则是题中应有之义。

从实证的角度或可部分证明上述分析:如将中国的东部地区—中部地区—西部地区分别对应为发达地区—不发达地区—落后地区,其市场化程度依次降序排列[③],亦分别处于上述三种转型阶段。以地方政府财政收支压力作为地方政府干预经济活动的衡量指标[④],可以明确发现:市场化程度与地方政府干预经济活动的力度呈现高度负相关性[⑤],即越不发达的地区,当地经济发展越是需要地方政府的支持和介入;越是发达地区,地方政府的角色越接近于古典的“守夜人”。

还应当注意到,转型期的权力一极也绝非铁板一块。中国的中央政府和地方政府之间的关系同样是中国发展转型中无法回避的重大理论与实践问题。“经验研究质疑了用一种模式阐释中国地方政府性质的可行性。中国具有多种不同的关系,每一种都是经过各同级政府之间,上、下级政府之间以及政府部门和社会之间复杂的相互影响妥协而成的。”[⑥]在经济社会发展转型的过程中,中央政府与地方政府之间存在着“委托—代理”“财政联邦主义”“政治承包制”“猫鼠游戏”“监督制约—相机行事”等多重关系和分析维度。即使依照界定产权(或者法律意义上的权利)所采取的不同方式进行简单划分,中央与地方政府之间的关系也可分为企业型、发展型、掠夺型和合作型[⑦],或几种类型的混合;或在经济社会生活的某些方面表现成某种类型,在另一些方面却表现成另一种类型。

---

① 〔日〕青木昌彦:《政府在东亚经济发展中的作用:比较制度分析》,张春霖等译,中国经济出版社1998年版,第26页。

② 〔美〕刘易斯:《经济增长理论》,梁小民译,上海三联书店1990年版,第516页。

③ 参见樊纲:《中国市场化指数:各地区市场化相对进程2011年报告》,经济科学出版社2011年版。

④ 参见张璟等:《地方政府干预、区域金融发展与中国经济增长方式转型》,载《南开经济研究》2008年第6期。

⑤ 参见〔美〕汉科等:《发展经济学的革命》,黄祖辉等译,上海人民出版社2000年版,第13页。

⑥ 〔美〕托尼·赛奇:《盲人摸象:中国地方政府分析》,邵明阳译,载《经济社会体制比较》2006年第4期。

⑦ 参见〔美〕施莱弗等编著:《掠夺之手——政府病及其治疗》,赵红军译,中信出版社2004年版,第207页。

脱离场域和语境来论述权利,权利将是空洞的。“排他权的创设是资源有效率地使用的必要条件,但并非是充分条件:这种权利必须是可以转让的。”[①]如果市场存在且交易成本为零,无论初始的权利在主体之间如何配置,最终都能实现各得其所的有效率状态,这正是科斯定理的一种经典表述。因此,特别是在经济生活领域当中,没有市场,不能在市场化交换中发现其价值的权利不啻于没有权利,“在私有制经济中,一个人的权利集合受限于他的原始所有束(即所谓‘天资’)和他所能获得的各种可供选择束——基于天资,并利用贸易和生产来获得(即所谓其‘交换权利’)”[②]。权力对待市场的态度就是权力对待权利的态度,权力与市场的关系正是权力与权利法权结构在宏观上的总体反映,因为权力对市场的不同取向,以及因之形成的权力与市场的不同关系,很可能是决定国家兴衰成败的关键:权力如能包容市场、强化市场,“创造更多市场而不是压制或取代市场”[③],则经济繁荣,国富民强;如权力攫取操纵市场、榨取市场过程创造的财富,则虽有市场之形式存在,却无法产生繁荣的效果,或繁荣只是昙花一现无法持续。[④] 转型时期的经济法制度构建的分析工具应当不再囿于传统锱铢必较的精细式权力—权利的法权结构进路,而应该扩展到更开阖自如的权力—市场关系视阈之中,从而使经济法制度能够有效因应“转型”所涵摄的丰富内涵,实现成功转型。

综上所述,经济法由于经济社会转型形态的结构化现实特征,在回应现实时其所应然蕴涵的权力—市场制度结构也必然要体现出多样化的特点,如果再考虑到权力一极的中央—地方的微妙关系,其内在种种彼此抵触的价值取向之间的繁复冲突,一个统一而内在和谐的法律制度体系本身实难兼容协调。如果“法权关系是一种反映着经济关系的意志关系”[⑤],那么经济法在核心范畴上根据各种主体的不同利益本位产生的不同意志,就可以基于不同的逻辑起点衍生开去,此时还奢望其发挥系统性利益平衡机制的作用,缓解公权、私利以及所谓社会公众利益之间的张力,岂非缘木求鱼?因此,转型经济法如不能合理通顺其内部的权力—市场制度结构,其结果将是若干性质迥异、相互之间在理论上缺乏关联的法律规则在转型时期特定历史条件下形成过渡性质的组合,将是一种暂时性的法律现象。笔者以为,这也正是中国经济法难以形成一个边界清晰、逻辑

① 〔美〕波斯纳:《法律的经济分析》上卷,蒋兆康译,中国大百科全书出版社 1997 年版,第 41 页。

② 〔印〕德雷兹 · 森:《饥饿与公共行为》,苏雷译,社会科学文献出版社 2006 年版,第 24 页。

③ 〔美〕奥尔森:《权力与繁荣》,苏长和译,上海人民出版社 2005 年版,第 3 页。

④ See Daron Acemoglu, James A. Robinson, Why Nations Fail: The Origins of Power, Prosperity, and Poverty, Crown Business Publishers, 2012.

⑤ 《马克思恩格斯全集》,人民出版社 1972 年版,第 102 页。

严谨的体系,中国经济法学现阶段在国家(或公权)、市场(或私权)和法律之间闪烁其词却无力解释现实的根本原因之一。

四、转型经济法的自立之道——权力—市场结构化关系的制度构建视角

“市场社会主义和计划—市场思想的一个关键要点就是希望官僚协调和市场协调能够融洽相处并弥补各自的缺陷,从而成为互相补充的协调机制。上述期望几乎没有实现。”①这一论断似乎昭示着传统经济法从理论到实践山穷水尽的暗淡前景。转型经济法按照既有理论路径有着无法自圆其说的内在性矛盾,问题关键如前所述在于中国经济社会转型形态的结构化特征所对应同构化的经济法法律体系内在的不自洽。如何在制度设计上消解这样的矛盾,应是国内经济法学界亟待回应的理论难点。只有从全新的视角审视转型时期权力—市场结构关系,才有可能引领我们的经济法理论探索走上柳暗花明之途。

民法和商法之间的关系或可提供一点启示:如果说商法和民法分别是法律制度体系中适应发达商品经济的高级齿轮和简单商品经济的低级齿轮,那么高级齿轮和低级齿轮和谐共存,不能彼此替代的重要原因,就是市场所形成的价格信号对各类主体的激励作用远高于外在强制性的制度安排,是信息溢向社会并自由流动②,市场主体根据对于信息的理解自主选择,经无数次试错之后所产生的必然结果。市场分散化决策的特质自发地决定了何时、何地、何事应适用何种规则调整主体之间的关系,菜场卖菜的小贩之间不会适用证券交易所的复杂交易规则,反之亦然,这是市场本身特有的功能。而转型经济法由于权力干预的特征,往往存在着国家(中央政府)与市场主体争夺决策中心的矛盾。权力何来?依照法定。产权(或者更广义的权利,下同)应该由谁设置,又依据什么设置?产权(权利)由中央政府依据法律进行配置。③ 这种或许可以称为“法律中心论”背后的信念是:“知者作法”④,即国家本着良善的愿望(稳定社会秩序、减少交易成本、促进生产力发展等),公正无私地在市场主体之间以法律的形式配置

---

① 〔匈〕雅诺什·科尔奈:《社会主义体制:共产主义政治经济学》,张安译,中央编译出版社2006年版,第472页。

② 哈耶克曾强调:市场最为关键的优势不在于它的分配效率,而在于信息的自由流动。这其中的深奥含义还远没有被我们充分认识。参见〔英〕科斯等:《变革中国:市场经济的中国之路》,徐尧等译,中信出版社2013年版,第28页。

③ See Ronald H. Coase, The Problem of Social Cost, 3 J. L. & Econ. 15(1960), p. 1. 在文中他写道:“……在市场上通过交易来修改权利的初始法律界定,这总是可能的。……”

④ 《商君书·更法》。

了各方的权利,又界定了政府权力的边界和实施的程序,并以垄断性的暴力维护着法律的实施。而后社会即从丛林状态走向稳定与秩序,而市场失灵得政府之弥补却不受政府失灵之戕害,此即“缘法而治”[①]。这一法律中心论的观点在理论界和实务界都是广泛存在的,很多时候甚至已内化为理论思辨的默认前提假设。[②] 但是,这一假设真的与秩序生成的实际路径吻合吗?我们对此应持谨慎的怀疑态度,“所设计的计划与刻有制度发展的历史烙印的现存制度环境之间缺乏必要的‘契合’”[③]的情况,是时常发生的。“这些积极主动的法律活动家一直特别易于夸大国家这个巨兽可能作出的成就。而由于各种广泛的缘由,法律的干预可能都是无用功。”[④]法律中心论致命的自负所导致的不是削足适履,就是南辕北辙。例如,作为国内理论界备受推崇的经济法立法成果的反垄断法,其是经典市场经济背景下经济法的核心基石制度,素有“经济宪法”之称。中国反垄断法经千呼万唤而艰难诞生,其实施效果如何?也许作为刚刚实施数年的法律,对其进行全面评估尚嫌为时过早,但从目前诸多自然垄断行业在“自然”条件是否成立质疑下依然故我,行政垄断行为层出不穷,权力庇护下的垄断行业改革举步维艰的现状看,至少目前情况不容乐观。“不少评论已经警告在转轨过程中建立反垄断制度会阻止经济增长或将注意力从更为重要的改革领域转移开来。实际上,很多制定有反垄断法的转轨经济国家很难有效实施新的竞争法规。”[⑤]

简而言之,传统经济法的法律中心主义弊端,很可能正是导致现阶段经济社会转型中权力压制程度事实上不断层层加码,体现出“压制型法”特征的重要原因。大部分游离于体制之外的人发现:在现实世界中利用正式法律制度所构建的社会生活,其信息和交易的成本不是他们所能承受的,于是他们选择忽视甚至

① 《商君书·君臣》。

② 此为对理论界“法律中心论”的一个综述性批判。See Robert Ellickson, Order without Law, How Neighbors Settle Disputes, Harvard University Press,1991, pp. 137—155. 其间持法律中心论或倾向于法律中心论观点的不乏 Coase 等学界泰斗。实务界的一个例子可见于中国公司法演化进程中的强行性与准用性规则之辩,具体分析可见罗培新所写《公司法强制性与任意性边界之厘定:一个法理分析框架》等文献。公司法与证券法如车之两轮,并为资本市场的奠基性法律,以此指标或可管窥金融法治的法律中心主义程度。

③ 〔日〕青木昌彦:《沿着均衡点演进的制度变迁》,载〔美〕科斯等:《制度、组织与契约——从新制度经济学角度的透视》,刘刚等译,经济科学出版社 2003 年版,第 27 页。他将这个思想定义为“制度化的联动与制度的互补(Institutionalized Linkage and Institutional Complementarities)”。

④ Robert Ellickson, Order without Law, How Neighbors Settle Disputes, Harvard University Press,1991, pp. 1,281.

⑤ 〔美〕波纳等:《乌克兰反垄断政策及其实施》,王传辉译,载《经济法论丛》第 11 卷,中国方正出版社 2005 年版,第 311 页。

违反法律,在不断的试错过程中寻找实现秩序的一些更为便捷的手段。[①] 现实的例子譬如民间借贷层出不穷的“创新”和地下钱庄的暗潮涌动。政府愈压制,出台的各类监管规制法律便越繁复呈叠床架屋之势。同时监管者由谁监管,始终无解,则“监管俘获”乃至寻租、造租行为不可避免。而市场主体愈被压制,则遵循正式规则成本愈发高昂,脱法乃至违法动机愈强,法外秩序野蛮生长而诱致程度更甚的法律压制。两者互为动因,正应了所谓“法令滋彰,盗贼多有”[②]。如果政府本身在经济社会生活中又有太多利益纠葛,以致法律制度设计难以秉公居中的话,法律中心主义所导致的必然后果之一则是经济社会发展走向权力主导的异化歧路。在这个意义上,“权力无法溶解于法律”[③]可谓一语中的。

因此,不设法消解权力优位、权力先定、由权力保障权利的法律中心主义,经济法的权力—市场制度结构终将倾向于呈现向权力一端失衡的状态。所谓市场经济的天然缺陷给予了政府干预这只“看得见的手”(甚至几成“闲不住的手”)大行其道的正当性,而政府干预由于政府失灵的存在,其边界、方法、手段、程序等按照传统经济法的理论设想,必须皆由“法”定方可保障其正当性。然而,“法”却又由一个预先设定为全知全能全善的国家(政府)所制定颁布和实施,这一思路的逻辑矛盾非常明显。“法律理论既不是没有社会后果的,也不是不受社会影响的。”[④]在实践中我们可能已经注意到,自 2003 年开始“完善社会主义市场经济体制”以来,政府对于金融、能源、土地等国民经济命脉和高端生产要素的实际控制力不断增强,甚至发生了被人诟病的“再国有化”的现象。而经济法于其中并未充分发挥制约权力的作用,相反的,相当程度上为政府重夺由其主导的经济社会发展体制起到了强化和合法性背书的作用。这正从实证的角度部分印证了前面的理论推断。

如何破解传统经济法法权结构中权力主导所导致的法律中心主义?从长远看,无外乎加强建设市民社会,提高社会自治自组织化程度,“为权利而斗争”,实现以权利对抗权力等老生常谈。但此乃远水难解近渴。从实际看,唯有在权力一端实施分散化、多元化,“这样来设计政府的内部结构,使其某些组成部分

---

① “在所有受到交易成本制约的相互交往中,参与者是根据自己的利益设计方法的——市场或非市场,政府或私人,通过这些方法可以降低那些交易成本,并且这些设计的成功与否取决于与之相关联的制度、历史以及未来互相交往的可能持续时间。许多似乎无效率的企业活动、市场或契约产出经过更为仔细的考虑发现是解决交易成本问题的十分可靠的尝试。”参见〔美〕阿维纳什·K. 迪克西特:《经济政策的制定:交易成本政治学的视角》,刘元春译,中国人民大学出版社 2004 年版,第 29 页。

② 老子:《道德经》第五十七章。

③ 〔美〕丹尼斯·朗:《权力论》,陆震纶、郑明哲译,中国社会科学出版社 2001 年版,第 12 页。

④ 〔美〕诺内特等:《转变中的法律与社会:迈向回应型法》,张志铭译,中国政法大学出版社 1994 年版,第 3 页。

可以由于相互关系成为各守本分的手段”[1]。而这样的关系正是“参与者之间权力平衡和划分领域为特征的关系”[2],通过权力内部的对抗,弱化权力的压制性才是能使权力—市场制度结构天平恢复平衡的办法,也即形成这样一种权力—权力交互模式:“人民交出的权力首先分给两种不同的政府,然后把各级政府分得的那部分权力再分给几个分立的部门。因此人民的权利就有了双重保障。两种政府将互相控制,同时各政府又自己控制自己。”[3]我国现有宪政制度体系决定了我国横向层面不能实施西方式经典三权分立的模式,但在转型经济法制度构建上如能因势利导,摒弃大一统的法律中心思路,以结构化法律制度供给对应结构化法律制度需求,在纵向层面上实施某种程度的“联邦制”分权,则恰恰能够使得权力一极摆脱大一统模式的桎梏,“(将)分权视为削减政府地位的方法,即通过瓦解中央权威,引发更多的辖区间竞争以及政府之间的相互制衡,从而使得政府反应更敏捷和更具效率”[4],体现出分散化决策的弹性,从而能够一定程度上因时因地制宜,因应不同地区经济社会发展需要而制定法律,以一国共和体制内结构化的经济法律制度体系和结构化的法权结构回应经济社会转型的结构化现实,从而实现经济法从理论到实践的自立。笔者称之为转型经济法的权力—市场结构化的制度构建视角。

作为权力—市场结构化制度构建的一种范例和参考,我们可以对联邦主义略作探讨。联邦主义是一种源远流长的思想理念,它体现了“自治”与“共治”相结合的治理精神。基本理念在于联邦构成主体之间各自独立,权力(利)平等,在一定的制度约束下让渡彼此的权力(利)从而形成追求共同目标,保护共同权力(利)的联盟性权力。[5] 相比较大一统的制度设计模式,联邦主义突破了“范天下之不一而归于一”的单极化樊篱,是一种去单一中心化的多中心主义治理模式。如果将契合于当地转型形态的经济法律制度形态视为一种“有关特定时空的知识”[6]或“公共产品”,则这种分散化分权化的地方性知识或公共产品就天然与一元中心治理模式所能提供的大一统制度和秩序相矛盾。斯蒂格勒(Stigler)在 1957 年发表的《地方政府功能的适当范围》中指出:第一,与中央政府相比,地方政府更接近于自己的公众, 即地方政府比中央政府更加了解他所管辖的选

---

① 〔英〕汉密尔顿等:《联邦党人文集》,程逢如等译,商务印书馆 2009 年版,第 263 页。

② 〔美〕丹尼斯·朗 :《权力论》,陆震纶、郑明哲译,中国社会科学出版社 2001 年版,第 11 页。

③ 〔英〕汉密尔顿等:《联邦党人文集》,程逢如等译,商务印书馆 2009 年版,第 265 页。

④ Bardhan, Decentralization of Governance and Development, 4 Journal of Economic Perspectives 16 (2002), pp. 185—205.

⑤ See Elazar Daniel, Exploring Federalism, Tuscaloosa: The University of Alabama Press, 1987, p. 33.

⑥ 〔奥〕哈耶克:《知识在社会中的应用》, http://law. hust. edu. cn/Law2008/ShowArticle. asp? ArticleID = 10948, 2012 年 12 月 5 日访问。

民的效用与需求。第二，一国国内不同的人们有权对不同种类与不同数量的公共服务进行投票表决，就是说，不同的地区应有权自己选择公共服务的种类与数量。联邦主义较好地避免了大一统单一制体制下集权性权力所必需的自上而下整齐划一与各地方因历史、地域、经济发展情况千差万别而所必需的因地制宜之间注定无法调和的矛盾，将中央和地方之间的关系从单一制“命令—服从”模式所必然产生的永无休止的“上有政策，下有对策”的猫鼠游戏中解脱出来。依联邦主义思路构建的转型经济法能够使得处于不同转型形态的地区自发自主地构建符合地区现实的经济法律制度，实现内在的结构化；同时中央政府又可以引而不发的态势掌握宏观调控的全局而不必过多地涉入特定地区中观乃至地方政府辖区内微观的经济事务之中，收得统分结合，央地两便之效。正如学者所指出的，如果人类事务的整个制度能够根据多中心而非一个中心的原理组织起来，我们就能够构建不再依赖一种单一权力实现和谐的社会。①

在实践中建构这种权力—市场结构化的经济法律制度，可能也不仅是理论的幻想。中国现行法律制度体系中，已有这种“一国两制”的实践，即使是在内地统一的法律制度体系下，亦有民族自治地方刑法变通设置的做法。从经济社会发展的角度来说，发达地区的改革创新实践，使得部分施行于全国的法律于此暂停实施，从而形成特殊的法域。② 作为一种观察视角，自1994年实施分税制改革以来，中国的中央和地方政府之间的权力关系，以财权和事权为代表，一直是改革的核心议题之一，其处在加速的变革过程中，一定意义上已经形成了中国式“保护市场的联邦主义”体制，而地方政府之间在财政能力最大化动机之下发生的竞争，促使地方政府之间竞相提供更好的制度环境(包括法律制度)，这一定程度上使得市场主体获得了在区域之间类似市场进退的选择权，从而促进了市场主体的发展和经济增长。③ 尽管“保护市场的联邦主义”这一对于财政联邦主义继承发展的理论框架对于中国央地政府间体制机制的描述并不十分贴切，其对于联邦主义的要旨——中央与地方间的分权关系也始终没有厘清，但这种研究成果给予我们一种启迪：改革开放与经济社会发展实践可能在事实上已经在央地政府之间演化出了某种程度的“联邦化”制度萌芽，单一制国家的制度框

① 参见〔美〕奥斯特罗姆：《美国联邦主义》，王建勋译，上海三联书店2003年版，第230—231页。

② 如上海自贸区暂停实施若干法律。

③ 保护市场的联邦主义(Market-preserving Federalism, MPF)理论的源流嬗变及其对于中国的理论适用性、实际效果，可参见钱颖一、Weingast、Montinola等人的论述，代表性观点参见Jin, Hehui, Y. Y. Qian, and B. R., Weingast, Regional Decentralization and Fiscal Incentives: Federalism, Chinese Style, J. Public Economics 89(2005), pp. 1719—1742。

架内有可能容纳联邦主义式的制度安排,[①]“法的大部分内容已经被其所拟规整、或与其有关的自然或社会关系所预先规定”[②]。通过强制、互惠和讨价还价的机制[③],在中国既有制度框架内构建联邦主义化的制度安排并非毫无可能。从已有立法例看,德国的《经济稳定与增长促进法》[④]无疑对中国有着重要的借鉴意义。

因此,中国的转型经济法可以考虑如下权力—市场结构化的制度框架安排:

首先,在国家宏观层面,应考虑确立一部经济基本法统领经济法律制度。这部经济基本法的主要内容应围绕着财权和事权的分配,原则划分中央政府和地方政府的经济干预职能。对于中央的经济宏观调控(旨在立足国家层面实现经济稳定、充分就业、币值稳定、国际收支平衡)所需权力应以法定的形式明确其边界、行使方式和程序;应明确地方政府在中央政府为特定宏观调控或其他经济干预行为时可否选择“事项保留”,如有保留性执行或拒绝执行,应履行何等程序以及事后央地双方的评估与责任制度;地方政府在何等权限内可在行政区域自行其是,制定适合于本行政区域内的经济法律制度,相应程序又为何;以及中央政府有何种权力可以审查或撤销地方政府出于狭隘地方主义而为的经济干预行为。同时还必须确立一个对“看得见的手”自缚手脚的基本原则:一切央地政府经济干预行为,除非法定或经权力机关特别授权,否则即为禁止而不可为。这部基本法无疑将是整个转型经济法大厦的基石,也是理论设计的难点,更是与现有制度冲突的焦点。它与以往所有经济法基本立法观点截然不同之处在于:它不再纠结于政府与市场关系究竟为何这样一个既因宏大叙事而空洞难解,又因时因事而变动不居的理论问题,而将研究的目光投向了现实,将基点立意于设法分散化权力一端,形成一种地方因地制宜经济干预为主,辅以中央宏观经济调控的多层、多元、结构化经济法律运行机制,从而能够契合经济社会发展的结构化现实。

其次,在区域中观层面,以区域经济发展特别单行法的形式,在既有东部、中

---

① 参见〔美〕布坎南、马斯格雷夫:《公共财政与公共选择:两种截然对立的国家观》,类承曜译,中国财政经济出版社 2000 年版,第 118 页。

② 〔德〕拉伦茨:《法学方法论》,陈爱娥译,商务印书馆 2003 年版,第 13 页。

③ 参见郑永年:《中国的“行为联邦制”——中央—地方关系的变革与动力》,邱道隆译,东方出版社 2013 年版。

④ Ein Service des Bundesministeriums der Justiz in Zusammenarbeit mit der juris GmbH. 其中关于联邦中央政府及各州政府之间的关系规定可见该法第 14 条:“本法第 5 条(经济增长平衡储备金),第 6 条第 1、2 款(经济过热时政府对于公共支出的调控),第 7、9 至 11 条(五年财政规划、政府各部的投资规划、政府投资计划的提速)以及第 12 条第 1 款(行政范围之外的财政资助)也相应地适用于各州的预算经济。有关的责任部门由各州自行规定。”

部、西部地区区域内建立跨地方(譬如联省)经济联合体制,鼓励打破地方区域行政区划的限制,保障并实现同一区域内经济法律制度的大体统一和协调,从而对地方政府可能采取的保护主义倾向予以一定制约;同时统筹各区域之间的协调发展,促进生产要素向高效率地区流动。在本部单行法中同样应贯彻法无明文规定或特别授权,政府的经济干预行为即为禁止而不可为的基本原则。

再次,在地方微观层面,以地方政府经济干预职能特别单行法的形式,规定地方政府应当依照行政区域及所在中观区域的经济社会发展指标,确定其经济干预职能"市场守夜人型""平衡者型""开拓组织型"的定位,并作为其区域内颁行的经济法律制度权力一端的行为本位和立法原则予以贯彻,相应定位可以与国民经济和社会发展规划纲要同步的五年或十年为阶段,定期予以重新评估。在发达地区,"市场守夜人型"政府制定施行于本区域内的经济法律制度时,应特别注意避免法律中心主义的立法原则:多授权于市场主体,少授权于政府部门;多适用赔偿性法律供给,少适用压制性法律供给;多采取竞争性法律制度供给,少采取垄断性法律制度供给;程序对于市场主体简便,程序对于政府部门繁复;授权、准用、诱致性规则多用于市场主体,强制性规则多用于政府部门;可管可不管的领域,除必要的准入门槛和市场秩序监管外,政府一律应最大限度地给予市场主体自由。总而言之,发达地区的地方政府应率先在经济法律制度中落实简政放权,而且这种简政放权不是简单地化繁为简,放权让利,而是对于政府在经济发展中功能定位的系统性调整,是让市场和社会主体重新掌握引领经济发展的主动权,并在无数次试错中逐步明确通向未知未来的转型之路,为后进的欠发达地区和落后地区的发展转型以及中央政府制定国家层面的整体性政策提供宝贵的学习经验,在思想和认识的层面为后两者的转型制度变迁做好准备。这与中国改革的成功经验也是相符的:试验先行,自下而上。[①]

通过这样的结构化设计,我们首先可能实现的是经济法自身的转型。但如果我们从单纯法学的视域中抽离出来,以更宏观的角度来观察,我们可能会认识到这一举措如果实行,其影响将绝不会局限于经典意义上的政府—市场关系领域,"制度安排被冠以结构分裂的特征会导致其内部进程的破坏……变革的推动力也可能内在于制度化的创新结构中"[②]。权力—市场关系结构化的转型经济法将在其内嵌于文化、社会和政治环境并与环境互动的复杂过程中,对相当程度上已在隐秘地制约、限制、阻碍中国整体实现现代化转型,深深内化于社会结

① 参见〔英〕科斯:《变革中国:市场经济的中国之路》,徐尧等译,中信出版社 2013 年版。

② 〔瑞典〕伯恩斯等:《经济与社会变迁的结构化——行动者、制度与环境》,周长城等译,社会科学文献出版社 2010 年版,第 52—53 页。

构之中的“政治 + 经济 + 文化（意识形态）”一体化整合机制①产生日积月累而足以导致质变的冲击，从而推动中国真正走向现代化转型。如真能至此，转型经济法的作用将在世界法律史上留下浓墨重彩的一笔，转型经济法学的研究也将成为中国法学界对于法律科学研究的独创性贡献。转型经济法在诸多部门法中的卓然自立，当然也就不成问题了。

五、结　　语

本文以前人既有的理论成果为基础，首先比较、探讨了转轨与转型何者才是中国经济法所应立足的现实语境，结合时代背景提出了“转型经济法”的概念。之后对于中国经济社会转型的现实进行了分析，指出其内在结构化的特征，讨论了传统经济法由于大而化之因此圆凿方枘的“权力—权利”核心范畴实质上存在着深刻的内在矛盾，无法有效调整转型期政府干预经济而发生的各类关系。“法规范始终在追寻特定目的，且不仅是各该立法者所定之目的，其亦追求‘法秩序的客观目的，后者是基于法秩序内在的合理性所提出的要求’。这些目的彼此必须以阶层秩序存在，且其高低秩序又非全然取决于立法者的好恶。目的性思考是由目标出发的思考，同时也是一种由较高位阶的总体出发所作的思考。”②传统经济法的困境由于核心范畴视阈的狭窄而难有突破，而从强化市场，促进市场的目标考虑，我们思考以权力—市场的结构化经济法律制度设计供给回应结构化的经济法律制度需求，其当前的现实路径在于破除以权力保障权利的经济法法律中心主义理念，在权力一端实施去中心化、多元化，通过权力内部的对抗，弱化权力的压制性，进而采用结构化的经济法律制度构建思路，依照中央宏观—区域中观—地方微观进行层级和结构划分，以期形成一种地方因地制宜经济干预为主，辅以中央宏观经济调控的多层、多元、结构化经济法律运行机制，使之契合经济社会和市场发展的结构化现实，使转型经济法真正发挥市场支

---

① “它内部有一种极强的整合力，因而它的宏观变迁将主要取决于内部结构的制约。”参见金观涛、刘青峰：《开放中的变迁：再论中国社会超稳定结构》，法律出版社 2011 年版，第 5 页。作者提出了中国社会整合模式中政治、经济、意识形态三个子系统耦合而成的适应力极强的“超稳定结构”，在外来冲击作用之下，这一超稳定结构虽然每个子系统都有剧变，但最终其耦合后仍能实现一体化整合、稳定社会（从另一角度，同时也束缚社会，使其发展停滞）的功能。与之类似的，科尔奈同样提出了经典社会主义的“计划经济 + 权力结构 + 意识形态”协调化整体运作机制。参见〔匈〕科尔奈：《社会主义体制：共产主义政治经济学》，张安译，中央编译出版社 2006 年版。其第二部分“经典体制剖析”中描述，转轨后的新体制将不可避免地继受这一整体运作机制并因此而产生深刻的矛盾。具体论述限于本文篇幅，此处不赘述。

② 〔德〕拉伦茨：《法学方法论》，陈爱娥译，商务印书馆 2003 年版，第 12 页。

持性制度的功能,促进经济社会的发展转型。在更深远的意义上,权力—市场关系结构化的转型经济法在运行中将会冲击中国既有社会结构中的一体化整合机制,并在长期的时间框架内影响、制约乃至部分决定经济社会发展演化的走向,[①]从而契合"转型"的定义。这是转型经济法责无旁贷的重要历史使命,也是转型经济法和转型经济法学真正自立于法学领域的根基。

① 有关内容可见威廉姆森(Williamson, 2000)对于新制度分析的四个层次划分,"其中第二层级为'长期'(long run),在这个时间框架内,政治和法律制度的形式对经济发展起到驱动作用,我们所要研究的就是经济环境是怎样影响这些制度的演化,以及这些制度的演化(或缺少这些制度)是怎样影响着经济状况的"。参见〔美〕米德玛:《科斯经济学——法与经济学和新制度经济学》,罗丽君等译,上海三联书店2007年版,第4页。

民办事业单位的法律地位及其管理

秦　伟

在我国，社会公共事业传统上是由政府主办的事业单位提供的，但在有限的财政和政府资源下，完全靠“事业单位”来垄断公共品服务是不现实的。事业单位改革步履缓慢，究其原因是没有引入社会力量，难以使公立事业单位产生竞争压力。事业单位改革的措施，一是通过分权和放松管制激发事业单位的活力，二是通过社会力量的介入弥补政府资源的不足。随着社会、经济的发展，民办非企业单位作为适应社会主义市场经济体制需要而出现的一种新事物，其产生和发展，对发展社会公益事业、繁荣市场、活跃文化生活、方便群众、培养人才等均起到积极作用。

所谓民办非企业单位，是指各种社会组织(国家机关除外)和公民个人在中华人民共和国境内自行筹集资金、自行聘用人员、依法成立的非营利性的民间组织。主要包括各种民办的学校、医院、科研机构 、社会服务(福利)机构、文艺单位、体育单位、社会调查机构、律师事务所、婚姻介绍及人才流动和劳务等民间社会组织。但现行立法是借用商业性经济主体立法的框架，未能针对民办非企业单位的特点。本文试图从语义角度、民办非企业单位的起源及制度背景、国外提供社会服务的法律框架等方面对民办非企业单位进行分析，并提出制度完善的建议。

一、民办事业单位概念辨析

“民办非企业单位”是一个具有浓厚本土色彩的法律用词，遍查各国立法例均无法寻找到相对应的概念，甚至难以用不繁杂的外语词汇准确地翻译出它的法律含义。民办非企业单位概念最早出现在 1996 年 8 月中共中央办公厅、国务院办公厅下发的《关于加强社会团体和民办非企业单位管理工作的通知》(中办发[1996]22号,以下简称《通知》)中,是由“民办事业单位”脱胎而来的,有关官员也特别强调此概念就是“过去习惯讲的民办事业单位”。1998年颁布的《民办非企业单位登记管理暂行条例》(以下简称《条例》)第一次使其成为法律上的概念。《条例》制定的主要目的是为对已存在的民办事业单位进行清理整顿、复查登记提供法律依据。这一概念反映了其强烈的实用主义色彩,正如其文字组合所显示的,它是由多个术语叠加形成的新术语,只是表明了部分外观,未涉及其应有的内涵,多个术语并未能塑造出其实质含义,反而成为一个应付需要、未经深思熟虑的概念拼接。

(一)与“单位”的纠结

在现代中文中,“单位”一词包含重要的制度信息:(1)单位是各级政府创设的公立机构;(2)每个单位都有一个与之对应的主管部门;(3)在单位任职的管理者和专业人员都纳入“干部编制”;(4)单位自身又是公共资源分配和再分配的一个枢纽,公共资源的分配和一些公共服务都是“只对单位,不对个人”。①由此可见,在中国的语境中,“单位”一词是有特定含义的。单位是主办者权力和职能的延伸,体现行政和组织上的隶属关系,是贯彻主办单位的意志并执行其行政管理的权威的服从体系。事业单位只是“单位”的一个分支。在经济体制改革前后,事业单位都是指政府创设的提供教育、科研、文化和卫生服务的专门机构,尽管不同时期的法规对它的界定不尽相同,但并没有实质差别。事业单位的格局与政府机构的分布是一致的:在中央政府层面,有国务院直属和部属的事业单位;在地方政府层面,有省、市、县属的事业单位;每个事业单位必定以一个行政机关为主管部门。可见,事业单位是公权力的产物,事业单位改革在一定意义上是用公权力去解决它自身造成的问题。一边是作为公权力结构中的一个“单位”,另一边却享有法律规定的事业单位法人身份——形式上的“法人”和实质上的“单位”。这种“单位”和“法人”的双重身份是法律对中国转型时期社会组织的一种表述。②

这种单位与市场经济主体概念是不兼容的,市场经济主体体现的是一个独立的法律上的主体,有自由意志、自主资产,进行自我管理,独立对外负债的组织体,其制度本意恰好与单位制度相反。③

因此,民办非企业单位的“单位”并不具有单位体制下的单位属性,只是表

---

① 参见周翼虎、杨晓民:《中国单位制度》,中国经济出版社1999年版,第3—4、103页。

② 参见方流芳:《从法律视角看中国事业单位改革——事业单位“法人化”批判》,载《比较法研究》2007年第3期,第1—8页。

③ 同上书,第28页。

明其为“组织体”，以概括民办非企业单位的各种法律形式：个体、合伙和法人。民办非企业单位虽然冠有“单位”之名，却难以进入单位体制并享有相应的权利。

（二）与“事业单位”的纠结

在我国，事业单位的设立，一般都是以各级政府及其职能部门（包括党的机关及其工作部门）为主体设立的，许多事业单位甚至还有一定的行政职能，事业单位与其设立主体之间存在着明确的行政隶属关系，即设立主体对事业单位的人、财、物的管理有直接的制约权力。民政部为《条例》起草作准备的研究报告中指出：1996 年 7 月，中央在决策时认为，所谓“民办事业单位”不是什么“事业单位”，国家不给经费、不给编制，不能称为“事业单位”。也就是说，只有国家对其核定事业编制，又为其划拨事业经费的单位，才是“事业单位”。在《条例》制定当时的情况是，全国各地出现大量诸如民办学校、民办医院、民办研究所、民办托儿所、民办中介机构等许多民间社会组织。“民办事业单位”在官方的理解层面上显然不适宜用来指称这一类社会组织。① 概言之，事业单位是国家根据整个社会教科文卫以及社会福利等方面的需要，投资设立的一种机构，在一定意义上，它是政府机构的延伸，“民办”和“事业单位”本质上就是冲突的。②

但在市场经济影响下，公共权力与商业活动相结合的所谓“多体整合”，使得事业单位本应秉持的“本分”和它新生的趋利冲动之间呈现出某种紧张关系，在一定程度上改造和重构了事业单位。事业单位被寄托了多项本来不应属于它的功能：精简政府机构和人员、减少政府财政开支、事业单位创收，行政机关甚至由此产生创设行政审批的利益驱动。

例如，事业单位的营利性导致公共权力和公共资源的私有化，已经与政府机关经商没有什么差别。事业单位的营利趋势伴随着治理结构的改变，事业单位内部呈现出经济利益主导的“割据”局面：事业单位的各个职能部门分别“创收”，每个职能部门都有自己的“小金库”，相互竞争、封锁和对立；各个职能部门和事业单位的总部之间则呈现一种许可证共享和利益分成关系。而正因为事业单位是公共服务提供者，它才能从政府那里无偿获得行业准入许可，才能有减免税待遇。应然的状态应该是：当事业单位用许可权和公共财产为自身谋取利益的时候，它得到豁免和特许的正当性基础也就不复存在了。但是，我国管制不正

---

① 参见赵咏主编：《民办非企业单位问题研究》，中国社会出版社 2004 年版，第 281 页。

② 也许是因为对事业单位概念的印象太深刻，使得“民办非企业单位”一词遭淘汰。幸运的是，随着改革的深入，对事业单位的认识逐步深入，最近关于事业单位改革意见中，对事业单位提出了分类管理的思路，但仍体现在政策层面，尚未进入立法层面。

当经营的法律通常只是针对“企业”,事业单位在从事不正当经营而受处罚的时候,通常都会以自己不是“企业”为由进行辩解。

根据《事业单位登记管理暂行条例》第2条的规定,事业单位是指国家为了社会公益目的,由国家机关举办或者其他组织利用国有资产举办的,从事教育、科技、文化、卫生等活动的社会服务组织。民办非企业单位提供基本相同的社会服务,却不能进入实质的“事业单位”体系,而正宗的“事业单位”却有着与其宗旨不符的强烈的牟利冲动和巧立名目的商业化实践。看来,与“事业单位”一词的分歧之处在于:一是对单位所从事的事业范围的认识有分歧;二是在对此类社会服务的提供主体的界定上有分歧。其本质还是一种所有制标准的界分标准。[①] 其实,在理论和认识上,对事业和事业单位的理解已经在转变,这从对这类概念的定义中可以看出,如1989年版的《辞海》对事业的定义是:具有一定目标、规模和系统,关乎社会发展的活动。特指没有生产收入,由国家经费开支的社会工作。《现代汉语词典》的定义是:指没有生产收入,由国家或私人团体开支其经费的社会工作。与“企业”相对而言。《辞海》对事业单位的定义是:受国家机关领导、所需由国库经费支出、不实行经济核算的部门或单位。《现代汉语词典》的定义是:受国家机关领导、不实行经济核算而由国库开支经费的部门或单位。与“企业单位”相对而言。而1999年版《辞海》已用“事业法人”取代“事业单位”:取得法人资格的从事社会公益事业的事业单位(分国办和民办两种)。这表明:“事业”的提供并非专属于政府,事业单位也并非只有国办一种形式,但这还只是停留在理论层面,尚未进入立法层面。

二、不同话语体系中的民办非企业单位

(一)公民社会话语体系下的民办非企业单位

在全球公民社会和社团革命兴起的浪潮中,我国的民办非企业单位被定位为民间组织。这从1996年8月中共中央办公厅、国务院办公厅下发的《通知》将两者放在一起进行规范可以看出。民办非企业单位的相关立法由民政部制定和执行,而民政部“社会团体管理司”更名为“民间组织管理司”并下设“民办非企业单位处”作为专门管理机构,更是明确地意味着民办非企业单位正式纳入

① 另外的原因是,已有其他法律法规对某些领域的此类组织的管理等相关事项作出了规定,作为一个普遍性立法的概念术语的选取,要有区隔和界分的作用。因此又出现以民办非营利组织和民办公益组织来替代民办非企业单位的观点,但这些概念非但未起到区隔的作用,反而会引起新的混乱。由此可见,现实状况使得新术语的建立更具难度。

民间组织的制度体系。[①] 民办非企业单位最初是在公民社会的框架下讨论的，从社会治理入手进入法律之门，借助法律框架为其定位。

1. 公民社会理论的当代运用之简述

公民社会，也可译为市民社会，[②]强调的是其政治学意义，是公民在官方政治领域和市场经济领域之外自愿结社、自由讨论公共问题和自主从事社会政治活动而自发形成的民间公共领域。即公民参与和公民对国家权力的制约。正如 Gordon White 所说："从公民社会这一术语的大多数用法来看，其主要思想是，公民社会是处于国家与家庭之间的大众组织，它独立于国家，享有对于国家的自主性，它由众多旨在保护和促进自身利益或价值的社会成员自愿结合而成。"[③]因此，公民社会理论成为政府管理创新或社会管理创新的理论基础。玛丽-克劳得·斯莫茨这样说："关于治理的多项研究都以唯一的一个前提为出发点：现代社会愈来愈复杂、愈来愈分裂，是一张由大量相互差别、各自独立的社会子系统组成的网。诸多社会部门（消费者、运输户、狩猎者、店主等协会）有能力组织起来，保护自己的资源，却无需考虑它们的活动在总体上将对社会造成什么后果；它们组织网络，制定自己的标准。"[④]

政治学家和管理学家之所以提出治理概念，并主张用治理替代统治，是他们在社会资源的配置中既看到了市场的失效，又看到了国家的失效，治理可以弥补国家和市场在调控和协调过程中的某些不足。公民社会组织发展壮大后，在社会管理中的作用也日益重要，它们或者独自承担起社会的某些管理职能，或者与政府机构合作，共同行使某些社会管理职能。由公民社会组织独自行使或与政府一道行使社会管理职能，便不再是统治，而是治理。全球治理委员会的定义在这一领域具有很大的代表性和权威性，它于 1995 年发表了一份题为《我们的全球伙伴关系》的研究报告，对治理作出了如下界定：治理是各种公共的或私人的

---

① 参见俞可平：《中国公民社会的兴起与治理变迁》，社科文献出版社 2002 年版，第 204 页。

② 在古典市民社会理论中，"市民社会""政治社会""文明社会"三者之间没有明确的区分。"Civil Society"一词既可译为市民社会，又可译为公民社会，还可译为文明社会，它本身也包含这三重意思。古典市民社会理论家往往同时在这三重意思上使用"市民社会"概念。对"Civil Society"的不同翻译，表明使用者对其潜在地注入了主体性的倾向，也明确表示出使用者的取向。参见何增科主编：《市民社会概念的历史演变》，载《公民社会与民主治理》，中央编译出版社 2007 年，第 3 页；王绍光：《关于"市民社会"的几点思考》，载《二十一世纪》1991 年第 8 期；邓正来：《国家与社会》，载张静主编：《国家与社会》，浙江人民出版社 1998 年版。

③ Gordon White, Civil Society, Democratization and Development, Democratization, No. 3, Autumn 1994, pp. 375-390. 转引自俞可平：《中国公民社会的兴起与治理变迁》，社科文献出版社 2002 年版，第 189 页。

④ 〔法〕玛丽-克劳德·斯莫茨：《治理在国际关系中的正确运用》，载《国际社会科学杂志》（中文版）1999 年第 2 期。转引自俞可平：《中国公民社会的兴起与治理变迁》，社科文献出版社 2002 年版，第 189 页。

机构管理其共同事务的诸多方式的总和。它是使相互冲突的或不同的利益得以调和并且采取联合行动的持续的过程。它既包括有权迫使人们服从的正式制度和规则,也包括各种人们同意或以为符合其利益的非正式的制度安排。它有四个特征:治理不是一整套规则,也不是一种活动,而是一个过程;治理过程的基础不是控制,而是协调;治理既涉及公共部门,也包括私人部门;治理不是一种正式的制度,而是持续的互动。①

统治和治理的区别在于:

首先,最基本的甚至可以说是本质性的区别就是,治理虽然需要权威,但这个权威并不一定是政府机关,而统治的权威则必定是政府。统治的主体一定是社会的公共机构,而治理的主体既可以是公共机构,也可以是私人机构,还可以是公共机构和私人机构的合作。治理是政治国家与公民社会的合作、政府与非政府的合作、公共机构与私人机构的合作、强制与自愿的合作。治理的主要特征不再是监督,而是合同包工;不再是中央集权,而是权力分散;不再是由国家进行再分配,而是国家只负责管理;不再是行政部门的管理,而是根据市场原则的管理;不再是由国家'指导',而是由国家和私营部门合作。所以,治理是一个比政府更宽泛的概念,从现代的公司到大学乃至基层的社区,如果要高效而有序地运行,可以没有政府的统治,但却不能没有治理。

其次,管理过程中权力运行的向度不一样。政府统治的权力运行方向总是自上而下的,它运用政府的政治权威,通过发号施令、制定政策和实施政策,对社会公共事务实行单一向度的管理。与此不同,治理则是一个上下互动的管理过程,它主要通过合作、协商、伙伴关系、确立认同和共同的目标等方式实施对公共事务的管理。治理的实质在于建立在市场原则、公共利益和认同之上的合作。其管理机制所依靠的主要不是政府的权威,而是合作网络的权威。其权力向度是多元的、相互的,而不是单一的和自上而下的。

2. 民办非企业单位概念的混乱

公民社会本来就是一个社会学、政治学术语,指的是一种社会思潮、社会运动,并不是一个有确定含义、有精确架构或基本形式的社会存在,学术界将公民社会的主体界定为公民和他们所结成的各种公民社会组织或民间组织;②而且其本身也是个实践的、发展的过程性概念,因而相关术语、构成形式均很庞杂、凌乱。

---

① 参见全球治理委员会:《我们的全球伙伴关系》(Our Globla Neighborhood),牛津大学出版社 1995 年版,第 2—3 页。

② 参见何增科:《公民社会与民主治理》,中央编译出版社 2007 年版,第 1 页。

公民社会和民间组织放到社会管理创新和政府管理创新的框架中讨论之后，社会（政府）管理创新的基础与其说是在政府或国家，还不如说是在公民或民间社会，公民社会是社会治理的现实基础，没有一个健全和发达的公民社会，就不可能有真正的社会（政府）管理创新。概言之，实质上，对市民社会来说，就是要确定国家干预的具体方式、内容和限度，对国家来说，就要确定市民社会独立性的合理限度，而对最关键的主题——市民来说，就是加大个人在政治活动中的权利，加大个人对政治的参与度，将自己作为社会的一分子，承担起社会良好治理的责任。

在现代社会的政治国家与市民社会的“二分法”框架内，市民社会概念是对政治国家和市民社会相分离的现实的反映，它强调市民社会系由非政治性的社会所组成。具体的、特殊的个人构成市民社会及其活动的基本要素，自治性团体构成市民社会及其活动的另一个要素，它是将个人与国家、私人利益与普遍利益连接起来的中介，它有助于克服个人主义，培养公共精神。市民社会成员要把个人的或者集团的特殊利益上升为普遍的公共利益，就必须有政治参与的机会，而政治国家要维护普遍的公共利益、控制市民社会的利益冲突和斗争，就必须干预市民社会内部事务，起到平衡和调节作用。

如此，公民社会明显不能纳入国家与社会的两分法的框架，它既不属于政府部门（第一部门），又不属于市场系统（第二部门），所以人们把它看作是介于政府与企业之间的第三部门。[①] 而对其主体，不同的学术路径、不同的分类方法更是衍生出大量相似却又有差异的术语：从经济学角度，公民社会组织的支持大部分来源于私人捐赠而非来自市场交易或政府支持，相关术语如志愿部门、慈善部门、非营利部门；从组织的法律地位角度，公民社会组织具有一种特定的法律形式或享受优惠税收，相关术语包括协会、免税组织、公益组织；从这种组织追求的目的角度，公民社会是为了促进公共利益、鼓励赋权和参与，或寻求解决贫困和弱势群体问题，术语包括公民社会、非政府组织、慈善等。另外，按照与政府的关系，可分为官办、半官办、民办；按照服务对象，可以分为互益性、运作型、公益型；从学术角度，可以分为行业组织、慈善性机构、学术团体、政治团体、社区组织、社会服务组织、公民互助组织、同人组织、非营利咨询服务组织等；按照行政管理角度，可以分为人民团体、自治团体、行业团体、学术团体、社区团体、社会团体、公益型基金会等；而作为政府主管部门的民政部将纳入其管理的民间组织分为三

① 有学者对所谓的第三部门进一步细分，将其中提供公共服务的新事业机构划分为第四部门，既包括政府已有的，也包括本文论述的民办非企业单位等民营的公共服务机构，并认为建立和完善第四域的迫切性超过了第三域。参见杨团：《探索“第四域”》，载《学海》2004 年第 4 期。

大类:社会团体、民办非企业单位、基金会。

所以,市民社会的理论家首先要做的就是界定自己的分类方法和采用的术语体系,国内研究公民社会的重要学者俞可平教授认为,“尽管公民社会在近代中国曾一度十分活跃,但总的来说,对于中国政府和学术界而言,它还是一个新东西。中国公民社会本身正在形成之中,还很不成熟,其典型特征和作用还未得到成分展露。与此相一致,对中国公民社会的认识和研究还有许多模糊不清的地方,这突出地表现在对一些重要的范畴和概念没有比较一致的看法。分歧的存在是正常的,但如果核心概念歧义过大,既不利于讨论的深入,更不利于制定合理的政策和法规。所以,在讨论中国公民社会的整体制度环境之前,有必要就若干重要范畴表明我们的理解”[①]。在这一纷繁复杂的概念体系中,民办非企业单位与各种概念有或多或少的交集,可以作不同的分类,而不同的分类又必然赋予其不同的内涵和外延,导致其成为多种价值载体,承载不同的制度功能。

3. 民办非企业单位功能的错位

公民社会巨大的社会动员力量,以及其对政府的不信任和怀疑态度、与政府的对抗,这些政治性基因使得其成为政府关注和控制的重点对象。而民办非企业单位被归入民间组织进而纳入公民社会的话语体系,是由定义民办非企业单位时的社会经济政治环境所决定的。根据相关立法资料可知当时的状况:民间组织分布广、人员庞杂;管理机关力量薄弱、漏洞较多;一些受西方敌对势力支持操纵的民间组织乘机窜出,甚至成了西方敌对势力对我进行渗透、颠覆、窃密的工具。“这些为数不多,但能量很大、影响很坏的民间组织,事实上已成为境内外敌对势力同我进行公开、‘合法’斗争依托的阵地,起着思想渗透、组织策划、积聚力量、聚敛经费作用,是破坏我国政治、社会稳定的重大隐患。”[②]

因此,中央领导多次强调,必须保持高度的政治警惕,采取有力措施,切实加强管理,防微杜渐,堵塞漏洞。随后,中共中央办公厅、国务院办公厅下发《通知》,民政部从讲政治的高度来认识问题,统一思想,提高认识,制定了社会团体和民办非企业单位的清理整顿方案,相关部门随后起草、修订或出台了《社会团体登记管理条例》《民办非企业单位登记管理暂行条例》《民办非企业单位登记暂行办法》《外国人社会团体登记管理条例》。[③]

实际上,公民社会应该是一个建构(建设)性概念,而不应该是一个反叛性、

---

① 俞可平:《中国公民社会的制度环境》,北京大学出版社 2006 年版,第 1 页。

② 赵泳:《民办非企业单位研究报告》,载赵泳主编:《民办非企业单位问题研究》,中国社会出版社 2004 年版,第 273—274 页。

③ 同上。

破坏性的概念。这一概念的内涵包括这样几个因素:(1) 具体的、特殊的个人(或曰私人),他是市民社会活动(经济、社会、文化等)的主体;(2) 民间社团或组织,这是市民社会活动的一个基本单位,也是市民社会中介于个人与国家之间的特殊"公共领域";(3) 经济生活领域,它以满足人们的物质利益和需要为目的;(4) 社会生活领域,它以满足人们的社会需求和交往为目的;(5) 文化生活领域,它以满足人们的精神生活需要为目的。①

正如公司、商业性企业是公民社会的一分子,民办非企业单位更显著的作用是在社会经济活动中提供社会服务的经济功能,如果立法很好地界定其范围,将本不属于它的政治性功能分离出来,民办非企业单位将不再作为一个具有政治基因的团体存在,也不会成为敌对势力进行破坏、颠覆活动的首选载体。回归民办非企业单位功能的本位,将有助于其自身的发展壮大,更好地发挥弥补政府提供公共产品不足的经济功能。正如俄罗斯法学家彼得罗夫所言:"必须创造条件扫除公民社会形成道路上的经济障碍。而对21世纪的中国和俄罗斯来说,在经济生活中充分发挥公民自主性和发展能对我国经济政策产生积极影响的公民社会则是经济政策中最重要的问题。"②

(二) 非营利部门话语体系下的民办非企业单位

在凯恩斯经济学强调国家(政府)主动对经济进行干预的理论之后,一方面是为促进经济增长,解决通胀、紧缩和失业问题;另一方面,由政府更多地提供公共产品,政府的支出大幅提高。但随之而来的问题,一是政府提供公共产品的低效率,民众对这些产品并不满意;二是政府开支的增加使其不堪重负。螺旋式演进的经济模式又从强调国家主动干预的模式重新走向更多地借重市场模式和民间力量,而介于政府与市场之间的第三部门组织的壮大和成熟为解决新的社会和经济问题提供了一条路径。

如果上文中的当代公民社会理论家主要是从政治哲学层面展开规范的研究,非营利部门研究则侧重从组织理论和行政管理的角度展开自己的研究。由于非营利组织在许多方面与公共机构有着共同的基本目标,而且是在国家力量集中扩展的领域里运作,因此是日益普遍的第三方行动模式的合适候选人,也是研究该模式的概况和运作的合适领域。正如美国非营利组织研究的最著名学者莱斯特·萨拉蒙所言:"一段时间里,我们清楚地看到,美国福利国家中流行的

---

① 参见赵泳:《民办非企业单位研究报告》,载赵泳主编:《民办非企业单位问题研究》,中国社会出版社2004年版,第31页。

② 〔俄〕A. B. 彼得罗夫:《俄罗斯国民社会形成道路上的经济障碍》,载俞可平主编:《市场经济与公民社会——中国与俄罗斯》,中央编译出版社2005年版,第24—25页。

观念,很强调层级式的国家行政机构作用的日益增强,这些观念日益脱离了政府运作的现实。……从某种意义上说,公共行政问题已经超出了政府作用的边界,把大量第三方包含进来,与政府大量分享对公共出资服务的自由裁量权。”①

因此,从经济角度看,非营利部门是在对社会经济分工的公共部门、私人部门的两分法划分的基础上相对独立的另一个部门,反映的是宏观经济的视角,又可以称为“第三部门”“第三域”“自愿域”“独立域”“非政府部门”,是指“国家与市场之间的地带,公共利益和私人利益在那里交融,个体努力和社会努力在那里联合”②。在微观层面,非营利部门构成成分是非营利组织。该术语以“不以营利为目的”作为界分的标准,对所有概念重新排列归类,因此大量其他话语体系下的概念和术语打乱了它们原来的位置。

从本质看,非营利有两个层面的含义,第一层的狭义层面是指该组织不从事商业活动,不以营业收入作为维持其运作的经费来源,而是依靠自愿者的自愿活动,或者捐赠者捐赠的资产,为社会提供产品和服务;第二层的广义层面是指该组织可以在提供产品和服务的过程中获取利润,也可以和营利组织一样在市场中竞争,但是其收入除了支付员工和管理人员的合理报酬和运作成本外,不得向组织的控制人进行分配,包括组织解散时其财产只能用作目的和宗旨相同或类似的其他非营利组织,而不能分配给控制人。③ 在前一种狭义层面,其具体形式包括慈善组织、志愿组织、捐赠组织、公益组织、公益信托、慈善信托,以及大陆法系的财团法人、我国立法上的社会团体、基金会;在后一种广义层面,包括互助组织、商业信托。而非政府组织、民间组织、社会组织、免税组织等概念术语包括的具体组织形态则可以区分以上两层内涵作不同归类,群众团体、民间团体、人民团体等则完全是政治用语。

在我国,人们一般更熟悉也更认可第一层面上狭义的非营利组织,而对于第二层面广义上的非营利组织,因为靠一部分收费来维持自身运转,其在外观上难以与营利组织区分,而且内部的控制是与其交易的相对人难以知晓和监督的,这往往也是这类非营利组织的合法性和可问责性的难点所在。因此,在对外的营利与内部的利润不分配原则之间如何分割并得到执行成为非营利部门研究的重点。

在不同的话语体系中,非营利组织有不同的定位。在公民社会话语体系下,我国的民办非营利单位作为民间组织的三个分支之一,作为群众参与社会事务

---

① 〔美〕莱斯特·萨拉蒙:《公共服务中的伙伴——现代福利国家中政府与非营利组织的关系》,田凯译,商务印书馆2008年版,第2页。

② See Peter Frumkin, On Nonprofit, Cambrige: Havard University Press, 2002, p.1.

③ See Henry B. Hansmann, The Role of Nonprofit Enterprise, 89 The Yale L.J. 838 (1980).

的一种组织形式，与社会团体等政治性团体合并归为一类由民政部管理；但作为不得分配利润的一类非营利组织却要在非营利部门话语体系下重新归位。

也许与公民社会中诉求表达型的民间组织相比，民办非营利单位更多的是以自己的实际行动来参与社会管理与公共管理，并非是主动地要求自己的政治权利或参与政治活动，而是在政府提供的制度框架内，针对社会需求的空白，在维持自身生存的基础上，补充政府运转的不足以及实现服务社会的目标。因此，民办非营利单位除了政治诉求的区别之外，在收费上与纯粹的非营利范畴内的政治性团体、慈善组织、非政府组织也有显著区别，两者在分类和管理上不能归为一类。非营利组织应成为具有以非营利方式提供社会服务这类特征和性质，以及要达到这样目的的组织可以采用的法律形式，它应该是一个开放性、演绎性概念，而不仅仅是一个局限于现有组织形态的、归纳性的概念。

（三）法学术语体系下的民办非企业单位

法学话语体系下的民办非企业单位有两个层面的含义：

1. 宪法层面对应于公民社会话语体系

民办事业单位在宪法层面对应于社会个体参与社会和政治活动以及公民的个人政治权利，表现为公民的结社自由以及作为组织体参与政治活动、表达主张的权利。

在西方如美国，甚至商业营利性公司也作为结社自由权和言论自由的体现。① 因此，公民个人有组织和参与民办非营利单位的权利，民办非营利单位作为独立个体有参与政治活动、表达主张的权利。我国《宪法》第35条规定：中华人民共和国公民有言论、出版、集会、结社、游行、示威的自由。第51条规定：中华人民共和国公民在行使自由和权利的时候，不得损害国家的、社会的、集体的利益和其他公民的合法的自由和权利。但囿于宪法理论的模糊和宪法实践的限制，我国尚未有这个层面上的关于民办非企业单位的讨论。

2. 民商事法层面对民办非企业单位的规定

由于确立民商法律主体地位的基本立法《民法通则》规定了企业、机关、事业单位、社会团体四种法人，虽然不能视为《民法通则》把法人仅限于这四种，但民办非企业单位显然不属于其中任何一种，只能由《条例》和《民办非企业单位登记暂行办法》援引《民法通则》第36、37条的规定，创设民办非企业单位这种

① See Lucian A. Bebchuk & Robert J. Jackson, Jr., Corporate Political Speech: Who Decides, 124 Harv. L. Rev. 83 (2010); Victor Brudney, Business Corporations and Stockholders' Rights Under the First Amendment, 91 Yale L. J. 235, 269—70 (1981).

主体,即“根据其依法承担民事责任的不同方式,分别发给‘民办非企业单位(法人)登记证书’、‘民办非企业单位(合伙)登记证书’、‘民办非企业单位(个体)登记证书’”①。换言之,民办非企业单位根据其依法承担民事责任的不同方式分为民办非企业单位(法人)、民办非企业单位(合伙)和民办非企业单位(个体)三种,横跨了从有限责任到无限责任直至个体的所有法律主体的广阔空间。但作为低了几个层级的行政法规和规章,未能很好与民商事法律主体制度相衔接,在理念上和制度设计上出现了扞格。

(1) 财团法人还是公益法人?《条例》将民办非企业单位定义为“企业事业单位、社会团体和其他社会力量以及公民个人利用非国有资产举办的,从事非营利性社会服务活动的社会组织”。与之相对照,《事业单位登记管理暂行条例》对事业单位的定义是:“本条例所称事业单位,是指国家为了社会公益目的,由国家机关举办或者其他组织利用国有资产举办的,从事教育、科技、文化、卫生等活动的社会服务组织。”显然,事业单位和民办非企业单位的区别除了是否以国有资产出资之外,事业单位具有公益性,而民办非企业单位具有非营利性。所以,依文义解释原则,我国民办非企业单位应该具有非营利性特征,但未必具有公益性特征。

有学者依据规范逻辑推理,认为民办非企业单位是财团法人和公益法人。其推理路径是:以民办学校成立基础来自于捐赠财产为例,认为民办非企业单位是财产的集合体而非人的组织体,是没有成员的组织,故民办非企业单位是财团,而财团皆为法人;又依据大陆法理论,财团均具公益性特性,既没有成员又禁止分配利润,从而双重地排除了互助的可能性,故民办非企业单位是公益法人。所以,民办非企业单位在性质上未定性为财团性公益法人是定性不明;而民办非企业单位外延扩充到个人与合伙,因与民办非企业单位的法人性质不符,故与民商事法律主体的理论和基本立法相违背。②

这一逻辑推理似值得推敲斟酌。

大陆法中的财团法人只能相当于普通法中的慈善公益法人,只有为了慈善和公益目的、涉及比较重大的事项才能成立。因为财团法人(慈善公益法人)中的出资人已完全脱离了对财产的控制,出资人不能干预财产之使用,财产被交予完全与之没有利益联系的受托人,其执行捐助人意愿的情况完全依赖于受托人的诚信,所以,财团法人的设立采取严格的许可主义,其是否执行信托就要交由监督机关去执行。德国著名法学家卡尔·拉伦茨对此总结道:“建立独立的财

---

① 《条例》第12条。

② 参见税兵:《民办非企业单位制度质疑》,载《河北法学》2008年第10期。

团要有财团设立人(捐助人)的设立行为,即所谓捐助行为以及国家的许可。对独立的财团,使用许可制度。……今天,给予许可属于政府必须裁量的权限;申请许可并不是毫无限制的,经政府许可后,财团才成为一个权利主体。财团选任了董事会,就有了行为能力,这一点与社团相同。财团没有社员,也没有社员大会,对董事会的控制是由国家监督来保证完成的。财团的目的不能完成,或者完全损害了公共利益时,主管官署有权利为财团制定另一目的,或者将财团撤销。改变财团目的时,应尽可能考虑捐助人的本意。"①可见,在典型的大陆法系国家如德国,财团法人是有特定目的、有特殊治理结构、实行特别监管的组织,并不能如商业性公司一样自由设立并实行社会化管理的。这一点在普通法系国家中表现得更加清晰。普通法系国家要考虑政府对这种慈善公益法人的管理和监督能力来决定是否设立,"政府普遍由自己承担对慈善信托主要的监督执行之责,而在没有涉及同样数量的公共利益时,几乎没有理由去承担这样的负担",所以英国 1601 年的《慈善用益法》(The Statute of Charitable Uses)专门建立了公共委员会以对某些种类的慈善信托进行监督和执行。② 因此,无论在大陆法系还是在普通法系,财团(慈善)法人数量均偏少。③

再则,财团法人的不分配约束原则(狭义上的非营利)是其固有性质,无须再重复提出来加以强调;反过来说,即使财团法人要分配也是无由分配的,因为它没有分配对象,这与财团法人的员工及其管理层的合理劳动报酬本质上是不同的,利润分配对应于资本的利得,体现的是资本增值的性质,而劳动报酬是所付出的劳动的对价。试想,财团法人本来就没有成员,再用不分配利润原则岂不是无的放矢,显得多余吗?若是将民办非营利单位定位为纯公益性质且没有所有人的财团法人,则无所谓营利与非营利的区分,更无所谓不分配约束原则了,因为财团法人本身就没有所有人,不分配约束也就失去了制度存在的逻辑前提了。正是因为所有人要对组织进行控制,才有必要对其行为进行内部约束,若无所有人,它只是外部监督的问题,而不是一个企业法(公司法)的问题了。

而社团法人、商业信托中,捐赠人可以参与管理,他们对捐赠财产的使用当然要比受托人更慎重、更仔细,否则他们不会捐赠,这一类组织才存在非营利问题,其实质是不分配约束原则,防止捐赠人或者所有人借非营利之名谋取商业利润。在对此类组织的执行情况的监督中,捐赠人承担了监督之责,政府相应成为居中仲裁者,至少减少了监督之责,这类组织可以不受制于政府的直接监督,数

---

① 〔德〕卡尔·拉伦茨:《德国民法通论》,王晓晔等译,法律出版社 2003 年,第 249—250 页。

② See Henry Hansmann, Reforming Nonprofit Corporation Law, 129 U. Pa. L. Rev. 497,520(1981).

③ 在德国,财团法人也并非全部是法人,还存在无权利能力财团。参见〔德〕卡尔·拉伦茨:《德国民法通论》,王晓晔等译,法律出版社 2003 年,第 249—250 页。

量上也更多。

由此可见,财团法人属于大陆法系的制度体系,非营利法人是普通法系的原创,两者具有不同的旨趣、内涵和适用范围,不能将两者作一简单的比附和嫁接。

(2)合伙型民办非企业单位和个人型民办非企业单位的妥当性。如上所述,民办非企业单位的法律地位先天不足,正如其名称一样,是对现行民商事法律主体制度的直接套用,而未考虑到民商事法律主体制度的背景并与其衔接。

民间组织作为一种政治性团体,其表达的政治诉求不是团体中个别成员或单个意见的汇总、集合,而是团体的全体成员的整体意愿。在公民社会和法团主义理论下,政治诉求需要借助团体形式表达,这基本也是政府进行社会管理所普遍接收和认可的。所以,政治性民间团体必须有形成整体意见的架构和程序,必须有团体的代表机制,意即这种团体必须是法人。

但作为民间组织一分子的民办非企业单位却是个例外,允许以法人、合伙、个人三种形式存在。不难看出,这是根据民办非企业单位所从事的社会服务的种类的实际情况所作出的现实选择,惟其如此,才能契合社会经济的限制状况。因为很多民办非企业单位,如个体从医、非法人性质的敬老院等福利机构、法律服务机构,甚至培训机构等,都不必非采取法人形态,而个体、合伙形式的律师事务所在全球均为绝对主流的法律形态,个体从医在西方也占很大比例。既然是鼓励和吸引民间力量提高社会服务,民间力量必会量力而行采取适合自己的法律形态,国家绝不应该也不可能强制民间力量的法律形态,否则只能起到压迫民间力量的意愿和生存空间的作用。于是,在《条例》和《民办非企业单位登记暂行办法》中可以看到立法在这两种理念和目的之间摇摆,从而导致法律规则之间的扞格。

《条例》第 4 条规定:“民办非企业单位不得从事营利性经营活动”。《条例》第 25 条还对“侵占、私分、挪用民办非企业单位的资产或者所接受的捐赠、资助”的相关行为规定了严格的法律责任。上述条款表明,这是把民办非企业单位当作法人对待的团体型立法思路,即民办非企业单位财产应该是独立于设立人(出资人)的,因为如果民办非企业单位财产不是独立财产,又何来设立人(出资人)对其“侵占”或“私分”? 与此同时,依《条例》第 12 条以及《民办非企业单位登记暂行办法》第 2 条,民办非企业单位根据其承担民事责任的不同方式分为民办非企业单位(法人)、民办非企业单位(合伙)和民办非企业单位(个体)三种。显然这是一种面对社会现实、解决实际问题的实用型的责任型立法思路。那么,依照前一种思路,民办非企业单位有独立财产,当然就应当承担独立责任。因此,不追求表达政治诉求、专注于提供社会服务的个人型、合伙型民办非企业单位的设立人的无限连带责任,就与团体型立法思路下的民办非企业单位财产的独立性发生法律逻辑上的错误，更为严重的是，使得民办非企业单位内部权利义务严重失衡。

依《条例》第 4 条，不管是合伙型民办非企业单位，还是个体型民办非企业单位都不能从事营利性经营活动。这是因为《社会团体登记管理条例》第 4 条虽然也作出了“社会团体不得从事营利性经营活动”的规定，但此条款已经被社会团体登记管理机关悄然修正。2002 年 2 月 4 日民政部在《关于社会团体兴办经济实体有关问题的复函》（民办函[2002]21 号）中阐释道：“作为非营利性组织，社会团体与公司、企业等营利性组织的主要区别不在于是否营利，而在于营利所得如何分配。……社会团体不同于机关和全额拨款的事业单位，其经费仅靠会费、捐赠、政府资助等是远远不够的。兴办经济实体、在核准的业务范围内开展活动或服务取得收入，是社会团体活动费用的重要补充渠道，目的是促使其更加健康发展”。单位设立人由此负担的责任和义务显得极为苛刻。一方面，单位设立人没有任何法定权利。囿于民办非企业单位的非营利特征，单位设立人不享有收益权和剩余利润索取权，民办非企业单位的出资行为不能从民办非企业单位获取任何报偿性给付，民办非企业单位设立人对“单位”收入不享有任何给付请求权。另一方面，如果设立的是合伙型和个体型民办非企业单位，单位设立人不仅无法享有任何法定权利，还需为自己的捐助行为承担无限连带责任，完全违背了权责一致性原理。单位设立人的捐助出资本是以有益于社会为目的的行为，为法律充分保护才是应有之义。然而，在合伙型和个体型民办非企业单位制度架构中，从事公益行为的出资人却不区分一般债权行为和侵权行为，一体承担了不对等的责任。正如有学者指出的，这种“单位独立财产—设立人（出资人）无限连带责任”的架构压根儿就是一项鼓励以公益之名行营利之实的制度。

综上所述，民办非企业单位制度是一个内涵混乱不堪、外延模糊不清、体系庞杂无序的大杂烩，进而无法为各种具体形态的民办非企业单位组织提供统一的制度安排和规则支持。一个不遵循体系化要求的法律制度，在实施过程中必将磕磕碰碰乃至错漏频出。法人是为商业营利性组织所设，民办非企业单位等非营利法人制度的构建显得理论准备不足而借用了营利法人的法律架构，却未必能满足非营利的目标。于是，在保持非营利法人永久存在、可持续发展、防止营利性动机对非营利目的及其事业体的侵害方面，与非营利法人成员对法人的财产和控制权的脱离以及法人成员的责任方面，未能协调衔接而兼容于一个法律制度内。本文认为，民办非企业单位是一种由民间资本投资提供社会服务的组织形式，适用于普遍化的管理，并不能对应于有特定功能和严格限制的财团法人。

三、民办非企业单位的准确定位及其基本特征

(一)社会服务在社会经济活动中的定位

如果将社会经济看成是一个产品和服务的生产、购买、交换和消费的过程,那么产品和服务及其生产、提供过程在整个经济过程中的位置,将决定该产品和服务的生产或提供机构和组织在整个经济过程中的地位和作用。

按照《条例》第2条的规定,民办非企业单位"是指企业事业单位、社会团体和其他社会力量以及公民个人利用非国有资产举办的,从事非营利性社会服务活动的社会组织"。社会服务具体包括:

(1)教育事业,如民办幼儿园,民办小学、中学、学校、学院、大学,民办专修(进修)学院或学校,民办培训(补习)学校或中心等;(2)卫生事业,如民办门诊部(所)、医院,民办康复、保健、卫生、疗养院(所)等;(3)文化事业,如民办艺术表演团体、文化馆(活动中心)、图书馆(室)、博物馆(院)、美术馆、画院、名人纪念馆、收藏馆、艺术研究院(所)等;(4)科技事业,如民办科学研究院(所、中心),民办科技传播或普及中心、科技服务中心、技术评估所(中心)等;(5)体育事业,如民办体育俱乐部,民办体育场、馆、院、社、学校等;(6)劳动事业、如民办职业培训学校或中心、民办职业介绍所等;(7)民政事业,如民办福利院、敬老院、托老所、老年公寓,民办婚姻介绍所,民办社区服务中心(站)等;(8)社会中介服务业,如民办评估咨询服务中心(所)、民办信息咨询调查中心(所)、民办人才交流中心等;(9)法律服务业;(10)其他。①

随着社会的发展,人类的需求不仅仅是解决温饱和生存问题,物质条件的生产和提供在经济过程中所占的比重不断缩小,经济、文化生活以及科技研究等活动的比重在上升,并已成为推动经济发展、社会进步,进而提高人类自身素质的重要力量。

美国霍普金斯大学国际非营利部门比较项目(CNP)②收集统计了包括主要

---

① 参见《民办非企业单位登记暂行办法》第4条。

② CNP把非利润分配性作为公民社会组织的根本性、区别于其他组织、表征性的特征,把"从实用角度计量不同领域、不同国家的公民社会的健康与活力程度"的方法和数据为"非营利组织国际分类法"及"非营利部门国际指标",该指标和分类法是CNP依据国际标准产业系统中的服务部门分类,但更详细、更具体,还包括大量在服务部门之外运作的主要从事农业和小制造业的公民社会组织,它将非营利组织分为12类:教育和研究,社会发展和住房,健康,社会服务,法律、倡导和政治,文化和娱乐,环境,慈善中介,国际,宗教服务,商业和专业协会,其他。虽然不完全等同于我国的民办非企业单位的社会服务范围,但有很大的重合部分,其数据具有一定的参考性和可比性。参见〔美〕莱斯特·萨拉蒙:《全球公民社会——非营利部门国际指数》,陈一梅等译,北京大学出版社2007年版,第366页。

发达国家在内的全球36个国家非营利部门的数据，统计结果显示，如果把这些国家的公民社会部门看作一个独立的国民经济体的话，其支出规模可以排世界第七，成为"世界第七大经济体"，而且在社会经济发展中的贡献也越来越大。比如，该项目在1995年的数据显示：法国、日本等22个国家非营利部门的支出达1.1万亿美元，平均占国内生产总值的4.6%，总共提供了1900万个全职就业岗位，平均占22国非农业就业岗位的近5%，占所有公共部门就业的27%。而2007年的数据显示：36个国家非营利部门的支出达1.3万亿美元，平均占国内生产总值的5.4%，非营利部门总共提供了2530万个全职就业岗位，平均占36国非农业就业岗位的近4.4%。但如果将志愿者的就业计算在内，那么这些国家非营利部门就业比重平均占全部非农业就业总数的7%，更惊人地占到公共部门就业总数的41%。在传统的工业、农业甚至服务业提供就业岗位不断下降的情况下，非营利部门提供的就业岗位却不断增长。①

在非营利组织最发达的美国，1995年非营利组织的开支大约为5020亿美元，占国内生产总值的6.9%，非营利部门提供的全职就业岗位大约为860万个。其中，卫生保健类非营利组织提供的就业岗位为398万个，教育类非营利组织提供的就业岗位为185万个，社会福利服务类非营利组织提供的就业岗位为116万个，文化类非营利组织提供的就业岗位为63万个，其他类为98万个。另外，美国知名的大学和医院大多为非营利组织，如哈佛大学、普林斯顿大学、斯坦福大学、耶鲁纽黑文医院、西北纪念医院等。私立非营利医院和私立非营利高校在美国卫生和高教事业中的作用要远大于公立医院和公立高校，更大于营利医院与营利高校。

我国尚缺乏此类细化和分类统计的民办非企业单位的相关数据，但从民政部提供的资料看，2009年民办事业单位登记数量达到182,382家，按法律形态分，法人型为119,628，合伙型为7117家，个人型为55,637家；按从事的行业分，教育类为88,811家，卫生类为27,744家，社会服务类为25,836家；年末职工人数达到1,892,060人。②

数据显示，民办非企业单位的数量在不断增加，提供的社会服务的种类和数量也在不断增加，社会服务在整个社会经济中占有重要比重，民办非企业单位逐渐壮大成为社会经济中提供社会服务的重要力量。

---

① 参见〔美〕莱斯特·萨拉蒙：《全球公民社会——非营利部门视界》，贾西津等译，社科文献出版社2002年版，第9—10页；〔美〕莱斯特·萨拉蒙：《全球公民社会——非营利部门国际指数》，陈一梅等译，北京大学出版社2007年版，第19—21页。

② 参见国家民间组织管理局：《2009年民政事业发展统计报告》，http://www.mca.gov.cn/article/zwgk/mzyw/201006/20100600080798.shtml，2013年6月15日访问。

(二)民办非企业单位与社会团体的区别

按照国际上比较认可的美国霍普金斯大学国际非营利部门比较项目的分析,公民社会组织具有五大特征:(1)组织性;(2)私有性(民间性);(3)非利润分配性;(4)自治性;(5)志愿性。这与我国的社会团体组织有显著区别。

从组织的结构与运作特征看,首先,我国的民办非企业单位具有组织性的特点,一般以实体性正式组织的形态存在,而社会团体通常是以会员性松散型的组织形态存在。其次,民办非企业单位的民间色彩较浓,虽然也有一些民办非企业单位实际上主要是利用政府或事业单位的资产举办,但大多数民办非企业单位主要还是利用非国有资产举办。与我国大多数资金依赖于政府拨款的社会团体相比,民办非企业单位的民间性更强。再次,民办非企业单位的自治性较强。我国绝大多数民办非企业单位是通过服务收费维持组织的运作,基本能真正做到经费自筹、活动自定、人员自聘。而我国大多数社会团体的人员和活动则要由业务主管部门决定,从这个意义上说,民办非企业单位的自治性也比社会团体强。复次,我国很多民办非企业单位的营利色彩较浓。以民办教育为例,虽然1997年的《社会力量办学条例》规定社会力量举办教育机构,不得以营利为目的,1998年的《条例》也规定民办非企业单位不以营利为目的,但事实上大量的民办学校不仅收取高昂的学费,而且变相分红。而在目前的现实情况下,国家为激励社会力量兴办社会事业,也采取了一些变通的做法,如2002年出台的《民办教育促进法》规定,民办教育属于公益性事业,享受国家规定的税收优惠政策。但民办学校在扣除办学成本、预留发展基金以及按照国家有关规定提取其他必需的费用后,出资人可以从办学结余中取得合理回报。从营利性看,总体而言,民办非企业单位远比社会团体要强烈得多。最后是民办非企业单位的志愿性较为缺乏。虽然有的法律援助类、热线类、残障儿童福利类民办非企业单位的志愿性较强,但很多民办非企业单位既没有志愿理事,也缺乏志愿工作人员。这一点与我国大多数社会团体相似。

当前,我国社会事业改革过程中,一种不良的倾向是一些地方将事业单位纷纷改制为营利机构,并鼓励或强制将民办机构登记为工商企业。例如,一些城镇将国有医院拍卖,变为私立的营利机构,而将私立卫生医疗机构统统登记为工商企业。甚至在当时清理整顿民办非企业单位时,一些省份的卫生部门为了部门利益,下文要求当地所有的民办医疗机构在工商登记,归属为营利性的医疗机构。[①] 虽

① 参见邓国胜:《社会转型中的民办非企业单位》,载赵泳主编:《民办非企业单位问题研究》,中国社会出版社2004年版,第108、110页。

然从短期效益看,这可能会刺激民间对医疗机构的投资,提高医疗机构的效率,甚至会提高地方政府的税收收入。但从长期效益看,这必然会损害患者的利益。不仅难以保证国民的基本医疗需求,而且可能会影响到社会的公平与稳定。

民办非企业单位将非营利作为一种经营策略来看待。有民办医院的负责人坦承,注册为民办非企业单位的原因主要是医院成立头5年之内不可能有盈利,而注册为民办非企业单位可以享受税收优惠政策。因此,5年以后,当医院有了利润时,可能会再转为工商注册。有的民办学校的负责人则说得更直白:学校董事会的想法是:"目前不营利是考虑到长远的营利,只有将学校办好了,赢得了社会信誉,才能有长远营利。"①

与西方国家大多数非营利组织由宗教团体、大公司或利用个人遗产捐资兴办不同,我国很多民办非企业单位是个人投资兴办,一些民办非企业单位甚至处于挖"第一桶金"的阶段。在缺乏内部自律与外部有效监督的情况下,民办非企业单位乱收费现象比较突出,民众对一些民办非企业单位的意见很大。这反过来又制约了民办非企业单位的进一步发展壮大。在社会服务的提供市场化趋势下,对民办非企业单位的法律规范和管理也应市场化,既利用其利他主义、有益于社会的一面,又要防止其规避法律、钻法律漏洞的一面。

(三)社会服务提供中的民办非企业单位

现代政府的职能除了对外防止外来侵略、对内维护社会稳定之外,另一项主要职能就是提供公共物品。因为公共物品的非排他性和非竞争性的特性,决定其没法通过市场方式来解决,政府以其税收收入承担起提供公共物品的职责。所以,基于国家职能,由国家提供的社会服务是公共物品,由市场提供的服务是私人物品。事业单位就是由政府提供公共产品的机构,但政府提供公共物品的方式有其劣势:① 随着民众的要求提高,对公共产品的需求增大,政府财政无法满足巨大的资金需求,造成财政负担;② 政府直接提供公共产品往往效率低下;③ 政府提供的公共产品无法满足细分市场的民众需求。② 另外,民间有大量出于自愿、慈善等目的为社会提供产品和服务的机构和组织。于是就出现了前文所述的民办非企业单位立法时的理念和制度冲突以及实施中的混乱。

产品的生产和提供可以由国家承担,也可以由私人(市场)承担,这已形成共识,但服务的提供仍由国家一手"包办",使民办非企业单位纳入国家的严格

---

① 参见邓国胜:《社会转型中的民办非企业单位》,载赵泳主编:《民办非企业单位问题研究》,中国社会出版社2004年版,第108、110页。

② 参见〔澳〕休·史卓顿、莱昂内尔·奥查德:《公共物品、公共企业和公共选择——对政府功能的批评与反批评的理论纷争》,费朝晖等译,经济科学出版社2000年版,第67—71页。

管控之下,相关的制度规范带有强烈的政治性基因。正如产品的生产可以由政府和市场提供一样,服务也可以由政府和市场提供。社会服务是否要统一由政府提供而纳入公共物品的范畴是由政府根据自己的财政能力及该种社会服务的重要性程度而决定的。根据公共选择理论,公共产品并非天生就是公共产品,它是由公共选择决定的,套用马克思的一句名言:公共物品天然不是由政府提供,但政府提供的天然是公共物品。

对于产品和服务的提供,政府立法认为可以市场化形式提供的,允许其完全采用商业营利性组织来完成,对于政府立法认为重要的产品和服务,一是可以由政府直接提供,二是可以采取政府和市场合作的方式或民间资本的方式,政府提供合适的法律结构以规范其运作。民办非企业单位就是这种政府立法认为重要的、由民间资本提供社会服务的组织形式。因为即使在假设政府没有私利并真心为民的前提下,也存在经济效率低下,不能充分了解社会需求,从而满足细化的社会需求的情况;而市场是靠竞争和价值规律推动,利润是市场主体的本质、内在动机和目的,因此存在剥削、欺诈市场中的买方,以赚取超额利润的机会主义动机。但是,政府和市场都存在缺陷,不能满足社会经济的需求,即所谓的政府失灵和市场失灵。因此,制度和机制的创新希望在确保为社会提供的投入充分的前提下,由一种消除了牟利动机,至少是将牟利动机控制在可监督的范围之内的组织机构和机制来具体实现这种对社会的投入,使得这种投入少受或不受剥削地转移到买方手中。民办非企业单位通过不分配约束原则的贯彻执行,抑制投资人及控制人从经营收入中分取利润的可能,从而使经营收入能够用于改善服务质量,为服务接受者享受如其所愿的社会服务提供了保障。

四、美国提供社会服务的法律框架之比较借鉴

美国信奉市场理念,政府部门与私人部门之间界分清楚,提供公共服务的部门大致可以分为公法(政府)部门和私人部门两大类。

(一)公共部门提供的社会服务

在公法(政府)部门,除政府机关直接提供的公共行政管理服务之外,还有大量执行公共政策以及履行指定给传统行政部门和机构的职责的混合型组织。主要包括两大类别:一类是“准政府”机构(Quasi-Government),另一类是政府性

公司(Government Corporation)。[①]

准政府机构是与政府有一定的法律关系,但其关系相对微弱的组织或团体,大体上包括六类机构:一是政府支持性企业(Government-Sponsored Enterprises, GSEs);二是联邦政府资助的研发公司;三是与政府相关的非营利组织;四是政府支持的风险投资基金;五是国会授权的非营利组织;六是模糊性授权机构。[②]

关于政府性公司,美国法律也无明确的定义,有美国研究者认为,政府性公司属于国会建立的政府"机关",其使命是提供市场化的公共服务,以服务收入来满足或基本满足其支出。[③] 一般而言,它不同于政府部门,也不同于私人企业,而是介于两者之间的一个中间组织形式,就其根本性质来说,是指一种为实现联邦政府管理、干预社会经济和提供公共服务等职能,并且按照市场经济实体来运行的企业形式。[④] 按照《政府性公司控制法》(Government Corporation Control Act),政府性公司分为政府全资拥有的公司(Wholly Owned Government Corporation)和政府混合拥有的公司(Mixed-Ownership Government Corporations),但该法并未给出两类公司的定义,而是以列举的方式明确 41 家公司为政府全资拥有的公司,4 家公司为政府混合拥有的公司。[⑤] 如美国的田纳西河谷管理局(Tennessee Valley Authority,TVA)就属于政府全资拥有的公司,创设该公司的目的是"为了国防利益、农业和产业发展以及改善田纳西河的灌溉和控制田纳西河和密西西比河河床的灾难性的洪水泛滥,而维持和运作美国政府以及在阿拉巴马州马斯尔肖尔斯(Muscle Shoal)地区拥有的财产"[⑥]。

政府性公司虽然属于联邦政府"机关",但具有独立法人资格,在法律、管理和财务上独立于政府的机构,享有更大的灵活性和自由,更易采用财务和融资的商业方式防止政治控制以及利用商业管理的程序,在相当程度上独立于行政与立法的政策控制。

政府性公司受到所有适用于政府"机关"的法律的管辖,其设立必须经美国国会专案批准,运营受行政部门、立法机构和社会公众的监督,《政府性公司控制法》明确规定了政府性公司的经费、审计、债务管理等方面的法定程序:政府

---

① 参见经济合作与发展组织:《分散化的公共治理——代理机构、权力主体和其他政府实体》,中信出版社 2004 年版,第 281—308 页。

② See Ronald Moe, The Emerging Federal Quasi Government: Issues of Management and Accountability, Public Administration Review, Vol. 61, No. 3, 2001, pp. 290—312.

③ See Kevin R. Kosar, Federal Government Corporations: An Overview, Congressional Research Service 7—57, June 8, 2011.

④ 参见李俊江:《外国国有企业改革研究》,经济科学出版社 2010 年版,第 4 页。

⑤ See Government Corporation Control Act, Sec. 101, 201.

⑥ Tennessee Valley Authority Act of 1933, 16 U.S.C. 831.

全资拥有的公司应该向总统提交“企业型预算”,做法类似于一般的商事企业,包括前后财政年度收支情况、财务状况、前景预测等;总统在审核修订后与行政部门的预算一起递交国会;政府性公司不受政府预算程序的限制,公司有权决定其支出的性质、必要性和支付方式,可不受大多数适用于公共资金支出的管理规定和禁止性法令的管辖;公司不得创设在代理机构;公司都有一个存续期间,除非国会立法重新注册,公司到期必须解散或者清算,政府性公司的有关信息,除少数例外情形,均应公开。①

(二)私人部门提供的社会服务

私人部门通过非营利公司(Nonprofit Corporation)提供公共服务。许多州采用了美国律师协会(ABA)制定的《示范非营利公司法(MNCA)》,而有的州则制定了自己的非营利公司法,如伊利诺伊州、纽约州、加利福尼亚州等。

如同营利组织一样,在某种意义上,非营利公司最终也是要从事公共服务的交易,那么为什么要采用防御力组织形式呢?耶鲁大学亨利·汉斯曼教授认为:“其中的原因似乎是公共服务的本质属性即提供公共服务的环境,使得传统的合同工具不足以给服务的购买者提供充分的保证,以确保该服务实际上是他们所希望的。非营利组织的优势在于它使得生产者对购买者承担一种信托义务(fiduciary),这样就给予购买者更大的保证,确保他们所希望的服务实际上会如其所愿地提供。”②

纽约州的非营利公司法针对不同的服务种类,提供了四种非营利公司形式:③

(1) A类。适用于任何合法的非商业目的的公司,包括但不限于下列一个或多个非金钱目的:民事、爱国、政治、社会、体育、农业、畜牧业,以及职业、商业和产业的贸易或服务协会。

(2) B类。适用于一个或多个下列非商业目的的公司:慈善、教育、宗教、科学、文艺、文化或阻止对儿童和动物的虐待。

(3) C类。适用于为完成合法的公共或准公共目标而设定的合法商业目的的公司。

(4) D类。适用于本州其他公司法为了完成其所界定的商业或非商业、金钱或非金钱目的而授权的公司,不论这些目的是否包括在上述三种类型中。

加利福尼亚州采用与纽约州完全不同的立法路径,而且被认为是所有现行

---

① See Government Corporation Control Act, Sec. 102, 104, 304.

② Henry Hansmann, Reforming Nonprofit Corporation Law, 129 U. Pa. L. Rev. 504(1981).

③ See N. Y. Not-For-Profit Corp. Law § 201(b), Nonprofit Organizations: Statute, Regulation and Forms, selected and edited by James J. Fishman & Stephen Schwarz, Foundation Press 2010, pp. 71—72.

非营利公司立法中最全面、最小心的立法。[①] 该法将非营利公司分为三类，而且在界定不同种类的时候，为每一个种类创建了一个完全不同的法律规范。[②] 第一类是非营利公共利益公司(Nonprofit Public Benefit Corporations)，适用于“公共或慈善目的”的公司；第二类是非营利宗教公司(Nonprofit Religious Corporations)，适用于“主要或完全为了宗教目的”的公司；第三类是非营利互助利益公司(Nonprofit Mutual Benefit Corporations)，适用于“任何合法目的，但是当公司的所有财产不可撤销地投入了慈善、宗教或公共目的，并且依据法律或公司章程，在公司解散是其财产分配给执行慈善、宗教或公共目的的人时，这种公司不适用”。[③]

当然，公共服务的提供是采取非营利组织形式还是营利组织形式，在私人部门中，是由服务提供者自由选择的，这样使得营利和非营利两种组织形式在服务类商品的市场中自由竞争，消费者(或服务接受者)用脚投票决定两种形式的生存和成败，从而给非营利组织施加竞争压力，促使其提高效率；同时也给予营利的提供者一种无形的道德推力，促使其向非营利提供者的利他主义的行动模式看齐，克制自己通过减少投入、降低质量等不道德的手段削减成本、增加利润的机会主义的动机，而其生存、规模扩大和赚取利润的空间在于基本保持非营利的道德标准之上的创新和提高效率，这在另一个层面上也是以竞争促进了营利组织的创新和进步。

我国民办非企业单位的本意是引入民间资本，补充政府财政不足以向民众提供更充足的公共产品。但由于未能设计适当的法律组织形态，不但未能在民办非企业单位和公办事业单位之间创造正向效应的竞争激励，反而造成一种“向底层竞争”的现况，比如医院系统，民办医院在允许获取合理回报之后，其成立的目的已不是提供优质的医疗服务，而是通过低劣服务降低成本、提高收费以增加利润，加上医疗服务不易观察的本质属性，民办医院甚至在一定程度上演变成一个比提供产品的营利企业更加贪婪却不易监督的营利性组织；而公立医院在放松收费控制以改善医院的医疗条件和提供医生收入后，民办医院无疑给了它一种无形的暗示和诱惑，两者在一定范围和程度上是向着与其本来的宗旨相反的方向竞逐。政府不仅未能改善原来公共产品供给不足的状况，而且在法律和制度方面表现了政府提供的公共产品的匮乏。

---

① 参见〔美〕沃尔夫：《市场或政府：权衡两种不完善的选择/兰德公司的一项研究》，谢旭译，中国发展出版社 1994 年版，第 535 页。

② See Cal. Corp. Code §5111,9111,7111, Nonprofit Organizations:Statute,Regulation and Forms, selected and edited by James J. Fishman & Stephen Schwarz, Foundation Press 2010, pp. 1—48.

③ 最后一类非营利互助公司基本上是服务于其成员的私人需求，因此，这种分类对成员间利益与公共利益作了界分。

(三)政府对公共服务的优惠待遇

美国各级政府对私人部门提供私人服务是支持和鼓励的,不同于政府性公司有国家资本的直接投入,政府对非营利公司的支持体现在提供税收优惠政策。学者认为,根据公共产品理论,政府负有提供公共产品的义务,通过对非营利组织提供税收优惠,相当于对其提供了资助和津贴(Subventions),使政府公共产品的财政支出更有效率地支付到市民手中。① 因此,依据各州非营利公司法成立的非营利公司可以向联邦和各州申请税收优惠。如非营利公司申请免除联邦所得税所引用的联邦《国内收入法典》§ 501(c)(3)规定,免征所得税的组织包括:"专门为下列目的组织和营运的公司以及任何社团(Community Chest)、资金、基金:宗教、慈善、科学、公共安全测验、文学或教育目的,或者为了鼓励国家或国际业余体育竞赛(但是必须满足其活动中的任何部分都不包括体育器材和设备的供应),或者为了预防残忍地对待小孩和动物,其中净收益的任何部分都不是为了任何私人股东或者个人的利益,其所从事活动的任何实质部分都不是为宣传或者试图影响立法(除非第(h)分节另有规定),并且其没有参与或者干预支持或者反对公共职务候选人的任何政治活动。"②

可以看出,该条规定与各州的非营利公司法对社会服务的界定又有不同,它将具有非营利性质的政治性活动排除在外,专注于以非营利形式提供公共产品的社会经济活动和过程。也许是因为对政治活动的支持应来源于其他渠道,而不应由国家的财政和纳税人的税款来承担。因此,在美国,税收政策,而不是有限责任、财产独立等公司法理论上的因素,才是人们选择组织形式所首先要考虑的因素,政府也通过这一手段有效地调控着社会生活和经济生活。正如常说的一句话:"坏的制度使好人也会干坏事,好的制度却可以让坏人做好事。"各州的非营利公司法和联邦及州层面的税法在促进公益事业、培养公民道德方面的确起到了很好的推动作用。

五、民办非企业单位的法律地位及其管理

梳理民办非企业单位提供的社会服务,它们有一个共同的特点:服务的品质和质量的不易监督性,加上这类服务对提供者个人秉性的依赖性,在服务的双方

① See Anup Malani, Eric A. Posner, The Case for For-Profit Charities, 93 Va. L. Rev. 2029—2031 (2007).

② Internal Revenue Code, 16 U. S. C. 501.

之间造成巨大的信息不对称性和地位的不对等性，通过合同难以全面规定并有效执行，造成提供者对接收者的剥夺。如果政府将此类社会服务通过立法确定为公共产品或半公共产品，那么就还存在提供者（主办者）侵害政府投资的潜在可能性，若将公共产品的范围进一步扩大，在所有政府提供的公共产品中都存在这种潜在的可能性。当然，可以通过外部的监督来达到减少剥夺的可能性，但在利润动机的驱使下，营利的动机与控制营利，从而提高产品和服务质量的监管之间始终是一种"猫抓老鼠"的无尽游戏。因此，需要从提供者内部寻找途径，通过限制营利动机来保证其履行职责。"只要法律或其他机制可以有效地防止管理人员大量侵吞企业的净收益，管理人员并不会向所有人侵占债权人利益那样咄咄逼人，他们的渎职动机其实弱很多。"①虽然非营利规则不可能一劳永逸地解决所有问题，但至少提供了一种有效途径。

（一）"非营利"的含义

非营利尚未有法律定义，对其含义也是有争论的。《教育法》第 25 条规定，任何组织和个人不得以营利为目的举办学校及其他教育机构。《高等教育法》第 24 条规定，设立高等学校，应当符合国家高等教育发展规划，符合国家利益和社会公共利益，不得以营利为目的。《条例》第 2 条规定，民办非企业单位，是指企业事业单位、社会团体和其他社会力量以及公民个人利用非国有资产举办的，从事非营利性社会服务活动的社会组织；第 4 条规定，民办非企业单位不得从事营利性经营活动，但对于什么是非营利却语焉不详。而具体的民办非企业单位的具体实体立法中却允许取得合理回报。如《民办教育促进法》第 51 条规定，民办学校在扣除办学成本、预留发展基金以及按照国家有关规定提取其他的必需的费用后，出资人可以从办学结余中取得合理回报；《中外合作办学条例》第 47 条第 3 款规定，中外合作办学机构清偿上述债务后的剩余财产，依照有关法律、行政法规的规定处理。医疗类、文化类、体育类和科技类的民办非企业单位相关行政法规或者行政规章均未涉及非营利的规定。② 于是大量民办非企业单位如同营利企业成为投资者资本增值的工具。

立法体系缺失总体性思路和顶层设计，导致立法体系混乱。《条例》和《民办非企业单位登记暂行办法》本应是民办非企业单位领域的基本法性质的立法，但立法起草部门及相应的法律层级较低，《条例》只能处于行政法规甚至规

---

① 〔美〕亨利 · 汉斯曼：《企业所有权论》，于静译，中国政法大学出版社 2001 年版，第 87 页。

② 参见《医疗机构管理条例》《体育类民办非企业单位登记审查与管理暂行办法》《职业培训类民办非企业单位登记办法》《科技类民办非企业单位登记审查与管理暂行办法》《文化类民办非企业单位登记审查管理暂行办法》《关于城镇非营利性医疗机构进行民办非企业单位登记有关问题的通知》。

章的地位,而有关具体民办非企业单位的立法,则位阶与《条例》平级甚至在其之上,如由全国人大常委会通过的《民办教育促进法》,国务院制定的《民办教育促进法实施条例》《中外合作办学条例》《医疗机构管理条例》,突破基本法的立法规定,甚至违反了这一类经济主体本来的性质。正是由于其高位阶,《条例》制定及起草部门民政部知趣地“引能让贤”,明确避开高位阶立法甚至同位阶立法的规制领域,而将其“遗漏”或规制权力所不及的相关主体,查缺补漏地收罗进自己的范围。虽然可能由于对新生事物缺乏全面认识和充分的理论准备,属于“摸着石头过河”的实验性探索,不失为一个有特色的立法创新,也能解决当时存在的一时性问题,但长远的后果却是,缺乏整体性规划和顶层设计,满足于一时一事的局部立法必然会与整体制度设计不配套衔接,甚至带来整个制度体系的紊乱。

民办非企业单位不等同于慈善组织,民办非企业单位的非营利也不同于慈善组织的非营利。民办非企业单位的目标是组织的资本和收益要用于产品和服务的生产成本,而不被组织的所有人或者控制人攫取。因此,民办非企业单位的非营利采取的是前文所述的广义上的界定,体现为不分配约束原则。

(二)民办非企业单位的内部法律框架

民办非企业单位可以参考借鉴但不能等同套用营利性企业的法律框架。

首先,界定民办非企业单位出资人的地位和职能。从企业理论出发,出资人对民办非企业单位的控制权委托给管理人,取消出资人对组织体的剩余索取权(资产收益权),但享有对管理人的委任权和罢免权,以及依据组织章程对民办非企业单位的活动进行批准和执行的监督权。其次,贯彻落实不分配约束原则。民办非企业单位的出资人及控制人均不得从民办非企业单位的利润中分红,同时为防止控制人变相分红,借鉴公司法的自利交易和利益冲突交易规则,根据民办非企业单位所从事服务的范围和性质,禁止控制人与民办非企业单位进行自利交易以及进行与民办非企业单位的利益相冲突的交易。再次,对控制人及管理层的薪酬进行合理限定,可参考同行业其他实体相关人员的薪酬,不得高于其所付出劳动的合理报酬。最后,对民办非企业单位的经营设定年限,期限届满,出资方就其是否存续另行表决并创新注册登记。尤其重要的是,如果决定不再存续,民办非企业单位的财产应移交从事相同或类似服务的其他民办非企业单位,不能找到相同或类似民办非企业单位进行移交的,应将资产变价折现后,交由特定有公信力机构用于其他公益事业。

（三）外部法制环境的构建

社会服务已成为社会经济活动的重要组成部分，社会服务的生产与提供虽然是社会治理的组成部门，但不应放到政治性治理和控制中规范，也不应仅仅看作是单个实体的行为，而应放到宏观的经济调控的框架中，在一个竞争的市场经济的平台上进行定位。第一，在经济主体立法上，区别非营利组织和营利组织。营利组织有法人、合伙、个人三种形式并分别由不同成文法规范，但非营利组织立法不应仅靠单个的特别立法来规定非营利的相关制度，缺乏总体设计，必然会引起前文所述的不同特别法之间以及与基本立法之间的冲突。至少要在基本法层面对原则等基本要求进行明确。因此，可行的办法，一是在原有三种营利企业法律形态中增加非营利的规定，二是单独进行非营利立法。但两种方法均牵涉现行法律制度的调整，难谓捷径。而对现有不规范的、似是而非的民办非企业单位等非营利组织，有必要进行一次可能是所谓“运动式”的清理整顿，以梳理各种不规范的主体，以便于创新建构一条规范的道路。第二，国家与民间资本建立合作模式，明确国家对民办非企业单位的财政支持。在规范的民办非企业单位内部治理框架下，确定国家对民办非企业单位出资的方式、途径及权力行使方式。第三，立法划定民办非企业单位与营利性提供社会服务的企业的领域、范围，以便于清晰识别不同类型的组织形式，防止规避监管空白和监管套利。第四，细化对民办非企业单位的税收优惠政策，只对民办非企业单位从事社会服务的收费中不分配部分给予税收优惠，对与其宗旨无关的经营活动的收费及利润仍须征税，对出资人实行税基上的抵扣以及应纳税额的减免，同时优化税收征管程序。当然，这是一个更大范围的改革，并不仅仅是针对民办非企业单位。第五，营造一个政府性提供公共服务公司、民办非企业单位和商业性营利组织公平竞争的市场环境，政府合理划分三者的范围、所从事业务的领域，不应让民办非企业单位在所从事领域形成新的垄断，以形成多种形式、相互竞争的平台和空间，在此基础上规范竞争秩序。第六，建构融资渠道，为民间资本、社会资本进入民办非企业单位，解决资金不足问题提供规范的通道，在禁止对民办非企业单位进行类似营利性企业股权式投资的前提下，允许民间资本、社会资本以债券投资形式进入，因此金融机构及金融监管部门要设计必要的金融工具。

宏观调控法

中国地方政府性债务管理机制研究

刘　云

外债之本性，无善无恶，而其结果则有善有恶。善恶之机，惟在举债用债之政府。

—— 梁启超

一、地方政府性债务现状考察

（一）规模几何？

2013 年 7 月 28 日，国务院宣布由国家审计署对全国地方政府债务进行全面检查。审计署大部分人员在命令下达后不久就奔赴全国各地展开调查，结果于 10 月份国庆之后汇总。这一计划距离上次审计署公布 36 个省市级政府债务还不到两个月的时间。这不仅显示出中央政府把地方债务彻底暴露在监管之下的决心，也暗示上一份调查结果并没有得出中央政府期望知道的结论。

全国地方政府债务现今规模到底有多大？迄今无人可以给出相对准确的数据。“中央不了解省里的情况，省里不了解地市的情况，所以这次才要清查。地方债务的确切数据，不要说媒体掌握不了，就是审计厅估计也很难掌握准确的数据。”一位审计部门官员如是说。[①]

已知的数据是国家审计署在2011年公布的审计结果(以下简称“第35号审计公告”),截至2010年底,地方政府债务余额达到10.7万亿元。从债务结构看,地方政府负有直接偿债责任的债务为6.7万亿元,占62.62%;政府负有担保责任的债务2.34万亿元,占21.80%;地方政府可能承担一定救助责任的其他相关债务1.67万亿元,占15.58%。从举借主体看,以融资平台公司名义举借的债务规模最大,达4.97万亿元,占到债务总规模的46%;其次是以政府部门和机构名义举借的政府性债务,达2.5万亿元,占到23%。

2012年11月至2013年2月,审计署对15个省、3个直辖市本级及其所属的15个省会城市本级、3个市辖区共计36个地方政府本级2011年以来的政府性债务情况进行了审计。2013年6月10日审计署发布公告[②](以下简称“36地报告”)结果显示,截至2012年底,36个地方政府本级政府性债务余额38475.81亿元,比2010年增加4409.81亿元。不足的是,此次审计主要集中在部分省及省会城市本级,但地县两级被认为才是债务规模膨胀的重点区域。

就全口径的地方性债务规模,国家审计署副审计长董大胜在2013年3月全国两会期间通报过一个数据,目前全国地方政府性债务总额为15万亿至18万亿。而另有报道称,原财政部部长项怀诚透露,地方政府负债估计超过20万亿元。[③] 某银监会人士则指出,在银监会近期进行的地方债摸底考察中,初步统计表内信贷的规模约为9.7万亿—9.8万亿,来自通道业务的规模约为13万亿—14万亿,地方政府BT代建的规模约为6万亿—7万亿,保守估计总量突破20万亿。[④] 更为惊人的数据是IMF(国际货币基金组织)第一副总裁大卫·利普顿给出的,他透露中国地方政府债务已经占到GDP的50%(也就是26万亿)。[⑤]

(二)是否可控?

各级官员对地方性债务问题的定性是地方政府性债务总体在可控范围内,部分地区存在风险。可控的意思应该理解为能按期还本付息,不会产生违约风险。

鉴于地方融资平台是举债的主要载体,首先应当考察的是地方融资平台的偿

① 参见赵士勇:《江苏城投债余额达3263亿 6地级市负债率超100%》,载《华夏时报》2013年8月8日。

② 参见中国审计署2013年第24号公告《36个地方政府本级政府性债务审计结果》,http://www.audit.gov.cn/n1992130/n1992150/n1992500/3291665.html,2013年9月28日访问。

③ 参见罗兰:《地方债存在区域性履约风险》,载《人民日报(海外版)》2013年5月20日。

④ 参见王冠、黄齐:《地方债预计突破20万亿 中债资信启动地方政府信用评级》,载《21世纪经济报道》2013年9月17日。

⑤ 参见刘国珍:《IMF语惊四座:中国地方债已占GDP 50%》,载《南方都市报》2013年5月30日。

债能力和创造现金流的能力。评级机构穆迪的一份以中国388个地方政府融资平台公司为样本的调查显示,这些公司的运营现金流在过去四年里几乎稳定在数亿元的水平,但是债务总额却从45亿元增长至超过70亿元,两个指标的差异意味着平台公司融资缺口不断扩大。如果不变卖资产或是再融资,这些公司当中有47%将无法偿付2013年到期本息,甚至有10%连利息都付不起。[①] 另以江苏地区举例,券商报告显示,从融资平台现金流量表上的经营活动现金净流量看,只有南通、宿迁、盐城、无锡四个城市的融资平台是正的,其他城市均为负。2012年的经营活动现金净流量与2011年相比,多个城市的融资平台经营活动现金净流量恶化。[②]

审计署对36个地方政府本级债务的审计报告也确认,2012年,有9个省会城市本级政府负有偿还责任的债务率超过100%,最高的达188.95%;如加上政府负有担保责任的债务,债务率最高的达219.57%。有13个省会城市本级政府负有偿还责任债务的偿债率超过20%,最高的达60.15%;如加上政府负有担保责任的债务,偿债率最高的达67.69%。由于偿债能力不足,一些省会城市本级只能通过举借新债偿还旧债,5个省会城市本级2012年政府负有偿还责任债务的借新还旧率超过20%,最高的达38.01%。14个省会城市本级政府负有偿还责任的债务已逾期181.70亿元,其中2个省会城市本级逾期债务率超过10%,最高的为16.36%。[③]

我们可以从地方政府总体财政收入和支出规模来对地方政府性债务风险作个粗略估算分析,15万亿—18万亿元的债务余额,使每年债务利息负担大致在2万亿元。[④] 以2012年为例,地方税费收入6.1万亿元,其中税和土地出让收益各半。另外,中央向地方的转移支付规模约有4万亿元,但其中1/3是相对透明的,2/3是欠缺透明度的专项转移。因此,扣除经常项目开支,地方每年可用新增财力难超1万亿元,从现金流量观察,地方债整体不具有偿还的可能性,只能通过借新还旧的债务滚动,将问题后推。[⑤]

对地方政府而言,偿债率(地方政府还本付息金额/地方政府可用于清偿债务财力)100%是临界值,突破100%就意味着地方政府需要"举新债还旧债",这就是某种意义上的"庞氏"融资了。有学者测算,地方政府需举新还旧的规模,

---

① 参见魏枫凌:《地方债"二审"》,载《证券市场周刊》2013年第51期。

② 参见赵士勇:《江苏城投债余额达3263亿 6地级市负债率超100% 》,载《华夏时报》2013年8月8日。

③ 参见中国审计署2013年第24号公告《36个地方政府本级政府性债务审计结果》,http://www.audit.gov.cn/n1992130/n1992150/n1992500/3291665.html,2013年9月28日访问。

④ 考虑到目前城投债、中票的成本已达到8%—9%,信托成本普遍在12%以上,审计署报告中甚至提到,BT融资年利率最高达20%、集资年利率最高达17.5%,地方政府一年承担的利息即使不到2万亿,也少不了太多。

⑤ 参见钟伟:《化解地方债务危机之路:重启分税改革变卖地方国资》,载《第一财经日报》2013年8月6日。

2013年为881亿,2014、2015年则将分别为6808亿、2692亿。这个结果是全国平均水平,各地财政状况参差不齐,中西部地区财力较弱的省市,或者东部财力不错但杠杆更大的省市,均存在较大的偿债压力。未来三年左右,地方政府消化存量债务的压力较大。[①]

对债务清偿风险的另一项观察视角是资产负债情况。在地方政府无法举措到及时清偿债务的资金时,地方政府是否可以变卖资产清偿债务?虽然我们无法找到一份官方的地方政府资产负债表,但亦有分析师做了一个粗略的全国地方政府总体的资产负债表[②],从中可见自2002年以来地方政府资产负债表迅速膨胀以及资金杠杆不断加长的过程,我们摘取若干年份列示如下:

中国地方政府资产负债表　　单位:亿元

年份	2002	2006	2008	2010	2012
资产	**71 413.3**	**110 199.4**	**152 721.9**	**245 457.3**	**317 219.2**
非经营性资产	25 298.5	40 395.6	56 126.5	80 630.2	114 088.2
土地储备	7250.4	23 030.7	29 210.9	60 000.0	60 000.0
地方政府国有资产	37 321.7	41 667.8	58 902.6	92 688.4	132 754.3
地方财政存款	1542.7	5105.3	8481.9	12 138.7	10 376.6
负债	**14 021.7**	**35 701.6**	**55 687.4**	**107 174.9**	**143 841.0**
地方政府债券	995.5	2534.8	3953.8	7609.4	24 076.0
地方政府银行贷款	11 077.1	28 204.3	43 993.0	84 668.2	94 500.0
地方政府上级财政借款	588.9	1499.5	2338.9	4501.3	7000.0
地方政府其他单位和个人借款	1360.1	3463.1	5401.7	10 396.0	18 265.0
净资产	**57 391.7**	**74 497.7**	**97 034.5**	**138 282.4**	**173 378.2**

由上表可见,中国地方政府扣除掉非经营性资产的资产规模约在20万亿,考虑到土地级差收入的日渐减少,以及国有资产低效布局等因素及变卖折扣,要支撑17亿元的债务,确实让人担心其自我偿债能力。

二、中国地方政府性债务规模迅速膨胀的原因及危害

(一)地方政府性债务存在的必要性

政府举债并非都是坏事,诚如梁启超先生所言:"善恶之机,惟在举债用债

---

① 参见邵宇:《中国政府会有资产负债表危机吗?》,http://cn.wsj.com/gb/20130809/SHY070649,2013年10月7日访问。

② 同上。

之政府。”[①]

经济学理论在阐述市场失灵中有项重要内容为公共产品的提供,由于公共产品具有消费的非竞争性和非排他性特性,使得市场无法在公共产品的提供上实现资源的有效配置,故而理应由政府介入投资并提供。政府所投入之资金,可以是先前所积累之财政盈余(投资时点之前纳税人所缴纳税收),亦可以是举债(由公共产品的实际购买者偿付或者由投资时点之后的纳税人所缴纳税收偿付)。财政联邦主义认为,为资本性支出谨慎举债是合理的。其原因在于:

1. 举债能有效克服不同时期、不同地区的纳税人之间成本负担不公的问题。通常，投资成本会随着项目的实施而产生，但它的收益却分布在未来很长的一段时间内。如果投资支出来自经常性收入，则为项目提供资金的纳税人将来并不一定能够从中获益。而通过银行借款或发行债券的方式筹集资金,能够保证大多数的使用者为获得收益而支付费用。

2. 通过举债进行公共投资能够加速地方发展，产生的收益一般会超过举债成本。一方面，项目本身会产生一定的现金流；另一方面，对经济增长、扩大税基和增加政府收入也会产生长期的正面影响。[②]

就区域性的公共产品而言,由地方性政府提供更为适当,因其更接近所管辖区域的居民,更了解本地区居民的消费意愿和倾向。[③] 因此,地方性政府基于资本性支出进行适当举债,亦应具备合理性。

但是,无论是一国中央政府还是地方性政府(乃至于任何一个企业或者家庭等经济单元),其债务的筹措规模均应适度并与其经济发展水平、未来财政收入水平相适应,透支性的举债及所谓建设将使政府走向财政危机,最终使经济发展产生重大动荡。

(二)地方政府性债务近年来规模迅速膨胀的原因

中国地方政府性债务近年来迅速膨胀的原因主要是体制上的,有其基于中国财政制度、金融制度、官员选拔制度、政府行为监督制度等诸多因素的“路径依赖”。

1. 失衡的事权与财权

1994 年的分税制改革,在中央与地方之间划分了事权、财权,但该划分不甚清晰也不尽合理,总体的状况是“财权上收,事权下移”。地方政府在整个财政

---

① 梁启超:《饮冰室合集》,中华书局 1916 年版,第 156 页。

② 参见魏加宁、唐滔:《国外地方政府债务融资制度综述》,载《比较与借鉴》2010 年第 6 期。

③ 参见胡改蓉:《回归地方政府融资平台公司的公益性定位》,载《法学》2012 年第 10 期。

收入中(转移支付前)的划分比例仅约占30%,而且越往下层,税收分配越少。财政光用于吃饭都不够,根本无财力进行建设。根据测算,我国的城市化率每提高一个百分点,新增投资需求就达6.6万亿元。地方在要建设而无资金的情况下,只有两条道路,即卖地和举债。这也导致基层政府对土地财政的依赖度越来越甚,债台也越筑越高。地方政府过于庞大的事权与有限的财权之间的矛盾是形成地方债风险非常重要的原因。

2008年,为应对金融危机所引发的全球经济衰退,中央政府施行了四万亿等经济扩张刺激计划,与之相对应的是地方政府十万亿量级的资产负债表膨胀及投资计划。地方政府的资金从哪里来?中国人民银行和银监会2009年3月联合出台的《关于进一步加强信贷结构调整促进国民经济平稳较快发展的指导意见》给出了答案:"鼓励地方政府通过增加地方财政贴息、完善信贷奖补机制、设立合规的政府投融资平台等多种方式,吸引和激励银行业金融机构加大对中央投资项目的信贷支持力度。支持有条件的地方政府组建投融资平台,发行企业债、中期票据等融资工具,拓宽中央政府投资项目的配套资金融资渠道。"中央政府之前所采取的积极财政政策及地方配套资金要求是地方债2008年以来迅速扩张的直接原因之一。

2. "唯GDP论"的政绩考核机制驱动

在中国,官员的人事任免权牢牢掌握在上层手中,且在官员的任用问题上较为严格地遵循政绩,即以地方GDP指标作为考核标准,激励地方官员努力追求地方经济的快速发展。[①] 有研究表明,官员的升迁概率与该地区GDP的增长率呈显著的正相关关系。[②] 这也导致了中国地方政坛一个奇特但可能是普遍的现象,就是每一个新官到任一方,该地区便会掀起一轮新的基础设施建设狂潮。[③]

很多债务在借下的时候当政者并没有想好怎么还,或者压根没考虑过,因为到还的时候,借款的官员已经高迁了,似乎也没有听到过哪位官员因为在之前所任职处债务出现风险而被追责。所以,从理性人的角度分析,不难理解官员大量举债追逐GDP和政绩的冲动。

3. 对中央财政兜底的预期

尽管对地方政府性债务的担忧不绝于耳,但是在信托产品市场,地方性融资

---

① 参见张建伟:《地方债治理的宪政经济学分析》,载《法学》2012年第10期。

② 参见周黎安:《晋升博弈中政府官员的激励与合作——兼论我国地方保护主义和重复建设问题长期存在的原因》,载《经济研究》2004年第6期。

③ 四车道的路可以扒了改八车道(哪怕建设那条四车道道路欠的钱还没还上),高架那是必须的,当然最时髦的是整条地铁什么的(哪怕公交车人还没满座)。如果不圈上几十平方公里的地(哪怕长草),不建几个大广场,搞几条景观大道,你都不好意思被称为"有魄力","城市面貌焕然一新"。

平台发的产品仍然卖得最好。由于中国地方政府是单一制国家中非独立的地方机构,加之长期计划经济所形成的大一统思维定式,无论是地方政府官员,还是民众,普遍的预期是中国在短期内不可能有地方政府财政破产事件发生。[①] 在必然会被救助的理念下,地方政府官员不仅不需为欠下巨额债务而对地方居民心生歉意,还可能因为争取到了资金而感到骄傲。[②]

4. 无效的监督与无序的融资

笔者曾作为律师被邀请随信托机构参加一项地方政府融资项目的接触,为了拿到项目并表现出自己经验丰富,笔者做了很多书面的功课,在与对方主要官员(拍板者)碰面时,我问了一句看起来很专业的话:“你们地方人大能出承诺函吗?”领导微微一笑,抬起下巴对着后边坐着的一位说:“人大主任就在这里呢,你要盖什么就盖什么。”那个项目据说是个造价不菲的景观大道,而信托的钱来自银行。笔者背后问信托的朋友,银行的钱要是还不上怎么办,他很不在乎地说:“再转啊。另外,这是借给政府的,没事。这么说吧,银行如果对民营出了500万的不良,行长都可能被拿掉了,但对政府就是3个亿的不良,行长也没事。”

这次接触让笔者对地方债务监管的缺失有了切身体会。政府的债务最终要由纳税人来承担,政府举债要经过议会审批并受其监督是自然的程序要求(在写作本文的时候,美国政府因预算未通过而停摆)。笔者也看到很多学者在列举地方性债务管理制度完善时提到应加强人大的监督职能,但考虑到现实中人大“橡皮图章”的现状以及更深层的体制原因,即使将某些条文写在了纸上,恐怕现阶段也不能太过依赖。

对地方政府融资约束不足的另一方面重要原因来自于银行的定位。在地方政府融资的资金来源中,80%来自银行贷款。新中国成立以来,政府在融资渠道上一直偏重以银行为主的间接融资模式。而商业银行(无论是四大国有商业银行还是各地的城商行)虽名为“商业”,却并非一个完全独立的商业机构。无论是信贷指标,还是利率等等,均非由市场形成。在定位上,银行往往是被要求“服务”地方经济。所以,同样作为理性的人,在信贷投放方向的选择上,投放给政府(或国有企业)既服从大局又风险可控,自然成了银行管理者的优先之选。

---

① 2013年8月以来,中国国债收益率持续飙升,中债估值的10年期固息国债达到4.14%。此外,银行在8月份大幅增加了表外高收益资产的配置。这从侧面说明,国债收益率本身具有向上的压力,也暗含了中央政府将为地方债务兜底、扩大自身资产负债表的预期。

② 别人都在借,借了又不用还,你不借你不是傻子就是无能。这让笔者想到某县官员打出广告牌热烈庆祝该县被评为国家级贫困县,遭到媒体猛烈抨击,但是,考虑到国家级贫困县可以给地方带来的巨大利益及竞争之激烈,不难理解地方官员的激动和自豪之情。

（三）地方政府性债务过度膨胀的危害

无序的融资扭曲了资金资源的合理配置，对私人（民营）部门投资有着重大的挤出效应。同时，由于缺乏对投资项目的完整绩效评价，导致投资的低效、重复情形严重。此外，闭合型的资金供给和需求模式以及不透明的市场，造就了腐败的温床（既包括融资环节，也包括投资建设环节）。

从更宏观的角度看，过度膨胀的地方政府性债务还对整个金融系统和中央财政体系的稳定性构成了重要威胁。

1. 对银行及金融系统的稳定性构成威胁

根据2011年“第35号审计公告”，在10.7万亿元的地方政府性债务中，银行贷款达到8.47万亿元，占总额的79%，同时占到当年全国金融机构贷款余额的18%。上述贷款余额数据估计在本轮审计后还会有所攀升。

不仅如此，在剩下的其他重要融资管道中，也离不开银行的影子。就信托而言，迄今为止，信托主要做的还是“通道”业务，项目是银行的，钱实际上还是银行的，只是从银行的表内转到表外了。① 就地方政府债、企业债、短融、中票而言，90%以上走的是同一套发行系统：银行间债券市场。而在银行间市场中，60%的国债和地方政府债、42%的企业债、66%的短期融资券，其持券者仍然是商业银行。

正是上述几乎封闭性的金融体系结构，使得任何国民经济中的风险无法通过多层次的金融体系分散开来，所有的风险都集聚在商业银行系统内。我们可以想象一下，假定未来出现区域性地方政府性债务违约现象，会出现的连环后果是什么？首先是地方政府融资利率必定上升，②然后基于信用危机的传染性，更多地方政府债务可能无法获得债务展期，危机蔓延，大量呆账坏账将滞留在银行账面。如果导致银行信用危机，将引发挤兑的灾难性后果。

2. 透支型的债务举借将倒逼中央财政的稳定性或引发通货膨胀

毫无疑问，中央政府不会允许上述情形发生，且应该相信中央政府拥有足够的工具、资源来应对上述情形。可能的选项是：(1) 发行国债，替换或承接地方政府的不良债务，但这将直接使中央政府的资产负债表膨胀，影响中央财政的稳定性；(2) 将大量不良呆账从银行剥离③，或者在银行出现危机时大量注入流动性，但这将导致剧烈的通货膨胀，剧烈的通胀对经济发展的负面影响是不言而喻

① 有评论认为，在中国，与其说“影子银行”，不如叫“银行的影子”更为合适。

② 2012年4月前，受山东海龙债务危机影响，中票利率一直在8%以上，后在危机解决，地方政府兜底后，5月中票利率回归7%甚至6.8%，可见单个违约事件对市场利率影响很大。

③ 设立资产管理公司，承接不良银行资产，可参考之前的先例。

的，而且将引起对公平正义方面的质疑。

三、地方政府现行举债模式和渠道考察

为便于考察与分析，笔者将目前地方政府性负债的主要举债模式及渠道以图表方式列示如下：

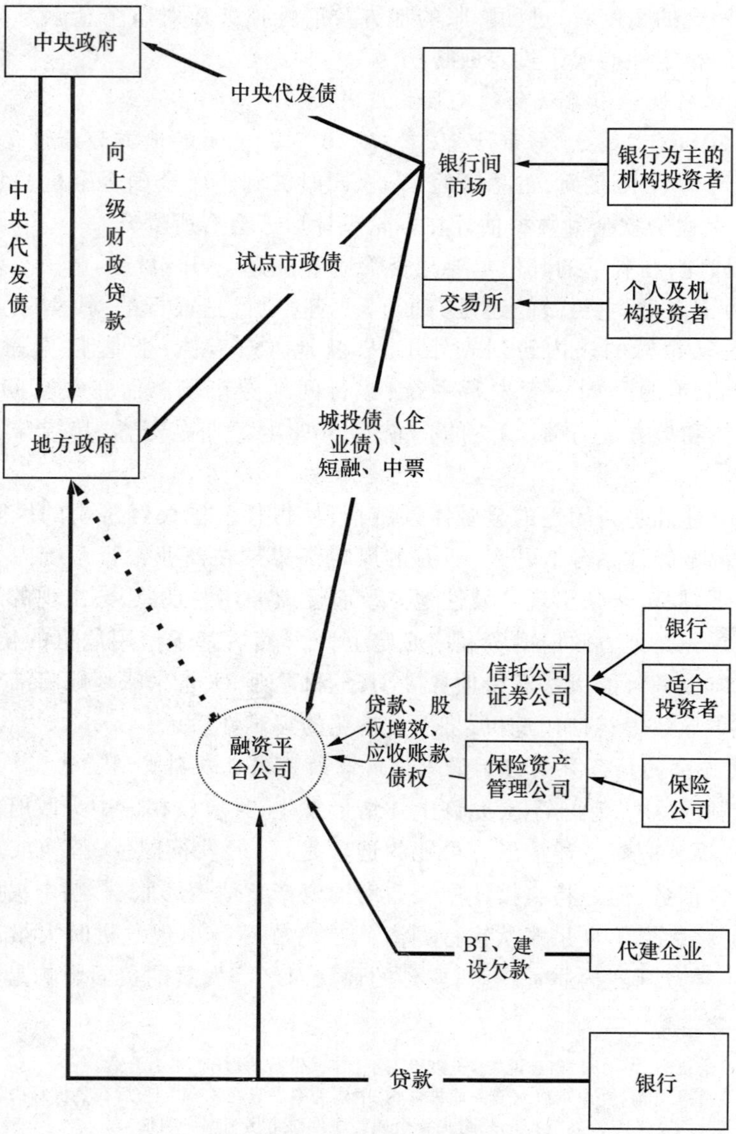

地方政府性负债的主要举债渠道图

综合起来，目前实践中地方政府负债按资金来源划分大致可以分成五类：

1. 政府直接或通过融资平台向银行贷款

根据“第35号审计报告”及“36地报告”的结果，银行贷款是地方政府性债务资金的主要来源。“第35号审计报告”披露在总债务额中银行贷款为8.47万亿，所占比重为79.01%①；“36地报告”则显示银行贷款在总债务额中所占比重为78.07%。银行在我国金融结构中的绝对主渠道作用一览无遗。

2. 政府（直接或通过融资平台）发行债券（含短融、中票）

（1）政府发债的主要模式一般分两种，一为从2009年开始的通过中央代地方政府发债，即经国务院批准同意，以省、自治区、直辖市和计划单列市政府为发行和偿还主体，由财政部代理发行并代办还本付息和支付发行费的可流通记账式债券。二为从2011年开始试行并逐步扩大规模和地区范围的地方政府自行发行的地方政府债券。上述两项合计规模为2009年2000亿，2010年2000亿，2011年2000亿，2012年2500亿，2013年3500亿。其中2011年到2013年的发债规模中包含地方政府自行发债规模，分别为229亿元、289亿元和700亿元。根据上述统计，迄今（截至2013年10月）中央政府代发和地方政府自行发债债务余额应为1万亿左右（2009年的债券为三年期，应已清偿不计入余额）。

（2）除代发和自行发行的政府债券之外，地方政府还运用融资平台为发行主体，分别通过发改委（企业债）、交易商协会（短融、中票）在银行间市场（极少量企业债通过证券交易所）发行了诸多债券，该等债券规模在近三年增长迅速。根据“第35号审计报告”，2010年底，地方政府发行债券余额为0.76万亿，扣除上述代发的0.4万亿，应当仅有0.36万亿之规模。而至2013年，普遍认为该等债务余额已突破2万亿元。根据“36地报告”，2012年底债务余额中，发行债券增长较大，比2010年增加1782.13亿元，增长比率为62.32%，其中发行债券中的短期融资券和中期票据增长比率达113.40%。这与2010以来短融和中票市场逐步向城投企业开放密切相关。

3. 向上级财政的借款

根据“第35号审计报告”，2010年底地方政府向上级财政借款余额为0.45万亿。此项债务应当较易核查且比较稳定，比较隐蔽且监管难度大的是后两项。

4. 通过信托、保险资产管理公司等资管通道（俗称影子银行）融资

该项主要为地方政府经由融资平台公司（包括专设的项目公司）通过政信

---

① 参见中国审计署2011年第35号公告《全国地方政府性债务审计结果》，http://www.audit.gov.cn/n1992130/n1992150/n1992500/2752208.html，2013年9月25日访问。

合作、保险资金基础设施债权投资计划、券商资管计划等“影子银行”渠道获得的融资。①

我们以信托为例描述上述融资的主要模式：

(1) 银行的资金通过信托“通道”贷给融资平台，此种情形下，信托会设立一个单一资金信托产品。银行通过此方法回避贷款额度不足等限制。

(2) 信托通过自有渠道(包括委托第三方理财)发行集合资金信托产品，募得资金，出借给融资平台。

(3) 信托受让政府平台公司对地方政府的应收账款债权，发行财产权受益信托产品。

在上述模式中，都需要以政府作为交易对手签署回购项目、融资平台将对政府的应收款作质押等方式，由政府提供隐性担保。在某些项目中，信托为获得更多保护，将以股权投资的方式向项目注入资金，此时，地方政府(融资平台)需以承诺未来溢价受让信托资金所持有项目公司股权的方式，保证投资方资金安全。

由于信托融资不需审批(只需在银监部门备案)，所以此种模式在政府管控银行信贷资金流向地方性融资平台时，发展比较迅猛。

关于影子银行资金流向地方融资平台的规模，亦无公开准确数据。有学者认为规模在1.8万亿元左右。②

5. 通过BT、拖欠建设款等方式负债

根据“36地报告”，随着国家对地方政府性债务管理的加强和银行对地方政府及其融资平台公司信贷投放的从紧，一些地方通过BT(建设—移交)、垫资施工和违规集资等方式变相举债融资的现象较为突出。审计抽查发现，2011年至2012年，12个省会城市本级和1个省本级通过BT和垫资施工方式实施196个建设项目，形成政府性债务1060.18亿元，占到新举借债务额的7.8%。这些融资方式隐蔽性强，不易监管，且筹资成本普遍高于同期银行贷款利率，如BT融资年利率最高达20%、集资年利率最高达17.5%等，蕴涵着新的风险隐患。③

---

① 关于银行资金通过“通道”实现表内向表外转移的一个新的市场变化是，2013年10月，银监会开始推出“银行资产管理计划”试点，这意味着银行将直接进入资产管理领域，信托及证券公司等的原有“通道”业务将面临考验。

② 参见邵宇：《中国政府会有资产负债表危机吗？》，http://cn.wsj.com/gb/20130809/SHY070649.asp，2013年10月7日访问。

③ 参见中国审计署2013年第24号公告《36个地方政府本级政府性债务审计结果》，http://www.audit.gov.cn/n1992130/n1992150/n1992500/3291665.html，2013年9月28日访问。

四、对地方政府性债务目前治理措施中所涉若干法律问题的探讨

（一）地方政府对融资平台债务应承担有限责任还是无限责任？

在1994年分税制改革的背景下，中央出台了1994年《预算法》，该法第28条规定："地方各级预算按照量入为出、收支平衡的原则编制，不列赤字。除法律和国务院另有规定外，地方政府不得发行地方政府债券。"该法条反映了中央政府对地方融资权的上收及保证地方财政稳健的政策意图，但是，在实践中，地方政府举债早已是广泛存在的客观现实。

地方政府普遍采取的是"曲线举债"的模式，其中，最重要的举债主体便是林林总总的地方政府性融资平台。根据"第35号审计报告"，截至2010年底，全国省、市、县三级政府共设立融资平台公司6576家。由于融资平台公司的负债不纳入政府预算，地方政府通过此模式规避了预算法的限制。

在中央与地方的博弈下，对于地方政府性融资平台的存在与运行，中央政府采取了默认的态度，甚至在一些特殊情形下（如2008年美国次贷危机后），中央政府对此持支持态度，如"支持有条件的地方政府组建投融资平台，发行企业债、中期票据等融资工具，拓宽中央政府投资项目的配套资金融资渠道"①。

在注意到地方融资平台的乱象丛生、不规范及所隐含的财政风险和金融风险后，中央态度很快发生重大变化。2010年6月，国务院出台了《关于加强地方政府融资平台公司管理有关问题的通知》（以下简称"国发(2010)19号文"），该通知要求"地方政府在出资范围内对融资平台公司承担有限责任，实现融资平台公司债务风险内部化。要严格执行《中华人民共和国担保法》等有关法律法规规定，除法律和国务院另有规定外，地方各级政府及其所属部门、机构和主要依靠财政拨款的经费补助事业单位，均不得以财政性收入、行政事业等单位的国有资产，或其他任何直接、间接形式为融资平台公司融资行为提供担保"。该项内容反映了中央希望在融资平台公司与地方政府财政之间建立债务风险防火墙的政策动机，应当属于"开前门、堵后门、筑围墙"的债务治理总体思路中的"筑围墙"。

值得注意的是，细细考察地方政府融资平台之前的运作模式后，笔者觉得在债务分类治理未达到阶段性目标之前，片面强调"有限责任"，有不现实、不合

① 参见2009年3月出台的《关于进一步加强信贷结构调整促进国民经济平稳较快发展的指导意见》。

法、不合理之嫌。

1. 不现实

在实务操作中,特别是在近三四年的操作中,政府为项目提供信用支持的模式不再是人大承诺之类,而是基于回购协议的应收款质押(近两年来参与的城投企业债和信托发行多采用此模式)。该模式的一般操作可简单概括为:发行人(融资平台)募集资金投资于某项目(比如保障房项目或某条道路),政府(财政)与发行人(融资平台)签署回购协议,约定在未来几年后分期支付回购款,发行人将此应收账款以投资人为质押权人作质押,为其出资提供担保。

在上述安排下,地方政府不仅是发行人的出资人,更是发行人的债务人。按照公司法的一般原理,如融资平台破产清算,其对政府的债权将被列为破产财产,债权人可就此等债务向政府进行追索,有限责任无法阻断债务追索风险。

此外,如融资平台未在其对政府债权到期后向政府要求清偿,且其又未及时清偿债务,债权人可依合同法之债权人代位权的条款直接向政府要求债务清偿。

鉴于类似上述安排的普遍存在,且似乎并未被监管层置疑为隐性担保(2012 年企业债、中票采取上述安排的比比皆是,且都通过审核),所以,笔者认为通过有限责任制度安排隔离融资平台与政府间债务风险是无效的。

2. 不合法

所谓的不合法当然不是说国发(2010)19 号文本身的描述不符合法律规定,而是指鉴于融资平台本身的属性和融资平台先前的操作模式,政府主张对融资平台以出资为限承担有限责任可能被公司法衡平制度推翻。

何为融资平台,按照国发(2010)19 号文之定义,为“由地方政府及其部门和机构等通过财政拨款或注入土地、股权等资产设立,承担政府投资项目融资功能,并拥有独立法人资格的经济实体”。

在实践中,诸多融资平台虽名为独立法人,但实为地方政府的“第二财政”,其具有强烈的政府背景以及“融资工具性”公司定位。有学者认为,应将融资定位为公法人与私法人之间的“特殊法人”较为可取①,笔者表示赞同。

笔者接触的融资平台公司中,有一些原来主要承担的是国有资产管理平台功能或投资建设功能,后逐步在其上嫁接了融资功能。另有一些则完全是出于融资目的设立,工具性公司属性更为明显。上述公司在融得资金后,往往本身对资金的使用并不具有实质性的支配权,而由地方财政统一调拨。有些资金自然被投入了基础设施投资领域,还有的资金则可能被填了地方财政的亏空。此外,有些融资平台的资本注入不实或者拿一些不适合作为投资的资产(如医院、学

① 参见顾功耘、胡改蓉:《如何规制地方融资平台》,载《上海国资》2012 年第 4 期。

校的划拨地)注入。在如上种种情形下,如融资平台资产不足以清偿地方政府债务,地方政府对融资平台的有限责任必将受到公司法“刺破公司面纱”原则的挑战。

3. 不合理

地方融资平台是为政府投资而承担融资任务的,其中诸多融资被投入公共产品提供领域,提供公共产品特别是公益性且收益少的公共产品本身就是政府之职能,理应由政府承担投融资风险及损失。对提供公共产品而本身不产生充裕现金流的项目与平台公司,政府自应由财政兜底。而依据国发(2010)19号文,该等公司却成为最有可能被主张有限责任并被风险隔离的公司类型。

若是收益好的项目,风险自然不会波及地方政府,由其自身现金流支撑,风险隔离的意义不大,而自身现金流不足的公益性平台,不应进行风险隔离。这是国发(2010)19号文存在的一个悖论。对融资平台没有区分地主张风险隔离,只能说围墙划错了界址,倒洗澡水时把孩子给一起倒了。

当然,也可能中央对地方债务治理的整体布局是开前门(允许地方政府就公益性项目发市政债)、筑围墙,但从逻辑上说,似应先开前门,后筑围墙。纵观国发(2010)19号文及之后出台的细化文件,未见对无现金流收益的公益性项目前门开在何处,倒是规定了“对还款来源主要依靠财政性资金的公益性在建项目,除法律和国务院另有规定外,不得再继续通过融资平台公司融资”,使得“融资平台公司因承担公益性项目建设举借、主要依靠财政性资金偿还的债务”,成为被阻断融资来源(限制使用信贷资金、限制通过发行企业债券融资)的项目。

(二)是否应当赋予地方政府以自身名义自行发行债券的权利?

对于这个问题,诸多学者已从不同角度作出过阐述,观点各不相同。其中认为目前不宜赋予地方政府发债权的代表性观点在于:(1) 由于中央政府无法完全控制也不宜完全控制地方政府的财政行为,地方政府发债权的“闸门”一旦打开,地方债的规模很可能会迅速扩张;(2) 对于中央政府而言,发债权是一种非常重要的权力,如果将该种权力配置给地方政府,将很大程度上改变当前中央与地方的财政权力对比;(3) 中国目前缺乏良好的地方治理,只有当各级人大能真正有效地履行权力机关的各项职能,对政府的发债等财政活动形成有效控管时,才可以考虑赋予地方政府发债权;(4) 发行地方债可能会在公债市场上挤压国债,进而影响国债宏观调控功能的实现;(5) 从中国国内宏观经济格局看,投资者将更倾向于东部发达地区发行的地方债,这必然会在一定程度上加大不同地区政府间的财力差距,进而加剧地区间经济发展的不平衡;(6) 配套制度缺乏,既然要赋予地方政府发债权,就必须要考虑到债务风险问题,国外地方债券制度的建立有财政紧急状态应对制度和政府破产制度相匹配。①

笔者认为,赋予地方政府自行发债权是梳理化解地方政府性债务危机的重要步骤,是"开前门、堵后门、筑围墙"中的主要前门通道。应当通过修改《预算法》第28条,逐步放开对地方政府自行发债权的限制。原因如下:

1. 关于对地方债闸门开启后债务规模会迅速扩张以及在很大程度上改变当前中央与地方的财政权力对比的担心,可以通过制度设计来避免。从世界范围考察,按照分权程度逐渐减弱,或者集权程度逐步加强的标准,总体存在四种地方政府债务管理体制:市场约束型、共同协商型、制度约束型、行政控制型。(1) 市场约束型是建立在完全分权基础上的地方政府债务管理体制,这种体制下,地方政府有权根据自身资金需求和金融市场资金供给状况对是否举债、举债额度等作出决定,不需要得到中央政府批准。(2) 共同协商型是建立在较大程度分权基础上的地方政府债务管理体制,这种体制下,地方政府需要首先与中央政府就关键性的宏观经济与财政指标达成一致,然后可以自主决定其举债行为。这种类型在财政约束意识较好的国家比较有效。(3) 制度约束型是建立在部分分权基础上的地方政府债务管理体制,在这种体制下,中央政府通过建立一系列制度,对地方政府举债行为进行约束,但原则上不对地方政府债务管理活动进行行政干预。(4) 行政控制型是建立在集权基础上的地方政府债务管理体制,在这种体制下,中央政府对地方政府债务进行全面的行政管理,包括事前审批、事中监管和事后检查,地方政府的债务管理自主权很小。②

前文的担心可能是将中国地方政府发债权的设置与否直接放在市场约束型管理体制(也就是地方政府可不受限制地自行决定是否举债以及举债额度)中去考量所得出的结论,但是中国目前对地方政府发债权的制度设计应当不会如此。可能的路径是:第一阶段先在总量控制、配额分配的现有模式下,将目前在若干城市进行的试点推向全国,以满足地方政府提供无现金流公益性公共产品的需求。第二阶段逐步市场化,即制度化地设定地方政府发行市政债的自身财政资质要求(如偿债率、负债率等指标),在指标范围内赋予地方政府自行决定发债的时间和额度。依此路径,应可避免前述担心。

2. 关于中国目前缺乏良好的地方治理,实际上,不管是否允许地方政府公开发行地方债券,地方政府都已经在通过地方融资平台隐蔽地频频举债,地方人大部门的"橡皮图章"也从未对举债构成实质的约束。良好的地区社会治理不

---

① 参见刘剑文:《地方政府发债权的现实可能性》,载《法学》2012年第10期。

② 参见中国财政部预算司:《国外地方政府债务管理情况综述》,载《预算管理与会计》2008年第4期。

会一夜发生,它需要民众对社会事物的关注与参与,需要政府信息特别是与公众密切相关的信息(如政府负债程度等)能更加透明、直观地显示在公众面前。如同直接税比间接税更能增加公众的税负痛感,并激发其监督热情一样,地方政府负债形式如能逐渐从隐蔽不透明的间接负债变为相对透明、规范的直接负债,将对改善区域治理、增强财政民主大有裨益。

3. 关于允许地方政府发债将会挤压国债,对在不同区域之间的债券形成竞争、增加区域性财政差距压力的担忧,首先,在制度设计上,地方政府发债权的赋予肯定不会一步跨入完全市场化,中央政府可以在发债总体规模、区域分配上采取规模制约和配额管理;其次,债券市场遵循风险定价的原则,对不同区域、不同风险的债券给予不同的定价,通过市场调节资金流向,这本身就减少了资金配置的扭曲,符合深化市场化改革的总体方向,有利于形成政府举债约束机制,促进良好的区域竞争态势形成。关于区域差距问题,可以在中央转移支付等其他财政公平政策中予以制度化体现,但不应为了所谓"均富"而放弃"效率"。

4. 关于财政紧急状态应对制度和政府破产制度等配套制度的缺乏,确实,这是对地方政府债务进行管理的非常重要的风险控制手段,不管是否给予地方政府发债权,都应当逐步建立与完善。但是,以此来否定给予地方政府发债权的合理逻辑前提应当是:给予地方政府发债权会使地方债务(不仅指债券,还包括各种类型的地方负债)面临失控风险;而不赋予地方政府发债权,地方债务就不会失控。根据前文对中国地方政府性债务迅速膨胀的原因分析,显然该命题是不成立的。

五、建立地方性债务管理机制的若干建议

(一)在投资领域上,政府之手与市场之手应有适当边界

2004年7月16日发布的《国务院关于投资体制改革的决定》指出,要"合理界定政府投资范围。政府投资主要用于关系国家安全和市场不能有效配置资源的经济和社会领域,包括加强公益性和公共基础设施建设,保护和改善生态环境,促进欠发达地区的经济和社会发展,推进科技进步和高新技术产业化"。

然而,一个显而易见的现实是,目前地方政府的投资范围并非以基础教育、公共医疗、经济性住房等应置于政府职能范围之内的、与社会公众福利紧密相连的、市场失灵无法有效提供的产品和服务为限,而是以GDP增长或营利为目标,从而背离了"公益"之价值追求,不仅未能带动反而挤压了民间资本的投资活力

和空间,造成投资项目“与民争利”。[①]

中国地方政府应摆脱“什么都想干、什么赚钱想干什么”的心态,避免自己既当运动员又做裁判员,否则不仅挤压了民间资本的发展空间,也将使自己在债务泥沼里越陷越深。

(二)建立多层次、分类别的举债结构,区别一般责任债和项目收益债务,适当隔离政府债务风险

目前对地方债务的治理还是主要以缓释金融系统风险为目标来进行的,考察的指标主要看是否能够还钱(考察现金流是否覆盖),这也造成了前文所述的一股脑地将无经营性收入的公益性项目隔离在外的不合理政策设计。

未来应将地方性的债务按信用基础的不同分为一般责任债和项目收益债两种类型,前者由地方政府信用为担保并以政府财政税收为支持,而后者则应与特定项目相联系,其还本付息应来源于或主要来自于特定项目的收益。从域外地方债务发展趋势看,项目收益债的比例在不断提高。

对于没有或者只有少量经营性收入的公益性项目投资,应提供政府信用支持,并完全纳入政府预算安排,与之相应的是应逐步扩大地方政府发行债券的范围,在债务监测计量的基础上实施政府债务的指标控制和规模控制。

对有经常性、稳定性经营性收入的公益性项目,应主要依赖项目本身现金流予以支撑,并由融资平台以自身资产提供增信,主要依靠市场机制解决项目投资资金。通过资产证券化等公共融资的市场化约束机制、差异化的风险补偿机制,发挥金融体系风险定价功能。要尽量减少政府财政与上述项目之间的直接的回购、BT 等项安排,隔离项目收益与风险,逐步收缩地方政府资产负债表。

(三)建立制度化、常态化、全口径的地方政府债务监测、计量、确认系统,在准确的债务信息收集的基础上,实施债务的规模控制,并完善地方政府风险评估和预警制度

此次国务院安排审计署突击性地对地区债务进行全面检查,侧面反映了中央对地方债务问题的不完全掌握,也说明制度化、常态化、全口径的地方政府监测、计量、确认系统尚未形成。没有完善透明的债务监测计量确认系统,对地方性债务的管理将成为无本之木。

债务的计量、确认虽是技术性的细节,但考虑到中国地方政府普遍存在的上有政策、下有对策的博弈理念与现实国情,必须就不断变化的债务新形式,从实

---

① 参见杨松、张永亮:《地方政府融资平台的发展方向》,载《法学》2012 年第 10 期。

际重于形式的角度,提高识别、认定能力。此外,在债务的计量中,应当将虽然名义不是由地方政府直接承担但地方政府实际承担偿还责任的债务(包括回购安排等)纳入预算范围,使隐性的债务显性化。

纸面规则虽易制定但更易被逾越,要真正使得信息准确上达,必须建立对债务情况披露、备案的一把手负责制,将如实上报债务信息列入官员职责考核范围,对隐瞒的情形予以严肃追责。

债务管理的一项重要内容是在准确的债务信息的基础上对地方债务实施规模控制。规模控制包括需求控制和供给控制。需求控制(即借款方控制)相关指标主要包括:债务率、新增债务率、偿债率、利息支出率、债务依存度、资产负债率、负债率、短期债务占比和担保债务占比等。供给控制,则主要是控制银行及其他提供贷款的非银行金融机构等。目前中央政府对债务的控制主要还是通过银监会、发改委等渠道[①]实施的供给控制,未来应逐步加强对需求控制的制度设计,以建立需求控制与供给控制相结合的规模控制机制。

在债务信息系统中还应当纳入风险评估和预警制度,此方面,哥伦比亚的"红绿灯"预警系统很有借鉴意义。其将每个地方政府的债务与偿付能力联系起来,并规定了两个限制性指标:一是地方政府的债务利息支出与经常性盈余之比,该指标代表地方政府的资金流动性;二是债务余额与经常性收入之比,该指标用来评估中长期债务的可持续性。如果债务利息支出与经常性盈余之比小于40%,且债务余额与经常性收入比例小于80%,则意味着地方政府处于自主负债状态,即处于绿灯区,地方政府被允许借款;否则,就意味着地方政府处于严重负债状态,即处于红灯区,此时禁止地方政府借债。[②]

(四)完善相关配套制度,如设立地方政府财政危机救助、接管乃至破产制度,设立还债基金等风险缓释措施和防护网络

当地方政府面临偿债危机时,各国根据各自的债务管理体制采取的应对措施分为三种情况:一是中央政府行政接管,二是中央政府重组地方政府债务,三是地方政府自行处理。根据我国单一制国家的实际情况,第二种处置方式是比较合适的,但上级政府承担救助的责任及实施的条件和程序应以法律明确界定。

地方政府承担因发债出现财政破产的法律责任,或许能迫使地方政府成为一个廉洁、高效甚至是廉价、高效的政府。[③] 在改革发展到一定阶段情况下,可

---

① 目前虽然主要还是从银行系统、发债系统实施管制,但信托等非银行金融机构也逐步被纳入监管范围。参见闫瑾、苏长春:《信托恐成地方债治理新标的》,载《北京商报》2013年7月29日第7版。

② 参见财政部预算司:《国外地方政府债务管理情况综述》,载《预算管理与会计》2008年第4期。

③ 参见夏启明:《地方政府发债的法律问题研究》,载《云南大学学报(法学版)》2009年第1期。

以考虑设立地方政府财政破产制度,以平衡地方政府的权利义务责任。同时,地方政府财政破产制度的建立,也将改变市场对中央无条件托底的预期,对限制地方债务的非理性膨胀有正面作用。

建立偿债准备金制度也是加强政府债务管理,防范债务风险行之有效的手段。当地方政府不能偿还到期债务时,可先行从偿债准备金中支付,以减少债务风险对地方正常财政运行的冲击。

(五)建立对地方政府债务的多方监督、约束体系,确立对导致地方财政危机的官员的追责制度

设立地方政府债务的多方监督体系,包括:(1)设立专门的管理机构,以对地方政府的债务信息进行收集、认定,并对地方政府的债务实施需求管理;(2)完善人大监督职能,地方人大应当根据本地区的预算和财政收支情况审查地方政府债券发行规模、使用方向和还债能力;(3)要增加债券直接融资的比重,发挥评级机构、中介机构的信息发现及监督作用,加强对各级地方政府债务信息的公示与披露,以便于纳税人和大众投资人监督。

最后,也是治理地方政府债务问题的最关键之处是,执政组织内部要改变政绩评价体系,确立对导致地方财政危机的官员的追责制度。唯此,才能真正对地方债务起到遏制作用。是否真正建立追责制度,取决于执政当局对治理地方债务、坚持市场化道路的决心。

房地产市场调控政策的法律分析

——以限贷、限购、限价为中心

宋怡欣

限贷、限购、限价政策自推行以来颇受社会各界的关注，其中亦不乏反对之声。本文首先需要明确的一个问题是：本文的分析对象是近年来政府推出的经济政策，而非由立法机关制定的有关房地产的法律法规。而对经济政策的分析，为何以经济法作为着眼点？随着我国法制化国家的逐步建立，应该说大部分的经济政策都有立法趋势，但这并不是说经济政策本身就没有存在的空间了。相反，随着市场经济的不断发展，社会经济政治情况会趋向于多元化、复杂化、国际化、动态化，面对不断变化的市场，仅以相关的经济法律调整市场是远远不够的，法律的稳定性决定了其只能对社会经济生活的核心关系、常态关系进行调整，而不断变化的经济市场情况需要由相关的经济政策作为补充来调整。这也不是说经济政策与经济立法就是两个完全分开的概念，相反，在任何时代、任何社会，经济政策与经济法都是密切联系、不可分割的。一方面，经济政策是经济立法过程的先导，任何经济法律的制定必然需要经过社会的考量，因为如果经济法律直接制定而与既定的目标发生偏差，就会消耗大量的社会资源，因此，多数经济法律在制定之前，一般都会预先制定相关经济政策作为经济立法的先导，通过实施相关的经济政策对经济立法的效果进行预判。① 另一方面，任何政策的制定都是以现有法律规范作为依据的。法律来自于国家的最高权力机关，代表着国家大部分公民对于社会利益分配的价值取向，而政策仅仅代表着政府对社会利益的价值趋向，因此，两者经常会出现不一致乃至矛盾。作为享有公权力的政府机

① See Hansen, L. and Sargent, T., Linear Rational Expectations Models for Dynamically Interrelated Variables: In Rational Expectations and Econometric Practice, Minneapolis: University of Minnesota Press, Oct. 1981.

关,其本质是促进社会整体利益的最优,因此,必须对政府的权力进行限制,保证其行为的正当性,任何政府行为,无论是具体的还是抽象的,其制定实施都必须在法律的框架之内,以防政府社会管理权力的滥用。① 也就是说,经济法是经济政策的重要前提,既是经济政策制定的重要依据,也是经济政策得以实施的重要保障,更是经济政策得以完善系统化的重要方向。只有以经济法的视角对经济政策进行剖析,才能保证经济政策符合社会公众的利益。②

一、限贷、限购、限价政策的路径选择

限贷、限购、限价政策的制定与实施从总体上讲是一个由间接干预到直接干预、由个别城市到多数城市、由概括性政策到具体政策的过程。③ 2010 年年初"国十一条"④发布之际并未十分明确地给出调控的具体措施,仅概括阐述了政府对房地产市场价格过高需要调整的意见以及实施限贷政策的方向,同时也仅仅在上海、北京等一线城市进行推广,直到之后随着限贷政策逐步具体化,限价、限购政策才逐步引入并在全国各大城市推广。限贷、限购、限价政策本身也是一系列不断变化的动态经济政策,是由不同时期不同的细化政策所构成的,以限贷政策为例,最早实施的仅仅是二套房的限制性贷款,之后才逐步衍生为具体的差别性房贷政策。所以,要深入理解限贷、限价、限购政策,必须将相关政策从概括性政策中抽离出来进行分类讨论,只有这样才能更加深刻地了解限贷、限购、限价政策的背景与特征。

(一) 限贷政策:金融调控与金融监管的对比分析

限贷政策的出台是一个渐进的过程。政策出台之初仅对二套房的购买进行了限制,"国十一条"第 3 条规定:"加大差别化限贷政策执行力度。金融机构在继续支持居民首次贷款购买普通自住房的同时,要严格二套住房购房贷款管理,合理引导住房消费,抑制投资投机性购房需求。对已利用贷款购买住房、又申请购买第二套(含)以上住房的家庭(包括借款人、配偶及未成年子女),贷款首付款比例不得低于 40%,贷款利率严格按照风险定价。"该条主要从抑制需求贷款

---

① 参见漆多俊:《权力经济向法治经济的转变——兼论转型时期法律的控权使命》,载《经济法论丛》2005 年第 2 期,第 326—333 页。

② 参见林毅夫:《潮涌现象与发展中国家宏观经济理论的重新构建》,载《经济研究》2007 年第 1 期,第 26 页。

③ 参见吴敬琏:《建设法治的市场经济》,载《2003 年中国改革论坛文集》。

④ 2010 年 1 月 10 日新华社发布《国务院办公厅关于促进房地产市场平稳健康发展的通知》,共有十一条,故简称"国十一条"。

的角度控制房地产资金流向,这实质上是本次限贷政策的核心所在:长期以来房地产市场的价格居高不下,但是随着房价的上涨,在越来越多的人抱怨买不起房的同时,房地产市场的交易额却变得越来越大,究其根源就是大量的社会闲散资金流入房产市场进行投资。此外在政策出台之初中央也注重对房产商的贷款资金进行限制,"国十一条"第5条规定:"加强房地产信贷风险管理。金融机构要进一步完善房地产信贷风险管理制度,坚持公平、有序竞争,严格执行信贷标准。要严格执行房地产项目资本金要求,严禁对不符合信贷政策规定的房地产开发企业或开发项目发放房地产开发贷款。人民银行、银监会要加大对金融机构房地产贷款业务的监督管理和窗口指导。有关部门要加强对信贷资金流向和跨境投融资活动的监控,防范信贷资金违规进入房地产市场,防止境外"热钱"冲击我国市场。"即通过挤压房企的资金链促使房企降价抛房,但是此举的合理性值得商榷,房地产公司实质上是我国商品房开发的中坚力量,通过卡死房企资金链迫使房产商降价,无疑有杀鸡取卵之嫌。①

"国十一条"最早出台时,我们可以发现政策的调整对象有两方面的关系:第一种是普通居民与银行之间的借贷关系,重点要求实施差别化的信贷政策,特别是对已经拥有第二套商品房的家庭,贷款后首付的比例要求不得低于总价的40%,其目的就在于防止进行房产的卖空买空;第二种是房企与银行之间的借贷关系,实质上就是对房企限制或者停止贷款。② 两条措施相比而言,第一种措施执行相对较难,因为购房贷款一般是银行与个人之间发生的借贷关系,差别化信贷政策意味着银行在贷款之前必须先确定居民拥有的房屋数量,而居民的房产数量十分难以确定,一个家庭通常拥有多个家庭成员,且拥有的房屋可能在不同地点,如果每一次房款的借贷都必须查清居民家庭的房产状况,无疑需要房产登记部门、民政部门等多个部门的配合,银行势必要投入大量的人力物力。

同时,限贷政策也是三项政策中变化最多、最为复杂的政策。2010年4月14日出台的"新国四条"③第1条又进一步对限贷政策作出了规定:"对购买首套自住房且套型建筑面积在90平方米以上的家庭,贷款首付款比例不得低于30%;对贷款购买第二套住房的家庭,贷款首付款比例不得低于50%,贷款利率不得低于基准利率的1.1倍;对贷款购买第三套及以上住房的,大幅度提高首付款比例和利率水平。地方政府可根据实际,在一定时期内采取临时性措施,严格

① See Sarah Anderson & John Cavanagh, The Top 200—The Rise of Global Corporate Power, Institute for Policy Studise, 25 December, 1996.

② 参见周建平:《住房按揭在深圳》,载《深圳商报》1998年11月9日第1版。

③ "新国四条"是指国务院为遏制部分城市房价过快上涨,于2010年4月14日在召开的国务院常务会议中制定的四条政策措施。

限制各种名目的炒房和投机性购房。加快研究制定合理引导个人住房消费、调节个人房产收益的有关税收政策。”相比最初的“国十一条”,该政策主要在三个方面作出了修改:首先是在原有对二套房贷款限制的基础上进一步提高了二套房的贷款标准,即进一步将贷款购买第二套住房的家庭的贷款首付款比例提高到50%,同时将贷款利率提高到基准利率的1.1倍。其次是将调控范围扩大到了家庭购买第一套房与第三套房。对购买首套住房且套型建筑面积在90平方米以上的家庭,贷款首付款比例不得低于30%;对贷款购买第三套及以上住房的家庭大幅度提高首付款比例和利率水平。最后是根据不同地区的实际情况,一定限度内赋予地方政府调控权限,即要求地方政府配合中央的政策方针尽快制定出响应的实施细则。2010年4月15日国务院又进一步重申,要求对贷款购买第二套住房的家庭,贷款首付款不得低于50%,贷款利率不得低于基准利率的1.1倍;对购买首套住房且套型建筑面积在90平方米以上的家庭,贷款首付款比例不得低于30%。

之后,4月17日的“新国十条”[①]第3条又进一步作出了规定:“实行更为严格的差别化住房信贷政策。对购买首套自住房且套型建筑面积在90平方米以上的家庭(包括借款人、配偶及未成年子女,下同),贷款首付款比例不得低于30%;对贷款购买第二套住房的家庭,贷款首付款比例不得低于50%,贷款利率不得低于基准利率的1.1倍;对贷款购买第三套及以上住房的,贷款首付款比例和贷款利率应大幅度提高,具体由商业银行根据风险管理原则自主确定。住房城乡建设部要会同人民银行、银监会抓紧制定第二套住房的认定标准。要严格限制各种名目的炒房和投机性购房。商品住房价格过高、上涨过快、供应紧张的地区,商业银行可根据风险状况,暂停发放购买第三套及以上住房贷款;对不能提供1年以上当地纳税证明或社会保险缴纳证明的非本地居民暂停发放购买住房贷款。”该条规定实质上是对三个月前出台的限贷政策的进一步明确,与最早出台的“国十一条”相比,“新国十条”主要是对差别性贷款政策作了进一步的细化与强化:从细化的角度讲,主要是对家庭范围作出了明确的界定,具体而言限贷政策将家庭界定为父母及其未成年子女。另外表现为对第三套住房的购房限制,将原来单纯提高贷款首付比例与利率的做法改为对第三套房贷款的禁止。如果外地居民与本地没有任何联系,即无法提供本地的纳税或社保证明,则禁止对其贷款,因为此类人很有可能是为了炒房才在本地购买多套房屋的,自然应该直接停止贷款。从强化的角度讲,在“国十一条”中仅规定了购买二套房的贷款

① “新国十条”指2010年4月17日由国务院发布的《国务院关于遏制部分城市房价过快上涨的通知(即10号文)》。

应该限制,并没有抬高贷款利率,对一套房、三套房也都未有明确的规定,而在“新国十条”中则不仅对购买一套房的面积作了限制,即如果超过90平米首付必须大于30%,而且对于二套房除原先的贷款首付标准比例从40%提高到了50%,贷款利率也上浮了10%。

此外,“新国十条”也进一步收紧了房地产企业的资金链。“新国十条”第8条规定:“加强对房地产开发企业购地和融资的监管。国土资源部门要加大专项整治和清理力度,严格依法查处土地闲置及炒地行为,并限制有违法违规行为的企业新购置土地。房地产开发企业在参与土地竞拍和开发建设过程中,其股东不得违规对其提供借款、转贷、担保或其他相关融资便利。商业银行要加强对房地产企业开发贷款的贷前审查和贷后管理。对存在土地闲置及炒地行为的房地产开发企业,商业银行不得发放新开发项目贷款,证监部门暂停批准其上市、再融资和重大资产重组。”实质上对房企的资金限制自政府启动房价调控政策后一直进行着,其主要的目的是促使开发商降价抛售房屋,但问题的关键在于房地产商在支付高额的土地出让金后还有多少降价空间。这种方法也许在短时间内会导致企业的被迫降价,但房地产企业大部分都是私营企业,而我国经济体制改革是否能取得成功,其中一个比较关键的问题就是作为市场最活跃因素的私企是否能跟随着我国经济的发展成长起来,应该说如果不注重对私营企业的保护,从长远来看不利于房地产市场的健康发展。[①] 房地产商作为营利性的企业,抬高房价是其基于营利为目的的理性选择,关键是市场是否能够接受其抬高房价,如果企业提高产品价格能够被市场所认同,则似乎不应对其限制。[②] 我国房地产价格的上涨其实归根到底是由于投资需求过剩,政府应该研究的是如何创造有利的市场法律秩序以防房价的非理性上涨,而非等房价上涨以后再想办法去打压房企逼迫其降价。

限贷政策在中后期的执行过程中将对供给与需求的双向限制转为重点限制投资性的贷款需求。2010年9月29日出台的“新国五条”[③]将差别性房贷政策的实施推向了新的高潮,其第2条规定:“完善差别化的住房信贷政策。各商业银行暂停发放第三套及以上住房贷款;对非本地居民暂停发放购房贷款。对贷款购买商品住房,首付款比例调整到30%及以上;对贷款购买第二套住房的家庭,严格执行首付比例不低于50%、贷款利率不低于基准利率1.1倍的规定。

① See D. Burke, The Law of Federal Mortgage Documents App, Lupus Publications, 1989, p. 65.

② See Schwarcz, Towards a Centralized Perfection for Cross-Border Receivables Financing, 20 U. Pa. J. Int'l Econ, 1999, pp. 455, 457.

③ 2010年9月29日央行和银监会联合发布《中国人民银行中国银行业监督管理委员会决定完善差别化的住房信贷政策调节和引导住房需求》,即“新国五条”。

各商业银行要加强对消费性贷款的管理,禁止用于购买住房。”与之前的“国十一条”“新国四条”“新国十条”相比,“新国五条”的差别性贷款措施更加严格:一方面,对购买一套房的首付额要求由原来90平米以上需交30%的贷款直接变更为所有交易都需交30%的贷款;另一方面,原先禁止贷款的范围仅限于外地居民购买第三套商品房,“新国五条”则将第三套房的贷款彻底禁止。进入2011年后,国务院于1月26日出台了“新国八条”①,其中第4条规定:“强化差别化住房信贷政策。对贷款购买第二套住房的家庭,首付款比例不低于60%,贷款利率不低于基准利率的1.1倍。人民银行各分支机构可根据当地人民政府新建住房价格控制目标和政策要求,在国家统一信贷政策的基础上,提高第二套住房贷款的首付款比例和利率。加强对商业银行执行差别化住房信贷政策情况的监督检查,对违规行为严肃处理。”根据该条规定,二套房的首付比例由原先的50%提高到了60%。与此同时,国家相关各部委也纷纷出台相关政策以保证限贷政策的落实。住房城乡建设部、财政部、中国人民银行、银监会于2010年11月3日联合印发了《关于规范住房公积金个人住房贷款政策有关问题的通知》,强调第二套住房公积金个人住房贷款利率不得低于同期首套住房公积金个人住房贷款利率的1.1倍,首付款比例不得低于50%,严禁使用住房公积金个人住房贷款进行投机性购房,并停止向购买第三套及以上住房的缴存职工家庭发放住房公积金个人住房贷款。自此,第三套房贷款被彻底停止。2011年1月18日,银监会作为金融监管部门又一次重申继续实施差别化房贷政策。整个2011年,人民银行曾先后四次分别于1月20日、2月24日、3月25日、4月21日上调存款准备金率0.5%,由此可见中央各部委对限贷政策的紧密配合。从以上分析可以看出,限贷政策本身又可以分为三个阶段:第一阶段为2010年初“国十一条”的出台,标志着国家开始正式对投资性房地产投资进行限制,重点是对二套房进行限制;第二阶段是同年4月“新国四条”与“新国十条”的出台,针对第一套与第三套商品房的购买出台了限贷政策,意味着对住房政策开始进行差别性调控;第三阶段为9月国务院的“新国五条”及之后各级地方政府、中央部委出台的相关文件,一方面更加强化了整体的限贷政策,另一方面则开始注重限贷政策的具体实施,做到地方政府与各部委共同配合落实。

应该说,每次金融危机爆发在给社会与政府带来痛苦的同时,也留下了各种宝贵的“遗产”。我国房地产市场所面临的危机其实类似于17世纪荷兰发生的郁金香危机,当时的荷兰将郁金香作为一种投机性的商品疯狂炒作,郁金香价格

---

① 2011年1月26日国务院出台《国务院办公厅关于进一步做好房地产市场调控工作有关问题的通知》,即“新国八条”。

疯涨,但当危机爆发后郁金香价格下跌到了千分之一,或者说回归到了其真实的价值。[①] 我国房地产也面临着同样的问题,房价经过多年炒作后,已经偏离了原有的价值,所不同的是,房地产作为一种大额交易的商品,个人资金进行投资能力有限,向金融业贷款是必然的选择,而限贷政策的目的正是切断对房地产市场的投机行为。本次限贷政策执行以后,暂时性地控制住了投资资金向房地产市场的进一步流入,但是房价的下跌又导致大量已经进入房产投资领域的资金被牢牢禁锢在了房地产市场中,而其中很大一部分资金正是来自于肩负着塑造中国市场经济体制的中小型企业。温州、榆林、海南等地大量中小企业因为房产资金冻结而倒闭,大量私营企业家因非法集资无法偿还而被人举报锒铛入狱,我们不禁要思考,为了消除房价上的泡沫以牺牲中小企业为代价是否值得？2012 年 3 月 17 日,我国著名经济学家吴敬琏表示:"'十二五'开局年,中国转变经济发展方式和产业升级取得了一定成绩,但投入太多,成本太高。其主要原因是有利于创新和创业的体制仍未建立,各地仍在沿用政府主导的发展方式。"[②]实质上这次房地产调控是我国经济转型期间政府的无奈之举:在由计划经济向市场经济的转轨过程中,我国的经济高速发展,改革开放以来,我国实际上走过了别的国家经济发展上百年的道路,其他国家的法制进程随着社会的发展而逐步完善,我国的法制化进程却始终无法完全赶上经济发展的步伐,大量制度借鉴国外而缺乏与本国国情的衔接。面对快速上涨的房价,政府明知有问题却迟迟没有出台法规进行限制,最终导致政府不得不以牺牲经济增长为代价而打压房价,[③]关键还在于政府对如何制定房地产有效房产价格法律制度认识上的缺失,没有国外已经成熟的法律制度为参考,政府在立法上就无所适从。

(二) 限购政策:理论与实践中的困境

比之于限价、限贷政策,限购政策措施最为强硬,直接禁止市场的交易行为。限购政策出自 2010 年 4 月 17 日国务院下发的"新国十条"第 3 条第 2 款:"要严格限制各种名目的炒房和投机性购房。商品住房价格过高、上涨过快、供应紧张的地区,商业银行可根据风险状况,暂停发放购买第三套及以上住房贷款;对不能提供 1 年以上当地纳税证明或社会保险缴纳证明的非本地居民暂停发放购买住房贷款。地方人民政府可根据实际情况,采取临时性措施,在一定时期内限定

---

① See Richard A. Posner, The Problematics of Moral and Legal Theory, Belknap Press of Harvard University Press, 2002, p. 227.

② Ronald H. Coase, The Problem of Social Cost, The Journal of Law and Economics, Oct. 1960.

③ 参见〔美〕V. 奥斯特罗姆、D. 菲尼、H. 皮希特:《制度分析与发展的反思:问题与抉择》,商务印书馆 2001 年版,第 292 页。

购房套数。”在本款中我们可以发现中央政府的两点政策价值取向:一是授予地方政府限购权限而非统一规定,即将是否限购以及如何限购的权力交由地方政府实行。换句话说,如果地方政府通过限贷政策可以抑制炒房,则可以不必采取相关限购政策;只有在限贷政策执行不力的情况下,才需要进一步通过限购来控制市场。因此,当时的政策重心主要还在于限贷政策。二是说明限购政策只是一项临时性的调控政策。[①] 事实上,与限贷政策不同,限购政策直接干涉了消费者自由购买商品的权利,是对市场自由选择机制的一种损害,这就决定了限购政策不可能作为一种常态化的政策。从一方面讲这是对市场机制的一种肯定,但另一方面其也为政策本身的不确定性埋下了伏笔,也就是说房地产政策终究会结束,而什么时候结束以及如何结束则又成了对市场影响的新因素,成了中央政府、地方政府、房地产商、消费者之间的一种博弈。[②]

限购政策的正式出台实质上是在 2011 年年初,此时限贷政策的实施已超过半年,但效果不尽如人意。在这种情况下,2011 年 1 月 26 日国务院出台的“新国八条”第 6 条规定:“合理引导住房需求。各直辖市、计划单列市、省会城市和房价过高、上涨过快的城市,在一定时期内,要从严制定和执行住房限购措施。原则上对已有 1 套住房的当地户籍居民家庭、能够提供当地一定年限纳税证明或社会保险缴纳证明的非当地户籍居民家庭,限购 1 套住房;对已拥有 2 套及以上住房的当地户籍居民家庭、拥有 1 套及以上住房的非当地户籍居民家庭、无法提供一定年限当地纳税证明或社会保险缴纳证明的非当地户籍居民家庭,暂停在本行政区域内向其售房。”对于该条规定,我们应该注意到两个特征,首先是政策的对象,包括各直辖市,计划单列市,省会城市和房价过高、上涨过快的城市,所以,此时的限购政策仅仅是试点性质,并未向全国推广;其二是差别性限购政策,即根据购房者购房的实际情况来决定其需求量,而这又与购房者的居住情况直接相关。本地居民由于长期居住本地,基于结婚、工作变动可能需要新购房屋,因此可持房两套;外地居民定居本地则应在购房时直接考虑上述因素,而若外地居民不在本地定居则完全可以通过租房满足需求,无需购房。

之后,全国各大城市分别出台了各自的限购政策,同时明确了具体的执行措施。从总体上看,全国大多数一线城市在执行限购政策时主要以限制产权登记为手段,譬如上海市政府在 2011 年 1 月 31 日(即中央限购令出台五天后)推出了本市对于限购令的执行文件《关于本市贯彻落实〈国务院办公厅关于进一步

---

① 参见梁慧星:《靠什么制约公权力的滥用》,载《时代法学》2004 年第 3 期。

② See Mark DeWolfe Howe, Justice Oliver Wendell Holmes: The Shaping Years, Belknap Press of Harvard University Press,1995, pp. 1841—1870.

做好房地产市场调控工作有关问题的通知〉的实施意见的通知》(沪府办发〔2011〕6号),其中的第7条规定:"自本意见发布之日起,暂定在本市已有1套住房的本市户籍居民家庭、能提供自购房之日起算的前2年内在本市累计缴纳1年以上个人所得税缴纳证明或社会保险(城镇社会保险)缴纳证明的非本市户籍居民家庭,限购1套住房(含新建商品住房和二手住房)。对在本市已拥有2套及以上住房的本市户籍居民家庭、拥有1套及以上住房的非本市户籍居民家庭、不能提供2年内在本市累计缴纳1年以上个人所得税缴纳证明或社会保险(城镇社会保险)缴纳证明的非本市户籍居民家庭,暂停在本市向其售房。违反规定购房的,不予办理房地产登记。"在此我们可以注意到两点,第一是与原先所施行的限贷政策的衔接问题。限贷与限购政策虽然手段不同,但在对购房数量的限制上却表现出了衔接性,之前所施行的限贷政策主要的规制对象是第二套商品房的购买,新的限购政策则在限贷政策无法达到预期目标的前提下彻底禁止了对第二套商品房的购买;[①]第二,是区分了本地居民与外地居民,城市化步伐的加快促使外地居民对上海住房的需求增加,而城市本身的承载能力却有限,在供需难以平衡的情况下要控制房价上涨,就必须首先限制外地居民的房屋需求以控制上海的人口增长,由此可见,在不同地区,房价上涨的原因是存在差异的。之后,上海市房地产管理机构又先后发布《关于本市贯彻执行住房限售等政策有关问题的通知》(沪房管规范市(2011)2号)、《关于加强本市商品住房销售行为监管 严格执行住房限售政策等有关问题的通知》(沪房管规范市(2011)5号),进一步落实上海市政府执行的限购政策。

而上海以外的其他城市,限价措施也基本相同。北京市政府于2011年2月16日颁布了《北京市人民政府办公厅关于贯彻落实国务院办公厅文件精神 进一步加强本市房地产市场调控工作的通知》,其中第10条规定了限购措施的具体标准:"继续巩固限购政策成果。自本通知发布次日起,对已拥有1套住房的本市户籍居民家庭(含驻京部队现役军人和现役武警家庭、持有有效《北京市工作居住证》的家庭,下同)、持有本市有效暂住证在本市没拥有住房且连续5年(含)以上在本市缴纳社会保险或个人所得税的非本市户籍居民家庭,限购1套住房(含新建商品住房和二手住房);对已拥有2套及以上住房的本市户籍居民家庭、拥有1套及以上住房的非本市户籍居民家庭、无法提供本市有效暂住证和连续5年(含)以上在本市缴纳社会保险或个人所得税缴纳证明的非本市户籍居民家庭,暂停在本市向其售房。"而第11条则规定了限购政策的具体措施:

---

① See Sanford J. Grossman, An Introduction to the Theory of Rational Expectations under Asymmertric Information, Riview of Economic Studies, 1981.

“加强对购房人资格的审核,确保限购政策落实到位。住房城乡建设部门会同公安、税务、民政、人力社保等部门要进一步完善信息共享和购房人资格核查机制。对提供虚假证明文件的购房人,不予办理产权登记手续,并由其承担相应的经济和法律责任。对未严格核实购房人购买资格、违规签订商品住房销售合同或代理合同的房地产开发企业、房地产经纪机构,依法严肃处理。”即对不符合要求,购买房屋过多的购买者,不进行相关的房屋登记。此外,北京市政府的做法似乎更为细化,不但要求房地产部门参与,还要求公安、税务、民政、人力社保等部门的配合,可见限购之决心。①

所以说,限购政策实质上是一项由中央下达、市政府负责、区县房管部门具体实施的直接的房地产市场管理政策,而限贷政策则是一项间接性房地产管理政策,更多地涉及金融行业,具体实施并不是由房地产管理机构进行,而主要由人民银行、银监会以及各商业银行执行。虽然其出台晚于限贷政策,但其与限贷政策的目的是一致的,正像“新国十条”中所明确规定的:严格限制各种名目的炒房和投机性购房。同时,其执行的也是差别性的购房限制政策,譬如对首套房屋的购买,无论是本地居民还是外地居民都不进行限制;对于二套房屋的购买,限贷政策要求的是贷款首付达到六成以上,利息率在原有基础上提高百分之十,而限购政策则表现为禁止非本地居民在本地购买第二套房;对于第三套房屋,限贷政策表现为在2010年年末由人民银行、银监会等机构联合印发的《关于规范住房公积金个人住房贷款政策有关问题的通知》予以彻底禁止,限购政策很好地延续了限贷政策关于第三套房的精神,彻底禁止了第三套住房的购买。

限购政策的核心问题是其合法性,即在现有的法律框架下,限购政策本身能否否定房地产买卖合同的有效性?限购政策所涉及的房地产买卖合同关系,是一种民事合同法律关系。作为一种民事法律关系,我国1987年1月1日起施行的《民法通则》无疑对其具有最高的效力;另外,我国于1999年颁布《合同法》。以上两部法律规范是我国民事领域最常用也最为权威的法律规范,应该说其涉及日常生活的方方面面。对于民事合同法律关系的判断,涉及三个方面:主体、意思表示与权利义务关系。从主体的角度分析,房地产买卖合同的双方一般为购房者与房地产商或者直接由个体之间进行房产的买卖,以上两类个体,仅从交易上看,只要主体具有行为能力,即符合要求。而新的限购政策则将我国的购房主体分成了不同的种类:

① See George Arthur Akerlof, The Market for “Lemons”: Quality Uncertainty and the Market Mechanism, The Quarterly Journal of Economics, Vol. 84, No. 3, Aug. 1970, pp. 488—500.

首先,以“家庭”作为标准划分相关的主体。什么是家庭？美国社会学家E.W.伯吉斯和H.J.洛克在《家庭》(1953)一书中提出:“家庭是被婚姻、血缘或收养的纽带联合起来的人的群体,各人以其作为父母、夫妻或兄弟姐妹的社会身份相互作用和交往,创造一个共同的文化。”而根据我国2009年《辞海》的相关注释,家庭是指:“以婚姻和血缘为纽带的基本社会单位,包括父母、子女及生活在一起的其他亲属。”可以看出,不论是东方还是西方,家庭的概念都包括一个核心的理念,即共同居住、来往密切,从社会学的角度讲,这也是符合大众观点的。譬如大部分家庭由父母与子女构成,这时候可以视为一户,但子女结婚以后,与父母分开居住,组成了新的家庭,就由原先的一户变成两户了。然而,对于这个概念的定位,却恰恰是法学上的一个难题,因为不同文化、不同地区会有不同的价值理念,法律上明确定义家庭的概念只会使司法实践遇到更大的难题。在我国现有的法律之中,唯一涉及家庭概念的是《婚姻法》第三章“家庭关系”,但并未明确对家庭的概念作出界定,正是考虑到了家庭本身的复杂性。而本次的限购政策也未对所指向的目标“家庭”进行明确的定义,应该说是一个比较大的疏漏,或者说这是限购政策本身无法克服的缺陷之一。对于一项经济政策,连具体的执行对象都无法准确界定,如何执行？相比较而言,与限购政策同出一脉的限贷似乎能给我们提出一些确定家庭含义的“标准”。“国十一条”第3条规定:“对已利用贷款购买住房、又申请购买第二套(含)以上住房的家庭(包括借款人、配偶及未成年子女),贷款首付款比例不得低于40%,贷款利率严格按照风险定价。”。从该条我们可以看出限贷政策将家庭定义为借款人、配偶及未成年子女。表面上看,此标准似乎可以应用于限购政策,但该标准本身也存在一定的缺陷,譬如借款人、配偶及成年子女是否应该列入有关限制行列？我国公民的法定成年年龄为十八周岁,其主要区别来自于公民本身对于社会环境的认知程度,因此在法学上才会有行为能力、责任能力的标准;再有,目前随着我国教育质量的改善,大部分公民在十八周岁时仍处于读书阶段,无法完全脱离父母独立生活,根本无法独立成户,将此作为标准划分家庭是否妥当？从政策落实的角度看,简单的标准无疑有利于政策的执行,但是限购政策本身是对公民法定权力的一种限制,该标准是否能作为一项政策应具有的标准？本次限贷、限购、限价政策的根本目的是保障房价的平稳,但仅从政策执行主体的角度我们就可以发现政策的标准有失公平。

其次,限购政策又将“家庭”分为本地居民与非本地居民家庭。其划分标准为纳税情况与公积金的缴纳标准,对此,依然存在很多的疑问:第一,居民纳税是居民本身应该进行的一项义务,而该义务主要为缴纳个人所得税,但目前我国的个人所得税起征点是3500元,如果低于该数额则无需纳税,那么如何确定纳税情况？第二,公积金实质上是我国给予公民的一项社会保障制度,由于我国地区之间收入与物价水平差别较大,地方财政也自成一章,因此我国目前各市之间公积金缴纳都有独立标准,独立运行,如何确定公积金的缴纳情况就成了很大的难题。同时,目前还有很多单位拒绝给员工缴纳公积金,从劳动法的角度讲完全是违法的,但这是否意味着居民无法购买房屋？以上海为例,上海目前外地人口几乎占到全市人口的三分之一,很多外来务工人员单位按上海标准缴纳公积金,而其父母又居住在外地,如何确定其购房标准？第三,本地居民与外地居民的区分也不尽合理。限购政策的根本目的在于抑制炒房,但无论是本地居民还是非本地居民,仅仅限制一个地区的购房数量似乎无法起到很好的作用,因为如果将房地产作为一种投资工具,那么其升值的空间才是第一位需要考虑的,并不取决于在哪里购房。

最后,我们还应该注意的是,限购政策本身的执行主体并不是全国性质的,仅限于如北京、上海等一线城市,这就意味着以上限购城市的居民与非限购城市居民之间存在不公平。以上城市由于经济发展速度较快,家庭收入较其他城市好,所以部分家庭可能拥有多套房产,实质上这是家庭本身的一种理财方式,既可能用于投资也可能纯粹是用于居住,正如同购买股票、基金一样,而限购政策的推出则让这些家庭失去了应有的投资渠道。同时,限购政策的出台本身又造成了已拥有多套房屋与未拥有多套房屋家庭之间的不平等。对于已经拥有多套商品房的家庭,实质上他们才是推动房价上涨的主要力量,而限购政策恰恰没有对其进行限制。

对于房地产合同的主体意思表示与权利义务关系,从合同法的角度讲是应该进行保护的。我国《合同法》第 4 条规定:“当事人依法享有自愿订立合同的权利,任何单位和个人不得非法干预。”这里的法是否包含国家的限购政策呢？我们可以从《合同法》的第 52 条找到答案,该条规定:“有下列情形之一的,合同无效:……(五) 违反法律、行政法规的强制性规定。”因此,《合同法》中的无效合同,仅包括违反法律、行政法规的合同行为,而限购政策的相关文件仅仅以通知甚至是会议报告的形式出台,并不属于违反国家法律订立的合同范畴。《合同法》第 52 条同时还规定了其他无效的合同情形:(1) 一方以欺诈、胁迫的手段订立合同,损害国家利益;(2) 恶意串通,损害国家、集体或者第三人利益;(3) 以合法形式掩盖非法目的;(4) 损害社会公共利益。在此,我们可以发现,房地产买卖合同实质上并未触及以上任何一条,当然,也许会有损害社会公共利益的嫌疑,但是,房价的抬高并不是某一项房地产合同造成的,反过来讲,大多数以投资为目的的房地产合同,反而是根据市场的公允价值确定的,因此,仅从房地产合同的角度讲,限购政策的介入合法性有待求证。

（三）限价政策：立法依据上的疑问

与限购令的出台相似，中央对是否颁布限价令也一直保持着谨慎的态度。"新国四条"第4条规定："严格依法查处土地闲置及炒地行为，对存在捂盘惜售、土地闲置等违法违规行为的房地产开发企业，限制新购置土地，暂停批准上市、再融资和重大资产重组，商业银行不得发放新开发项目贷款。清理已发放预售许可证的商品住房项目，对囤积房源、哄抬房价等行为加大曝光和处罚力度，性质恶劣的依法取消房地产市场经营资格，对违法违规的要依法依规严肃追究相关负责人的责任。规范发展租赁市场。完善房地产市场信息披露制度。"从该条我们可以看出，政府在打压房价的同时也意识到了，房价的上涨不仅来源于房地产市场投资的过热，同时与房产市场交易过程中供给方的总总不正当的销售行为有关。因此从房地产市场调控伊始，政府就将压制投资过热与打击不正当销售行为作为稳定市场价格的两条主线来抓。

限价令是限贷、限购、限价政策中执行最晚的政策。与限购令不同，由于不同城市房价上涨的程度不同，之前政策执行后产生的效果也不同，因此限价令的实施更多的是由各地方政府制定相关文件。而在中央出台的相关文件中，其实对于限价政策的规定并不明确，2011年7月12日国务院出台了《关于国务院常务会议研究部署加强房地产市场调控的通知》，其第1条规定："严格落实地方政府房地产市场调控和住房保障职责。各地要从严把握和执行房价控制目标，进一步贯彻落实国务院确定的各项调控政策，房价过高的地区要加大调控力度，着力改善供求关系，促进房价合理回归。"从该条可以看出，中央实质上并未明确有关限价政策，只是强调各地必须进一步加强政策的力度，但是也正是基于该条规定，各地开始逐渐出台限价政策，譬如上海市住房保障和房屋管理局于2011年7月20日出台了《关于加强本市商品住房销售行为监管 严格执行住房限售政策等有关问题的通知》，即"沪四条"，其第1条规定："加强商品住房销售方案备案审核。各区县房管部门要进一步加强商品住房销售方案备案审核，指导房地产开发企业参照本区域同质楼盘实际成交价格、委托房地产估价机构评估等方式合理定价。对于定价过高的，可以采取约谈、劝诫等方式加强指导和审核，也可以联合价格主管等部门进行会审。对于商品住房销售方案不符合规定和本通知要求的，不予受理销售方案备案。各区县房管部门要与价格主管部门加强配合，共同做好"一房一价"工作，销售现场公布的房源价格应当与经房管部门备案的一房一价保持一致"。该条标志着限价令在上海的正式适用。上海是近年来全国房价上涨最快的城市，也因此自限价令出台，上海成为全国为数不多的同时适用限贷、限购、限价政策的城市。与限购政策相比，限价政策比较温和，对地方房地产市场影响较小,因此更多的城市倾向于用限价政策,甚至有些城市用限价政策替代先前实施的限购政策。但是,由于中央在限价政策上态度的不明确,致使各地方城市制定政策时缺乏相应的法律依据。

对于限价令的法律依据,因为其是政府对于市场价格的一种直接干预的行为,因此其依据的应该是我国于1997年12月29日颁布的《价格法》。对此,《价格法》第18条、20条、30条分别作出了规定。《价格法》第20条明确了政府对于价格进行干预的权限:"国务院价格主管部门和其他有关部门,按照中央定价目录规定的定价权限和具体适用范围制定政府指导价、政府定价;其中重要的商品和服务价格的政府指导价、政府定价,应当按照规定经国务院批准。省、自治区、直辖市人民政府价格主管部门和其他有关部门,应当按照地方定价目录规定的定价权限和具体适用范围制定在本地区执行的政府指导价、政府定价。市、县人民政府可以根据省、自治区、直辖市人民政府的授权,按照地方定价目录规定的定价权限和具体适用范围制定在本地区执行的政府指导价、政府定价。"由此制定政府指导价、政府定价的机关是国务院与省、自治区、直辖市的价格主管部门,具体而言即发展与计划委员会,其他机关并没有权力擅自制定价格指导意见。而根据上海市目前所适用的于2002年12月1日经上海市政府通过的《上海市定价目录》,对于房地产行业的定价主要包括:全市公有住房及公有非居住用房的租金、廉租房租金标准、基准地价及土地出让拍卖底价、公有住房出售成本价、经济适用房售价、拆迁补偿安置的补贴及收费标准、物业管理服务、房屋维修等收费标准。其中并不包括普通商品房的售价,因此目前国内的很多学者都对房地产限价令的法律依据提出了质疑。但是只要仔细阅读《价格法》第四章关于价格总水平调控的内容,我们就可以找出本次限价令的法律依据。《价格法》第30条规定了政府对特殊商品价格上涨的临时性干预制度:"当重要商品和服务价格显著上涨或者有可能显著上涨,国务院和省、自治区、直辖市人民政府可以对部分价格采取限定差价率或者利润率、规定限价、实行提价申报制度和调价备案制度等干预措施。省、自治区、直辖市人民政府采取前款规定的干预措施,应当报国务院备案。"因此,上海市出台的限价令是有明确法律依据的。

限价令有法律依据,并不是说任何形式的限价措施都是完全合法的。相反,由于全国各大城市在限价上的做法并不统一,造成了各地方之间对于限价措施制度上的良莠不齐。对于限价的具体标准,目前很多二、三线城市采用的方法是直接规定全市房产的销售价格,譬如广东省中山市,其执行的期限为2011年11月10日至12月31日,在此期间房价每平米不得超过5800元,一旦超过则不予进行登记。这种方法的好处是可以直接打压房地产市场的价格,使房地产调控短期内取得较为理想的效果,但是如果仔细对该种做法进行分析,就可以发现该种做法实质上是地方行政权力的一种滥用:上文分析了上海市政府出台的限价令的具体依据是国家的《价格法》,这是因为上海对于限价令的主要执行对象是房地产商,如果房地产商违反了有关的标准,可以采取约谈、劝诫等方式加强指导和审核,其做法是完全合法的。对于直接限定价格,是否可以通过不予登记的方式具体执行?从价格法的角度讲,价格法是国家对于商品价格的一种经济管理行为。《价格法》第3条规定:"国家实行并逐步完善宏观经济调控下主要由市场形成价格的机制。价格的制定应当符合价值规律,大多数商品和服务价格实行市场调节价,极少数商品和服务价格实行政府指导价或者政府定价。市场调节价,是指由经营者自主制定,通过市场竞争形成的价格。本法所称经营者是指从事生产、经营商品或者提供有偿服务的法人、其他组织和个人。政府指导价,是指依照本法规定,由政府价格主管部门或者其他有关部门,按照定价权限和范围规定基准价及其浮动幅度,指导经营者制定的价格。政府定价,是指依照本法规定,由政府价格主管部门或者其他有关部门,按照定价权限和范围制定的价格。"也就是说,价格法的调整对象有两种价格,一种是政府指导价,由政府价格主管部门或者其他有关部门指导经营者制定。另一种是市场调节价,由经营者自主制定。因此,价格法上价格的制定主体只有政府有关部门与经营者两类,其所能规制的对象自然也只有相关价格部门与经营者,并不涉及消费者附加相关义务,甚至可以说是对消费者相关权利的一种保护。但是,限价令如果以不予登记的方式执行,实质上是对消费者利益的一种损害,此种做法其实是毫无依据的。同时,正像前文限购政策所述,它涉及有关合同有效性问题及不动产所有权的转移问题,由于限价令目前基本以地方性文件出台,无论是合同法还是物权法都无法对之进行适用,因此,对限价令的错误实施使原本可以以合法方式进行的政策变得缺少相关法律依据。①

二、限贷、限购、限价政策的经济法比较制度研究

(一)从自由走向干预:两大法系价格干预的比较法研究

对于房地产市场的限贷、限购、限价政策,实质上是政府对于市场经济自发形成的价格制度的一种公权力干预。价格源于市场的交换活动,根据西方经济学古典代表人物大卫·李嘉图、亚当·斯密的劳动价值理论,商品的价格由商品

① 参见〔美〕托梅恩、夏皮罗:《分析政府规制》,苏苗罕译,载方流芳主编:《法大评论》(第3卷),中国政法大学出版社2006年版。

的价值所决定,而商品的价值来自于其所消耗的无差别的人类社会劳动,因此一种商品的价格应该是固定的。此理论在经济学上被称为客观价值理论。根据该理论,商品的价格一旦与其价值发生偏离,政府就应该介入进行干预,以保证市场机制的有效运作,其所强调的是实体法上的价格因素。① 随着市场经济的发展,该理论出现了越来越多的矛盾,譬如由于环境污染,目前很多厂家需向环境保护部门支付有关排污费用,因此排污权可视为一种商品(公共物品),但是对于这种权利费用的计量却难以达成一致,虽然从司法实践上看存在行政处罚说与民事补偿说两种观点,但核心问题在于制度对权利主体的界定不清。另一种观点主张,价格是人基于特定环境及自身情况对于价格的一种主观上的评价,当买卖双方在某一点上达成一致,即成为市场所确定的价格。因此,不同场合、不同交易对象很可能对某一产品的价格作出不同的评判。该理论被称为主观价格理论。基于主观价格理论,政府对价格的干预应该被局限于价格的形成机制上,而不应该干预价格形成后具体的内容,即对价格的干预主要是确保价格的形成机制是公正的。②

以上两种观点实质上在大陆法系的发展过程中都已充分体现。罗马法是大陆法系的前身,对于价格制度的争论早在罗马法时期就已经非常突出。在3世纪戴克里先皇帝主政时期,在其敕中所确立的“自由损失规则”使罗马法经历了由鼓励自由交易向主张国家干预制度的转变,因此,戴克里先皇帝实际上是罗马法上具有划时代意义的人物。但是,戴克里先对于其之前实行的自由交易制度也持肯定态度,他在关于“自由损失规则”的敕中写道:“要是你设想一下买卖契约缔结的过程就不难发现,买方总是想以较低的价格买进,而卖方又总是想以较高的价格卖出。但在多次讨价、还价之后双方终于接受了这一契约:卖方适当地降低了要价,买方也相应地提高了买价,并在某一价格上达成了一致。无疑,你会懂得,不仅是买卖契约所依据的善意不允许,而且也没有任何理由宣告一项无论是立即达成合意还是经过一番讨价还价之后确定了价格并达成了合意的买卖契约无效。”③因此,对于早期的罗马法,双方订立契约设立合同的前提条件是交换后必须对彼此有利,如果对交易双方无利甚至有害,是不可能订立契约的。那么如何确定商品交换对交易双方具有利益呢?或者说价格最终是如何

① See Robert A. Dahl, The Problem of Civil Competence, Journal of Democracy, Mar. 1992.

② 参见〔美〕理查德·波斯纳:《法律与经济分析》,蒋兆康译,中国大百科全书出版社1997年版,第475—476页。

③ 〔意〕桑德罗·斯契巴尼编:《民法大全选译·债·契约之债》,丁玫译,中国政法大学出版社1992年版,第38页。

形成的？在此，必须用商品的“稀缺性”理论进行解释：[1]无论一个社会如何发展，生产力如何强大，作为社会个体的人要满足其效用最大化就必须通过其本身所掌握的资源与社会进行交易，这是因为人的偏好不可能一致，譬如一个穷人与一个富人，同等数量的金钱对其效用是不同的；同时在不同时期不同环境下，人的偏好也在发生着潜移默化的变化，譬如一个刚吃完饭的人和一个已经饿了三天的人，一碗饭对其作用也是不同的。人本身对于不同商品的效用定位的不同，决定了某件商品可能对某人是稀缺的，而其所拥有的愿意进行交换的商品可能对其并不稀缺，但对于交易的对方是稀缺的。因此，社会需要进行交换，通过交换，彼此都提高了满足程度，双方的价格最终会基于协商而确定，只要协商本身不存在不公正的相互影响的成分，该种价格就应该被法律所保护，因为从社会的角度来看，该交易确实提高了双方的效用。但是，戴克里先虽然同意此点，在其“自由损失规则”的敕中仍然规定，假设由于某种原因导致商品的价格还不足其本身价值的一半而买主又不愿支付差价，则卖方有权解除合同。对于此点，非常像我国民法上的“显失公平”规则，但在当时它主要是应用在土地的买卖契约上。[2] 对于“自由损失规则”，可以看成国家所规定的“最低价规则”，即保护商人的相关利益。同时，由于年年的战乱导致国库空虚，通货膨胀加剧，戴克里先皇帝为了避免税负落空而规定了相关的限价令，无论是抢购商品或是抬高物价都将被处死。在当时的封建制度下，戴克里先皇帝实际上掌握着相当大的个人权力，正是由此他才会在立法层面上开始干预自由交易。自戴克里先皇帝之后，基督教逐渐被引入罗马帝国，而基督教根据其教义主张每一种商品的价值都应该由上帝赋予公平价格。[3] 因此，对于扭曲价格的行为当然应该予以限制。[4] 同时，随着古希腊哲学思想的广泛传播，亚里士多德的观点也开始对法的创制产生影响，亚里士多德追求理想的社会，他认为幸福就是至善，幸福在于自给自足之中，因此对于以满足自身需要为目的的交易及以此建立的价格机制，实质上他是反对的。综上所述，戴克里先皇帝“自由损失规则”的引入以及对通胀所实施的限价令、基督教有关公平价格的交易、亚里士多德对自由交易的反对等，实质上

---

① See F. Andrew Hanssen, The Effect of Judicial Institutions of Uncertainty and the Rate of Litigation: The Election versus Appointment of State Judges, Journal of Legal Studies, 1999.

② See Berlin, I. , Four Essays on Liberty, London: Oxford University Press, 1969, p. 1.

③ See Ulrich Drobnig, Transfer of Property, Towards a European Civil Code, Kluwer Law International, 1998, pp. 497—498.

④ See Malcolm Schofield, Approaching the Republic, The Cambridge of Greek and Roman Political Thought, Christopher Rowe and Malcolm Schofield eds. , 2000, pp. 190—224.

分别从政治、宗教、文化层面上形成了早期国家价格干预制度的基石。[①]

随着大陆法系的发展,国家是否干预随着拿破仑一手制定近代著名的《法国民法典》而被演绎得更加生动。《法国民法典》诞生于拿破仑1799年发动“雾月革命”称帝之后。1804年制定的《拿破仑法典》实质上是资产阶级革命与贵族阶层利益相互妥协的一种产物。《拿破仑法典》同样引入“自由损失规则”,即如果合同价格明显低于价值,允许卖方在合同签订后解除合同。但是,与罗马法中的“自由损失规则”相比,其对于不动产的保护更甚,不但囊括了土地之上的房屋,还提高了差额的上限。在法国资产阶级革命前夕,法国贵族统治着国家,贵族的权利来源于国王赋予的土地,土地越大代表着贵族家族势力也越大,因此在当时的法国,拥有土地的大小实际上就是拥有特权的大小。随着欧洲工业革命的开始,很多平民开始通过兴办实业积累资本,最终的结果是法国原有贵族手中的土地开始向新兴资产阶级手中转移。拿破仑称帝之后,重新确立贵族制度,将大量法国土地分封给其家族势力,为此,必须努力防止既定的土地权利被轻易移转。但为了确保法国的资产阶级革命不再爆发,拿破仑力图兼顾新兴资产阶级的利益,对于动产采用市场价格原则,国家不轻易介入。[②]

与大陆法系各种充满政治色彩利益博弈的价格干预制度不同,英美法系的价格调控似乎更为注重其经济学基础。随着英国著名经济学家亚当·斯密的《国富论》的出版,“看不见的手”成为国家对于市场经济的最为神圣不可侵犯的元素,因此,一方面,对于价格层面的问题,国家一般不予干预,譬如在美国华尔街证券交易市场建立的最初一百年里,虽然其对美国经济社会的影响力与日俱增,但国家几乎没有机构可以对证券市场进行监管,自律约束成了证券市场得以运行的主要方式;另一方面,任何有碍于价格机制形成的方式均被国家所严格控制,譬如1890年美国国会制定第一部反垄断法《谢尔曼法》,对州际铁路运输业定价进行监管,为防止其垄断而进行了限制。之后,大卫·李嘉图在亚当·斯密的价格理论基础上又进一步发展出了效用理论。所谓效用理论,是指商品的价格除了取决于其本身所蕴含的社会无差别劳动以外,更重要的是取决于交易过程中买卖双方对其“稀缺性”的评价:商品的稀缺性来源于两个方面,一是其本身对于使用者的作用,二是其本身获得的难易程度。[③] 譬如空气,虽然离开了不能呼吸,对人的价值是无穷的,但由于其无处不在,因此其价格实际上为零。根据该理论,实际

---

① See Lonny Sheinkopf Hoffman, A Window into the Courts: Legal Process and the 2000 Presidential Election, Northwestern University Law Review, 2001, pp. 1533, 1544.

② See Martin S. Sheffer, Presidential Power to Suspend Habeas Corpus: The Taney-Bates Dialogue and Ex Parte Merryman, Oklahoma City University Law Review, Jan. 1987, pp. 7—8.

③ 参见史际春:《反垄断法理解与适用》,中国法制出版社2007年版,第124—136页。

上保护价格机制更重要的是保证价格形成过程中的公平性,只要双方当事人的交易是自愿达成的,即使该交易明显不公,法律也应该保护。在英美法系,素有程序公正与实体公正的概念,直到今天,程序公正仍是英美法系首要保护的对象,因此在英美法制度下,国家对于价格调控的措施实际上是慎之又慎的。[①]

1930 年至 1933 年的世界性金融危机或许是英美法系立法上的转折点。[②]凯恩斯于金融危机之后出版的《就业、利息与货币通论》中阐述了由于国家的需求不足,因此国家需要不断地介入经济以促进经济的良性发展。应该说现代意义上的经济法也是在当时确立其地位的。但是,我们发现英美法系中国家对经济的介入仍旧主要停留在宏观层面上,在大部分时间,国家通过运用货币政策、财政政策让经济充满活力,防止通胀。美国对经济最深的一次介入发生在尼克松总统主政时代,由于前任美联储主席的政策失败加之石油危机的爆发,导致美国 70 年代通胀与高失业同时发生,为此政府决定实施"新政策",即冻结工资、房租、物价 90 天,期满之后又实行管制工资物价措施,总共达二年零八个月之久。该政策虽然极大地干预了市场机制的运行,但实质上还是基于宏观层面进行的。因此纵观英美法国家的价格管理制度,仍将程序法置于首位,对市场自发形成的价格并不轻易介入干涉。

综上所述,英美法系国家倡导以市场自由价格机制为主导,而大陆法系国家以政府对市场的价格干预制度为主导。实质上,这也是由两大法系不同的立法精神所决定的。[③] 在大陆法系国家,法典是其主要形式,立法本身就是各种政治、文化、宗教势力博弈的结果,因此不可能只将维护市场本身的效率作为其唯一的目标;而在英美法系国家,判例法主要由法官创制,相比大陆法系国家的各方利益博弈,单个案例对法官的影响是非常小的,因此法官在司法实践中经常将效率、尊重当事人意思自治作为其判决的依据。所以,一个政府对价格的干预形式,实质上是由其立法习惯决定的。[④]

(二)西方各国家房地产市场价格干预制度的研究

1. 美国房地产市场:经济增长不能过于依赖房地产市场

美国的房地产市场发展已有数百年的历史,可以说美国房地产市场的兴衰

---

① See Ernest Gellhorn and William E. Kovacic, Antitrust Law and Economics, St. Paul: Minn, West Publishing Co. ,1994, p. 175.

② 参见厉以宁:《全球金融危机和西方国家的制度调整》,载《第一届全球智库峰会演讲集》2009 年 7 月。

③ See Richard Allen Posner, The Problems of Jurisprudence, Harvard University Press, 1993, p. 98.

④ See Margot Priest the Privatization of Regulation: Five Models of Self-regulation Ottawa Law Review, Ottawa L. Rev. 233, 1997, pp. 331—356.

已经成为美国经济的晴雨表,我国房地产市场与之相比也许只有“稚嫩”二字可以形容。美国房地产市场与中国房地产市场主要有三方面的不同:一是美国土地采用的是私有化制度,土地归个人所有,而中国的房地产市场土地归国家所有,国家几乎控制着所有的土地供给;[①]二是美国拥有比较繁荣的债券市场,抵押贷款的流动性很强以保证外部资金有充分的机会进入,而我国目前的按揭贷款由商业银行发放,放贷规模纳入央行计划,因此按揭贷款供给主要依靠政府的调节;三是美国与中国在个人消费理念上的差异,美国百姓习惯于借贷消费,中国百姓则习惯于储蓄,这就决定了相对于美国而言中国的投资潜力要大些。

美国政府对房地产市场的干预源于21世纪初,随着20世纪末克林顿政府所创造的经济繁荣的逐渐结束,本世纪初美国经济慢慢开始走入低谷。拉动经济的四种力量包括内需、投资、政府支出与贸易,但是通过政府支出与贸易促进经济对美国政府来说都有一定的难度。政府支出的扩大将引发财政赤字的扩大,要么引起通货膨胀,要么发行国债,而国债发行的总规模是由美国议会控制的,从历史上看,美国议会历来以限制国债发行为导向;另一方面,美国贸易长期受到亚洲如中国、日本在低成本劳动力与技术上的冲击而长期赤字。因此当时美国政府的唯一选择就是促进居民的消费与投资,而最好的市场莫过于房地产市场,因为房地产市场规模巨大,同时可以拉动一大批产业的整体发展。[②] 问题是拉动市场的资金从哪里来?美国房地产市场的需求与中国相似,主要依靠按揭贷款资金,经过长期的发展,美国形成了多层次的房地产贷款体系,该体系在金融危机之前曾被很多学者推崇。第一层市场是商业银行与购房借款者之间的按揭贷款市场。美国政府支持居民改善住房条件,因此美国房地产市场大量的交易通过向银行贷款得以完成,通过融资可以提高居民的购房能力,但前提是必须以房地产作为抵押。从法律层面讲,此种制度安排似乎可以保证最终贷款的偿还,但却依然存在一些潜在的问题,这是因为房地产本身是一种比较特殊的产品:一方面房产本身可能存在贬值的危险,而且房产贬值一般涉及较大数额;另一方面房产市场有可能出现波动,房产作为一种既可用于居住也可用于投资的产品在房价下跌时很有可能无法卖出变现,实际上这也是导致2008年金融危机的重要原因。[③] 第二层市场是在美国政府赞助企业与银行之间。因为房地产贷款多为长期贷款而且通常利率较低,当银行放出大量贷款后其流动性就会受到

① See Onado, Marco, The Failure of Northern Rock: a Multidimensional Case Study, The European Money and Finance Forum, Jan. 2009.

② 参见〔美〕伦德尔·卡尔德,《为美国梦融资:消费信贷的文化史》,严忠志译,普林斯顿大学出版社1999年版,第265页。

③ 参见杨紫烜:《论当前危机的性质、根源和经济法对策》,载《法学论坛》2010年第2期。

很大的限制,而美国多为私有制银行,要让银行愿意放出贷款就必须由政府进行政策上的支持。为了尽量避免政府对市场的直接干预,美国采取的方法是建立以国家信用为后盾的金融公司,通过金融公司购买银行的抵押贷款,同时以抵押贷款进行再次抵押向社会或机构发放金融债券。第三层市场是美国政府赞助企业为筹集资本所发行的金融债券市场。实质上该市场是美国房地产按揭贷款市场得以支持的真正融资来源,为防止二次抵押所带来的风险,政府还建立了大量的房地产抵押保险机构,一旦购房者无法偿付房款,除抵押外,房产保险公司还以人保的形式进行了补充保证。从制度安排上讲,美国金融市场同时有房地产作为物保抵押与保险公司作为人保保证,同时还有以政府信用为支持的融资企业体现着美国的国家信用,可以说是万无一失。在金融危机之前我国大量外汇储备用于购买"房利美""房贷美"债券实质上即是帮助美国改善居民的住房条件,虽然我国本身居民住房水平与美国有巨大差距,但美国"完善"的住房金融体系却赢得了我国海外投资机构的芳心。即便如此,美国金融危机最终还是爆发了,这与其说是偶然,不如说是美国宏观经济调控的必然结果,对美国政府而言要拉动经济就必须刺激房市,要刺激就必须设法降低美国按揭贷款的利率以刺激更多人投资买房,具体做法包括三个方面:

首先是在财政政策上通过2003年对伊拉克发动战争,大幅扩大了美国的财政支出。具体来说,近年来美国政府通过发动对外战争迫使国会不得不连续提高国债总量上限,从总的趋势上讲市场上的国债总量也在不断地提高,这意味着有更多的资金被美国国债所吸收,美国整个国内通货膨胀的压力由此大大减轻,各种长期债券的利率也随之下调(债券利率可以视为债券的价格,如果债券利率低于通货膨胀率,理性投资者将选择其他保值方式而非投资债券,因此低通胀率是债券低利率的重要保证)。①

其次是在货币政策上通过公开市场业务买卖国债来控制联邦储备基金的利率,进而影响按揭贷款的利率。具体而言,美联储通过在金融市场上大量卖出国债来增加美国市场国债的供给,国债供给的扩大必然引起国债价格的下调也即美国整体债券市场利率的下调(见图2),而债券市场利率的下调最终也将在作为长期贷款重要一类的按揭贷款中体现出来,从图3我们可以发现,联邦基金利率、10年期贷款利率与20年期贷款利率其实是具有一定的相关性的。②

---

① 参见〔美〕霍华德·戴维斯、大卫·格林:《全球金融监管》,中国人民银行监督管理委员会国际部译,中国金融出版社2009年版,第106页。

② See Alfred Maury Pollard & Joseph P. Daly, Banking Law in the United States, Juris Pub., 2005, p. 289.

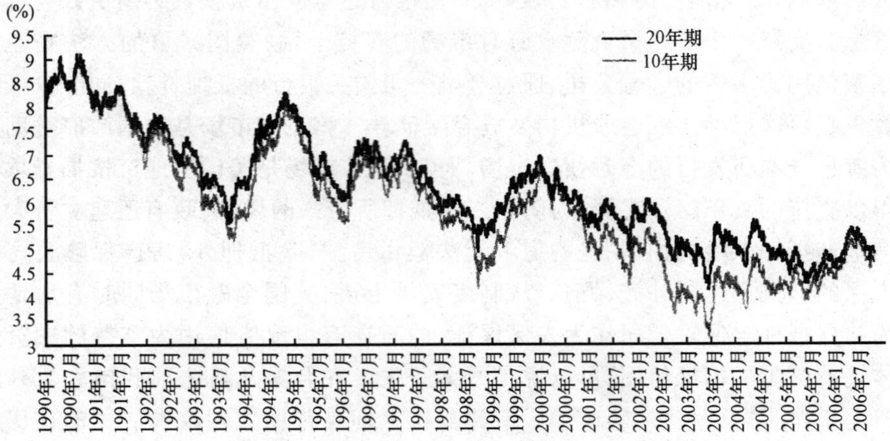

图 2　1990—2006 年美国中长期国债收益率变动的长期趋势

资料来源:美国财政部债务管理办公室。

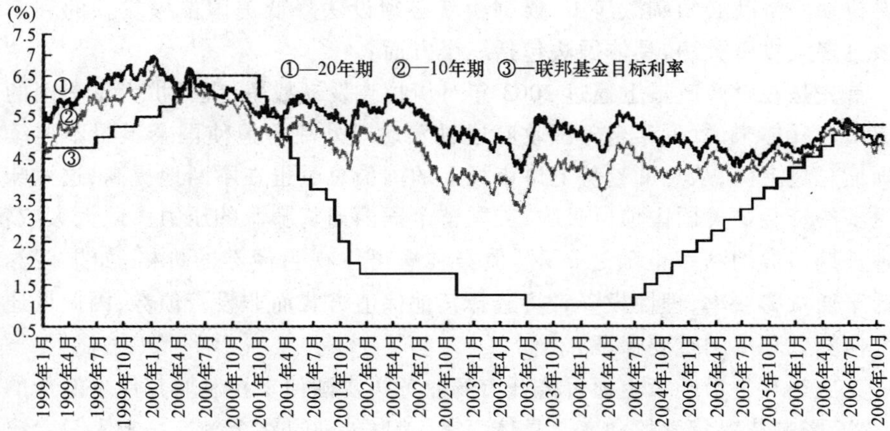

图 3　1999—2006 年联邦基金目标利率和中长期国债收益率的变动

资料来源:美国财政部债务管理办公室。

最后是通过国际市场的资本运作机制促进美元的回流。美国取得国际金融贷款的方式非常复杂,具体而言主要有三种方式,第一种是吸收亚洲国家通过贸易顺差而获得的美元储备。如中国、日本等亚洲国家长期对美国保持着顺差的贸易地位,结果是国家大量持有美元外汇,在这些外汇无法有效使用的情况下只能再反向流入美国的金融市场,我国在金融危机发生时对美国按揭贷款企业房利美、房贷美持有大量金融债券正因为如此。第二种是中东沙特阿拉伯国家所持有的石油美元。近年来油价飞涨,但是阿拉伯国家在获得大量石油美元的同时也为如何实现其保值增值所困惑，从表面上看美国作为进口石油大国似乎很吃亏，但考虑问题的本质，美国实际上是用其货币换取了大量的资源。第三种是欧洲美元的回流。由于欧洲长期以来对房价的控制十分严格，大量闲散在欧洲的美元资本缺乏投资环境，美国对房地产市场的刺激刚好成为其新的投资方向。通过以上几种融资方式，美国的房地产市场不仅绑架了美国自身的经济，也绑架了全球的经济，一旦美国融资市场出现问题，将引发全球金融的动荡，事实上发生在 2008 年的金融危机也证明了这一点。

然而，房地产市场的繁荣并非是永远的，对于美国这样一个监管体制比较健全的国家而言，房地产市场的价格波动无疑会引起关注。危机最初源于房价的下跌。大量的美国房地产买卖是一种投机性行为，市场的资金有限，市场上所交易的房产却不断增加，其后果是一部分商品房逐渐无法转手卖出。房地产商人与房主开始隐性地降价，但是 Zillow 房产咨询网络的上市让市场信息变得更加准确，美国人开始意识到房地产市场出现了问题，市场开始出现疯狂的抛售却无人接盘状况，房价一落千丈。房价的下降导致房产抵押信用的下降，当保险公司面对成千上万的抵押贷款违约，其最终的保险作用就显得十分脆弱，而房利美、房贷美等企业也仅仅依靠着美国政府不惜血本的支撑才勉强得以维继。美国金融危机的爆发实质上并不是制度安排上的缺陷所致，而是没有处理好实体经济与虚拟经济之间的关系所致：一方面，从宏观上讲，美国政府过于依赖房地产市场对经济的拉动作用，盲目扩大了按揭贷款的规模，忽视了房地产作为一种高价商品对市场的敏感性；另一方面，从微观上讲，缺少对房地产金融的审慎性监管，致使大量不具有偿债能力的居民购买商品房。

限贷政策作为最早出台的房地产调控政策，从表面上看其仅仅针对房地产市场，即通过差别化的信贷措施抑制过热的投资需求，但是反观不久之前刚刚发生且仍未完全消散的美国金融危机，我们可以发现，中央在金融危机好转后第一时间就开始对房地产市场实施以金融手段为核心的监管措施是另有其深意的。在这里，我们可以将美国对金融融市场监管的改革措施与中国的限贷政策进行对比，因为两者的目的都是避免类似的危机再次发生，但美国的实际做法是通过对监管体系的重新安排、权力的重新分配进行的。为了避免金融危机再次爆发，奥巴马政府于 2010 年 7 月 21 日签署了新的《多德—弗兰克华尔街改革与消费者保护法案》，进一步加强了政府对市场的监管力度，但是并没有扩大其权限。法案一共分为十四章，内容涉及成立金融稳定监管委员会以负责监测和处理威胁国家金融稳定的系统性风险；在美国联邦储备委员会下设立新的消费者金融保护局，对提供信用卡、抵押贷款和其他贷款等消费者金融产品及服务的金融机构实施监管，将之前缺乏监管的场外衍生品市场纳入监管视野，限制银行自营交易及高风险的衍生品交易等内容。[①] 在一系列的改革法案中,最值得关注的是该法案的第十四章"抵押贷款改革与反掠夺性借贷法案",这是美国历史上第一次针对房地产行业实施的金融改革措施。[②] 该章一共包括八节,内容实质是美国版的"房贷政策":住房抵押贷款发起的标准、抵押贷款的最低标准、高成本抵押贷款、住房咨询办公室、抵押贷款服务、评估活动、抵押贷款解决与修正、其他条款。实际上美国并没有像中国一样实施差别化的信贷政策,其住房抵押贷款发起的标准、抵押贷款的最低标准、高成本抵押贷款三节内容是为了确保借款人在借款之后拥有还款能力;而住房咨询办公室、抵押贷款服务、评估活动三节的内容则是通过建立相关的中介机构确保房屋能够被真实确定价值、借款人的还款能力能够被调查清楚;此外还增加了相关的争议处理机制。通过这种安排我们不难发现,虽然美国金融危机来源于美国政府对房地产信贷业过于宽松的监管,但其之后的处理措施并未完全关闭抵押贷款的大门,而是让房地产抵押贷款在更加安全、规范的监管模式下运营,切实保障房地产抵押贷款能够收回。[③]

2. 德国房地产市场:正确认识房地产市场在国民经济中的地位与作用

房地产市场在任何国家的经济发展中都起着举足轻重的作用。房地产开发可以带动起一大批相关产业的繁荣,房地产建设可以解决大量工人的就业问题,房地产销售可以大幅度提高国家的国民生产总值,房地产交易可以使政府征收高额的税收,房地产融资可以使金融机构获得高额的利润……因此各方主体都乐此不疲地希望参与房地产市场,政府亦是如此。遗憾的是大多数人都忽视了一个基本的道理:房子建出来是给人住的。纵观德国政府对房地产市场的调控体制,我们可以发现,多年来德国房价稳定,根本的原因就在于德国政府对于房地产市场的定位在于改善民生。

首先是德国的房地产金融制度以住宅合同储蓄制度为特色细分了德国的房地产金融市场。德国的房地产融资体系可以分为三个层次:政府的无息贷款、银行的住宅合同储蓄贷款以及一般的商业贷款。其中以住宅合同储蓄贷款最为有名。所谓住宅合同储蓄制度,指要求居民首先向金融机构存入一定数额的款项,存足该款项一至两年后方可获得低息的房地产贷款,该制度有效遏制了房地产的投资行为。一方面如果要贷款投资,必须首先提供相当数量的贷款给金融机构,另外,低息贷款的获得需要一个比较长的时间,最终使投资者失去投资的机

① 董裕平译:《多德—弗兰克华尔街改革与消费者保护法案》,中国金融出版社 2011 年版。

② See Dodd-Frank Wall Street Reform and Consumer Protection Act, Chapter IX, Investor Protections and Improvements to Regulation of Securities, note 932.

③ See Stanley Fish, Almost Pragmatism: Richard Posner's Jurisprudence, University of Chicago Law Review 1447, 1990, pp. 1465—1472.

会。实质上,合同储蓄制度是一种期权性贷款业务,取得贷款的前提就是必须先存入贷款。当然,德国房产金融市场还有商业贷款作为补充,但商业贷款以市场利率水平为成本,且贷款受到银行控制,大大增加了贷款投资的成本。另外,对于低收入群体,政府则通过无息贷款加以扶植。

其次是德国的房地产供给制度以多元化为导向。德国的房地产供给可以分为四个层次:第一个层次是由政府提供的保障房体系。"二战"之后,德国遭到大面积破坏,无法保证居民的基本住房,1950 年,德国政府颁布《社会保障住房建设法》,一方面由政府出资每年兴建大量的经济适用房,同时以政府贷款的方式向房地产开发商提供低息融资,要求房地产商兴建廉租房,该类房产的租金一般只有市场价格的一半,随着大量廉租房的兴建,基本满足了德国居民的居住需要。第二个层次是商品房租赁市场。德国 1971 年出台《租赁保障法》,该法的鲜明特点是保护房客的利益,譬如该法规定房客有权随时解除合同,而对房东解除合同的权利进行了明显的限制,同时规定了租赁市场的指导价格,控制租赁价格在一定范围内波动等等。这一系列措施的根本目的是鼓励德国居民特别是对于刚刚进入社会的年轻人以及新婚夫妇,灵活选择居住方式,缓解了社会对于房屋的刚性需求。第三个层次是商品房的市场化开发。① 德国统一后,开始面临新的住房压力,为在短时间内解决该问题,德国政府通过推行"建房资金免交企业、个人所得税"的政策鼓励兴建房屋,成功地解决了该社会矛盾。第四个层次是鼓励个人以集体合作(住房合作社)的方式兴建房屋。居民可以通过集资的方式自由地开发房产,国家将给予各种补助及融资服务,大大降低了房屋的开发成本,同时亦打破了房产商在房屋供给上的垄断。②

最后是完善的房地产市场价格控制制度。德国房地产所有者要缴纳高昂的房产税,房产税的好处是可以进一步开发房产周围的环境,但同时也提高了房产持有者的成本,如果投资者要依靠房产涨价来买卖房屋,就必须经历相当长的一段时间,而在此期间,房产税将大大提高其持有的成本。近年来世界各国房价上涨,德国房价却一直保持着较低的水平,引起了国际热钱的注意,大量国际热钱一度进入德国的房地产市场,最终却铩羽而归,房产税在其中起了很大的作用。③ 同时德国房地产市场还建立了专业的价格评估机构,房地产商没有权利

---

① See Herbert Lionel Adolphus Hart, Causation in the Law, Oxford: Clarendon Press, 1959, pp. 512—514.

② See Tory Fryer, Antitrust and Bilateralism: the U. S. Japanese and EU Comparative and Historical Relationships, Competition Polity in the Global Trading System, C. A. Jones, M. Matsushita (ads.), 2002 Klswer Law International Printed in the Netherlands. pp. 3—52.

③ See McKinnon, Ronald I., Gradual versus Rapid Liberalization in Socialist Economies: The Problem of Macroeconomic Control, The World Bank Research Observer, Cary: 1993, p. 63, 48.

实施垄断定价,必须参照政府部门的评估价格销售,进一步缓解了房地产市场价格上涨的压力。[1]

通过上述分析我们可以发现,与美国、中国相比,德国对房地产市场的调控主要集中在房地产的供给制度上,通过多层次的供给满足了不同收入群体的住房需求。同时,通过房产税、房产评估等机制抑制房地产投机行为,提供充分的市场信息,诸多措施对于我国而言均有很好的借鉴意义。

三、我国房地产管理制度的基本框架探索

(一)我国房地产价格干预制度的构建

可以说,随着我国市场经济制度的不断发展,各种经济问题的出现将是不可避免的。作为一个大陆法系国家,通过上文对限贷、限购、限价政策的分析不难发现,虽然我国目前已有各种基础性的法律制度对房地产部门进行干预,譬如《物权法》《合同法》《城市房地产管理法》《土地管理法》《建筑法》《城市规划法》等,房地产行业作为国民经济的重要行业本身已经拥有大量的规范性法律文件,譬如《城市房地产开发经营管理条例》《房地产开发企业资源管理规定》《土地管理法实施条例》《招标拍卖挂牌出让国有土地使用权规定》《外商投资开发经营成片土地暂行管理办法》《城镇国有土地使用权出让和转让暂行条例》《建设工程质量管理条例》《国家工商行政管理总局、建设部关于进一步加强房地产广告管理的通知》《房屋建筑工程质量保修办法 》《房地产广告发布暂行规定》《建设部关于加强住宅工程质量管理的若干意见》《最高人民法院关于建设工程价款优先受偿权问题的批复》等,但仔细考量上述规范不难发现,政府对房地产行业的管理规范依然缺乏相应的制度依据:第一,随着我国房地产行业的快速发展壮大,很多新的问题有待解决却缺少法律依据,立法的步伐始终无法跟上市场的变化,譬如对于是否应该征收房产税,无论是理论界还是实务界都有着很大的争议;第二,原有的对房地产行业的规范文件通常仅限于房地产行业中的某个领域,缺少能统御全行业的系统性的法律规范;第三,房地产行业对国民经济、人民生活影响日趋重要,却没有相关立法能将其与国民经济发展之间的关系充分协调;第四,也是最为重要的,我国作为大陆法系国家,国家的任何经济政策必须有法可依,随意性出台任何政策本身就是对我国法制化进程的一种伤害。[2]

---

[1] 参见江莉:《论反垄断法对政府行为的豁免》,载《北大法律评论》2008 年第 2 期。

[2] 参见陈治:《福利供给变迁中的经济法功能研究》,法律出版社 2008 年版,第 278—283 页。

因此,对房地产部门的综合性监管法律规范的出台,将是我国未来对房地产行业管理必须迈出的一步。

然而,要真正建立完善的房地产市场价格管理制度,必须首先确定该法所调整的社会关系、所追求的基本价值,只有在此基础上才能逐步建立起相关的制度框架。因此,要探索房地产市场管理之法的内容,必须先确定该法所应该解决的问题:保障房是否应纳入房地产调控措施的范畴?从目前社会对于房地产市场的普遍看法出发,最严重的问题是很多低收入家庭住房困难,却又无力购买,对此,各国通行的做法基本相同,主要是通过政府机构兴建保障房的方式来解决。该方法在世界各国通行,特别是对一些人口不多的发达国家,低收入保障房完全可以解决低收入群体无房可住的尴尬局面,但是此法在我国却遇到了比较大的阻力。由于房价一直居高不下,地方政府通过土地财政获得的巨大收益使其对于保障房的建设充满矛盾,因为保障房不但使政府损失了原有的土地使用权出让收入,还必须贴钱进行保障房建设。虽然中央一再要求地方政府提高保障房建设速度,但目前保障房仍是杯水车薪,很多保障房分配采用抽签摇号的方式进行,同时不仅对保障房的申请设置了较高的门槛,在购房过程中还以各种手段限制购房者选择。保障房在开发与分配过程中所存在的问题,无疑是一个社会问题,但本文认为其不应被纳入《房地产价格调控法》的规制对象范围,一方面,保障房的供给实质上是政府对于社会的一种义务,其对象指向的是政府本身而不是房地产市场,应该由国家根据各地房产市场的不同情况制定政策;另一方面,保障房开发的问题根源仍在于房价过高,如果能抑制高房价,自然不会产生相关问题。因此,对于房地产价格法,应将对房地产价格调控的相关政策手段作为核心,具体包括三个方面:

第一,房地产市场金融监管法律制度。房地产贷款是房地产市场得以发展的必要环节,从供给的角度讲,房地产商作为社会盈利性主体大多以借贷方式开发房地产,随着借贷资金的进入,我国城市住房总量在近十年高速增长,这对于解决我国城市居民的住房困难无疑是有好处的。而限贷政策要求房产商开发地产后必须先卖完才能重新借贷,该政策无疑是对商品房建设积极性的打击。对于房地产的贷款监管,从银行业对策角度看,实质上主要还是应该确保房产商拥有足够的还款能力,确保其能够按照约定时间还款,如果房产商延长借款时间囤积房源,则可对其征收比较高额的利息。从证券市场的角度讲,禁止其上市或发行债券肯定也不是最好的方法,而是应该从保护投资者的利益出发,严格监管其资金使用的动向,确保其在价格调控法规定的范围内经营,防止其对股民利益的损害。从需求的角度讲,房地产商开发房产来源于社会存在需求,无论是投资性需求还是消费性需求,实质上都起到了刺激房地产总量增长的作用。对于房地产的投资需求,差别性限贷政策是有一定依据的。因为银行的资金实质是社会的公共资金,应该用在社会商品的再生产过程中,如果从银行借贷资金炒房,实质上与利用社会公众资金赌博无异,理应进行限制。这正像商业银行,可以利用自有资金经营证券业务,但绝对不可以利用储户的资金去炒股。而消费性质的房地产信贷无疑应该鼓励,对于低收入家庭,利用从商业银行借贷的资金购房,恰恰是其解决住房问题的重要手段。“政府要对房地产市场进行调控,不应该仅仅停留在房地产销售的最终环节,而应从这条产业链上找出房价上涨的原因。”①

第二,房地产价格评估法律制度。房地产价格一直以来居高不下,重要的原因是房地产厂商在房产开发价格上的垄断优势。垄断行业的主要特征是企业进入该行业较为困难,产品替代性较差。而房地产行业的垄断主要来自于产品的不可替代性。一般来说人们对于房屋的需求都是比较特定的,除了房屋本身的构造以外,郊区与市区的房屋存在区别,即使都处于市中心,基于上班、上学的需求,周边的公用设施、治安环境也会让住房这种商品产生巨大的区别。当房地产商拿到一块地的开发权后,通常其在定价上有一定的权限,而土地财政等现象使政府与房企在利益上达成一致,房地产市场缺乏必要监管,很多房地产商就利用手中的垄断力随意操控房产价格,导致房地产价格的不必要上涨。可以说不少地方政府实质上是房价上涨的保护伞。要让房地产市场价格恢复理性,就必须打破开发商的垄断定价权力,让消费者真正了解到某处商品房的真实价值。②眼下不少房地产中介机构人员对于全市房产都作出了价格上的评估,但这种评估其实只是基于其对于已经被开发商所垄断的市场价格的熟悉,并非对房产价值的真实理解。要建立起能让市场信服的专业房地产评估机构与监管制度,最好由政府部门或其建立的事业单位进行评估,如此不易受与市场无关因素的影响,能从土地出让价格、工程消耗价格等真实的成本进行评估。

第三,房地产市场价格管理权限法律制度。对于上文所述的限价政策,上海和其他城市的做法并不相同,其主要的区别就在于政策规制的对象不同:上海针对的是房地产商,即使其价格与政策不一,合同仍是有效的,只是房地产商会受到处罚;而其他城市则多数通过直接否定房产合同的效力进行规制,从效果上看无疑该种方式更为明显,但如果使用该种方法建立房地产市场管理法律制度,无疑会与《合同法》《物权法》等现有法律制度冲突,使房地产价格调控法成为法外

---

① Gavin Cameron, John Muellbauer, Was There a British House Price Bubble? working paper, 2006.

② See Robert Abrams & Lloyd Constantine, Dual Antitrust Enforcement in the 1990s Revitalizing Antitrust in Its Second Century, Essays on Legal, Economic, and Political Policy 484, Harry First et al. (eds.), 1991.

之法。因此,要让政府合理、合法地管理房地产价格,必须对政府的房地产管理在程序、方式上作出明确规定,限制政府对于房地产价格调控上的权力滥用。

对于房地产限购政策,本文认为不宜纳入房地产调控的法律范畴。房产开发的前提条件是必须有需求,差别性购房政策无疑会抑制房产需求,虽然从短期来看,可以迫使房产商降价,但长期的限制无疑会使大量房企退出市场,导致房地产市场的不可逆损害。同时,限购政策本身一般多用于对稀缺商品的平均分配,防止抢购,而目前房地产市场问题的症结在于房价的虚高而并非供给的稀缺。[①] 另外,根据上文分析,限购令的制定与执行与我国《合同法》《物权法》等多部规范相冲突。因此,虽然其制定容易、执行简单、效果明显,却不宜纳入房产价格调控法的范畴。

(二) 房地产价格干预制度在经济法体系中的定位

限贷、限价、限购政策,作为一种房地产的市场监管手段,实质上是我国经济法的重要组成部分。经济法是现代民主国家为了实现国民经济的有效运行与可持续发展,利用各种手段对国家经济进行管理的过程中所产生的各种法律关系的规范的总称,因此,对房地产价格实施调控的政策或者制度,无疑应被纳入其中。实质上房地产调控法与经济法的各部门法都有密切的联系,关键是解决房地产调控法在经济法中的定位问题。

第一,限贷、限购、限价政策及房地产市场调控制度应在国家总体政策上与宏观调控法保持一致。房地产行业实质上已成为我国实体经济中拉动 GDP 的重要力量,同时,房价的上涨又对国家的物价水平产生极为重要的影响。因此,虽然房地产市场调控制度直接的作用对象是房地产市场本身,但从限贷政策上可以看出其对金融市场的极大作用,从限价政策可以看出其无疑将会影响物价水平,而限购政策更是会影响 GDP,有鉴于此,对于限贷、限购、限价政策的实施及房地产市场调控政策的构建,必须在充分考虑其对整个国民经济的影响基础上进行。

第二,限贷、限购、限价政策及房地产市场调控制度的执行与依据应以市场竞争法为主导。对于房地产调控的政策与法律,本文主张应该主要针对房地产商。房地产商是房地产市场价格的真正决定者,相比实力强大的房地产商,个别家庭对于房地产价格几乎毫无影响,正是房地产商对房价的恶意炒作,才会使家庭闲散资金跟进炒房。因此要整顿房地产市场,应该将房地产商作为主要的规制对象,而其各种措施应该在市场竞争法的基础上作进一步细化,只有这样才能

---

① 参见漆多俊:《论服务型政府的定位转变》,载《人民论坛》2010 年第 29 期。

保证房地产调控制度的有法可依。

第三,限贷、限购、限价政策及房地产市场调控制度应该注意与涉外经济法的接轨。我国加入世界贸易组织后,外国资本进入我国的屏障逐步减弱。通过本次限贷、限价、限购政策我们可以发现,外资的介入并没有成为主要的规制对象。但是,随着人民币升值,大量国外闲散资金流入我国,很大部分流入了房地产领域。[①] 而对外资的房地产管理相对国内居民更为艰难,因为其投资可以通过多种渠道,任何对外资监管的不慎都可能导致灾难性的后果,甚至引发相关的国际争端。我国要想进一步加大改革开放力度,必须在房地产制度上做好应对国际游资冲击的准备。

第四,限贷、限购、限价政策及房地产市场调控制度应该将对国有资产的管理作为监管重点。经过20世纪末国家对国有资产制度的改革,目前多数国企在其行业中已成为具有强大竞争力的企业,通过以国家信用作为后盾,可以从银行借贷大量的资金,因此,实质上国企已成为一种特权企业,而国有资本则成为特权资本。[②] 很多国企为了实现国有资产的保值增值,偏离了其为社会提供本行业产品、促进国家科技发展的职能,转而直接进军房地产业,或将借贷资金间接通过资产信托管理的方式进行高利贷牟利。2011年来,中央多次要求国企资金退出房地产业,但收效缓慢,因此必须从制度层面特别为国有企业确立相关房地产管理制度。

第五,限贷、限购、限价政策及房地产市场调控制度应成为市场监管法的重要组成部分。限贷、限购、限价政策实际上是政府对于房地产市场的一种调控性质的政策,要进一步完善未来的我国房地产市场,则应将其作为市场监管法的重要组成部分。从重要性的角度来讲,2008年美国金融危机来源于房贷,[③]而房地产市场本身对当今中国经济发展的作用更是不言而喻,因此,房地产市场调控制度的建立必须以房地产市场监管制度为基础,只有建立房地产监管制度,才能保证房产调控有据可依。同时,资本市场实际上与房地产市场之间已经到了不分彼此的地步,要想完善资本市场的监管,就必须将房地产市场监管制度放在同样重要的位置。

至此,通过以上对现贷、限价、限购政策的归纳,本文基本为三项政策整理出了框架。应该说,无论是限贷政策、限购政策,或者是限价政策,本身的复杂性都可以作为一项独立的经济政策引起关注。这三项政策不仅存在时间长,而且内

---

① See Richard A. Posner, Overcoming Law, Harvard University Press, 1995, p.326.

② 参见〔美〕乔·萨托利:《民主新论》,冯克利、阎克文译,东方出版社1993年版,第12页。

③ See Eager & Muckenfuss, Federal Preemption and the Challenge to Maintain Balance in the Dual Banking System, 8 N.C. Banking Inst., 2004, pp.596—600.

容丰富,涉及文件海量,在近十年来相当少见。从我国市场经济发展的历程上看,20 世纪 90 年代初市场经济制度基本得以确立,之后国家逐步着手建立相应的市场经济制度,从涉及面之广、对人民群众生活影响之深、涉及利益之重来说,恐怕也只有 90 年代后期全国范围内的国企改革能与本次房地产市场调控相比。正如同我国建立市场经济制度必须经历国企改革之痛一样,要向更发达的市场经济制度迈进,房地产市场的改革将是不可避免的,美国、日本等发达国家无不曾经历房地产市场之痛。我们可以相信,有关房地产价格调控方面的法律法规的出台将成为国家解决房价问题的必然措施。

促进我国中小企业发展的经济法考量

江敏超

一、问题的提出——中小企业生存困境

（一）生存现状

自2011年年初以来，我国中小企业生存形势日趋严峻，引发了局部经济和社会的不稳定。在国际经济复苏明显放缓、国内货币政策有所收紧、企业融资难、税负高、生产成本快速增加等多重不利因素的挤压下，中小企业生产经营确实面临很大的困难。其中，长三角地区更出现大量企业停工、半停工局面。据最近的报道，在全国工商联耗时两个多月对广东、浙江、江苏等16个省进行的系统调研中发现，中小企业特别是小型、微型企业的状况，可能比2008年“金融海啸”时更为艰难。[①] 因“高利贷”和“人人贷”等民间借贷资金链条断裂，温州以及后续的鄂尔多斯等地在短时间内集中出现民企老板跑路、跳楼以及企业职工上街抗议等突发事件，企业停工造成的局部失业情况也日益严重，且大有愈演愈烈并向其他省市扩散之势。

中小企业发展指数出现下降。据我国中小企业协会政策研究部的数据，2011年一季度，我国中小企业发展指数（SMEDI）为104.1，比2010年四季度下降2.2点。虽然有略微下降，但仍处于景气临界值以上，显示中小企业继续了上个季度的平稳发展态势。从调查的八个行业看，与上季度相比，六个行业指数下降，分别是工业、建筑业、房地产业、批发零售业、社会服务业、信息传输计算机服务和软件业。其中，建筑业和房地产业指数降幅较大，建筑业甚至跌出了行业景

① 我国中小企业协会副会长周德文指出，如果目前的银根紧缩政策不改变，如果政府再不出手相救，今年下半年，国内存量中小企业中的40%将会半停产、停产甚至倒闭。

气临界值。分析认为这与一季度季节性、临时性因素及房地产市场调控有关。同时,工业指数虽有0.1点的略微下降,但其分项指数中的资金指数上升了4.9个点,在众多行业中一枝独秀,说明虽然整体资金收紧,但有部分资金流入工业,对于实体经济发展有利。一季度中小企业发展指数的下降,在于原材料、能源购进价格的推高和劳动力成本上涨,使得企业成本压力增大。调查显示,88%的企业反馈原材料及能源购进价格比上年同期上涨,81%的企业反馈企业劳动力成本增加。成本压力同时也打击了企业的投资意愿。一季度中小企业的资金指数总体处于景气临界值以下,只有17%的企业反馈流动资金充足,7%的企业反馈融资容易。成本上升、投资下降,随之而来的企业效益下降不可避免。76%的企业与去年同期相比盈利减少。

尽管如此,调查预计二季度我国中小企业发展指数将比一季度略高,企业效益和成本将向好的方面略有变化。在国家宏观经济调控下,中小企业将同宏观经济一样继续保持平稳发展的态势。但是调查特别指出,由于当前货币政策从紧,以及经济发展中出现的其他新情况、新问题,广大中小企业面临的困难更大。

表1 2011年一季度中国中小企业发展指数①

行业分项指数	SMEDI	宏观经济感受指数	综合经济指数	市场指数	成本指数	资金指数	劳动力指数	投入指数	效益指数
SMEDI	104.1	117.5	117.0	112.5	72.2	95.6	109.6	116.6	89.8
工业	102.4	113.9	113.0	114.4	64.5	92.0	107.5	121.4	85.9
建筑业	90.4	117.5	95.6	86.3	83.1	92.2	109.0	93.9	76.8
交通运输邮政仓储业	101.6	110.1	123.0	106.0	75.2	97.1	114.3	108.2	82.8
房地产业	112.3	115.7	132.2	113.5	92.1	108.7	109.7	103.6	111.8
批发零售业	107.5	112.1	124.7	114.8	80.2	100.4	115.0	112.2	94.0
社会服务业	112.6	134.8	128.5	119.0	77.2	97.4	115.0	123.5	102.2
软件、信息传输和计算机服务业	101.9	115.2	96.6	115.6	81.9	101.3	106.2	114.8	87.0
住宿餐饮业	103.4	130.2	129.4	107.5	78.6	109.0	94.5	107.0	85.7

(二)"短命现象"

与国外相比,我国的中小企业是最短命的。2010年,欧洲和日本中小企业

① 资料来源:中国中小企业协会政策研究部。

平均寿命为12.5年,美国是8.2年,而德国500家优秀中小企业中则有1/4是100年以上的。调研发现,我国中小企业目前平均寿命仅3.7年,其中八成以上是家族企业。

二、产生的缘由——中小企业困境透视

导致当前部分中小企业生产经营困难的原因是多方面的:

(一)国际环境方面的原因

国际经济大背景不理想。随着现代经济的发展,中国经济同世界经济越来越紧密地联系在一起,外在经济环境日趋严峻,世界经济不景气,欧美经济动荡,如美国占领华尔街事件、欧债危机等,外需疲弱。

(二)国内环境方面的原因

相关数据显示,我国经济增速回落的风险正在加大。2011年我国GDP增速从一季度的9.7%下滑到二季度的9.5%和三季度的9.1%。同时汇丰银行2011年12月1日公布的11月我国制造业采购经理人指数(PMI)创32个月以来最低,折射出我国经济下行风险正在加大。由于欧洲主权债务危机向深度蔓延,从2011年9月份开始,我国出口已连续两个月负增长。人民币升值,通胀压力较大,国内货币政策有所收紧,取向由积极转向稳健等因素给中小企业带来的影响。

1. 融资难,融资成本偏高

2011年,央行连续12次上调存款准备金率,目前已达21.5%的历史高位,这导致信贷市场的供不应求。中小企业由于天然的原因,在宏观政策收紧的时候,受到的冲击最大,向金融机构融资难。2011年上半年中,中小企业通过国有商业银行融资的平均利率为8.02%,股份制商业银行平均利率为10.15%,小额贷款公司平均利率是17.33%,民间借贷平均利率为35%。在"信贷额度紧张的背景下,一些银行在发展小企业业务时,进行产品搭售,这导致变相提高利率,增加小企业融资成本"。据测算,中小企业贷款成本比大企业要高出6至8个百分点,而国外仅高出1.5至2个百分点。另外,80%的中小企业,由于资质较差,可抵押品少,无缘银行信贷,2010年授信额在500万元以下的小企业贷款占全国企业贷款余额的比重不超过5%。由于融资难,中小企业被迫转入非正常渠道高息融资。据2011年统计,黑市融资利率有的已经升至50%甚至更高。

2. 企业负担较重

劳动力、资金、原材料价格等主要生产要素"涨"声一片,企业生产成本大幅度提高。2011 年小企业特别是劳动密集型小企业用工平均缺口在 15%—20%,用工成本较 2010 年平均提高 20% 左右,加之一些不尽合理的企业税费负担等因素,导致企业利润摊薄,不少企业不接单亏损、接单也亏损。

3. 体制机制问题

市场经济体制不完善,不同所有制、不同规模的企业在制度和政策上存在不平等的待遇等深层次体制机制问题。

(三) 中小企业自身的原因

1. 中小企业的体制不够健全,各项管理制度不尽完善

虽然中小企业数量众多,但很多中小企业,尤其是私营企业仍然沿用的是经验式和家庭式的管理方式,缺乏科学决策机制,且内部管理混乱,财务制度不健全,更无法为银行提供完整的财务报表和较全面的信息资料,影响银行给中小企业发放贷款的积极性。

2. 一些中小企业诚信观念较淡薄,存在逃债、赖债、甩债等观念

这种情况成为银行对中小企业发放贷款的巨大掣肘。

3. 中小企业往往抵押担保能力不足

银行等金融机构向中小企业发放的贷款必然以抵押、担保贷款为主,而一些中小企业却缺乏必要的抵押品或没有担保,往往因无法提供正常的担保信贷手续而不能够融资,成功向银行申请贷款。一些企业虽然发展现状和前景看好,却也不能获得贷款,不无遗憾。

4. 企业自身市场竞争力水平低

中小企业创业难、发展难,生产规模相对较小,有些企业工艺设备简陋,生产方式多为粗放型、市场竞争力水平不高,转型升级进展缓慢。

5. 盲目投资

不少企业存在盲目扩大投资的现象,冲动转型造成生产经营困难。"跑路"的浙江信泰董事长就是因为盲目投巨资上马光伏项目而导致资金链断裂。全国工商联调研显示,在 2008 年后部分民营企业放弃利润低的主营业务,盲目投资高新技术产业及投机性行业。据统计,2010 年温州百强民企五成以上进军房地产业和金融行业。中小企业中放弃主业搞副业、放弃实体搞虚拟、放弃加工制造搞房地产和转贷的现象严重。

(四)金融体制与金融结构方面的原因

1. 金融机构难以满足需求

企业在生产经营过程中出现资金短缺问题时,银行扮演着重要的角色,但是我国的金融体系建设还处于起步阶段,金融机构与金融体系尚不完善,资金的供给和需求不平衡,很难满足广大中小企业的需求。

2. 中小企业非银行的主要服务范围

随着商业银行经营运作的商业化、股份化和市场化,银行把追求自身利益最大化作为经营目标,在对企业服务和自身经营的过程中越来越树立市场意识,重视降低风险。从成本、风险收益的角度考虑,各家银行都把质优、具有发展潜力、前景看好的大企业作为自己的服务对象。而中小企业发展前景不明、各项管理制度不健全,银行对中小企业的贷款风险大、收益较不确定,故被银行排斥在服务范围之外。

3. 商业银行在信贷管理上推行授信授权制度

风险管理强化,考核力度加大,银行贷款更加谨慎。目前,商业银行加大了对基层行的考核力度,对信贷人员实行以资产质量为主要指标的考核,实行贷款责任终身追究制度,这就使得银行信贷人员对中小企业的贷款产生"惧贷"心理。信贷员权力和责任不对称,产生"贷不如不贷,贷多不如贷少"的心理。

4. 中小金融机构不够发达

没有形成面向中小企业的具有专业性质的中小金融机构体系,导致对中小企业提供的金融服务不全面,没有针对性,从而加大了银行发放贷款的风险,增加了中小企业融资的难度和成本。

5. 商业化的经营机制客观上制约了银行对中小企业的信贷投入

中小企业面临的是激烈竞争的市场环境,其经营风险和淘汰率相对较高,这些都决定了其面临着负担重、效益不佳、银行监察难、债权维护难的信贷难题。在当前"稳健经营"已成为银行商业化经营信条的情况下,加上目前明显存在的金融诉讼案件胜诉后执行难的情况,银行对中小企业贷款持慎之又慎的态度。此外,中小企业贷款存在其特殊性:一是贷款要得急,中小企业由于计划性比较差,且绝大部分都是流动资产,因而一旦有贷款需求便很急切;二是贷款频率高,据调查,中小企业的户均贷款数量大约是大中型企业的五倍左右;三是贷款数量少,中小企业的户均贷款数量大约是大中型企业的千分之五;四是贷款管理成本高,由于每笔贷款的发放程序、经办程序、经办环节大致相同,使银行的贷款单位交易成本和监督费用上升,对中小企业贷款的管理成本平均为大型企业的五倍左右。商业银行从节约经营成本和监督费用的"经济性"出发,也不愿意向中小企业发放贷款。

6. 资产负债比例管理体制下的信贷规模控制制约了银行分支机构对中小企业的信贷投入量

目前,我国的商业银行采取资产负债比例管理,风险意识增强,管理趋于规范,在贷款对象的选择上更加严格。近年来,银行不良贷款继续上升,利息收息率进一步下降,贷款风险日益扩大。

7. 银行贷款手续繁杂制约了中小企业从银行获得信贷支持

中小企业一般贷款时间急、频率高、金额少、成本高,银行要严格按程序报批发放,时间上跟不上需要。

8. 银行信贷人员素质的局限性制约了银行对中小企业的支持

目前,银行的不少信贷人员知识结构存在缺陷,尤其是把握资金流向、产业政策演变、信贷市场变化和企业经营活动的能力较差,往往局限在分析企业报表这一初级阶段,而中小企业由于没有完善的财务制度,又缺乏法律上的硬约束,相当一部分企业存在着提供虚假报表的问题。

9. 银行提供的金融服务远远不能满足中小企业的需求

中小企业由于受自身条件限制,生产规模小,管理水平低,信息量闭塞,在财务管理、融资能力等方面存在着自身无法解决的问题,因此其对金融服务的需求是全方位和多元化的。中小企业需要的不仅是一般性的贷款业务,而且需要承兑、保函等其他信用产品,而这些产品目前大多数是面向大企业的。①

其他制约中小企业融资的原因,还有法律法规与管理机构不健全、国家信贷政策的影响、中小金融机构发展状况不理想、中小企业融资受担保难和抵押难的制约、直接融资渠道不畅通、中小企业社会服务体系不完善等。②

三、破解的必要
——经济法对促进我国中小企业发展的意义

(一)从经济法的价值理念和原则看促进中小企业的发展

1. 经济法关注效益

效益本身即是经济学的基本命题,指投入与产出比例,即以最少的投入得到最大的产出。可以说效益是一切经济生产活动的最高价值目标。效益是经济法

---

① 参见王宏:《敢问钱在何方:中小企业融资指南》,法律出版社 2010 年版,第 18、19 页。
② 同上书,第 20、21 页。

固有的目的与使命。

2. 经济法关注的效益是宏观上的效益,即社会整体效益

只有在宏观上通盘、全面考虑社会的整体效益,才是真正意义上的经济,也是整个市场经济活动最大的目标、目的所在。

3. 现代经济法的价值在于社会整体利益的最大化

在现代经济领域,不可阻遏的全球经济竞争已将所有的地球村成员卷入一场空前的全力推动经济发展的浪潮之中。经济,已不再是平衡与自足的代名词,现代经济法的价值应表述为社会整体利益的最大化,如此更体现出现代经济法的动态化效应,也更体现和适应现代经济发展的特征和趋势。因为它不仅追求效益的简单循环实现,更追求效益的不断复合增生。

4. 经济法的价值实际上是可持续发展的社会整体利益最大化的问题

经济法总体追求的是国民经济的可持续发展,在很大程度上兼顾与平衡国民经济的持续、快速、健康发展几种不同目标取向,从而令我们所关注的社会整体利益的最大化得以可持续实现。

经济法的基本原则有:(1) 经济民主原则(自由竞争、保护弱者理念);(2) 效率优先、兼顾公平原则;(3) 可持续发展原则;(4) 经济公正原则。①

经济法所蕴含的理念有:

(1) 经济法的自由竞争理念。经济法的价值追求之一是维护社会整体经济利益,保护弱者及防止垄断的产生。虽然经济法一方面规制竞争,另一方面又追求自由竞争,然而这并不矛盾。规制竞争,是为了保证各个经济主体公平竞争的机会,构建一个公平竞争的和谐的市场经济秩序。规制竞争,也是为了促进更自由、更公平、更有秩序的竞争。②

(2) 经济法的公平正义理念。经济法以公平正义作为基本价值理念。经济法是国家在协调干预经济运行过程中形成的,主要是国家从宏观上调控经济,包括宏观调控法、市场管理法两大部分,经济法关爱经济活动交往中的社会弱势群体,矫正事实上的不公平,以真正实现公平和社会正义。经济法以追求社会整体利益为宗旨。经济法要考虑社会的评价,弥补公平与正义,以维护社会整体经济利益为出发点和归宿并且着眼于构建自由、公平的市场竞争环境,以法律手段为市场机制的发挥创造公平和谐的条件。③

(3) 经济法的和谐理念。经济法的内容与价值中更多的是强调协调、平衡

---

① 参见顾功耘主编:《经济法教程》上海人民出版社 2001 年版,第 75 页。

② 参见温万名:《基于经济法视角谈我国中小企业的保护》,载《经济问题》2008 年第 7 期,第 77 页。

③ 参见刘光华等:《而立之年的中国经济法学:光荣与责任》,载《经济法论丛》2008 年第 2 期。

与和谐的理念。经济法在立法思想与执法思想上以整个国民经济的协调发展和社会整体利益为出发点，维护公平竞争的市场环境，并协调各种经济利益关系，目的是促进、引导或强制实现社会整体目标与个体利益目标的统一。经济法自身蕴涵的和谐理念，符合和谐社会的构建过程，即平衡和协调各种经济利益主体的利益关系，以求得社会整体利益的形成和发展。①

因此，促进中小企业的发展与经济法的价值理念和原则相符合。表现在：

(1)促进中小企业的发展能真正实现经济民主。"大型企业与中小企业共同作为经济主体，但相较于大企业的巨额资本与经济实力，中小企业在很多方面受制于大企业，所以只有充分对中小企业予以保护扶持才能真正实现经济民主。"②

(2)促进中小企业的发展是市场自由竞争的前提。"自由竞争是市场经济与市场机制的灵魂，规范的自由竞争被认为是市场效率的基础和源泉，大量中小企业的存在是自由竞争的前提，如果一个市场只有少数大型企业，没有与之竞争的中小企业，那么这些大企业通常都会利用市场支配地位垄断某一领域的原料、劳动力及市场，造成经济畸形发展。所以只有保护扶持中小企业才能形成有效的市场竞争，市场经济整体的运作效力才会得以提高。"③

(3)促进中小企业的发展有助于实现社会公平与正义。"在市场经济领域中，中小企业虽处于较弱竞争地位，但同大企业一样具有生存权、发展权，所以，全社会包括大企业都应当关心保护中小企业。政府不能听任完全的自由竞争，这样才能保证经济强者与经济弱者在发展中的基本自由权利方面的平等。"④

(4)促进中小企业的发展有助于构建和谐社会。"构建和谐社会应以经济发展为主，只有在创造大量社会财富的基础上，人民生活才能殷实，社会才能和谐发展。经济的发展在和谐社会构建过程中起着不可估量的作用，其中更应注重经济主体自身发展的和谐。企业作为市场经济的基础单元，构建和谐企业也是和谐社会工程的一部分，包括企业内部建设的和谐与企业之间的和谐关系，特别应注意大企业与中小企业间的和谐竞争与发展。"⑤

(二)中小企业在国民经济中的重要地位和作用

中小企业是21世纪经济发展的主角。据2010年统计，我国中小企业提供

---

① 参见顾功耘主编：《经济法教程》上海人民出版社2001年版，第75页。
② 同上。
③ 同上书，第76页。
④ 同上。
⑤ 同上。

了近80%的城镇就业岗位,完成了75%以上的企业技术创新,创造的产值约占GDP的60%,纳税额约占国家税收总额的50%。据全国税收资料统计,中小企业缴纳流转税所占比重达到86%;缴纳企业所得税所占比重为76%。全国65%的发明专利和80%的新产品都是由中小企业研发的。

从以上数据中可以看出:

(1) 中小企业已经成为经济增长的"引擎",保持经济稳定增长和活力的关键所在,流通的迅捷与顺畅是市场经济的活力表现。中小企业在其中充分体现了承上启下、填补空白、快速到位的功能,这是大企业所不能企及的。

(2) 缓解就业压力。中小企业一般从事的是低技术含量偏重于体力劳动的行业,这些行业通常吸收大量的劳动力,是社会就业的主要载体,对缓解社会就业压力、稳定社会秩序起到积极作用。

(3) 促进经济结构的调整和优化。现阶段在第二与第三产业中聚集着大量的中小企业,因此中小企业的变化在很大程度上影响着上述两大产业结构的变化升级与产业高度化的提升。

(4) 为大企业提供配套服务。中小企业灵活多样,对于市场和大企业能够起到补充和配套的作用。

(5) 产品打入国际市场。随着经济全球化和产业国际化的发展,中小企业的产品也逐步进入国际市场,其在产品出口方面的作用亦日益突显,成为我国扩大出口的生力军。因此,中小企业关乎民生、就业和社会稳定,帮助、支持中小企业摆脱目前困境,意义重大而深远。

(三) 促进中小企业发展能更好地发挥政府的社会经济职能

政府的经济职能①是现代政府的重要职能,能否有效地承担经济职能是衡量政府能否获得社会认同的重要尺度,一个政府实现的社会经济职能与它的社会认同度呈正相关。为此,政府需要通过促进企业发展来体现社会经济职能,也

① 对政府经济职能的研究有诸多论述,有的认为政府经济职能在微观方面表现为价格规制、劳动保护、促进竞争、自然环境保护、质量规制,在宏观方面表现为提供基础设施、计划引导、政策调节等。参见曹沛霖:《政府与市场》,浙江人民出版社1998年版,第406—420页。有的认为政府经济职能主要表现在配置、分配和稳定三个方面。配置职能致力于决定如何运用资源,生产什么产品和服务;分配职能致力于决定收入应该如何分配;稳定职能在于使用财政和货币政策,使经济在价格稳定的条件下趋向于更大产出和就业。参见〔美〕乔·B.史蒂文斯:《集体选择经济学》,杨晓维等译,上海三联书店、上海人民出版社2003年版,第415页。笔者认为上述职能多指实现职能的方式,政府经济职能的目的在于实现社会经济稳定增长、劳动者充分就业、公民生活质量显著提高。

需要发展的企业提供实现社会经济职能的物质支撑。① 大企业的发展对促进经济发展具有强大的作用,这是一个客观的事实,政府对其偏好也是基于大企业能够帮助政府有效实现社会经济职能。从自由市场竞争中成长起来的大企业,与小企业相比其经营效率和管理效率都比较高,其巨大规模的生产可以集中使用资金、人力和物力,适应社会化大生产和商品经济发展的要求,因而企业都具有向大企业甚至垄断企业发展的内在动力。同时,大企业的生产总值、销售收入总量在整个社会经济结构中的贡献十分突出。② 大企业不仅“量”大,更重要的是表现在“效率、结构、竞争力”等“质”方面的高。不仅如此,从国际市场竞争范围来看,大企业的国际竞争力也是一个政府竞争能力的体现。世界经济竞争不仅要看一个国家经济总量的多少,还需要看其有无国际水平的大企业。国与国之间的经济竞争实质上演绎成了大企业之间的竞争,支持大企业发展是各国政府参与全球竞争的战略选择,政府首脑往往在对外事务中公开成为大企业的代言人。一个国家、一个地区是否有大企业存在,直接影响经济发展的速度和质量,支持大企业成长的战略已成为政府实现经济职能的重要内容。③ 无论是发达国家还是发展中国家,数量占据绝对优势的中小企业,都在经济领域中扮演着不可或缺的角色。在美国,“小企业的技术创新是美国保持在世界经济中领导地位的主要原因”(克林顿语);在德国,被看作社会市场经济支柱的是大量的中小企业;在日本,中小企业成为经济活力的源泉。没有中小企业在数量、就业、产值、

---

① “作为一种对政府的支持,私人部门显然是会下金蛋的鹅。市场提供资金给政府去努力教育我们的年轻人,帮助贫困者并支持国防建设。由于有了来自于健康发展的私人部门提供的税收基础,才使得所需要的物质资源去完成公共部门的目标”。参见〔美〕默里·L.韦登鲍姆:《全球市场中的企业与政府》,张兆安译,上海三联书店、上海人民出版社2002年版,第8页。

② 列宁在对资本主义垄断企业进行论述时曾引用美国1912年的官方统计摘要:1904年产值在100万美元以上的大企业占企业总数的0.9%,所雇佣的工人占工人总数的25.6%,它们的产值占总产值的38%。五年之后,这组数字分别上升为1.1%、30.5%、43.8%。美国所有企业产值的一半差不多都聚集在仅占企业总数1%的大企业手里。参见《列宁选集》(第2卷),人民出版社1972年版,第740页。美国著名企业史学家塞利格曼(Ben B. Seligman)作如下评论:大公司就这样统治了整个经济,国家的繁荣大都依赖于他们的兴旺发达……在1969年,500家最大工业公司的销售额几乎等于同年国民生产总值的一半,在全美现有的全部企业中,真正在经济上有重要作用的大约只有2500家。参见〔美〕本·巴鲁克·塞利格曼:《美国企业史》,上海人民出版社1975年版,第482页。1991年,通用五州仑公司的销售额高达1200多亿美元,超过世界上90%的国家当年国民收入的总和。在世界100强企业的排行榜上,美国企业就占据30家,在世界500强企业中,美国企业有163家。参见王晖、杨则瑞主编:《世界100财团排行榜》,中国经济出版社1993年版。在1993年,我国最大的500家工业企业,其数量虽然只占整个国有工业企业总数的0.17%,但是资产总额、销售税金、利润总额却分别占了37%、46%和63%。参见唐文雄、吴广谋、盛昭翰:《企业集团化过程中政府作用的理论思考》,载《中国软科学》2000年第6期。

③ 韩国等国家的发展经验证明,后进国家以民族工业的发展实现赶超,参与国际竞争,必须组建大企业集团。韩国从一个落后的农业国一举成为一个新兴工业化国家,很大程度归功于推行企业集团化战略。政府采取种种财政、信贷、贸易等优惠措施,大力扶植了三星、现代、LG等一批具备国际竞争力的大型企业集团,从而拉动整个经济的发展。

科技创新等方面发挥作用,难以想象这样的社会经济会可怕到什么程度。这里仅就与大企业相比具有比较优势的三个方面,即解决就业、技术创新、提供多样化的社会产品和服务,来论述中小企业在社会经济生活中的突出贡献,对政府承担社会经济职能的重要作用。

1. 中小企业是解决社会就业的主要渠道

市场中适度的失业率对维护劳动力市场的竞争具有积极作用,但当失业率超过一定限度就危及社会的稳定。政府如果不能为它的人民提供生存条件和机会,那么它的社会认同度就会受到质疑。现代社会,就业问题一直是困扰政府的难题,特别是当大企业越来越大以致形成垄断态势并爆发经济危机时,大企业或者垄断企业出于自保采取的首要措施就是裁员,从而导致失业人员大量增加。走出经济困境的有效办法之一是增加就业,在经济不景气的情况下此重任就落到了中小企业的肩上,“小企业和个体经营者经常起到一种吸纳被大公司解雇的工人的‘安全网’作用”①。另一方面,由于大企业一般都是资本密集型,资本的有机构成很高,经营管理朝科层化和官僚化方向发展,对劳动力素质的要求也比较严格。当今社会,出现随着经济发展,失业率增加的现象,其深层原因之一即是知识和技术在生产领域中的作用日益突出。对于受教育比较少、文化素质比较低、没有多少技术的年轻人、妇女、残疾人、少数民族成员、老年人等弱势群体来说,他们要想在大企业里谋取职位非常困难,其就业必然选择对员工素质要求较低的中小企业。可以说劳动力市场中弱势群体的就业问题只有中小企业提供途径来解决,当然,大多数中小企业也没有雄厚的财力聘用高素质的人才。

从世界各国的实证数据来看,中小企业接纳的职工人数占据了所有行业的职工人数的大部分。日本1999年所有行业在当年的就业人员是6446万人,而中小企业的就业人数有4319万人,占总数的67%。② 2001年德国中小企业的职工人数为2000万人,占雇员总数的69.3%,中小企业培训的学徒人数约为120万人,占培训学徒总数的80%。③ 而适合中小企业的行业如零售业所提供的就业人数占全行业的80%以上。我国当前的就业问题十分突出,前总理温家宝在十届全国人大会议上答记者问时说:“中国的劳动力有74000万,而欧美所有发达国家的劳动力只有43000万。中国每年新增劳动力1000万;下岗和失业人口

① 《小企业状况》(美国总统报告),华盛顿1992年印行,第13页。

② 参见日本经济产业省中小企业厅编:《中小企业白皮书》(2002年)。

③ 参见郑春荣编著:《中小企业:德国社会市场经济的支柱》,上海财经大学出版社2003年版,第1页。

大约1400万;进城的农民工一般保持在12000万。中国面临巨大的就业压力。"[①]据专家预测,在2010年之前,我国劳动就业不充分的问题需要政府尤为关注,解决的主要办法之一就是大力促进中小企业发展。事实证明,大凡中小企业发展得好的地区,就业问题就很容易解决。

2. 中小企业具有技术创新的强大内趋力

美国小企业管理局曾经收集在20世纪对美国和世界有过巨大影响的发明和创新,发现它们都是由500人以下的小企业或个人创造发明的,如复印机、喷汽发动机、空调机、链霉素、青霉素等。这些发明和创新常常是由个人完成后取得专利,成立自己的小企业进行生产和销售新产品,有的则将专利转让给大企业。美国小企业管理局曾委托两位经济学家佐尔坦·J.艾克斯和戴维·B.沃德莱茨基考察了362种行业中的企业,发现在1982年的8074项创新中,55%来源于小企业,结论是"创新倾向于随着行业集中水平的上升而下降"。美国国家科学基金会1976年的一项研究表明:小企业每一美元研究费的创新数是最大企业的24倍,小企业平均每一个职工所从事的技术革新和改革项目则是最大企业的2.5倍。[②]

中小企业的科技创新能力相对大企业而言显示出强劲态势,原因在于中小企业具有强大的创新内驱力。大企业为保持自己的垄断地位,获得超额的垄断利润,在它的技术产品没有受到威胁之前不愿进行技术创新;或者在旧的技术没有获取最后一点垄断利润之前,即使研制出新技术也不会投入市场。在大企业的垄断状态下,因市场进入成本比较高,没有资本优势的中小企业只有通过技术创新和管理创新,才有可能在大企业的挤压中找到生存道路。况且,中小企业由于自身小巧灵活,开展技术创新项目的机会成本较小,即使研究开发失败,所产生的沉淀成本也不高,有利于创新项目的转移,相对大企业来讲具有比较优势。克林顿在1995年的《小企业状况:总统报告》中概言:"小企业也是很强的创新者,它比大企业创造出多一倍的重大创新"。

3. 中小企业提供多样化社会产品和服务满足社会需求

在社会化大生产条件下,社会需求产品大多表现为标准化产品,但随着消费者主权意识的崛起和消费的个性化,社会需要多样化产品和服务。大企业通过规模经营实现规模经济,其标准化生产难以向社会提供个性化产品,提供多样化社会产品的任务需要中小企业来完成。

首先,中小企业投入少决定了市场进入和退出成本小,这使其能够根据市场

---

① 参见陈爱娟:《中小企业服务体系建设》,载《华东经济管理》2004年第8期。

② 参见傅汉清:《美国小企业研究》,中国财政经济出版社2000年版,第253页。

需求及时调整生产经营产品,满足多样化的社会需求。设立中小企业所需资金少,购置的生产设施设备简单,甚至可以通过租赁方式实现生产经营;市场进入成本低,只要寻找到市场需求,投资者很快就能设立企业。也正因为此,当企业生产经营转向或结构调整时所产生的沉淀成本也低,只要发现有新的市场需求或者现有产品的市场萎缩,就可以迅速调整自己的生产经营方向,真正做到按需求生产。这就是通常所称的“船小好掉头”。

其次,中小企业所有权和经营管理权的一体化,决定了其灵活的生产经营决策方式。由于所有权和经营管理权的一体化,中小企业作决策不需要像大企业那样收集大量的信息,不需要繁杂的信息传递环节。另外,由于内部信息的可控性,决策者可根据外部市场信息作出敏感、灵活的反应,决策成本和管理成本都比较低,产生的效率却比较高,生产经营更能适应市场变化的需求。除了能解决社会就业、促进技术创新、提供多样化的社会产品之外,中小企业在对外贸易、促进市场竞争活力等方面的贡献也是非常巨大的。不仅如此,通过发展中小企业还可以实现社会经济结构的平衡,维护经济权利的民主和自由,已经超越了经济上的意义。在促进经济与社会科学发展、构建社会主义和谐社会方面,中小企业的作用也是非常明显的。在很大程度上,一个地区和国家的中小企业活跃与否,决定其经济是否具有活力。我国浙江温州是一个极有代表性的例子,2007 年,全市共有 20 多万个体工商户、13 万非公有制企业,非公有制企业占了全市工业企业总数的 98.8%,而这些企业中 99% 以上都是中小企业,工业产值占了 96%,税收占了 70%。正因为中小企业在社会经济生活中具有无可替代的地位,任何一个有作为的政府出于对自身存在的理性考虑,都没有理由不采取有效措施促进中小企业发展。

四、政策的评价
——促进中小企业发展的现有政策不足

(一) 现有促进中小企业发展的政策法规①

相关政策法规主要有:2002 年 6 月颁布的《中小企业促进法》,共计 45 条;2011 年,10 月 11 日工信部在其官方网站上公布了国内第一份专门针对中小企业发展的国家级规划《“十二五”中小企业成长规划》,该规划指明了未来五年我

---

① 详见《拯救中小企业需深化制度改革》,载《财经》2011 年第 10 期;《温州不靖鄂市多伤 中小企业扶助政策未触及根本》,载《财经》2011 年第 10 期。

国中小企业的发展方向、目标和路径；国务院常务会议通过“国九条”，其中延续了既有的加大对中小企业信贷支持的规定，要求商业银行重点加大对单户授信500万元以下小型微型企业的信贷支持；“新36条”，即2010年5月7日国务院颁布的《关于鼓励和引导民间投资健康发展的若干意见》；“银十条”，即《关于支持商业银行进一步改进小企业金融服务的通知》。

（二）对现有促进中小企业发展政策法规的评价

《“十二五”中小企业成长规划》并未充分考虑当前各方热议的中小企业生存困境，缺少具体帮扶中小企业发展的落实措施和操作办法。

现行中小企业财税政策的减负效果，并不尽如人意，各项新政策多为现有政策的延续。“国九条”没有触及市场准入、打破垄断等制约民企发展的根本性问题，大部分关键条款实际上是已有优惠政策的延续。

一些业内人士认为，这些政策的含金量并不是特别高，尤其是新举措不多，多为现有政策的延续，包括将减半征收企业所得税政策延长至2015年底，金融企业中小企业贷款损失准备金税前扣除政策延长至2013年底，农村金融机构金融保险收入营业税政策延长至2015年底等。新措施只有三项：提高小型微型企业增值税和营业税起征点；将符合条件的国家中小企业公共技术服务示范平台纳入科技开发用品进口税收优惠政策范围；对金融机构向小型微型企业贷款合同三年内免征印花税。

在业内人士看来，多年来尤其是自2002年6月《中小企业促进法》颁布实施以来，有关部门针对中小企业已出台不少财税优惠政策，如自2008年1月1日起至2010年12月31日，金融企业根据有关原则对涉农贷款和中小企业贷款进行风险分类后，按照比例计提的贷款损失专项准备金，准予在计算应纳税所得额时扣除等。这些先后出台的财税优惠政策，在一定程度上减轻了中小型企业的税收负担，不过实际减负效果并不尽如人意，在实行过程中也暴露出一些亟待解决的问题。

一些税收优惠政策并非专门针对中小企业制定，因此缺乏对它们的专门支持，而且与大型企业和外资企业相比，许多优惠政策中小企业根本无法享受。此外，由于受到行政干预、税收任务等方面的影响，本应适用于中小企业的税收优惠政策普遍存在落实难问题，特别是由于国税、地税分设引发利益相争，间接加重了企业负担。

五、域外学习
——美国、日本关于促进中小企业发展的制度借鉴

(一) 国外中小企业融资法律制度考察①

各国政府以立法形式肯定中小企业的发展,制定各种支持政策。在金融支持上,普遍建立中小企业政策性银行或信用担保机构,通过政府直接贷款或为中小企业贷款提供担保来保障中小企业顺利融资。在税收政策上,对中小企业实行税收优惠,制定各种中小企业税收的减免与宽限政策,给予财政援助,提高中小企业的竞争力。在法律制度上,美、日、韩制定了一系列有关支持中小企业发展的法律法规,使中小企业有很强的创新能力,中小企业对科技进步有很大的贡献,美国的高技术公司在起步阶段通常是中小企业,日本除了增加对创造性小企业的技术开发费用补助外,风险基金也很发达,而韩国通过中小企业立法,确定了政府对中小企业的金融支持。

综合来说,国外对中小企业的调整不是简单的行政服从,而是采取财政、信贷、价格、税收等多种手段,调整手段呈现多样性。西方各国立法普遍具有较强的可操作性,设有统一的政府管理机构负责法律政策的执行和信息的反馈完善,并灵活辅之以多样的社会化服务机构加强其可执行性。此外,相关的立法政策还考虑到不断变化的实际,结合国情和地区特殊情况,不断改进完善。

(二) 美国、日本中小企业发展轨迹

1. 美国

在独立战争以前的殖民地时期,小农场是主要的企业形式并已经呈现出商品农业的特点,绝大多数农场主是将自己的农场作为小企业来经营。② 从独立后到19世纪末的自由资本主义时期,美国工业中的大企业只是缓慢地、分散地产生,小企业仍然在经济生活中占据绝对统治地位。19世纪末和20世纪初,美国出现了第一次企业合并高潮,致使现代大企业空前激增,一大批小企业被合并到少数大公司中。1925年到1931年期间,发生第二次企业合并高潮,加工业工人总数中50人以下的小企业比重从23.89%下降到19.4%,而拥有500人以上的大企业比重由31%上升到37.4%。20世纪30年代发生世界性经济危机,大

① 参见何建:《中小企业融资相关法律问题调查研究——以民间借贷发达的温州为例》,载《法制与社会》2013年第8期。

② 参见〔美〕罗伯特·R.拉塞尔:《美国经济体制史》,麦雷迪思出版公司1964年版,第140页。

企业纷纷削减生产能力和裁减职工,很多被大企业解雇的职工找不到新的就业机会,从而自己开办小企业,小企业的队伍迅速扩大,起到了吸纳过剩劳动力和稳定社会经济的作用。① 二战后至20世纪70年代初期,美国经济结构的高度工业化使社会经济权力又进一步向大企业集中,小企业的经济实力和地位再次被削弱。② 1973—1975年间发生"二战"后最严重的世界性经济危机,政府、企业乃至个人都普遍希望从小企业身上找到摆脱困境的途径,中小企业又得到一次发展机会。20世纪80年代可以说是美国小企业蓬勃发展、兴旺发达的10年。据统计,美国在1983年新开办的企业数达到了创纪录的60万个,1985年又增加到66.9万个。③ 摆脱了90年代初期的短暂经济衰退后,美国经济又进入一个较稳定的持续发展时期,随着新科技革命尤其是个人计算机的普及,信息技术的迅猛发展,服务部门在经济中的比重继续扩大,美国小企业更是如日中天。

2. 日本

在日本经济腾飞的历史上,中小企业作出了巨大贡献,特别是在国内经济困难时期,中小企业的表现更加引人注目。1948年,日本政府为发展中小企业,防止经济力量集中,创造公平竞争的市场机会,制定了有关法律和制度并设置相关机构,从而形成了以政府金融机构为中心的金融政策,以组合制度为中心的组织化政策,以政府为中心的中小企业诊断和指导政策。1950年朝鲜战争爆发,为日本经济特别是中小企业带来了"特需景气"。该年,日本200人以下的中小企业在制造业中有35万家、从业人员278万人、产值1.15兆日元,分别占整个制造业的99.4%、65.3%和48.3%。到1954年,中小企业发展到42.78万家、从业人员357.36万人、产值3.07兆日元,分别占整个制造业的99.6%、72.5%和56.1%。④ 在20世纪50年代末,日本的基础产业经过经济复兴和政府组织化政策的实施,出现了中小企业和大企业俨然分列的"二元型"产业结构,产生中小

---

① 这段时期,企业数量的增长绝大部分来自1929—1933年期间小零售店的激增,仅加油站就从1929年的98976家增加到156538家。参见傅汉清:《美国小企业研究》,中国财政经济出版社2000年版,第27页。

② 这一时期,通用、福特和克莱斯勒三大汽车公司就垄断了美国小汽车生产的90%以上。与之相反,从1955年到1976年,美国小企业在国民生产总值中所占的比重从43%降至39%,其中采矿业的比重从50%降至32%,制造业的比重从30%降到19%。参见黄素庵、甄炳禧:《重评当代资本主义经济》,世界知识出版社1996年版,第111页。小企业的衰落引起美国社会的关注,参议院小企业特别委员会指出:"如果我们不立即采取行动,那么小企业所代表的经济自由和政治自由以及多样性——这些曾对我国的繁荣曾起过很强的有益的作用——将变成美国民间传说的一部分。"参见〔美〕曼塞尔·G.布莱克福德:《美国小企业史》,特维恩出版社1991年版,第81页。

③ 参见黄素庵、甄炳禧:《重评当代资本主义经济》,世界知识出版社1996年版,第103页。

④ 参见王振等编著:《中小企业:日本经济活力的源泉》,上海财经大学出版社2003年版,第8页。

企业技术水平低、设备老化、环境污染严重等问题。为此,日本政府于1963年颁布《中小企业基本法》及相关的法律和政策,使中小企业发展进入法制轨道。从1963年到1972年,日本(除农业以外的所有产业)经过十年的发展,共有中小企业580.33万家、从业人员2040.05万人,分别占企业数的99.5%和78.4%,企业数比1963年增长了49.5%,从业人员增长43.23%。[①] 随着社会分工的加强和专业化水平的提高,一部分中小企业提升了经营能力和收益水平,逐渐上升为中坚企业,形成"金字塔"式的多重企业结构,巩固了中小企业与大企业之间的系列化体系。

(三)日本促进中小企业的相关制度设计及借鉴

1. 日本相关制度设计

针对战后日本企业普通面临的融资难问题,日本政府采取了增加中小企业政府融资规模及培育中小企业专门金融机构的两大金融政策,即国民生活金融公库、中小金融特别店铺。

日本1950年出台《中小企业信用保险法》,确立政府为中小企业提供担保的角色和方式。1953年《信用担保协会法》颁布,发展、监督各地信用担保协会业务;1949年出台《中小企业协同组合法》,弥补劣势,实现中小企业的联合;1953年出台《商工会议所法》,以扩充社团法人商工会所的组织为目的;1953年出台《企业合理化促进法》,其中有12条是关于中小企业的。

全方位加大对中小企业扶持力度。行业发展对策方面:1956年出台《纺织工业振兴临时措施法》《纺织工业设备临时措施法》,1957年出台《电子工业振兴临时措施法》,1960年出台《中小企业行业振兴临时措施法》。金融和税收对策方面:1956年出台《中小企业振兴资金助成法》,1963年出台《中小企业现代化资金助成法》,建立中小企业高度化资金专项贷款制度,1966年对增加设备贷款内容作了修改。为充实中小企业自有资金,1963年以《中小企业投资育成股份有限公司法》为基础,在东京、大阪和名古屋分别建立了由地方政府、金融机构、保险公司、证券公司和当地重要企业共同出资的中小企业投资育成股份有限公司,该公司具有政府性质,专门从事对中小企业的投资业务。针对已有的信用保险制度和各都道府县信用担保协会的信用担保制度,日本政府以1958年制定的《中小企业信用保险公库法》为基础,建立了政府中小企业信用保险公库,并加强了其制度化建设。在税收方面,日本政府对中小企业实施了低税率政策。以1955年为例,当年的基本税率为40%,而对中小企业则采取35%的税率,此

① 参见王振等编著:《中小企业:日本经济活力的源泉》,上海财经大学出版社2003年版,第12页。

后又进行了两次调整。

日本政府于1963年制定了被称为中小企业宪法的《中小企业基本法》，开始对作为国民经济重要组成要素的中小企业提供综合性的、全方位的扶持。《中小企业基本法》从产业结构高度化、提高国际竞争力和实现国民经济的均衡发展等层面出发，系统整理了以往的各项中小企业政策，确立了中小企业政策的服务对象、政策目标和具体政策。

《中小企业基本法》规定了中小企业的划分标准，即工业和运输业资本金在1亿日元以下、从业人员在300人以下的企业，零售业和服务业资本金在1000万日元以下、从业人员在50人以下的企业，均为中小企业。其中，工业和运输业从业人员在20人以下，零售业和服务业人员在5人以下的企业被专列为不规模企业。中小企业的政策目标是：在改善中小企业发展环境的基础上，支持中小企业的自主努力，缩小企业间的差距，改善中小企业的生产效率和交易条件，提高中小企业经营的社会经济地位。

依据《中小企业基本法》的政策理念，中小企业政策措施包括两方面：一是实现中小企业结构高度化的政策，包括实现设备现代化、技术现代化、经营管理合理化、企业规模最佳化以及促进事业转换和改善劳动关系等；二是改善中小企业经营环境的政策，包括防止大企业垄断、排除不公正交易等促进竞争的政策和防止过度竞争等限制竞争的政策。

为落实《中小企业基本法》提出的中小企业结构高度化政策，日本政府同时制定了《中小企业现代化促进法》，其主要内容包括：从中小企业比较集中的行业中选出符合产业结构高度化政策目标的行业，将其列为现代化重点行业；对于重点行业的中小企业，确定具体的现代化目标，并制定实现现代化的计划；政府主管部门保证现代化计划的顺利实施，在必要的时候可以对中小企业经营者提出劝告；为确保现代化所需的资金，采取课税特例措施；对于进行事业转换的中小企业经营者，给予经营方面的指导以及资金融通和启用方面的援助。

针对中小企业设备落后、劳动条件简陋、经营水平低下等问题，日本政府于1960年制定了《关于商工会等组织的法律》，开始实施不规模企业指导政策和普及经营改善事业。由此，各城市的中小企业指导事业就由商工会议所承担，町、村基层的指导事业就由商工会承担。1963年，日本政府又制定了《中小企业指导法》，进一步完善了中小企业诊断和指导政策。

此外，从经济高速增长时期开始，在以大企业为顶点的具有日本特色的下请制度建立以后，为防止大企业利用自己在系列化生产和系列内交易的优势地位采取延付加工费等不公正交易行为，日本政府于1956年制定了《下请代金支付延迟防止法》。根据该法律的规定，政府有关部门可以对大企业进行调查和检查,并对其违法的不公正交易行为进行处罚和纠正。1964 后期到 1965 年,由于经济不景气,中小企业破产现象明显增加。为建立共济制度以减少不规模企业的破产,日本政府于 1965 年制定了《小规模企业互助法》,同时建立了小规模企业互助团(1978 年起改称“中小企业互助事业团”)。

对于下请企业,从强化国际竞争力出发,日本政府制定了旨在加快下请企业现代化的《下请企业振兴法》。

为了弥补中小企业在竞争中面临的不利因素,日本政府于 1966 年制定了《关于确保官公需要中小企业订货的法律》,由政府每年设定面向中小企业的订货契约的目标金额,排除大企业的竞争。

2. 我国对日本制度设计的借鉴

中小企业发展与中小企业政策[①]的制订和实施是一个世界性课题,研究日本中小企业与中小企业政策的目的是得出一般性的规律,为我国中小企业的发展与中小企业政策的制定和实施提供理论基础和有针对性的借鉴。

日本政府对中小企业的政策,多是通过立法来贯彻执行的。战后,日本政府围绕中小企业在不同时期存在的问题制定了各种法规。从 1949 年到 20 世纪 60 年代末,日本政府颁发了三十多个有关中小企业的法律法规,不仅使经济政策有法可依,而且保证了政策的稳定性和连续性。同时,中小企业立法是以日本政府制定的宏观经济发展战略为背景的。国民经济恢复时期,从重建日本经济的发展战略出发,主要颁布的是保护性立法,政府职能体现为直接的保护和干预;进入国民经济高速增长期后,围绕着“贸易立国”的经济发展战略,日本政府侧重于把中小企业的现代化改造作为这一时期立法的主要内容,政府职能偏重于引导中小企业自我发展,培育中小企业发展的良性循环机制。此外,战后日本经济立法强调法规体系的建立和完善,这样才不会导致各法规之间的相互冲突,才能对国民经济进行宏观调控。其法规体系也不是单纯从法律上对中小企业予以保护,或单纯地把中小企业作为解决就业问题的方式来考虑,而是通过法规体系引导中小企业融入整个世界经济体系和国民经济运行系统及二者的有机联系中谋求发展,为中小企业培育了一个完善良性的自我发展机制,使其成为整个国民经济的有益补充和社会经济生活中十分活跃的不可缺少的因素。战后日本中小企业的法规体系还注重政治和社会的稳定。经济立法一直把中小企业的劳资关系和职工的福利待遇放在相当重要的位置,并采取了许多措施协调劳资关系,使中小企业的经营稳定,人心安定。日本通过经济立法实现中小企业现代化的做法,很值得我们借鉴。

---

① 参见苏杭:《日本中小企业发展与中小企业政策》,中国社会科学出版社 2008 年版。

六、设计的路径
——构建促进我国中小企业发展的法律制度

（一）法律制度设计上应遵循的基本原则和法律原则

中小企业抗风险的能力差，在法律制度设计时要体现经济法的关怀，遵循如下基本原则：第一，充分尊重和理解中小企业经营者的本质属性，为其提供更为宽松的政策环境，这是制度设计的出发点；第二，以更为人性化的制度设计来扶植和鼓励中小企业，这是市场经济发展的必然要求。中小企业作为弱势群体，在经济发展的不同时期需要不同的制度安排以实现对他们的保护和扶植。只有切实可行地鼓励和扶植中小企业的政策和制度，才能使中小企业走上规范和持续发展的道路。[①]

法律的基本原则体现着立法者及其所代表的社会群体的意见，是对社会关系的本质和历史发展规律的基本认识，寓于法律法规之中，对立法、执法、司法和守法具有指导意义和使用价值的根本指导思想或准则，是一个部门法域得以独立存在的基本依据，是消解法律与法律之间、法律与政策之间冲突和矛盾的精神支柱。促进中小企业发展，应该体现适当保护、维护自由竞争、综合协调的法律原则。

1. 对中小企业的适当保护原则

中小企业在市场中的资源、人才、资金等方面处于弱势地位，要求法律给予保护。美国《小企业法》要求法律为小企业的发展壮大提供自由竞争的经济环境，获得足够的资本和资源等。[②] 日本《中小企业基本法》规定，鉴于中小企业在国民经济中肩负着应有的重要使命，应纠正中小企业在经济和社会中受到的制约，同时对其自主努力给予帮助，提高中小企业的生产效率和交易条件，谋求中小企业的成长与发展。

对中小企业保护并非要保护中小企业的落后，而是对中小企业在市场中的弱势进行保护。如果中小企业的失败是正常的市场竞争、优胜劣汰的结果，就不用给予保护。这正是市场机制配置资源的基本形式，人为保护落后会扭曲市场机制。[③] 在一个相对完善的市场结构中，大、中、小企业是一个不可分割的整体，其规模结构的形成是在既定约束条件下实行资源最佳配置的过程，政府对此不

---

① 参见郑洪达：《金融危机下小规模经营者的经济法关怀》，载《行政与法》2010年第6期。

② 参见机械工业部科技情报所编译：《美国小企业法》，机械工业出版社1987年版，第82页。

③ 参见史际春、王先林：《建立我国中小企业法论纲》，载《中国法学》2000年第1期。

应作出价值判断并直接干预企业规模结构。如果不是通过市场主体自发交互作用的力量而是政府强制力量来改变企业规模,不一定就能提高整体经济的效率,对中小企业效率的提高还不足以抵消大企业效率的损失。[①] 因此,对中小企业的法律保护必须是适度保护,以维护市场竞争为前提。政府扶持政策的对象,应该是有产品、有市场、有发展前景、符合国家产业政策的中小企业,特别是高新技术企业。至于那些污染环境、高耗能、低质量的中小企业,本身就属于市场淘汰的对象。日本1999年修订了《中小企业基本法》的指导思想,从单纯保护主义型的中小企业政策,转向以提高中小企业市场竞争力、提供公平竞争的市场环境为主的经济民主型政策。[②]

2. 维护中小企业的自由竞争原则

市场竞争对市场经济具有很大的积极作用,竞争能够促进生产效率的提高和社会生产力的发展,使资源在国民经济各部门之间合理流动和优化配置,更好地满足消费者的需要和维护消费者的权益。[③] 同时竞争还促使市场主体为获得生存和发展的空间而进行技术创造和革新,用新技术的力量获得竞争力。在美国,凡是当垄断的力量束缚了技术进步而影响了美国国际竞争力的时候,就要挥舞反垄断的法律之剑对垄断企业进行制裁。

中小企业面临的竞争,一方面是中小企业之间的竞争,另一方面是中小企业与大企业甚至垄断企业之间的竞争。中小企业数量繁多,彼此之间的竞争非常激烈。有的中小企业为了进入市场或者在已有的市场中占据有利地位,就会采取不正当的手段进行竞争。中小企业之间的不正当竞争不但使中小企业彼此残杀,在很大程度上还让大企业或垄断企业坐收渔利,最终使中小企业处于更不利的地位。中小企业与大企业或垄断企业之间的竞争,显然不是一个重量级的竞争。大企业在市场、资金、人才、资源等方面的垄断地位,挤压甚至剥夺着中小企业的市场空间。如果中小企业的失败并非自身经营不当,而是大企业有违反市场竞争和价值规律的垄断行为的结果,那么这种受到人为破坏和扭曲的竞争结果就是不公平的。[④] 中小企业在与大企业的交易过程中,可能会不得不接受不公平的交易条件。此外,中小企业的市场弱势地位使其可能还要承受政府政策和社会观念的歧视,维护自由竞争还需要解决政府所提供的不公平政策环境问题。我国曾一度对大中型企业实行政策倾斜,如前几年冲销银行呆坏账准备金,

---

① 参见张永生:《中国中小企业发展的国际比较、理论解释及中国问题分析》,载《中国人民大学学报》2001年第3期。

② 参见〔日〕道重隆、马欣:《日本中小企业立法演变及新动向》,载《当代法学》2001年第9期。

③ 参见钟明钊:《竞争法学》,高等教育出版社2002年版,第8—9页。

④ 参见史际春、王先林:《建立我国中小企业法论纲》,载《中国法学》2000年第1期。

就主要用于国有大中型企业,小型企业能够使用的部分微乎其微。有关调查研究表明,不公平的政策环境、不规范的竞争秩序、不稳定的内部组织关系和不先进的技术水平是中小企业发展面临的最突出问题。① 利用法律手段为中小企业提供公平的市场环境,是促进中小企业发展需要解决的重要问题。

3. 对中小企业发展的综合协调原则

对中小企业的促进和保护是一项系统工程,在现代社会分工越来越细的情况下,如果有庞大的服务网络(如技术创新、人员培训、销售网络等)为中小企业提供服务,则中小企业就会集中有限的资源开展生产经营活动。因此,对中小企业的促进需要跳出"就企业言企业"的视野,从整个社会进行综合协调。

首先,对中小企业的促进需要许多不同的法律部门共同进行。除了中小企业基本法之外,还需要金融法、财税法、反垄断法、反不正当竞争法等配套实施。专门针对中小企业的政策性法律规范中,还需要中小企业政府采购法、中小企业技术创新法、中小企业进出口贸易法、各种中介机构的立法等。各专门政策性法律措施和相关法律条文共同构成中小企业法律体系,彼此综合协调促进中小企业的发展。

其次,制定和实施中小企业政策规制法的部门,需要综合协调共同促进中小企业的发展。政府制定和实施的政策规制法主体具有多元性,既有不同政府部门的协调,也有不同层次的部门的参与,还有广大的社会中介组织的介入。在日本,除政府的中小企业厅之外,社会服务系统还包括中小企业金融公库、保险公库、诊断中心、振兴事业团、信息中心等,并且都用相应的法律明确其职责任务和业务范围。这时就需要通过立法由政府设立一个强有力的专门机构,以规划、协调和督促有关部门制定和实施中小企业政策,处理中小企业问题。日本的中小企业厅就扮演这样的角色。美国在 20 世纪 50 年代颁布的《中小企业法》规定政府设立中小企业局,管理、联系众多的中小企业服务网络,如中小企业发展中心、投资公司计划、创新研究计划、出口援助中心等。

最后,促进中小企业发展涉及金融、税收、管理、技术创新、中介服务等方面的政策制度,包括产业指导制度、信息服务制度、预算资助制度、税收减让制度、技术支持制度、担保协助制度、信用公示制度等,它们的制定和实施都需要综合协调才能对中小企业的发展产生效果。

---

① 参见国务院发展研究中心"促进中小企业发展"课题组:《必须从战略高度重视中小企业的发展》,载《管理世界》1998 年第 5 期。

(二)完善金融法律制度

1. 开放金融

设立专门对中小企业贷款的政策性银行、商业银行和民间金融机构,建立浮动利率制度,奖励中小企业风险投资机制,支持专为中小企业提供服务的金融机构。

加强国有商业银行的中小企业信贷部的功能,提高为中小企业贷款的效率;组建为地方服务的中小商业银行。美国、日本等国家针对中小企业贷款的大量金融机构都是规模较小和区域性的,因为这些小规模的银行分散在各个地区,贴近中小企业,同时限于金融机构自身的规模其贷款对象就是以中小企业为主。这些区域性中小商业银行应以股份合作制为主,由中央政府、地方政府、大企业、个人以及金融机构出资设立,立足于当地,服务于当地中小企业。民营银行对于中小企业发展起到了重大作用,因而要大力引进民营银行。我国还应当成立中小企业政策性银行——国家中小企业银行(专门)。[①]

2. 借鉴别国经验

建立多元化的中小企业信用担保体系。这是各国政府综合运用市场经济手段和宏观经济调控措施的成功举措,是世界各国扶持中小企业发展的通行做法,也是变行政干预为政策引导的有效方式。

中小企业信用担保体系的建立是疏通银行与企业的关系,拓展中小企业间接融资关系的关键所在。中小企业信用担保机构可以给中小企业贷款提供担保,弥补中小企业资产额低的不足及降低银行贷款的经营风险,畅通银行与中小企业间的合作渠道。政府应当介入其中,充分发挥政策资源的效能,建立中央、省、市以及区县信贷担保机构四级信用担保体系。中央和地方政府都应当设立专门的贷款担保基金,由政府的财政部门或中小企业管理部门负责运作,特别是中央即财政部应拨款设立政策性的贷款担保机构,专门为中小企业申请贷款提供担保。

3. 切实防范金融风险

为更好地限制中小企业经营中的投机行为,银行应该跟中小企业签订借贷协议,明确约定其向中小企业发放的贷款,只能投向实业,限制资金的投向。给中小企业放贷后,应对信贷去向进行实时监控,保证中小企业主把资金"输血"用于实业,而不是继续投机炒作,这是关键所在。

建立中小企业征信系统,对信用好的中小企业大力支持和鼓励,使其在需要

---

① 参见温万名:《基于经济法视角谈我国中小企业的保护》,载《经济问题》2008年第7期。

资金时能够及时得到满足,而对于信用记录不良或经营不善的中小企业则严格控制放贷。

(三) 完善财税法律制度

各国给予中小企业的税收优惠措施主要有:降低税率,税收减免,提高税收起征点,提高固定资产折旧率等。提高固定资产折旧率对中小企业的好处是加速技术设备的更新换代以及降低当期应税额,从而减少当期税款。

我国现行的中小企业税收优惠政策主要包括两类,一是减轻中小企业实际税收负担的政策,一是鼓励向中小企业投资的政策。减轻实际税负的优惠政策主要包括:中小企业可减按20%的税率征收企业所得税;自2010年1月1日至2010年12月31日,对年应纳税所得额低于3万元(含3万元)的中小企业,其所得减按50%计入应纳税所得额,按20%的税率缴纳企业所得税;自2009年起,对小规模纳税人不再设置工业和商业6%和4%两档增值税征收率,而将征收率统一降至3%;自2002年起,提高增值税和营业税的起征点。针对目前我国中小企业负担过重的问题,我国应加大财税政策对中小企业的支持力度,应考虑采取结构性减免税的财税扶持政策,或者采取临时性的税费减免或财政补贴政策,以及政府采购中小企业的产品、服务。具体方案如下:

(1) 放宽对中小企业认定标准和享受税收优惠的条件。对可以享受税收优惠的中小企业,如认定标准严格,会使得优惠措施覆盖面狭小。根据现有税收政策规定,必须同时符合应纳税所得额不超过30万元等三个条件,才可以享受中小企业税收优惠,同时,还规定核定征收企业不得享受中小企业优惠政策。由于中小企业普遍存在财务制度不规范的情况,核定征收企业较多,这就使得大量企业难以享受中小企业低税率优惠。

(2) 加大对中小企业的优惠力度。根据《新企业所得税法》及其实施条例规定,中小企业可享受20%的低税率优惠。与法定税率25%相比,仅仅少了5%的税负,优惠力度不足。而“2010年度年应纳税所得额低于3万元(含3万元)的中小企业,其所得减按50%计入应纳税所得额,按20%的税率缴纳企业所得税的政策”,也只有极少部分中小企业能享受到,而且能减免的税额很少,应作修改。

(3) 进一步调高增值税起征点。尽管小规模纳税人的增值税征收率统一降至3%,但仍比经营同类商品的一般纳税人税负高,这突出表现在一些经营原材料、工业配件的商业零售和批发的小规模纳税人方面。应增加对中小企业在税前扣除、资产折旧方面的优惠方式。相比于税率优惠,税前扣除、资产折旧方面的优惠不仅仅盈利企业能够享受到,亏损企业也能够享受到,折旧扩大了享受优惠政策企业的范围,有利于切实减轻企业税收负担,鼓励企业创新和发展。

(四) 建立专门针对中小企业服务的体系

1. 成立部级且直属于国务院的中小企业管理部门

“由于没有一个对扶助中小企业具体负责的部门,造成在政策执行过程中,出现对自己部门有利的就落实,对自己没有好处的就搁置起来的现象。”①“在现有的体制下,工信部中小企业司显然缺乏与各部委有效协调的能力。国务院虽在去年(2010 年)底成立了国务院促进中小企业发展工作领导小组,但该小组仅仅是一个部委间的联系协调机构,所能起到的作用有限。我国可以仿照美国和日本的经验,成立部级且直属于国务院的中小企业局,并通过立法明确其职能范围。”②

2. 中小企业管理部门的职能范围、服务领域和模式

(1) 负责对中小企业人员的培训。国家给予一定的补贴专门为中小企业的管理人员、技术人员及其他从业人员提供培训,同时还要培养能够对中小企业进行管理及技术指导的专业人才(在日本为诊断士)。

(2) 建立统一的共用信息和咨询平台。增加信息化基础建设投资,推进信息网络建设,建立专门的中小企业信息化管理机构和信息化技术支持网络平台。

(3) 为促进中小企业技术创新提供服务。鼓励中小企业进行技术创新、给予中小企业技术创新和技术改进项目资金支持和奖励,鼓励中小企业与研究机构、大专院校合作开展技术研究,并与政府有关部门协调,给予中小企业在规划、用地、财政等方面的支持。

(五) 急需对传统中小企业进行转型升级

现在暴露出的深层次矛盾,要求中小企业不能总停留在低端的产业链,而应通过持续转型升级,逐步向产业链高端化的方向发展,这才有可能从根本上破解中小企业经营困境、推动我国经济健康发展。转型升级早、主业做得实的企业,大多发展平稳;反之,发展路子会越走越窄、越走越艰难。因此,促进传统产业和劳动密集型产业改造提升变得尤为关键。传统制造型的企业要不断调整优化结构、加快科技创新,并通过文化创意、先进技术和管理、营销等方面的提升,成为传统产业中的新兴业态。

---

① 《温州不靖鄂市伤 中小企业扶助政策未触及根本》,载《财经》2011 年 10 月 25 日。
② 同上。

（六）解决中小企业融资难的法律对策

我国中小企业融资法律环境虽然有了很大的改善，但是中小企业融资难的问题尚未完全解决，现有的法律、法规进一步完善的空间依然很大。

（1）针对直接融资难的法律对策

第一，依法建立多层次的资本市场，为中小企业实施股权融资提供条件和场所。我国应当采取法律措施构建多层次的资本市场，为中小企业实施股权融资提供方便。首先，应依法完善创业板市场，使其成为中小企业直接融资的主渠道。其次，依法设立柜台市场，为中小企业提供柜台融资的新渠道。最后，应依法设立区域性的三板市场，为中小企业的直接融资提供服务。

第二，修订《企业债券管理条例》，为中小企业债券融资开辟通路。债券融资的最大优势在于其利息为固定费用，且由于利息的节税收益，可以降低企业的加权平均资本成本。旧的企业债券发行理念和发行制度已不适应变化了的市场需要，必须进行改革。首先，企业债券发行主体、发行基数应多元化，尤其是允许各类中小企业作为发行主体；其次，改变发行债券的审批制；再次，增加企业债券品种，以使投资者能有更多的认券选择；最后，逐步取消债券发行额度的限制，根据我国中小企业发展的现状，制定中小企业债券发行标准，完善中小企业债券发行的信息披露制度和科学的信用评级制度，发展多层次交易市场，促进企业债券的流通，最终畅通中小企业直接融资渠道。

（2）针对间接融资难的法律对策

第一，完善融资租赁立法，使中小企业间接融资手段多样化。我国融资租赁业处于起步发展阶段，但融资租赁法律制度建设的滞后，已影响到融资租赁业务的进一步发展。应尽快审议《融资租赁法》草案并加紧出台正式法律，对融资租赁机构的准入和退出、业务开展、融资租赁业务当事人的权利义务、不动产租赁的登记等作出规定。

第二，发展中小金融机构是解决中小企业间接融资难的现实选择。对非国有金融机构开放市场，主要旨在打破国有商业银行垄断市场的局面，在民间培养中小型金融机构。在具体业务上，对中小企业的贷款可以在商业票据、短期融资等方面作新的变动；在商业票据上，要针对中小企业特殊的财务状况提供特殊的承兑担保和贴现业务；在短期融资上，可借鉴英、美银行的经验，采用“透支管理方式”，并相应规定好利率水平和归还时限等。此外，还可以建立专项贷款基金，如再就业基金、西部开发基金等。

第三，应尽快出台《中小金融机构法》，充分利用中小金融机构的融资作用。我国目前已经拥有一批中小型金融机构，但其服务对象并不明确，为中小企业提供资金支持的价值目标并未确定,自身运作中存在的种种弊端如市场开放度低、监管机制差、行政干预多、技术手段落后等问题还相当严重。因此,应加快制定《中小金融机构法》,以促进中小金融业的健康快速发展,并通过众多中小型金融机构的优质服务,为众多的非金融中小企业提供可靠的融资服务。

第四,完善中小企业资信评级制度,强化信息披露。为了规范中小企业间接融资,要加强信息披露,降低融资风险,进一步完善中小企业资信评级制度,具体应采取下列措施:首先,明确资信评级的主体。其次,在评级方法上,尽量减少对企业报表的过分依赖,多采用现场调查,随时重点掌握中小企业的融资使用、存贷增减、贷款回笼等情况,实事求是地评价中小企业的贷款风险,并根据企业经营者素质、风险保障能力、经营状况、偿债能力及信用记录、发展前景等主要指标,综合评出不同等级,作为银行对中小企业信贷决策和扶持的依据。最后,中小企业自身也应强化信用意识,重视资信评级,通过规范财务、会计工作,努力在间接融资活动中树立守信形象。

德国融资租赁公司财务税收法律制度对我国的启示

胡晓媛*

融资租赁产生于20世纪50年代的美国。[①] 1962年,德国最早的融资租赁公司——德益齐租赁有限公司(现在的德益齐租赁股份有限公司)成立。在融资租赁刚出现的几年中,其对德国经济的意义相对比较小。[②] 税务制度和相关法律制度规定的不确定性是融资租赁不能够大力发展的主要原因。[③]

1970年,德国联邦金融法庭的"融资租赁判决"[④]和德国联邦财政部的"融资租赁条例"[⑤]改变了融资租赁的发展状况。融资租赁交易之后进入了快速发展阶段。[⑥] 在1970年通过融资租赁进行的投资达到当年经济总投资的2%(房地产除外),1980年将近6%,[⑦]1993年更是达到了10%。[⑧] 德国和欧盟统一市场的形成,更进一步促进了德国融资租赁行业的发展。[⑨]

融资租赁在当今的德国经济中占有重要地位。以2012年为例,动产租赁投资额约占全部经济投资总额的22.7%,融资租赁物总价值达472亿欧元。[⑩] 在德国,融资租赁作为一种能够提供长期融资的信贷手段,是对借贷这种融资手段

---

* 德国拜罗伊特大学法学博士,华东政法大学经济法学院教师。

① UNIDROIT, Explanatory Report, Nr. 23—26; Tsche, 8 f.; Knebel, Aufwendungsersatzanspruche, 2 f.; Martinek, in Martinek/Stoffels, Leasinghandbuch, 2008 S.4, Rn.7.

② Martinek, in Martinek/Stoffels, Leasinghandbuch, 2008 S.4, Rn.7.

③ Vgl. Leible, FUAF, S.34; Ursula, Entwicklung, S.2.

④ Vgl. BFH, BStBl. 1970 II, S.264 ff.

⑤ Mobilien-Leasingerlass vom 19. April 1971 (BB 1971, S.506 ff.) und Immobilien-Leasingerlass vom 21. März 1972 (BB 1972, S.433 ff.).

⑥ 融资租赁投资额从1970到1980年间增长了800%。同期其他投资仅增长了100%。Vgl. Martinek, in Martinek/Stoffels, Leasinghandbuch, 2008 S.4, Rn.11.

⑦ Vgl. Staudinger/Stoffels, Leasing (2004), Rn.3.

⑧ Städtler, FLF 1995, S.3.

⑨ Martinek, in Martinek/Stoffels, Leasinghandbuch, 2008 S.4, Rn.11.

⑩ BDL-Jahresbericht 2011/12.

的有益替代或补充。[1] 采用融资租赁方式引入资本的承租人可以在不提供担保的情况下全额运用外来资本,从而节约自有资本和流动资金。[2] 出租人可以通过租赁期间承租人使用租赁物的每月收益收回自己所提供的资金("边收益边偿还原则")。[3]

对承租人来讲,在融资租赁交易中享有获得税收优惠的机会,[4]特别是租金能够作为企业的费用在税前得以扣除。[5] 以下就承租人的税收优惠及多大程度上享有税收优惠作简要的分析。

一、德国税法的一般规定

根据德国税法的相关规定,在融资租赁交易的税务处理上,首先要判断租赁物归谁所有。[6] 租赁物若划归为出租人所有,承租人能够享有一定的税收优惠。[7] 承租人可以在不提供任何担保的情况下得到全额的融资,同时保持账面平衡("平衡账面"功能),[8]租金也能在税前以企业费用的形式得以抵扣。[9]

但在德国并没有税法方面的专门规定来从税务上界定租赁物的归属,这里应当适用德国《税收基本法》第 39 条关于经济所有权的界定的规定。[10] 根据德国《税收基本法》第 39 条第 1 款规定,出租人作为民法上租赁物的所有权人,一般情况下也是税法上租赁物的所有权人。[11] 但根据该条第 2 款第 1 项的规定,租赁物的所有权人的界定可以与民法上的不同,租赁物的所有权人可以是按民

---

① Vgl. Bordewin/Tonner, 2008, Rn. 1; Büschgen, DB 1967, S. 476; Kolbeck, ZfbF 1968, S. 789; Martinek, in Martinek/Stoffels, Leasinghandbuch, 2008, S. 3, Rn. 4.

② Bordewin/Tonner, 2008, Rn. 37.

③ Vgl. Bordewin/Tonner, 2008, Rn. 37; Martinek, in Martinek/Stoffels, Leasinghandbuch, 2008, S. 3, Rn. 4.

④ Bordewin/Tonner, 2008, Rn. 38.

⑤ Christen, Leasing im Steuerrecht, S. 100; Kratzer/Kreuzmair, Leasing in Theorie und Praxis, S. 109.

⑥ Christen, Leasing im Steuerrecht, S. 100

⑦ Bordewin/Tonner, 2008, Rn. 38.

⑧ Frensch, in Prütting/Wegen/Weinreich, BGB, 2008, S. 869, Rn. 3. Vgl. auch Bordewin/Tonner, 2008, Rn. 39; Lüdenbach/Hoffmann, Beihefter zu DStR 2007, H. 50, S. 3.

⑨ Das Unternehmenssteuerreformgesetz 2008 hat Zinsschranke (§ § 4 h EstG, 8 a KStG) eingeführt und Betriebsgabenabzug wird daher begrenzt, vgl. Möller, Bamgerger/ Roth, BGB, 2007, S. 2344, Rn. 4; Frensch, in Prütting/Wegen/Weinreich, BGB, 2008, S. 873, Rn. 19.

⑩ Wagner, in Martinek/Stoffels, Leasinghandbuch, 2008, S. 680, Rn. 2.

⑪ 民法上的所有权人享有处分权,即转让物的权利和在物上设定担保的权利。Vgl. Bordewin/Tonner, 2008, Rn. 12.

法规定界定的所有权人以外的人,该类人被称为“经济所有权人”①。在这种情况下,租赁物的经济所有权归属出租人以外的人。②

为了维护法律适用的统一性,德国金融管理部门根据联邦法院的判决,基于融资租赁发展的实际情况就融资租赁物归属的界定颁布了四个基本的条例(这四个基本条例分别于 1971 年③、1972 年④、1975 年⑤和 1991 年⑥颁布)。⑦ 这些条例建立了界定融资租赁形态的基本标准。⑧ 融资租赁的特殊形态则是在随后的发展过程中由司法判例来补充确定的。⑨ 但无论是融资租赁条例还是司法判例,都是对法律的进一步解释和细化,并没有制定和创立新的规定。⑩

二、租赁物经济所有权人的界定标准

(一)联邦金融法院的租赁判决

研究融资租赁税务方面租赁物经济所有权人的判断标准,必须首先明确如下问题:在何种条件下,租赁物可以判断归属为承租人所有?回答这一问题的关键是由租赁物在租赁期结束后对出租人的经济意义来决定的。⑪ 联邦金融法院对此作了一些判决和补充解释,从而形成了所谓的“融资租赁判决”⑫。

联邦金融法院第 4 审判庭首先于 1970 年 1 月 26 日作出了第一个融资租赁判决。在这个判决中,联邦金融法院就动产租赁物在税务方面所有权的判断标

---

① 经济所有权人占有、使用标的物,并可在正常的使用期间排除所有权人的干扰。dazu Bordewin/Tonner, 2008, Rn. 13. Der wirtschaftliche Eigentümer ist pflichtet, die Sachhaftung, öffentliche Kosten und Steuern überzunehmen, und das Risiko von Beschädigung und Untergang zu tragen, vgl. Christen, Leasing im Steuerrecht, S. 101.

② Bordewin/Tonner, 2008, Rn. 12; Spittler, Leasing für Praxis, S. 135.

③ Vollamortisationserlass für Mobilien vom 19.04. 1971, BStB1 I, 262.

④ Vollamortisationserlass für Immobilien vom 21.03. 1972, BStB1 I, 188.

⑤ Teilamortisationserlass für Mobilien vom 22.12. 1975, DB 1976, 172.

⑥ Teilamortisationserlass für Immobilien vom 23.12. 1991, BStB1 I 1992, 13.

⑦ Nach der Bereinigung von BMF-Schreiben in den Jahren 2005 und 2007 sind die Erlasse heute noch gültig, vgl. BMF-Schreiben vom 07. 07. 2005, BStB1 I 2005, 717 und vom 29. 03. 2007, BStB1 I 2007, 369.

⑧ Wagner, in Martinek/Stoffels, Leasinghandbuch, 2008, S. 695, Rn. 41.

⑨ Wagner, in Martinek/Stoffels, Leasinghandbuch, 2008, S. 695, Rn. 26.

⑩ Wagner, in Martinek/Stoffels, Leasinghandbuch, 2008, S. 695, Rn. 26.

⑪ 这就是说承租人作为经济所有权人应当长期占有、使用租赁物并享有使用租赁物的收益。租赁物价值减少的风险由经济所有权人(即承租人)承担。Vgl. Bordewin/Tonner, 2008, Rn. 13; auch BFH vom 30. 05. 1984— I R 146/81, BStB1 II, 825.

⑫ Münchkomm/Habersack, Finanzierungsleasing (2004), Rn. 14.

准作出了详细的规定。[1] 根据上述判决,在满足下列条件的情况下,租赁物一般归承租人所有:租赁物的正常使用期限(按国家规定的正常使用期限来计算)明显大于租赁期限[2],且承租人在租赁期结束后享有延长租赁期限的权利和购买选择权。承租人选择延长租赁期限或购买租赁物时,应当仅仅根据市场的实际价格支付一定的租金或购买价;租赁物的正常使用期限和租赁期限相同的,可以不考虑承租人是否享有选择权,租赁物划归承租人所有;租赁物是特别为承租人所定做的,在租赁期限结束后,租赁物只有对承租人具有经济使用价值,在这种情况下,不考虑租赁物正常使用期限和租赁期限的关系,租赁物直接视为承租人所有(所谓"特殊租赁")。

"融资租赁判决"解决了在税务方面无法判定租赁物所有权归属的问题。在此判决基础上,联邦金融法院的其他审判庭[3]随后对融资租赁作出了相关联的判决。除此之外,联邦财政部就动产租赁的典型形式也作出了相关的规定。

(二)全额融资租赁合同[4]

1971 年 4 月 19 日,德国联邦财政部颁布了《动产全额融资租赁条例》[5],按照该条例,下列情况下,租赁物所有权归承租人所有:租赁期限不低于租赁物使用期限的 40%,不高于 90%(即所谓的基本租赁期限);承租人在基本租赁期内所支付的租金总额应当不少于出租人支付的设备购买价或生产价格以及其他费用(包括融资费用)。[6]

《动产全额融资租赁条例》的颁布,确立了动产融资租赁合同中经济所有权归属划分中的 40/90 百分比规则。[7] 这个规则明确了租赁期限和租赁物使用期限[8]之间的关系。租赁期限低于租赁物使用期限 40%,则承租人在一个很短的时间内全部支付完租金,这种形式实质上具有分期付款的特征,可以被认定为分

① BFH, BStBl. 1970 II, S. 64 ff.; Buchloh, BB 1971, S. 776; Flume, DB 1972, S. 49 ff.; Knapp, DB 1971, S. 685; Labus, BB 1970, S. 334 ff.; Littmann, DStR 1970, S. 261 ff.; Meincke, BB 1970, S. 977 ff.; Schäfer, Beil. zu DB 1971, S. 15 ff.; Seeliger, FR 1970, S. 254 ff.

② Über Grundmietzeit ausführlich dazu: Bordewin/Tonner, 2008, Rn. 19.

③ Entscheidung des V. Senats vom 1. Oktober 1970, BStBl. 1971 II, S. 34 ff.; Entscheidung des I. Senats vom 18. November 1970, BStBl. 1971 II, S. 133 ff. .

④ vgl. Frensch, in Prütting/Wegen/Weinreich, BGB, 2008, Rn. 8.

⑤ DB 1971, S. 795.

⑥ Staudinger/Stoffels, Leasing (2004), Rn. 53; Leible, FUAF, S. 51.

⑦ Vgl. Wagner, in Martinek/Stoffels, Leasinghandbuch, 2008, S. 691, Rn. 28.

⑧ Nach dem Erlass soll die betriebsgewöhnliche Nutzungsdauer nach dem in den amtlichen AfA-Tabellen angegebenen Zeitraum bestimmt werden, vgl. Bordewin/Tonner, 2008, Rn. 38.

期付款。[1] 与此相反,租赁期限大于租赁物的使用期限的90%,租赁物事实上全部由承租人使用,即使在租赁期结束后承租人向出租人交回租赁物,租赁物也不能够为出租人带来任何经济效益。因此,在这两种情况下,租赁物被认定为归承租人所有。[2] 租赁期符合40/90百分比规则的,根据选择权的不同,有如下几种情况:

第一,无购买或延长租赁期限之选择权的融资租赁合同,租赁期在租赁物使用期限40/90百分比规定内,没有购买或延长租赁期限选择权的全额融资租赁合同,租赁物所有权一般归出租人所有。但融资租赁合同双方约定,承租人部分地参与租赁物出卖后收入分配的情况除外。[3]

第二,附购买选择权之融资租赁合同[4],租赁期在租赁物使用期限40/90百分比规定的期限内,租赁物价格应当至少不能低于其账面的剩余价值或一般的同等物价值的,租赁物归出租人所有。[5]

第三,附延长租赁期限选择权之融资租赁合同,租赁期在租赁物使用期限40/90百分比规定的期限内,承租人享有延长租赁期限的选择权,且相关租金不能低于租赁物价值的,租赁物归出租人所有。租赁物价值是参照国家相关折旧规定提取折旧后的租赁物账面价值或租赁物剩余使用期限来确定的。[6]

第四,特殊租赁。特殊租赁是指租赁物专门根据承租人的实际需要来量身定做的,只有对承租人才有一定的经济意义,租赁期结束后,租赁物对承租人以外的人没有经济利用价值。这种租赁形式中,租赁物归承租人所有,租赁合同的类型和租赁期与租赁物使用期限的关系不会影响租赁物归属的确定。[7]

(三)部分融资租赁合同

德国联邦财政部于1975年12月22日颁布的《动产部分融资租赁条例》中明确了部分融资租赁的各种形式。部分融资租赁的基本特征是:在租赁物使用期限40/90百分比规定的不可终止的基本租赁期内,出租人因租赁业务而支付

---

① Bordewin, Leasing, S. 53 f.

② Christen, Leasing im Steuerrecht, S. 104; Spittler, Leasing für Praxis, S. 140.

③ Vgl. Bordewin/Tonner, 2008, Rn. 30, 31; Kroll, Leasing-Handbuch, 2005, S. 15.

④ Vgl. Beckmann, DStR 2007, 159.

⑤ Vgl. Bordewin/Tonner, 2008, Rn. 33; Kroll, Leasing-Handbuch, 2005, S. 16.

⑥ Bordewin/Tonner, 2008, Rn. 36.

⑦ Bordewin/Tonner, 2008, Rn. 41; Kroll, Leasing-Handbuch, 2005, S. 17.

的费用未能全额收回。[①] 但从融资租赁交易的实质[②]来讲,在融资租赁合同终止时,出租人支付的费用应通过承租人支付的租金全额收回,或通过转让租赁物所得来实现。根据德国联邦金融法院的判决,[③]如果承租人享有转让租赁物获利的机会,同时又承担租赁物价值减少的风险,租赁物应归承租人所有。以下就各种合同形式作简单的介绍:

第一,附出租人出卖权之融资租赁合同。出租人和承租人约定,在合同期末或合同期结束后,出租人享有向承租人出卖租赁物的权利。[④] 该出卖权最主要是保障出租人在提供融资和购买租赁物过程中所支付的全部费用能够全额收回。在该种合同类型下,因出租人在租赁期结束后拥有出卖租赁物获利的机会,由此租赁物的所有权一般归出租人所有。[⑤] 如市场上与租赁物同等价值东西的价格明显低于所约定的购买价格,出租人也可以主张自己的权利,强制承租人以协议的价格购买租赁物。[⑥] 在此,承租人承担了租赁物价值减少的风险。[⑦] 与之相反,出租人可以不主张自己的出卖权,而是将租赁物取回,再通过其他方式进行盈利性的转让或出租。[⑧] 在特殊的情况下,承租人享有选择权,即在基本租赁期结束后,承租人有权选择购买或延长租赁期,租赁物则一直保留在承租人处,承租人享有租赁物的经济所有权。[⑨]

第二,附多余出让金分配权之融资租赁合同。在该类融资租赁合同中,租赁期结束后,出租人有义务出让租赁物。承租人承担租赁物价值减少的风险。租赁物出让金和已支付的租金不能够完全偿还出租人提供融资购买租赁物所发生的费用,承租人应当向其支付差额部分。如出让金高于剩余的应向出租人支付的款项,则承租人有参与分配多余的出让金部分的权利。[⑩] 在这种合同类型中,承租人承担整体的投资风险,[⑪]在租赁物增值的情况下拥有参与分配多余转让金的机会。因此,租赁物一般归承租人所有。只有出租人能够得到至少25%的

---

① Vgl. Wagner, in Martinek/Stoffels, Leasinghandbuch, 2008, S.691, Rn.30.

② BGHZ 1995, 39; Über weitere einzelne Fälle zur Ermittlung der Abschlusszahlung, vgl. BGH, BB 1986, 693; 1986, 1112.

③ BStBl, II, S.825, 30. 5. 1984.

④ Vgl. Beckmann, DStR 2007, 160. 这就是说承租人有义务依出租人的要求以融资租赁合同订立时确定的价格来购买租赁物。Vgl. Bordewin/Tonner, 2008, Rn.45.

⑤ Bordewin/Tonner, 2008, Rn.45.

⑥ vgl. BGH, NJW 1996, 923; 1997, 452; Reinking, ZGS 2002, 234.

⑦ Bordewin/Tonner, 2008, Rn.45.

⑧ Vgl. Beckmann, DStR 2007, S.160; Spittler, Leasing für Praxis, S.316; BGH, NJW-RR 2005, 1421.

⑨ Bordewin, Leasing, S.66; Kroll, Leasing-Handbuch, 2005, S.35; Spittler, Leasing für Praxis, S.140.

⑩ Kroll, Leasing-Handbuch, 2005, S. 36; Kritisch dazu, Gericke, FR 1976, S. 139 ff.; Rung, in Rung/Bremser/Zöller, Leasing, S.307.

⑪ Bordewin/Tonner, 2008, Rn.46.

多余转让金时，租赁物才能归其所有。[①]

第三，附转让金可抵消承租人最终支付的可终止融资租赁合同，即承租人在不少于租赁物使用期限40%的租赁期结束后，可以依约终止融资租赁合同。作为平衡，承租人必须向出租人支付已支付租金和出租人已支出的全部费用之间的差额（最终支付）。出租人负有转让租赁物的义务。但根据规定，转让金最高不能超过承租人应付的最终支付的90%。算作最终支付的转让金和已支付的租金之和不能够完全清偿出租人所支付的费用的，承租人应承担其差额部分。转让金高于已支付租金和出租人支出的全部费用之间差额的，出租人应留存全部的转让金。在本合同类型中，租赁物的经济所有权归出租人所有，因为出租人拥有租赁物升值的机会。与之相反，承租人必须承担租赁物价值减少的风险。但总体来讲，承租人并没有不利之处，因为其最多支付出租人已支付的100%的费用。[②]

三、融资租赁与税法[③]

在融资租赁交易中出租人和承租人各自承担的税赋分析如下：

第一，所得税。若租赁物归出租人所有，则出租人应当以购买或加工租赁物所支付的费用为限，将租赁物计入资产负债表。[④] 出租人可根据德国所得税法的相关规定在租赁物的使用年限内提取折旧，承租人所交的租金计入营业收入。[⑤]

这里承租人不能将租赁物计入其账面，[⑥]其账面一直保持中立。承租人所支付的租金，可以根据德国所得税法第4条的规定计入企业的营业费用。[⑦] 与

---

① BMF-Schreiben, Nr. 2 Buchstabe b vom 22. 12. 1975.

② Vgl. BMF-Schreiben, Nr. 2 Buchstabe c vom 22. 12. 1975; Bordewin/Tonner, 2008, Rn. 47; Kroll, Leasing-Handbuch, 2005, S. 36.

③ 2008年8月17日德国企业税改革法颁布，此次改革的重心在于降低企业税负，目的在于提高德国企业在国际竞争中的实力。Vgl. Homberg, Stbg 2008, 9 ff; Kaminski, StuB 2008, 3 ff. In der Leasingbranche erschien eine wichtige Änderung durch diese Steuerreform im Rahmen des Gewerbesteuerrechts, vgl. Scheffler, BB 2007, 874 ff.

④ Vgl. Wagner, in Martinek/Stoffels, Leasinghandbuch, 2008, S. 705, Rn. 22 ff.; Spittler, Leasing für Praxis, S. 157, 101.

⑤ Bilanzierungserlass des BFM vom 13. Mai 1980, BB 1980, S. 815.

⑥ Wagner, in Martinek/Stoffels, Leasinghandbuch, 2008, S. 735, Rn. 102.

⑦ Vgl. dazu Schreiben des Bundesministers der Finanzen vom 13. Mai 1980, BB 1980, 815. Zur handelsrechtlichen Bilanzierung, siehe Förschle/Kroner, in Beck'scher Bilanzkommentar, 5. Auflage, 2003, §246 HGB, Rn. 29 ff.; Hastedt/Mellwig, S. 61 ff. Vgl. auch Wagner, in Martinek/Stoffels, Leasinghandbuch, 2008, S. 735, Rn. 101.

直接购买相比较,由于承租人所交租金直接计入企业经营费用,可以抵扣企业的收入,从而降低了纳税基数,达到了延缓纳税的目的,获得因延缓纳税而产生的利息(利息功效)。[①]

若租赁物在承租人处入账,即承租人是租赁物的经济所有权人,则承租人应当相应增加资产负债表中的购买或委托加工费用。[②] 租赁物应当根据德国营业税法第109条的规定在承租人的税务报表中体现出来。[③] 租赁物的折旧应当根据德国所得税法第7条[④]和第8条的规定提取。这种情况下,融资租赁合同从经济上来讲如同分期付款合同,二者每期支付的金额中均包含了一定的利息。承租人应相应地增加其向出租人应付账款的金额。[⑤] 租金则包含了租赁物购买价、融资成本,及其他如保险费、管理费等。出租人应当相应增加其应收账款。[⑥]

第二,营业税。根据德国营业税法第6条的规定,营业税计税基数为营业额。德国营业税法第7条明确规定了营业额的定义。营业额是在一定的营业时段内,企业从营业运作中所获得的收入,必须注意的是,在计算统计期间内的营业额时,该盈利应相应增加或减少在德国营业税法第8条和第9条中所述的金额[⑦]。

若租赁物归出租人所有,租赁物在出租人处入账,那么租赁物应当记作出租人的资产,同时出租人的负债应相应增加。根据德国营业税法第8条的规定[⑧],租赁物租金中利息总额的四分之一应记作出租人的盈利。这个新规则导致出租人营业税方面的双重负担,因为租金在承租人处可部分抵扣营业税,而出租人必须全额缴纳营业税。[⑨] 根据德国营业税法第8条的规定,在计算承租人的营业税额时,应考虑抵扣20%的租金利息。[⑩]

若租赁物归承租人所有(即承租人是租赁物的经济所有权人,租赁物在承租人处入账),那么出租人的账面上只有负债。根据德国营业税法第8条的规定,出租人对租赁物融资而产生的租金利息中的25%应该记作出租人的盈利。同样,租金利息的25%也应相应记作承租人的盈利。

---

① Gzuk, Acp 190 (1990), S. 211; Dagegen: Meincke, AcP 190 (1990), 366/367, der unter Berufung auf das wirtschaftswissenschaftliche Schrifttum für einen Vergleich mit einer 100% igen Kreditfinanzierung eintritt.

② Vgl. Wagner, in: Martinek/Stoffels, Leasinghandbuch, 2008, S. 740, Rn. 113.

③ Ausführlich dazu, Bordewin/Tonner, 2008, Rn. 51.

④ Vgl. Wagner, in Martinek/Stoffels, Leasinghandbuch, 2008, S. 741, Rn. 115.

⑤ Vgl. Wagner, in Martinek/Stoffels, Leasinghandbuch, 2008, S. 741, Rn. 116.

⑥ BStBl. 1971 I, S. 265; Spittler, Leasing für Praxis, S. 162.

⑦ Wagner, in Martinek/Stoffels/Wimmer-Leonhardt, Leasinghandbuch, S. 744, Rn. 1.

⑧ Nach § 36 Abs. 5a GewStG ist § 8 GewStG erstmals für den Erhebungszeitraum 2008 anzuwenden.

⑨ Bordewin/Tonner, Leasing im Steuerrecht, Rn. 47; Scheffler, BB 2007, 878.

⑩ Ausführliche Analyse dazu Scheffler, BB 2007, 876.

第三,增值税。在增值税方面没有与融资租赁相关的法律法规。但是德国财政部规定,租赁合同的所得税计算原则同样适用于增值税。① 如果租赁物归出租人所有,在出租人处入账,那么由承租人缴纳的租金需缴纳增值税,这是因为出租人向承租人提供了德国增值税法第 1 条和第 9 条规定的所谓"其他服务"而要缴纳增值税。根据德国增值税法第 15 条的规定,承租人可以在预缴税款中扣除相应的增值税额。②

如果融资租赁合同双方约定在租赁期届满后承租人购买租赁物或者延长租赁合同,那么购买金额和后来的租金都必须缴纳增值税。③ 只要不存在不应缴纳增值税的当事人有损失须额外补偿的情形,那么这一条规则也同样适用于承租人于租赁期满后归还租赁物的残值或者提前终止融资租赁合同的情形④。

如果租赁物的经济所有权人为承租人,租赁物在承租人处入账,那么根据德国增值税法第 3 条的规定,出租人履行融资租赁合同义务的行为应视为交货。⑤ 根据德国增值税法第 10 条的规定,作为对价,出租人应获得的报酬等于承租人为取得租赁物处分权而支付的金额。⑥ 报酬总额包括基本租赁期到期时出租人的所有应付租金。⑦ 如果融资租赁合同双方约定在租赁期届满后承租人购买租赁物或者延长租赁合同,那么出租人的报酬包括购买价格和租赁物预计使用期到期前的所有延长租赁期间的租金。⑧

四、中德融资租赁财务税收制度之比较

我国融资租赁业务起步于 20 世纪 80 年代初。随着我国市场经济制度的逐渐完善,自 1999 年以来,融资租赁行业的立法⑨也得到了加强,至今已建立起了

---

① Erklärung der Finanzverwaltung vom 23. 5. 1972 DB, 1095; Der V. Senat des BFH (Umsatzsteuer-Senat) hat sich in seinem Urteil vom 1. 10. 1970 (BStBl. 1971 II. S. 34 f.) der vom IV. BFH-Senat im sog. Leasing-Urteil vom 26. 1. 1970 (BStBl. 1970 II, S. 264 f.) hinsichtlich der steuerrechtlichen Behandlung von Leasingverträgen vertretenen Auffassung angeschlossen. Vgl. dazu Bordewin/Tonner, Leasing im Steuerrecht, Rn. 66.

② Wagner, in Martinek/Stoffels/Wimmer-Leonhardt, Leasinghandbuch, S. 122, Rn. 73.

③ Wagner, in Martinek/Stoffels/Wimmer-Leonhardt, Leasinghandbuch, S. 752, Rn. 29.

④ Wagner, in Martinek/Stoffels/Wimmer-Leonhardt, Leasinghandbuch, S. 753, Rn. 35 ff.

⑤ Bordewin/Tonner, Leasing im Steuerrecht, Rn. 74.

⑥ Bordewin/Tonner, Leasing im Steuerrecht, Rn. 75.

⑦ BFH, BStB1 II 1971, 34.

⑧ Bordewin, Leasing im Steuerrecht, S. 111; Bordewin/Tonner, Leasing im Steuerrecht, Rn. 75; Christen, Leasing im Steuerrecht, S. 117.

⑨ 主要法律包括:《中华人民共和国合同法》(1999 年 10 月)、《外商投资租赁业管理办法》(2005 年 2 月)、《会计准则第 21 号——租赁》(2006 年 2 月)、《金融租赁公司管理办法》(2007 年 3 月)。

包括合同、财会、税收及监管等方面的融资租赁法律体系。2000年,经国务院批准,租赁业被列入“国家重点鼓励发展的产业”。2004年12月,商务部批准外商独资融资租赁公司进入我国市场。2007年3月新修订的《金融租赁公司管理公司管理办法》重新允许商业银行介入金融租赁行业。2007年7月30日,在三次征求意见稿的基础上《中华人民共和国融资租赁法(草案)》颁布。虽然本草案尚未正式颁布,但自此,我国融资租赁行业进入了快速发展阶段,显现出了良好的发展势头。截至2013年3月底,我国在册运营的各类融资租赁企业总数约为628家,比2012年底的560家增加68家。其中,外资租赁企业约510家,增加约50家。截至3月底,全国融资租赁合同余额约16500亿元,比2013年初的15500亿元增加约1000亿元,增幅6.5%。截至3月底,完成增资计划的公司加上新组建的内外资租赁企业,行业注册资金共计约1980亿元,比上年底的1890亿元增长90亿元,增幅4.8%。据统计,我国融资租赁市场渗透率(通过租赁实现的设备投资占设备总投资的比率)在2012年约为5%,而世界融资租赁市场渗透率已接近17%,发达国家平均在15—30%之间,[①]我国融资租赁市场的发展潜力仍然巨大。

融资租赁财务处理和税收制度的规定是否合理,能否给融资租赁交易中的当事人带来相对于其他融资方式较明显的财务税收上的优势,直接决定了融资租赁行业的发展前景。从德国和中国有关融资租赁财务税收制度的规定来看,财务处理是融资租赁交易中当事人如何缴纳税款、能否取得税收上优势以及能否实现财务上表外融资功能等的前提条件,而不同的融资租赁交易类型财务处理方法也各不相同,因此,财务处理规定对融资租赁类型的划分以及划分标准是否合理,是最终决定融资租赁税收优势能否发挥的关键性问题。

从融资租赁交易类型来看,主要分为融资租赁和经营租赁两大类。如前文所述,在德国,法律法规上并没有对融资租赁作出明确的定义,仅仅是司法判例将融资租赁看做是一般租赁的一种特殊形式并就其特性作出了一系列的判决。在财务会计制度上,德国也没有对融资租赁作出专门的规定,融资租赁的财务处理遵循一般的《税收基本法》及相关的财务制度的规定。而在中国,《合同法》[②]和《企业会计准则21号——租赁》分别从民法角度和财务会计角度对经营租赁和融资租赁作了专门的规定。因此,在融资租赁种类的划分上,德国和中国有很大的不同。就这点而言,中国法律法规对融资租赁和经营租赁作出了明确的界定,承认融资租赁为独立的一种租赁类型是值得肯定的做法,能够从根本上解决

---

① 数据来源:历年中国统计年鉴。

② 参见《合同法》第十三、十四章。

融资租赁法律本质的问题。

尽管德国未将融资租赁视为一种独立的租赁类型，但为了便于当事人进行财务处理，德国财政部根据融资租赁交易当事人双方对租赁物的实际占有，因占有、使用租赁物而产生的费用，税款的负担，以及租赁物使用过程产生的风险及价格风险的承担情况，将租赁物根据《税收基本法》第39条划分归不同的经济所有人（出租人或承租人），最终根据租赁物的经济上的不同归属来进行不同的财务处理。而中国《企业会计准则21号——租赁》则对融资租赁财务上的处理给出了很明确的标准。

如前文所述，德国财政部对租赁物经济所有人的界定，仅仅是在融资租赁财务处理上如何认定租赁物归属的标准，并不是区分融资租赁和经营性租赁的标准。中国《企业会计准则21号——租赁》第6条则是融资租赁和经营性租赁的界定标准。

德国税法上的经济所有人是指对资产占有、使用、收益，并相应承担相关税收、费用和使用风险的人。融资租赁交易中哪方当事人相对租赁物而言符合前述情况，则被认定为租赁物的经济所有人。在满足下列条件的情况下，租赁物一般归承租人所有：(1) 租赁物的正常使用期限（按国家规定的正常使用期限来计算）明显长于租赁期限，且承租人在租赁期结束后享有延长租赁期限的权利和购买选择权。承租人选择延长租赁期限或购买租赁物时，应当仅仅根据市场的实际价格支付一定的租金或购买价。(2) 租赁物的正常使用期限和租赁期限相同的，可以不考虑承租人是否享有选择权，租赁物划归承租人所有。(3) 租赁物是特别为承租人所定做，在租赁期限结束后，租赁物只对承租人具有经济使用价值，在这种情况下，不考虑租赁物正常使用期限和租赁期限的关系，租赁物直接视为承租人所有（所谓“特殊租赁”）。如租赁期限在租赁物使用期限的40%—90%之间，且出租人在租赁期内或期满时能够实现其因融资租赁业务所应获得的租赁物价款、相关费用及合理利润的，出租人被界定为租赁物的经济所有人（“40—90规则”）。

根据中国《企业会计准则21号——租赁》第5条之规定，转移了与资产所有权有关的全部风险和报酬的租赁为融资租赁，同时，第6条进一步规定了相应的判断标准，即(1) 在租赁期届满时，租赁资产的所有权转移给承租人，或；(2) 承租人有购买租赁资产的选择权，所订立的购买价款预计将远低于行使选择权时租赁资产的公允值，因而在租赁开始日就可以合理确定承租人将会行使这种选择权，或；(3) 即使资产所有权不转移，但租赁期间占租赁资产使用寿命的大部分（大于或等于75%），或；(4) 承租人在租赁开始日的最低租赁付款额现值，几乎相当于租赁开始日租赁资产公允值，出租人在租赁开始日的最低租赁收款额现值,几乎相当于租赁开始日租赁资产公允值(大于或等于90%),或;(5)租赁资产特殊,如果不作较大改造,只能承租人使用。除融资租赁外的其他租赁为经营性租赁。

从上述两个国家的规定可以看出,租赁物在财务处理上计入何方资产,关键取决于哪方当事人承担了租赁物的风险并能获取使用租赁物的收益。这一原则充分体现了租赁物与实际控制人之间的既有联系,有利于反映融资租赁交易双方的真实意愿,充分保护了交易各方的利益。所不同的是,在我国,融资租赁的财务处理仅仅考虑了资产和风险全部转移给承租人的情况,并没有考虑到出租人承担部分风险,承租人承担部分风险,并且二者对租赁物共同获益等诸多其他情况,划分标准显得过于刚性,不符合融资租赁实践的需求。比如,出租人将与租赁物相关的大部分风险和全部收益转让给承租人的情况等。另外,《企业会计准则21号——租赁》第6条第1项规定的转让租赁物所有权的情况和第2项规定的合理确定承租人购买选择权的情况并没有设置租赁期限的最低限制。这样可能会导致租赁期过短,比如租赁期低于租赁物使用年限的40%,而使融资租赁仅仅具有融资的功能,弱化了其融物的功能,融资租赁达不到缓解承租人融资需求之目的,在事实上形成了出租人和承租人之间假租赁、真借贷,融资租赁成为借贷的另一种形式,而不是有效补充的情形,最终不能体现融资租赁的本质特征。

在德国,承租人为租赁物经济所有人的,应当将租赁物计入其财务账目中,按规定提取折旧,同时增加长期应付款项,租金不能作为费用在税前扣除,融资租赁的表外融资功能不能充分体现,其账面无法保持中立。相对应地,出租人只能将租金总额列为长期应收款。出租人为租赁物经济所有人的,则必须将租赁物作为资产列入其财务账目中,提取折旧,而承租人则将支付租金作为费用在税前扣减,无长期应付款项,账面保持中立,实现了表外融资和节税之目的。

在中国,符合融资租赁业务标准的,租赁物在承租人账面计入资产项下,同时长期应付款项增加,支付的租金不能在税前扣减,承租人账面不能保持中立,表外融资之目的难以实现。相对应地,出租人仅仅是增加长期应收款,且只需按其向承租人收取的全部价款和价外费用(包括残值)减除出租人承担的出租货物的实际成本后的余额缴纳营业税。[①] 除融资租赁以外的租赁为经营租赁,租赁物体现在出租人账面上,虽然承租人实现了账面中立,租金可以作为费用扣减,但出租人的租金收入须被视为营业收入,按全额缴纳营业税,大大增加了出

① 详见《财政部、国家税务总局关于营业税若干政策问题的通知》(财税(2003)16号)第三项之规定。

租人的税赋。

相比较而言,德国的“40—90”规则的设立能够在保障融资租赁交易各方利益的同时,充分发挥融资租赁账务中立、表外融资和节税的功能。因此,有较多的承租人选择以出租人账面计入租赁物的方式,进行融资租赁交易。

五、改进我国融资租赁公司财务税收法律制度的建议

相对于德国较为灵活但复杂的融资租赁财税制度而言,我国的融资租赁财税制度比较简单,且不能够很好地促进融资租赁行业的发展,因此,如前所述,我国需要在融资租赁财务税务法律制度上作进一步的完善。

我国《企业会计准则21号——租赁》第5、6条虽然对融资租赁规定了明确的界定标准,但仍需要完善。首先,应当扩大《企业会计准则21号——租赁》第5条规定的界定标准,即以转移了与资产所有权有关的大部分风险和收益为界定是否为融资租赁交易的标准,这样,使融资租赁能够灵活约定,多样化发展。其次,就《企业会计准则21号——租赁》第6条第1、2项,在转移租赁物所有权及合理确定承租人的购买权的情况下,就租赁期限与租赁物使用期限之间的关系设定下限,比如,租赁期限应当不少于租赁使用年限的40%。这样就避免了假租赁、真借贷的情况。最后,就《企业会计准则21号——租赁》第6条第3项的规定,应当提高大部分期限的上限,即至少90%,这样,就能够确保租赁物实际上只有承租人在使用。

随着财务上界定融资租赁的标准的变化,在出租人和承租人的财务处理上也应当相应地改变“一刀切”(即租赁物只能在承租人处入账)的情况,建立更为符合实践需求的财务税收制度,建议如下:租赁物可以在一定条件下在出租人处入账,比如租赁期占租赁物使用期限40%至90%之间,且出租人能在租赁期结束前实现融资租赁交易所涉及的全部利益的情况。这样,承租人账面可以保持中立,实现表外融资,并且可以在税前抵扣租金,获得税收上的优势。

自2012年1月1日“营改增”在上海试点以来,逐步扩围到北京、江苏、安徽、福建、广东等地,并将于今年8月1日推行至全国。其中有形动产租赁业务也纳入“营改增”的范围,出租人即融资租赁公司要缴纳17%的增值税。“营改增”的本意是为企业减轻税负,但却给融资租赁公司带来了困扰。主要问题在于“营改增”扩围政策出台前并没有进行充分的预告,各地执行标准并不一致;融资租赁业务的标的物并没有全部覆盖;售后回租业务很难开展;直租业务的税负增加,“营改增”前融资租赁公司按差额缴纳营业税,即有形动产价款和相应的银行利息扣减后再纳税,税率为5%。而“营改增”后,税基未变,税率则由

5%提高到17%,直接提高了12个百分点,税负比营业税增加了近3倍。融资租赁公司大幅增加的税负,必然转移给下游承租企业,从而导致企业只能放弃融资租赁方式,给融资租赁业的未来发展蒙上阴影。

基于上述问题,建议尽快完善“营改增”的相关规定,建立全国统一的抵扣链条;尽快明晰无形资产、基础设施等有形动产之外的租赁物的税收政策问题;解决售后回租中的增值税的发票处理问题;在过渡期给予融资租赁公司一定的税收优惠。

在确定融资租赁界定标准的前提下,可以发展多样化的融资租赁交易形式。比如,以出租人承担风险为主的,租赁期内出租人不能收回其全部成本及收益,但租期满后其享有出卖租赁物的权利的融资租赁形式,或和承租人共享出卖收益的融资租赁形式等。

总之,现代融资租赁一个最显著的特点就是税收优惠,如果没有政府的税收优惠等一系列扶持政策,各国的融资租赁业就不会有如此快速的发展。希冀我国相关财务税收法律制度的改革能推动融资租赁公司乃至整个融资租赁行业的发展。

市场秩序规制法

我国期货市场竞争政策初探

李轶鸣

竞争政策被广泛运用于竞争法领域，是国家对于限制竞争行为以及不正当竞争行为的一系列政策的总和。尽管竞争政策最早被认为是国家对于垄断行为和垄断事实的态度，而事实上，竞争政策并不囿于反垄断法领域。

正如金泽良雄教授所言，经济法是“维持垄断阶段中资本主义体制的经济政策立法”。因而，广义上的经济法应该表现为三个方面：首先，经济法最重要、最典型的表现形式是国家对于解决“市场失灵”和“政府失灵”两方面问题的立法集合（即狭义的经济法）；其次，是被法律所承认的在经济运行领域的理念、伦理、道德及经济惯例，比如“国家不应对经济进行过度干预”的理念；最后，是介于这两者之间的经济政策。众所周知，法律本身具有稳定性，而一个国家的经济运行情况是瞬息万变的，以相对不变的法律来解决不停变化的经济运行问题几乎是不可能的。而经济运行领域的理念、伦理、道德及经济惯例的形成本身需要经历一个漫长的过程和历史积淀，这决定了其往往是一定时期内“放之四海而皆准”的价值准则，其变化更是需要一个长久的博弈过程及实践印证。所以，真正能够对经济运行情况作出敏锐反映的是一个国家的经济政策。

经济政策按照其规制的不同领域或者其关注的经济运行问题，可以分为宏观经济政策和微观经济政策。宏观经济政策关注的是经济总量的平衡以及达成经济总量平衡的过程,包括产业政策、财政政策、货币政策等;而微观经济政策则关注的是市场运行正常与否,是否出现偏差。微观经济政策包括竞争政策、价格政策、消费政策等。微观经济政策中,对于经济整体运行状况影响最大的当属竞争政策。因为竞争政策关系到市场经济最基本的原则,是市场经济存在的基础。市场经济最核心的内容一为价格,二为竞争。正如《欧共体条约》第3条提出的:在共同体市场建立一个保护竞争不受歪曲的制度较该条提出的其他任务和措施有着优先适用的地位。即在欧共体其他政策与欧共体竞争政策发生冲突时,优先适用欧共体竞争政策。欧共体竞争政策的优先适用地位是由共同体市场经济制度以及共同体市场平等、自由以及共同市场等一系列基本原则决定的。①

竞争政策从狭义而言,体现的是国家对于一般市场上的限制竞争行为和不正当竞争行为所持的态度;从广义而言,体现的是国家对于某一具体市场中竞争状态所持的态度。与狭义竞争政策不同,广义的竞争政策不仅包括国家对该等市场中限制竞争行为和不正当竞争行为所持的态度(此种情况可以理解为国家对于瑕疵经济运行秩序的补救及矫正),更重要的是包括国家对于该等市场中由于政府渗透过度而产生竞争缺位或竞争不足行为所持的态度(此种情况可以理解为国家对于市场本身可以解决的问题的放权或退出)。本文所讨论的竞争政策即是在此层面上提出的。

一、问题的提出

(一)竞争政策问题在2008年金融危机后得到世界各国的广泛重视

根据学者研究,在2008年金融危机中,主要市场经济国家和地区一反历史上经济衰退时期放松甚至放弃竞争法实施的做法,有些国家甚至加强了反垄断法的实施。② 这些国家和地区在应对经济危机时仍然坚持最大限度地以维护市场竞争机制来解决问题。可见,竞争政策对于金融市场并不是无所作为的,虽然从传统法学理论或经济学理论来看两者似乎关联性不大,但是事实证明,竞争政策对于提高金融市场的运行效率以及资源的配置效率起到了基础性的作用。

---

① 参见王晓晔:《竞争政策优先——欧共体竞争政策与产业政策》,载《国际贸易》2001年第10期。

② 参见徐士英:《竞争政策与反垄断法实施》,载《华东政法大学学报》2011年第2期。

(二)期货市场本身的发展需要引入竞争政策

自1848年芝加哥期货交易所(CBOT)成立以来,近现代期货业历经了雏形、形成、成熟、发展四个阶段,与现代经济进步共同发展,在现代市场经济中扮演着不可替代的重要角色。而我国期货市场发展至今只有二十多年的历史,市场建制尚未成熟,这与我国正处于经济转轨时期的现实是相一致的。与世界其他国家的期货市场相比,我国的期货市场有其发展的特殊性。其最重要的特点就是政府规制过度,整个期货市场行政性色彩仍相当浓厚。而事实上,我国三十多年的改革开放和经济发展历程已经充分说明,市场竞争机制对于社会生产力的发展具有强大的推动作用,创造和维护自由、公平、有序的市场竞争环境,对于保证经济的长期稳定发展至关重要。但是,这一经验和我国期货市场的发展现实存在脱节。

(三)竞争政策对于发展我国期货市场的效用

尽管在这二十多年的发展中,期货市场在规避风险、提供投资机会等方面的贡献有目共睹,但与此同时,关于期货业的关注和争论却几乎从来没有停止过。无论是经济转轨时期期货业的功过是非,还是当前期货业存在的症结,或是下一步改革的方向,都或多或少地与政府规制过度密切相关。

在金融行业中,金融衍生品的风险要远远大于传统金融工具,这已是广泛共识。对金融衍生品市场进行有效的风险管理,对于稳定金融市场,乃至全球经济秩序的必要性,在余威尚存的金融危机中已显露无遗,这也从另一个层面彰显了金融衍生品在经济活动中的重要作用。期货作为最主要和相对较为传统的金融衍生品,其作用更是不言而喻。而根据中国期货业协会的统计数据,2010年我国期货市场全年累计成交额①突破300万亿元,②超过了资本市场中债券市场、股票市场同期全年交易量的总和。因此,如此关键的金融子市场的发展对于一个国家至关重要。美国前财政部长劳伦斯说过,没有期货市场的经济不能说是市场经济;原美联储主席格林斯潘也认为,“衍生品市场使美国的金融体系更为灵活,更为有效,使经济在对危机的应对中更富有弹性”。③

尤其是当下全球政治经济环境正在发生着各种变化,世界经济的前景显得扑朔迷离。尤其是经过2008年全球金融危机之后,全球经济失衡的现象一直在

① 2010年期货市场成交量、成交额仍按双边统计,2011年起开始全部改为单边。

② 参见中国期货业协会编:《中国期货业发展报告(2011)》,中国财政经济出版社2011年版,第8—13页。

③ 参见程晓峰:《期货生态学——中国期货生态发展研究》,中国商业出版社2012年版,第56页。

持续,由金融衍生品引发的次贷危机依旧是引起人们视金融衍生品为洪水猛兽的直接原因。在这样一个特殊的历史时期,金融市场的持续稳定发展显得越来越重要,并且更具挑战性。我国《十二五规划纲要》中重点强调,要“大力发展金融市场,继续鼓励金融创新”“推进期货和金融衍生品市场发展”,期货市场与期货相关产业的发展将是十二五的重点之一。遗憾的是,国内目前鲜见对于期货市场乃至金融市场竞争政策的研究,绝大多数的学者仍将竞争政策的适用聚焦于反垄断法领域。在笔者看来,从广义的竞争政策角度来研究竞争政策,才能更有效地发挥其作用。因为竞争政策并不是阻碍经济实体变大变强的枷锁,而是促进市场整体健康、协调发展的规则。本文认为有必要对我国期货市场的竞争政策进行研究,探讨在我国期货市场中究竟应多大程度引入竞争(从本质上来说可以认为是引入市场机制),应当在哪些方面减少国家渗透(从本质上来说可以认为是国家干预的退出),从而提高期货市场整体运作的效率,更有益于市场秩序的完善以及制度、产品创新。

有人将我国期货市场过去的发展概括为“野蛮生长”“清理整顿”和“规范发展”三个阶段。在过去的二十多年里,我国期货市场从无到有,在成长的过程中也伴随着一系列“成长的烦恼”,一定程度上阻碍了期货市场本身的发展。有学者认为,从产业组织理论的角度来看,期货业可进一步细分为期货交易所与期货经纪两个子行业。[①] 因而,本文拟从期货交易所和期货经纪两个视角来论述相关问题。

二、我国期货交易所竞争政策存在的问题与成因

(一)我国期货市场的反竞争表现

期货交易所是期货市场的核心,具有市场中枢的地位。此缘于它所发挥的重要功能:期货交易所制定了整个期货市场赖以存在的核心载体——期货合约,并将期货合约的条款标准化和格式化;期货交易所为投资者通过交易所会员对期货合约的买卖提供了交易通道;期货交易所为交易双方提供了履约及财务方面的担保;期货交易所为期货交易提供每日无负债的结算服务;对于有实物交割需求的客户,期货交易所要为其提供大持仓额度审批、交割检验管理、交割信息提供、货款收付、仓单收付,以及交割仓库管理等相关服务;为期货交易创建制度

① 参见朱国华、张青主编:《期货业反垄断与竞争政策研究》,上海财经大学出版社2010年版,第2页。

和规则框架,并保证和监督这些制度、规则的实施,以便最大限度地规范交易行为;对于市场中的交易行为,期货交易所有责任进行风险管理,并对投资者和交易所会员的违规行为进行查处。以上这些特点决定了期货交易所本身的特殊性,即既非普通市场主体,也非传统意义上的监管机构。而这个重要特点决定了对于期货交易所的竞争政策必须与期货经纪公司的竞争政策分别讨论。

目前,我国期货交易所主要存在以下问题,而这些问题可被认为正是由于竞争政策有偏差才造成的:

1. 期货交易所设立的壁垒

我国期货交易所的设立采用审批制。《期货交易管理条例》第6条规定:"设立期货交易所,由国务院期货监督管理机构审批。""未经国务院期货监督管理机构批准,任何单位或者个人不得设立期货交易所或者以任何形式组织期货交易及其相关活动。"而与此同时,《期货交易所管理办法》却并未规定设立期货交易所的具体要求,仅规定了设立期货交易所应提交的文件(第9条)。另外,国家发改委和商务部联合颁布的于2012年开始实施的《外商投资产业指导目录》规定,期货公司(中方控股)属于限制外商投资产业。虽然该指导目录并未规定期货交易所为禁止外商投资产业,但由于期货交易所具有自律性监管组织的特性,因此实质上期货交易所是禁止外商投资的。这些规定实际上体现了一系列的行政安排,排除了一切其他非行政安排主体成立期货交易所的可能性。

自我国第一家期货交易所——深圳有色金属交易所成立以来,我国的期货交易所经历了从初期的"雨后春笋"般的发展到单一化、专业化、分工化发展的转变。事实上,早在1993年底,国务院就已经停止批准设立新的期货交易所。在国务院1993年颁布的《国务院关于坚决制止期货市场盲目发展的通知》(以下简称《通知》)中,就已明确规定一律暂停审批注册新的期货交易所。

我国期货交易所的数量在1993年《通知》颁布以前为33家,几乎全国各省、直辖市都有各自的期货交易所。通过治理整顿,1994年期货交易所的数量减至14家。1999年的再次清理整顿,使得期货交易所数量减至三家。2006年,经国务院同意,中国证监会批准,由上海期货交易所、郑州商品交易所、大连商品交易所、上海证券交易所和深圳证券交易所共同发起设立了中国金融期货交易所。由此,我国期货交易所目前的数量为四家。

由于中国金融期货交易所的成立属于利益平衡的产物,因此从本质上来看,自1999年之后,新的进入者已经完全被阻挡在期货交易所之外了。

2. 期货品种上市的行政安排性

截至2013年10月30日,我国上市期货品种如下表所示:

表1

品种	交易所	代码	上市时间
铜	上海期货交易所(SHFE)	CU	1992年
铝	上海期货交易所(SHFE)	AL	1992年
锌	上海期货交易所(SHFE)	ZN	2007年
天然橡胶	上海期货交易所(SHFE)	RU	1991年
燃料油	上海期货交易所(SHFE)	FU	2004年
黄金	上海期货交易所(SHFE)	AU	2008年
螺纹钢	上海期货交易所(SHFE)	RB	2009年
线材	上海期货交易所(SHFE)	WR	2009年
铅	上海期货交易所(SHFE)	PB	2011年
白银	上海期货交易所(SHFE)	AG	2013年
石油沥青	上海期货交易所(SHFE)	BU	2013年
黄大豆一号	大连商品交易所(DCE)	A	1993年
黄大豆二号	大连商品交易所(DCE)	B	2004年
豆粕	大连商品交易所(DCE)	M	2000年
豆油	大连商品交易所(DCE)	Y	2006年
玉米	大连商品交易所(DCE)	C	2004年
线型低密度聚乙烯	大连商品交易所(DCE)	L	2007年
棕榈油	大连商品交易所(DCE)	P	2007年
聚氧乙烯	大连商品交易所(DCE)	V	2009年
焦炭	大连商品交易所(DCE)	J	2011年
焦煤	大连商品交易所(DCE)	JM	2012年
鸡蛋	大连商品交易所(DCE)	JD	2013年
白糖	郑州商品交易所(CZCE)	SR	2006年
棉花一号	郑州商品交易所(CZCE)	CF	2004年
强麦	郑州商品交易所(CZCE)	WS	1998年
硬麦	郑州商品交易所(CZCE)	WT	1998年
精对苯二甲酸	郑州商品交易所(CZCE)	TA	2006年
菜子油	郑州商品交易所(CZCE)	RO	2007年
早籼稻	郑州商品交易所(CZCE)	ER	2009年
甲醇	郑州商品交易所(CZCE)	ME	2011年
油菜子	郑州商品交易所(CZCE)	RS	2012年
玻璃	郑州商品交易所(CZCE)	FG	2012年
菜子粕	郑州商品交易所(CZCE)	RM	2012年
动力煤	郑州商品交易所(CZCE)	TC	2012年
沪深300股指期货	中国金融期货交易所(CFFE)	IF	2010年
5年期国债期货	中国金融期货交易所(CFFE)	TF	2013年

截至目前，我国共有36个上市交易的期货交易品种，尽管仅2012年一年就增加了6个交易品种，但这仍与我国作为全球第二大经济实体的国际经济地位不相符合。上市交易的期货品种较少，结构与世界期货发展趋势不相一致，这些都是我国期货市场面临的重要问题。

期货品种是期货市场赖以生存和发展的基本资源，期货品种的数量与结构是衡量一个国家期货市场成熟与否的重要标志。期货市场的价格发现和规避风险的功能作用是依托于期货交易品种展开的，期货品种过少不利于期货市场功能的发挥。同时，由于缺乏期货交易品种，大量资金集中在少数品种上，给期货交易所风险控制造成了巨大压力。

首先，我国上市交易的期货交易品种相对较少，其直接结果就是造成了"两难"：投资难和套期保值难。一方面，投资者找不到合适的投资工具，可选择的品种较少，这就会使得投资需求向其他领域流动（如房地产市场），致使市场发展冷热不均，期货市场本身的发展规模受到限制；另一方面，我国农产品和工业产品的套期保值需求特别大，如果没有足够多的投资者，套期保值需求本身根本没有办法得到满足。更重要的是，上市交易的期货品种不可能成为农业生产者或者工业生产者生产产品的指导目录，生产者总是会有其他产品需要进行套期保值。所以，可以认为我国目前现有的这些期货品种对于期货市场中的两端——投机者和套期保值者都没能很好地满足其需求，而他们需求的落空实际上就是资源配置低效率的表现。

期货交易品种的差异性和多样化，可以强化期货市场资源配置的作用。不同的期货交易品种，或不同规格的同类期货品种，会形成不同的期货价格，其价格信号的引导作用可使期货市场优化资源配置的作用得到最大限度的发挥。

除此之外，期货交易品种和期货市场的规模也有着必然的联系。1995年是我国期货交易的巅峰。1995年10月30日之前，我国共有期货交易所33家，交易产品超过50种，当年成交量达到了约32亿手。而1995年10月30日之后我国期货交易所减至14家，交易产品减至35种，这直接导致自1996年始至1998年期货市场第二次清理，期货市场的成交量以每年50%以上的速度递减。[①] 自2004年起，我国又增加了一些上市交易品种，如燃料油、玉米等，我国期货市场的交易量才转变了逐年递减的情况。

其次，我国上市交易的期货交易品种结构不尽合理。我国上市交易的期货交易品种结构图如下图所示：

---

① 以上数据参见《1993年—2011年中国期货市场年度成交量、成交额变化情况》，载中国期货业协会编：《中国期货业发展报告(2012)》，中国财政经济出版社2012年版，第17页。

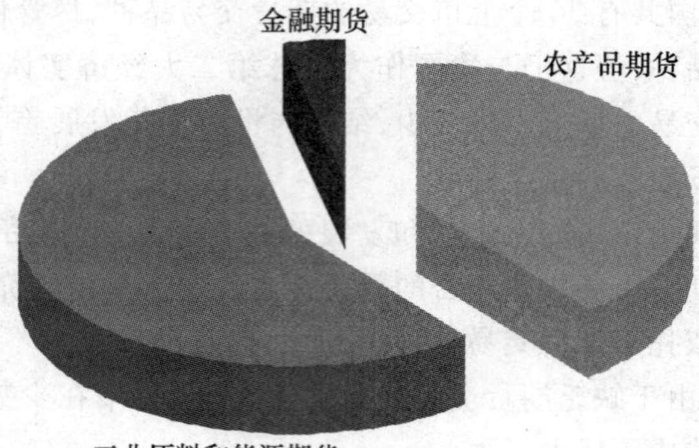

图 1　我国上市交易的期货交易品种结构图

如上图所示,我国金融期货的比例非常小,而期货交易品种主体是工业原料和能源期货,农产品期货亦不甚发达。从世界期货市场来看,在商品期货领域,期货品种基本上覆盖了所有适合的商品种类,而我国由于商品期货品种远未达到世界水平,因此金融期货所占比例较小也是可以理解的。当然,这样的结构与我国快速发展的经济现实分不开。纵观世界期货市场发展历史,期货品种经历了从农产品期货到工业原料和能源期货,再到金融期货的发展过程,而我国期货市场的发展更具有"实用主义"的价值取向,即由政府决定交易何种品种。

我国期货品种上市审批流程为:由各期货交易所将拟上市期货品种的相关材料上报证监会,证监会再将相关材料报请国务院办公厅,国务院办公厅审核后批示证监会组织相关部委和地方政府征集意见。事实上,在向相关部委和地方政府征集意见时采用的是"一票否决制",即只要有一个部委或地方政府不同意,该期货品种的上市即告"夭折"。而任何一个期货品种的上市都会影响该种商品既定的市场秩序,一旦有部委或地方政府一味地从利于行业管理、集中自我管理权甚至垄断利益的角度考虑,对于相关期货品种的上市必然没有支持动力。

从世界主要国家期货市场的规定来看,越来越多的国家放松了对期货新品种上市的约束,鼓励开发和上市期货品种,这能够推动期货市场的快速发展。

以美国为例,全国商品期货交易委员会依法对交易所拟上市品种进行判断的标准有两个:第一个是"经济目的测验",即交易所必须证明所提出的新品种上市目的是形成价格和企业套期保值;第二个标准是"不会损害公众的利益",即交易所必须证明拟上市的交易品种不损害社会公众而非个别人的利益。全国商品期货交易委员会必须在法律规定的时间内予以答复,否则将视为默认。由于美国期货品种上市程序比较规范、简单,使许多品种获得了较佳上市时机,推动了美国期货市场的快速发展。

欧洲期货交易所由于本身就是政府机构,完全可以自己开发产品,无须经过政府审批,新品种上市完全按照市场机制运作。只要交易所认为有市场前景就可以开发上市,由市场作出选择,如果交易不活跃,就只有摘牌。

新加坡金融管理局是对期货行业进行监管的政府机构,其权限类似于我国证券业监督管理委员会,有权审核、批准进入期货市场的商品种类,审查和决定新加坡国际金融交易所经营的期货合约类型。交易所提出开展何种商品期货交易及采用何种类型的期货合约买卖,政府有最终决定权和否决权。

与各国相比,我国期货品种的上市机制对市场需求缺乏足够的重视,体现的是政府对交易品种的实质性要求,掺杂了政府的主观意愿,任何政策意图都可以通过行政手段贯彻到期货市场中,可以说是一种政府高度渗透的行政审批。

3. 期货品种上市地点的行政安排性

我国目前期货品种上市地点基本上由中国证监会来划定,且一个品种只确定一家交易所上市交易,比如大连商品交易所交易的多为农产品期货,而上海期货交易所交易的多为工业材料和能源期货。非但如此,我国各个期货交易所对于期货品种的研发基本上也是没有交叉,具体情况见下表:

表 2

<table>
<tr><th></th><th>期货合约</th><th>期权</th></tr>
<tr><td>大连商品交易所</td><td>生猪期货,稻谷期货,指数期货,石油期货,国债期货</td><td>小麦期权,棉花期权,期货期权</td></tr>
<tr><td>郑州商品交易所</td><td>生丝期货,焦炭期货</td><td>大豆期权</td></tr>
<tr><td>上海期货交易所</td><td>股指、利率、外汇等金融期货,石油期货,钢材期货</td><td rowspan="2">有色金属期权,燃料油、石油期权,金融期权</td></tr>
<tr><td>中国金融期货交易所</td><td>金融期货</td></tr>
</table>

虽然各个期货交易所分别开发不同的期货品种有利于避免资源浪费,但是“产品”的差别化不应基于行政安排而产生,而应是竞争的结果。否则,非但不能提高期货市场的效率,反而会限制期货市场的发展,造成效率低下。由政府代替市场选择交易品种的上市地点,显然有悖于市场自由选择的原则。同时,对期货品种上市地点的行政安排也会造成市场划分,是一种人为的限制竞争行为。

(二)我国期货交易所政府规制过度的原因

如前文所述,我国期货市场存在一系列规制过度的现象,而这些现象背后深层次的原因还在于我国期货交易所的定位。《期货交易管理条例》第 7 条第 1 款规定:“期货交易所不以营利为目的,按照其章程的规定实行自律管理。期货交易所以其全部财产承担民事责任。期货交易所的负责人由国务院期货监督管理机构任免”。可见,期货交易所是非营利法人。既然是独立的法人,就应当有法人独立的意志,但是事实并非如此,期货交易所的负责人由中国证监会任免。《期货交易所管理办法》第19条规定:“会员制期货交易所设会员大会。会员大会是期货交易所的权力机构,由全体会员组成。”第36条规定:“公司制期货交易所设股东大会。股东大会是期货交易所的权力机构,由全体股东组成。”但由于期货交易所的负责人由中国证监会任免,其考核、升迁最后都是由证监会决定的,会员大会对其几乎没有影响。这直接导致交易所的管理者只对证监会负责,而不是对会员负责,也难以充分顾及期货市场的实际变化。

对于我国唯一的公司制期货交易所——中国金融期货交易所来说,虽说法规规定股东大会是期货交易所的权力机构,但是由于中国金融期货交易所的五大股东分别是上海证券交易所、深圳证券交易所、上海期货交易所、大连商品交易所和郑州商品交易所,每个股东各持1亿元股份,而这五个股东的负责人又分别由中国证监会任命,所以所谓股东大会也无非只是形式,其实质与其他期货交易所并无很大差异。

这样的人事安排使得期货交易所事实上成为证监会的二级机关,这显然无论对会员制交易所制度还是公司制交易所制度都是一种扭曲,严重损害了会员即会员大会的权利,所谓股东也成了“傀儡”。这一切都妨碍了真正意义上的行业自律的有效开展,行业自律往往成为证监会监管的“次级手段”。

更重要的是,期货交易所实际上并没有自主权,这将很大程度上限制期货市场的健康发展。可以这样认为,在我国期货市场现时的竞争政策下,期货交易所是由证监会牵动的,而期货交易所的职能除了提供基本的交易保障之外,就是将这种牵动力传导给各个期货交易主体,其本身的作用并没有得到充分的发挥。

三、我国期货经纪公司竞争政策存在的问题与成因

我国期货市场自20世纪90年代初开始,经过二十多年的发展,已经进入稳步发展阶段。伴随着期货经纪公司的数量以及实力的提升,期货经纪公司间的竞争也愈演愈烈,但这种竞争是一种简单的、非良性的竞争,主要表现为:

(一)期货交易所和期货公司利益分配格局不合理

我国期货交易所与期货经纪公司相比,占据了期货市场上的大部分利益,这对期货经纪公司的长远发展甚至整个期货市场的健康发展都是巨大的隐患。

以2009年为例,全国163家期货公司的手续费收入为74.22亿元,利润总

额仅22.42亿元,而其中三家期货交易所的手续费收入则超过了80亿元。2010年,上海期货交易所、大连商品交易所和郑州商品交易所按照交易量排名,已经到了全球前20位,个别品种甚至成为全球交易量最大的品种。而与此同时,四大期货交易所的净资产和163家期货经纪公司的净资产竟然相差无几,但后者手续费收入只有四大交易所手续费收入的2/3。此外,2010年四大期货交易所的净利润高达100亿元,而同期163家期货公司净利润仅为25亿元。可以看出,虽然整个期货行业的收入和利润并不低,但却过多地集中于交易所。

然而,这一分配格局和期货经纪公司承担的风险并不匹配。由于期货交易所和期货经纪公司之间进行结算并由期货公司对客户进行再结算,因而期货经纪公司承担了较大的客户违约的市场风险,加之期货公司是期货市场的推广主体,承担了更多的成本,因此期货经纪公司理应成为市场利润的主体。

在美国,期货交易所收入大约只占期货业总收入的10%左右。在我国期货市场发展初期,期货交易所大都处于亏损状态,所以政策扶持一直倾向于期货交易所。而事实上,就在我国期货业开始发展的前10年,期货经纪公司全行业盈利只有一年,全行业总共投入60多亿元资本金,一直在承担着化解市场风险的任务,保证了期货市场的正常运行,但政策对其却没有任何的扶持与倾斜。

目前,我国期货市场的盈利情况已与当年不可同日而语,四大交易所都已经完成了原始积累,如果还占据行业利润的较大份额,将不利于期货公司的长远发展,更不利于期货市场的平稳运行。

(二)我国期货经纪业务范围受限

美国是期货行业发展最为成熟的国家,其期货经纪商的范围要远远大于我国。根据美国《联邦规章汇编》第十七编第1.3节规定,期货经纪商:(1)指在任何合约市场或根据任何合约市场规则,从事招揽或接受商品的期货买卖指令,并据以收取一定资金、证券或者财产(或者类似的信用支持),作为由此达成或者可能达成的任何交易或者合同所需的保证金、质押物或者担保物的个人、社团、合伙企业、公司或信托机构;(2)包括依本章第32部分或者第33部分的规定须注册为《商品交易法》规定的期货经纪商的任何人。[①] 又依据美国《商品交易法》,将期货经纪商划分为代理业务型、客户开发型以及管理服务型三大类。而我国《期货经纪公司管理办法》第6条规定:期货经纪公司可以申请经营下列期货业务:(1)期货经纪业务;(2)期货咨询、培训业务;(3)经中国证监会批准

① 参见中国证券监督管理委员会组织编译:《美国期监会规则(第一册)》,法律出版社2013年版,第2—3页。

的其他业务。不难看出,目前我国期货经纪公司从本质上来看,既是一个交易代理机构,又承担着客户开发、信息咨询、客户账户管理和交割服务等职能。身兼数职的结果往往只能是:期货经纪公司疲于奔命,忙于平衡各种业务,削弱了各项业务的专业能力。造成这种现象的深层次原因就是我国期货经纪公司没有详细分类,业务分工不明,无法有效地参与期货市场。

除了业务分工不明之外,我国期货经纪公司只能代理客户交易,不能参与自营期货业务,更不能代理其他期货经纪公司,业务范围狭窄,无法如国外做市商一般发挥稳定市场的作用。

因此,我国的期货经纪公司始终存在着经营范围受限的问题,进而使得行业业务分工混乱,服务内容缺乏差异化,而同质化竞争的结果必定是内耗巨大、效率低下。

我国期货经纪公司上述特点和前文提及的期货产品品种相对单一,此二者叠加的效果更加放大了期货市场的缺点即其本身无法有效地满足市场需求,期货市场所擅长的避险作用在一定程度上被抹杀了。于是,期货市场的投机作用被放大,从而影响到期货市场整体发展的安全、稳定。

(三)我国期货经纪业准入壁垒

截至2012年9月,我国共有161家期货经纪公司。自1994年起,各年度我国期货经纪公司的数量如下表所示:

表3　各年度我国期货经纪公司数量对比①

年份	1994	1995	1996	1997	1998	1999	2000	2001	2002	2003
数量	444	323	329	294	278	213	178	200	187	179
年份	2004	2005	2006	2007	2008	2009	2010	2011	2012	2013
数量	189	165	169	165	165	177	178	163	161	161

如上表所示,我国期货公司的数量自1994年开始呈现逐年递减的趋势,现存期货公司的数量仅为1994年的32%。尽管我们必须考虑历史因素,即我国曾在20世纪90年代对期货市场进行了两次大规模整顿、规范,但在进入21世纪后,我国期货经纪公司的数量仍呈整体减少的趋势。

仅从数量而言,我国期货公司数量很难与我国期货市场应有规模相适应。美国作为世界上最发达的期货国家,其期货公司大大小小有2000多家。虽然不能以数量论英雄,但是我们不能忽视的是,我国期货市场历经多次风险变化,这

① 资料来源:《中国期货业发展报告(2012)》及中国证监会发布的期货经纪公司排名。

些由价格剧烈变动导致的连续涨跌停板客户穿仓的风险,都是由期货公司来承受的,交易所并没有动用任何风险金予以补偿。[①] 因而,可以认为期货经纪公司是支撑期货市场的最后底线,是维护期货市场稳定的最后一道防护网。期货经纪公司如同这道防护网上的结点,在结点质量有保障的前提下,肯定是结点越多越有利于防护期货市场的风险。

那么,究竟是什么原因导致我国期货经纪公司数量持续下降的呢?排除期货经纪公司间的兼并因素,更多的或许是由于我国在期货经纪公司的竞争政策上产生了偏差,即对于期货经纪公司的准入设置了比较高的进入壁垒。

我国《期货交易管理条例》第 15 条规定:"期货公司是依照《中华人民共和国公司法》和本条例规定设立的经营期货业务的金融机构。设立期货公司,应当经国务院期货监督管理机构批准,并在公司登记机关登记注册。""未经国务院期货监督管理机构批准,任何单位或者个人不得设立或者变相设立期货公司,经营期货业务。"第 16 条规定:"申请设立期货公司,应当符合《中华人民共和国公司法》的规定,并具备下列条件:(一)注册资本最低限额为人民币 3000 万元;(二)董事、监事、高级管理人员具备任职资格,从业人员具有期货从业资格;(三)有符合法律、行政法规规定的公司章程;(四)主要股东以及实际控制人具有持续盈利能力,信誉良好,无重大违法违规记录;(五)有合格的经营场所和业务设施;(六)有健全的风险管理和内部控制制度;(七)国务院期货监督管理机构规定的其他条件。""国务院期货监督管理机构根据审慎监管原则和各项业务的风险程度,可以提高注册资本最低限额。""注册资本应当是实缴资本。股东应当以货币或者期货公司经营必需的非货币财产出资,货币出资比例不得低于 85%。""国务院期货监督管理机构应当在受理期货公司设立申请之日起 6 个月内,根据审慎监管原则进行审查,作出批准或者不批准的决定。""未经国务院期货监督管理机构批准,任何单位和个人不得委托或者接受他人委托持有或者管理期货公司的股权。"

可以说,该条规定了一系列较为苛刻的设立条件。尽管由于期货行业是一个高风险的行业,对于期货经纪公司设定一定的准入条件有利于风险管理,控制市场风险,但是我们放眼世界其他国家期货经纪公司的设立条件,就能发现其中的不合理。

以注册资本为例,无论是美国、英国和日本等发达国家,还是新加坡、我国台湾地区等新兴市场国家和地区,对于期货经纪公司的法定注册资金都要求不高。例如,美国期货业协会(NFA)和商品期货交易委员会(CFTC)对期货经纪公司

---

① 参见常清:《不应用行政手段削减期货公司数量》,载《证券日报》2006 年 5 月 11 日。

的净资本要求只有25万美元,折合人民币150万元左右。日本期货行业协会对结算所会员的净资本要求为1.5亿日元,折合人民币1800万元左右,而对于一般会员的资本金要求仅为900万元人民币左右。当然这些只是法定的最低标准,反映了成熟期货市场对期货经纪公司设立的初始资本要求比较宽松,实际上,国外大型期货经纪公司的资本规模非常庞大,远远超过了法定最低资本的要求。①

相应地,我国的立法和实践更侧重于对申请设立期货经纪公司的注册资本的考察,这对于期货市场风险控制并不有利。因为法人的注册资本是其在工商行政管理部门登记注册时缴纳的资本,并不是现有的资产值,因而不能满足并保证期货经纪公司在运营过程中的风险管理要求,反而为设立期货经纪公司设置了不合理的要求。

仅从期货经纪公司设立条件中的注册资本一项,就可看出我国在期货经纪公司设立中的进入壁垒。除此之外,我国期货经纪公司在设立过程中还有种种壁垒,在此不再一一赘述。这也从另一方面印证了我国期货经纪公司数量的持续减少是有其内在原因的,很大程度上是由于市场准入门槛过高、竞争政策失衡所造成的。

(四)我国期货经纪业的退出障碍

作为期货市场的核心主体,期货经纪公司的优胜劣汰是期货市场高效运行的前提条件。然而,长期以来,我国的期货市场陷入一个怪圈,优胜劣汰、适者生存的基础法则不能发挥应有的作用,期货公司的主动退出机制难以顺利形成;同时,期货经纪公司的强制退出机制也存在许多障碍,严重制约和束缚了期货经纪公司乃至期货市场的可持续发展。

中国证监会于2009年公布了《期货公司分类监管规定(试行)》。经过一年多的试行阶段,中国证监会于2011年4月正式公布了《期货公司分类监管规定》(以下简称《规定》)。该规定的发布,标志着我国正式确定了期货公司分类监管制度,对于系统性风险的监管具有非常重大的意义。

《规定》第六章规定,根据风险管理能力的评价标准对期货公司所作出的分类结果被用作中国证监会在监管资源分配、现场检查和非现场检查频率等方面区别对待的依据,以及确定期货投资者保障基金不同缴纳比例的依据。可见,期货公司分类结果仅供中国证监会及其派出机构、各期货交易所、期货保证金监控中心、中国期货业协会等机构作为监管依据使用,对于被评为D类的期货公司

---

① 参见杨玉川、邵七杜编著:《期货市场原理与实务》,南开大学出版社1993年版,第92页。

本身并不产生市场退出的效果。《规定》第28条规定:“被依法采取责令停业整顿、指定其他机构托管、接管等风险处置措施的期货公司,定为E类公司”。可见,期货公司并非因为被评为E类公司而停业整顿,而是因为停业整顿而被评为E类公司。因此,期货公司分类监管并不产生市场退出的后果。也就是说,即使期货公司被评为D类公司,之后仍可以继续经营,招徕客户。这一方面不利于对期货投资者的利益保护;另一方面也使得存在风险管理缺陷的期货公司继续运营,从而可能威胁或影响到整个期货市场的健康与安全。

对于期货经纪公司的退出,必须要有明确的退出程序设计,国外发达国家一般在金融机构的退出上对相关的各个环节都进行明确和合理的法律规定。如美国制定了《联邦储备法》和《联邦破产法》等,日本制定了《破产法》《金融机构再生紧急措施法》和《关于金融机构合并及转换的法律》等,英国制定了《1986年金融服务法》和《英格兰银行法》等,它们都在法律上对期货公司的破产、终止、兼并等进行明确的规定,使期货公司的退出有法可依、有法可循。目前我国期货公司的退出并未被纳入法律环节,还没有法律上的规定,使期货经纪公司实际退出时只能套用企业破产的相关制度,但我国《公司法》没有对中国证监会、地方政府以及公司员工、投资银行、会计师事务所以及其他相关利益人的职责作明确的规定,也没有对期货公司债务的清偿和成本的分摊等问题进行合理的规定,因此操作的随意性很大。

经营不善的期货经纪公司本身也不愿退出市场。以2012年为例,我国共有161家期货公司,其中有13家期货公司没有营业部,占总量的8%;有19家期货公司仅有1家营业部,占总量的12%。也就是说,在我国为数不多的期货经纪公司中,有1/5很少开展业务或基本不开展业务。这样的局面说明:首先,期货经纪公司牌照在期货市场中非常稀缺,没有公司愿意主动放弃期货经纪公司牌照,这也从另一个方面说明期货经纪公司的准入壁垒相当高;其次,期货经纪公司本身的经营成本并不高,即便陷入连年亏损的境地,公司仍能长期维持。①

当前我国期货经纪公司的退出主要是强制性退出,即证监会采用行政手段而不是市场手段来实现对期货公司的淘汰。照理说,退出机制的实行是为了在期货经纪公司间建立优胜劣汰的竞争机制,从而提高期货市场的规范程度,使期货经纪公司的行为符合市场经济的要求,所以对那些因经营不善而难以继续经营下去的期货经纪公司,我们应该更多采用市场手段而非行政手段来实现期货公司的退出。西方国家在期货公司的退出上主要采用三种方式:一是救助,如期货经纪公司的自我救助、政府救助以及期货同业救助;二是重组,例如对某些有

① 自1994年后的10年间,我国期货公司总体仅有一年盈利,其余九年皆为亏损。

问题的期货经纪公司进行资产、负债以及管理层的重组,来激发期货公司的活力;三是退出,如破产退出、解散退出、强制性退出等,几种方式交叉使用。但在实际操作中,由于期货公司的特殊性,发达国家一般都是以救助或者重组为主,强制性退出很少运用。我国却与此相反,主要侧重于强制性退出,而很少运用破产、并购、重组等市场手段。例如从1993年底我国进入期货市场的清理整顿时期,中国证监会对期货公司进行重新审核,颁发期货经营许可证,关停并转了一大批期货公司,取缔了所有已经查出的非法期货经纪机构和地下期货经纪机构。到1995年底,只给323家期货经纪公司颁发《期货经纪业务许可证》。在以后的三年时间里,中国证监会又陆续注销了一批违规违法和财务状况差、潜在风险大的期货经纪公司,使我国期货经纪公司的数量急剧减少。到2004年为止,只剩下189家公司。这种以行政手段为主的退出与市场经济的原则是相悖的,浪费了资源,降低了效率。

综上,由于我国期货经纪行业存在的进入壁垒以及退出机制的缺陷,使得我国期货经纪行业俨然成了一个近乎封闭的市场,竞争明显乏力。要彻底解决这个问题,唯有制定符合我国期货市场发展实际又合乎世界期货市场发展规律的竞争政策,引导期货经纪公司进入良性的竞争渠道,引入期货经纪业的新鲜血液,优胜劣汰,使这潭死水真正活起来。

四、我国期货市场竞争政策的目标选择

竞争政策有广义和狭义之分。狭义的竞争政策仅指法律意义上的为维护竞争秩序所采取的一系列措施,往往是在市场竞争秩序发生偏差之后所采取的纠正性措施。传统理论一般都从狭义角度来研究竞争政策。广义的竞争政策可以理解为一个国家对于"竞争"所采取的态度,即可影响一国或国家之间竞争条件和竞争环境的所有政策。

对期货市场的竞争政策进行研究,一方面是由于前文所述的期货市场对于整个经济运行体系的重要性,另一方面是由于我国期货市场尚有很大的发展空间,厘清期货市场的竞争政策问题有利于更好、更快、更高效地发展期货市场。这里所讨论的竞争政策并不仅指反垄断法意义上的竞争政策,而是指广义的竞争政策,即国家对于期货市场发展过程中在多大程度上引入竞争的态度。进一步而言,归根结底是"无形之手"和"有形之手"在期货市场中的博弈。这样的态度如何在期货市场建设过程中得以落实,在多大程度上国家应当进入,在多大程度上国家应当退出,这些问题才是讨论期货市场竞争政策的关键所在。

当然,这一系列问题并不是法学学科可以解决的。经济学理论为法学研究

提供了理论基础。美国有关竞争政策的经济学理论发展的基本轨迹从哈佛学派到芝加哥学派到后芝加哥学派，从中我们可以看到经济学理论对于竞争的不同看法。[①] 哈佛学派通过对市场结构、市场行为、市场绩效三者关系的分析，认为高度集中和高壁垒对经济福利不利。而芝加哥学派对哈佛学派的上述分析提出了批评，认为判断集中及定价的结果如何要看是否提高了效率，而不是只看是否损害竞争。两个学派的激烈辩论，产生了一种比较平衡的学派，即后芝加哥经济学派，这种学派可能更加关注现代工业组织的活动状况，强调市场自由与政府干预并存。有学者认为，后芝加哥学派已经被接受作为反托拉斯的一种主张更多周密思考的替代方法。

对于任何市场而言（期货市场当然也不例外），市场自由与政府干预都应当并存，这点毫无争议。具体到我国的市场，尤其是期货市场，我们所要面对的问题是政府干预应当在多大程度上退出，赋予市场更多的自由。如前文所述，类似期货交易品种问题，完全可以由市场自主决定。如果市场有需要，就会自发产生需要的交易品种；如果市场需求不佳，就会淘汰不被需要的品种。虽然不当的期货交易品种会产生市场风险，但是市场主体都具有趋利避害的本能，从长远来看，市场主体自身会远离这些品种。而政府对于期货交易品种更多的应采用事后监管的模式，即多采用强制退市机制来实现对期货交易品种的监管。政府监管部门应强化市场效果的检验论证工作，对不适应市场需求的品种进行退出监管。

以此为例，可以认为我国期货市场竞争政策的目标除了维护期货市场自由公平的竞争以及期货投资者和套期保值者福利（投资需求和套期保值需求得以满足）整体增长之外，更为重要的是提高经济资源的配置效率，促进期货市场整体的持续、健康有序的发展。

五、我国期货市场竞争政策目标的实施途径

如前文分析，我国期货市场（尤其是期货交易所）之所以活力不足，主要是因为政府规制过度，期货交易所缺乏应有的自主权。这也是需要重新考量期货市场竞争政策的根本原因。既然我国期货市场竞争政策的目标是提高经济资源的配置效率，促进期货市场整体的持续、健康有序的发展，那么如何实现这一目标是研究期货市场竞争政策这一问题的基本落脚点和归宿。

---

① 参见顾康敏：《探讨中国的竞争政策》，http://www.cssn.cn/news/410572.htm，2012 年 8 月 22 日访问。

笔者认为,从我国期货市场目前发展的状况来看,可以通过以下途径来实现期货市场竞争政策目标:

(一) 明确期货交易所的地位,赋予交易所相对独立的自主权

根据前文分析,我国期货交易所之间缺乏充分的竞争,其根源在于期货交易所的定位存在一定偏差以及治理结构规制过度。因此,要从根本上落实期货市场竞争政策目标,就必须改变期货交易所的定位,赋予其独立的自主权。

首先,期货交易所不应成为证监会的二级机构,应当有独立的自律监管权,而这就要求现行的期货交易所治理结构充分发挥作用,也就是会员大会和股东大会能够真正起到权力机构的作用,妥善处理好期货交易所治理层与管理层之间的关系。

其次,期货交易所都是非营利法人。期货交易所的经济来源主要包括两方面,一是财政拨款,一是会员费收入(针对会员制期货交易所)。事实上,期货交易所无需自负盈亏,这就造成了创新上的惰性以及面对竞争所持的消极态度。而现代交易所竞争的实质,就在于新产品的开发。如果期货交易所在投机需求上的争夺可以理解为期货交易所在转移风险功能的内涵方面,即效率上的竞争的话,那么期货交易所在新产品研究与开发方面的竞争则可以理解为期货交易所在转移风险功能的外延方面即覆盖范围上的竞争。近代期货市场的发展特别是金融期货的发展都是建立在期货新品种不断创新的基础之上,新品种的不断开发将风险转移功能推广开来,涉及各个领域,使交易所不断为新的群体所接受和利用,因此,交易所的生存与发展和新产品的研究与开发密切联系着。[①]

最后,我国期货交易所在争夺新产品上,受到政府监管的诸多限制,拥有新产品上市决策的能力有限。因此,交易所在这方面竞争上的意义反而弱化了。

(二) 建立完善的期货品种创新机制

期货交易所应当是期货市场中进行创新的最主要的主体。应当建立适应期货市场可持续发展的品种上市机制。期货品种匮乏是制约我国期货市场发展的瓶颈,而建立适应我国期货市场可持续发展的品种上市机制是解决品种匮乏的关键所在。根据我国的实际情况,期货交易品种的上市机制可以从以下几个方面进行考虑:

---

① 参见朱国华、张青主编:《期货业反垄断与竞争政策》,上海财经大学出版社 2010 年版,第 116 页。

(1) 成立期货品种上市审批委员会。期货品种上市审批委员会由期货行业主管部门、相关行业企业、专家学者以及行业协会的代表组成,他们以投票的方式审批交易所提交的拟上市品种设计方案。审批机构应该为常设机构,并定期召开审批会议。

(2) 逐步实行上市期货品种核准制。国外期货市场上市新的交易品种,实行市场化原则,一般由交易所研究决定,报监管部门备案。如美国上市期货交易品种,只要交易所证明其新上市品种合约是用来发现价格和生产经营者套期保值之用,且不会损害公众的利益,报美国期货交易管理委员会备案后即可上市。我国期货市场在品种上市方面,也应该逐步建立上市期货品种核准制,即由交易所根据国民经济的发展和市场的需求,开发出市场对规避风险和发现价格需求强烈,具有投资价值的期货品种,设计出科学的标准合约,制定出可行的风险控制措施,并对品种的发展潜力作出合理的预测,报期货行业主管部门核准后即可上市交易。

(3) 实行期货品种的退市机制。上市期货交易品种,不能只追求数量,不重视质量,应强化市场效果的检验论证工作,对不适应市场需求的品种,应该建立期货品种的退出机制。应当在期货品种的选择上倡导市场选择,把选择权交给市场,让市场来选择期货品种。把成熟的、运作成功、市场需求大的期货品种留下来,运作不成功的、市场需求小的期货品种自行淘汰,形成优胜劣汰的市场机制。给所有适宜进行期货交易的品种在期货市场提供平等的竞争机会。

(三) 适时推出适合中小投资者的品种

期货市场是高风险的市场,只有使其具有广泛的参与性和相对稳定的流动性,才能促进期货市场持续稳定的发展。开发和推出适合中小投资者的低风险品种,使市场参与者只要付出相对较低或少量可知金额的风险代价就可望获得相对稳定的收益。如国外许多交易所为适应广大中小投资者的需求,设计开发了一些小型期货合约,为中小投资者提供保值和投资工具。国外成熟期货市场还为广大中小投资者开发并推出低风险的期货基金,这些基金在运作过程中将其中一部分资金投资于期货市场等高风险市场以期获得高收益,其余部分投资于有固定回报率的市场。我国可以学习其经验适时开发小型期货合约、期货基金等新产品,不断完善期货市场的品种结构,为广大中小投资者提供更多的投资渠道,扩大期货市场的参与者范围,以此促进期货市场的持续稳定发展。

(四)参照《证券法》的立法模式,对经营不同期货业务的期货经纪公司设置不同的注册资本最低限额

同时从事两个或两个以上业务的公司资产额,则按不同限额单纯合计计算,从而促进期货经纪公司的功能定位和合理竞争,而不是遵循目前先设立期货公司(主要从事商品期货经纪业务),再来申请金融期货经纪业务及其他业务的模式。由于目前我国期货业的竞争矛盾主要是结构性矛盾,而这一矛盾现在还无法通过市场竞争主体自身来解决,因此,以法律或行政手段自上而下对原有期货体系进行矫正和重新安排是必须的也是迫切的。

(五)在期货公司分类监管和分类评价制度基础上,及时建立期货公司市场退出机制

加快建立我国期货经纪公司的市场退出机制具有十分重要的现实意义。健全科学的公司退出机制一方面可以提升期货经纪产业的运行效率,促进期货公司运作的规范化和制度化,同时对于保障国家金融安全,适应期货市场国际化也具有重要作用。

考虑到金融行业的公共性质以及金融机构退出可能带来的冲击,期货公司退出机制必须慎用。事实上,即使在成熟的市场经济国家,对整体性的系统风险的处置也很少采取成片关闭、整体退出的办法。

根据我国国情和期货业现状,建议在期货公司分类监管和分类评价制度基础上,对我国期货公司的退出采用以下几种路径:

(1)对于资产质量极差、支付风险严重、偿付能力严重不足、严重资不抵债、无其他金融机构愿意购并的期货经纪公司,坚决实施整体撤销或关闭性退出。

(2)先由监管机构接管危机期货经纪公司,后通过政府、监管机构、行业协会的协调,对危机金融机构进行强制性重组改造,全部或部分并入其他机构,而原有机构法人由此退市,这也是目前主要使用的退出手段。

(3)进行存量调整控制,保留地区性的期货公司牌照总数,退出一家差的,补批一家新的,以减少地方利益的阻力。

(4)期货经纪公司退出后可转为期货投资咨询机构或介绍经纪公司(IB)。

(5)发挥全国性或者地方性期货业自律组织的作用,比照监管层制定的针对期货公司的评价标准,针对期货营业部一级的退出,制定地方性的退出标准和退出启动处理程序。

我国商业银行竞争异化之反思

——由银行"钱荒"所引发的思考

雷华顺

2013年6月以来,中国银行业闹起了"钱荒"。6月20日,上海银行间同业拆借隔夜利率飙升,创出2006年以来的新高13.44%,盘中一度探顶30%,远超央行规定贷款利率的最高限,有高利贷之嫌。[①] 具有代表意义的7天质押式回购的加权平均利率分别大涨377.7BP、321.2BP,跳升至11.650%、11.449%的罕见双位数水平。[②] 由此可见,银行对于短期资金有着极强的渴求度。与之相对应的是,各大商业银行送礼品、存款返现,花样百出,揽储大战愈演愈烈。中国银行业间的竞争可用惨烈来形容。

众所周知,竞争是市场经济最本质的特征,是市场经济的灵魂,通过市场竞争,实现优胜劣汰,进而实现资源的优化配置是市场经济最基本的机理。市场经济本质上就是一种竞争经济。[③] 所以,无论是从提升金融效率、促进社会发展的角度,还是从维护消费者利益和社会整体利益的角度,我们都乐于看到银行间的充分而有效的竞争。但是,中国银行业间的竞争真的充分有效吗?

一、中国银行业竞争的真相——竞争异化之表现

(一)形式上中小银行竞争激烈VS实质上国有银行的寡头垄断

表面上看,中国的银行业自1984年以后,以四大商业银行为主体的市场竞

---

① 参见《中国银行业面临最严重"钱荒" 银行全力投入"抢钱大战"》,http://finance.stockstar.com/FB2013062300000562.shtml,2013年6月23日访问。

② 参见《银行钱荒,金融多米诺风险逼近》,http://money.163.com/13/0622/00/91UC562700253B0H.html,2013年6月22日访问。

③ 参见王先林:《试论竞争政策与贸易政策的关系》,载《河北法学》2006年第1期。

争格局初步形成,并经历了从1984—1997年以资源扩张[①]为主要竞争手段的第一竞争阶段、[②]1997—2001年以金融模仿创新[③]为主要竞争手段的第二竞争阶段、[④]2001—至今以上市增资[⑤]为主要竞争手段的第三竞争阶段。[⑥] 银行也从中国人民银行一家完全垄断,演变为现在数千家银行共存的格局。各大商业银行、股份制银行、城市银行之间,中资银行与外资银行之间,竞争不可谓不激烈,各银行无不在四处攻城略地、抢夺优质客户资源、争夺优秀金融人才。2002年发生的"南京爱立信倒戈"事件[⑦],早已经昭示中资银行与外资银行在优质客户资源的争夺方面必是惨烈异常。而本文所描述的因"钱荒"各银行之间此消彼长的揽储大战,以及每个季末年关之际的血拼"抢夺"客户存款等现象,都是银行间激烈竞争的显著体现。

然而,透过现象看本质。我们发现,真正的"钱荒"更多地出现在中小银行之间,而对于工、农、中、建、交五大国有商业银行来说,从来是"不差钱"。它们牢牢掌控着中国绝大多数的客户资源,获得了行业大多数的利润,并且以国家信用为担保,实际上处于寡头垄断的地位,[⑧]可以从市场结构、行为特点等几个方面进行判断:

1. 市场结构分析

从各银行资产占比看,截至2012年底,银行业金融机构资产总额为133.6万亿元,其中资产规模最大的依次为:大型商业银行、股份制商业银行、农村中小金融机构和邮政储蓄银行,占银行金融机构资产的份额分别为44.9%、17.6%和15.6%。[⑨]

从各银行的利润分布情况看,截至2012年底,五大银行税后利润为7752.38

---

① 在第一竞争阶段,银行产品、服务同质化,以扩大商品供给、服务范围,追求规模经济效益,通过机构和人员的迅速扩张实现竞争优势成为主要竞争手段。

② 参见王振山:《银行规模与中国商业银行的运行效率研究》,载《财贸经济》2000年第5期。

③ 在第二竞争阶段,以国内资本市场的崛起为背景,大量资金涌入非银行金融机构,引发银行业的工具创新,内容涉及存款、利率工具、金融衍生品、住宅抵押贷款以及资产证券化诸多领域。

④ 参见易纲、赵先信:《中国的银行竞争:机构扩张、工具创新与产权改革》,载《经济研究》2001年第8期。

⑤ 在第三竞争阶段,以2001年12月11日中国正式加入WTO为大背景,中国银行面临来自外资银行的巨大挑战。国有商业银行意图通过上市融资,完善治理结构,增强资本实力。

⑥ 参见衣方磊、丁黎黎、王成胜:《国有商业银行竞争行为分析及异化研究》,载《商业研究》2006年第3期。

⑦ 2002年春,南京爱立信公司因中资银行难以提供"无追索权的应收账款转让"业务,凑足巨资提前还掉19.9亿元中资银行贷款,转向外资银行签订贷款合同,引起业内轰动。

⑧ 寡头垄断是指少数厂商垄断了某一行业的市场,控制了这一行业的供给,其产量在该行业总供给中占有很大比重的市场结构。

⑨ 资料来源:《中国银监会2012年报》《中国银监会2011年报》统计数据。

亿元,同比增长13.86%,占商业银行业总利润1.24万亿的62.52%。

从各银行存款情况看,截至2012年底,五大银行存款额分别为:工行122 612.19亿元,农行96 220.26亿元,中国银行88 179.61亿元,建设银行99 874.5亿元,交通银行32 832.32亿元,总计439 718.88亿元,占银行业总储蓄存款的53.1%。相对其他商业银行,五大行在资金来源方面占据绝对优势。

自2004年以来,五大国有银行通过上市融资、剥离不良资产、引入海外战略投资者等方式,实现华丽转身,成功进入(市值和绝对利润额)全球领先的银行之列。如此辉煌的成绩其实是国家金融资源集聚与寡头垄断的结果。[①]

2. 行为特点分析

从竞争特点上看,国有商业银行间的竞争表现出以下特征:一是竞争的层次低,竞争手段单一。竞争以规模扩张、增设网点为主要手段,存贷息差仍为各大银行的营业收入和主要利润来源。银行产品与服务同质化,差异性核心竞争力不强。[②] 另外,在金融创新方面也是以模仿发达国家业已成熟的金融产品或金融业务为主,称得上真正意义上的创新极少。[③] 二是竞争领域狭小,竞争不充分。表现为:其一,准入方面,通过特许经营权[④]制度设计限制市场准入、市场主体与经营范畴,对中小银行和外资银行进行限制或者设置苛刻的审批条件,[⑤]使后者从一开始就失去参与竞争的机会或者抢占市场的先机。其二,在业务范围上区别对待,在诸多业务方面享有排他性垄断经营权,如记账式国债柜台交易、远期结售汇业务等。

从行为方式上看,我国五大国有商业银行也存在着《反垄断法》上所列的"垄断协议、滥用市场支配地位、经营者集中、滥用行政权力排除限制自由竞争"等垄断行为,包括设置高准入门槛排除体制外竞争者以及利用垄断地位限制中小银行在中央银行再贷款、国债一级市场、银行同业借市场等业务领域竞争;通过垄断协议收取各种不合理费用等。

从社会反响及现实感受看,社会中下层(包括中小企业、广大农户、城市中下层居民)的金融需求与供给矛盾仍十分突出,民众对银行各种不合理收费以及高管与银行业职工福利收入过高十分不满。

---

① 参见郁方:《中国银行业垄断与规制研究》,华南理工大学经济与贸易学院2010年博士学位论文,第72页。

② 五大国有银行中,息差收入占总收入的比重达80%,远高于发达国家40%—50%的息差占比。

③ 参见衣方磊、丁黎黎、王成胜:《国有商业银行竞争行为分析及异化研究》,载《商业研究》2006年第3期。

④ 特许经营权,是指政府授予企业专营某种事业或某种商品的权利。这些事业具有独占性质而使经营者获得优厚的利益。

⑤ 参见杜莉、姚鑫:《论我国银行业产业组织结构再造》,载《当代经济研究》2002年第7期。

(二)形式上的业绩突出VS实质上消费者、整体社会福利损害

银监会统计数据显示,2012年末中国商业银行总资产达到133.6万亿元,全年累计实现净利润7752.38亿元,同比增长13.86%。①

根据《财富》杂志②《2013年世界500强名单》,中国工商银行以133 636.0百万美元的营业收入排名第29,中国建设银行以113 369.9百万美元排名第50,中国农业银行以103 478.7百万美元排名第64,中国银行以98 428.7百万美元排名第70,交通银行以43 094.9百万美元排名第243。

	工商银行	农业银行	中国银行	建设银行	交通银行
净利润(亿元)	2385.32	1451.31	1455.22	1936.02	583.73
同比增长(%)	14.53	19	11.51	14.26	15.05

与各大商业银行捷报频传相对应的是,国有商业银行利用其垄断地位侵害金融消费者权益的案例屡见不鲜,社会整体福利并未因各大商业银行的盈利而明显提升,甚至出现下降。

1. 对金融消费者的侵害

包括:(1)利用垄断地位,不合理地收取各种手续费用,以及通过格式合同(离开柜台概不负责等霸王条款)等侵犯消费者的选择权和公平交易权。(2)利用信息不对称优势,不如实披露风险,虚构或者夸大收益,作引人误解的虚假宣传等,侵害消费者的知情权等。(3)信息安全无法保障,侵害消费者的安全权和隐私权。③(4)消费歧视,小公司开户难④、对优质客户和普通客户区别对待、地方保护主义等。⑤

2. 对社会整体福利的侵蚀

表现在以下几个方面:(1)依靠垄断权力获得高额利润,破坏了公平竞争环境,长远看,不利于国家经济的平稳健康发展。(2)利用其垄断地位,严重挤压

---

① 参见《上市银行2012年报盘点》,http://roll.sohu.com/20120106/n331387989.shtml,2013年6月21日访问。

② 资料来源:http://www.fortunechina.com/fortune500/c/2013-07/08/content_164367.htm,2013年5月10日访问。

③ 参见《金融消费者面临诸多侵害,立法短板亟待补齐》,http://roll.sohu.com/20120106/n331387989.shtml,2013年4月1日访问。

④ 一般来说,小公司注册登记后,商业银行对小公司开户往往设置资本金、存款余额等限制,即开立企业基本存款账户的最低标准是50万元或100万元,并保证在账户中维持3万元到50万元不等的存款余额。

⑤ 参见席月民:《我国银行业反垄断执法难题》,载《法学杂志》2008年第1期。

了中小银行的生存空间。(3) 为求“稳”,偏好将资金投向国企或者政府背景项目,对资金需求巨大且资源配置效率更高的中小企业天然地抗拒,既不利于提高资金使用效率,也不利于国家经济的健康发展。(4) 对农村地区资金供给不足,不利于农村经济建设和人民生活的改善。(5) 对国有商业银行的资金回报缺乏一个刚性指标和外部监督,经营管理层压力不够,常以“企业发展”“做大做强”为由不给股东分红。垄断利润更多的是在侵占公众整体福利基础上获取,除了实现部门利益最大化之外,并未给公众带来福利。

(三) 形式上的规模宏大 VS 实质上的非效率

以企业规模而言,工农中建交五大国有商业银行即使在世界银行当中,也能跻身于世界大银行之列。

从资产规模看,截至 2012 年底,银行业金融机构总资产达到 133.6 万亿元,其中五大国有商业银行占比达 44.9%。具体为:工商银行总资产 17.54 万亿余元,中国农业银行总资产 13.24 万亿余元,中国银行总资产 13.242 万亿元,中国建设银行总资产 13.972 万亿,交通银行总资产 5.64 万亿元。

从机构规模看,中国工商银行共拥有境内机构 17 125 个、境外机构 383 个,代理行以及网上银行、电话银行和自助银行等分销渠道 1771 个;中国农业银行拥有分支机构 23 472 个;中国银行拥有各类分支机构 11 277 个,其中境内机构 10 644 个;中国建设银行设有内地分支机构 14 121 家;交通银行拥有省分行 30 家,在全国 203 个地级以上市、147 个县或县级市共设有 2695 个营业网点,境外设有 12 家机构。

从员工规模看,中国工商银行共拥有员工人数 408 859 人,中国农业银行拥有员工数 461 100 人,中国银行拥有员工数 302 016 人,中国建设银行拥有员工数 348 955 人,交通银行拥有员工数 97 000 万人。

从客户规模看,仅中国工商银行就拥有公司客户 438 万家和个人客户 3.93 亿人,中国农业银行拥有 260 余万家企业客户和 3.5 亿个人客户。[①]

值得注意的是,我们需要正确认识银行规模与银行效率之间的关系,因为规模与效率之间并不能直接画等号。实证研究结果显示,中国五大国有银行的规模扩大到一定程度,已经出现了规模不效率[②]的情形。表现在以下几个方面:

一是盈利效率与服务效率低下。虽然近年来五大国有商业银行通过重组改

① 以上数据皆来自于各商业银行官方网站。

② 参见赵园园:《论银行机构的“太大不能倒”与反垄断执法的变革》,载《社会科学研究》2011 年第 3 期。

制、上市融资、引入战略投资者等改造,综合竞争力有了显著提升,但通过五大国有商业银行与中国中等规模股份制银行 ROA 和 ROE[①] 数据和排名对比我们发现,中国银行业中效益最好的银行并不是规模最大的,而是规模适中的股份制银行,[②]五大国有商业银行的盈利能力与其所拥有的金融资源不成正比。另外,银行垄断的高收益率也与其所提供的服务质量相差甚远。根据中国质量协会和全国用户委员会公布的银行满意度测评结果显示,五大国有商业银行中有三家(工行、建行、农行)得分低于平均水平(77.4 分),“客户对跨行转账收费、等候时间、网上银行易操作性和功能性等项目得分较低,对银行服务的感知质量全部低于预期”[③]。这所反映的问题实质是垄断企业必然具有的激励失灵、效率低下、作风散漫及创新动力不足等不利后果。

二是资源配置低效率。因为处于寡头垄断地位,五大国有商业银行天然掌握着国家绝大多数的金融资源,但其配置金融资源却是低效的,即其不是按照优胜劣汰的市场规律将有限的资源投向收益率高且亟须融资的中小企业、民营企业,而是将更多的金融资源投向了效益低下且根本“不差钱”的国有企业或者地方政府。这其中,有国有商业银行的非市场化决策机制的原因,有银行决策者风险厌恶的原因,更有金融腐败、行政干预、规制俘获等其他原因。

最后形成的局面是:75%的金融资源被投向国有企业,尤其是大型国有企业,而中小民营企业虽然对国民经济的贡献率达到 50%,却只能得到不到 25%的金融资源。国有企业效益低,却能得到国有商业银行金融资源的大力支持,大量的低息资金无处安放,于是投资房地产、购买银行理财产品,赚取差价倒成了这些国有企业主要的收入来源。而大量的民营企业、中小企业,由于所有制歧视和信贷配给等多方面制约,求钱若渴,却告贷无门,中小企业融资难困境长期难以解决。

这种由于金融资源配置上的不公平与低效率,不仅严重制约了中小企业、民营企业的发展,让支撑国民经济发展的实体经济因为失去资金动力而停滞不前;更在很大程度上造成了民间金融市场的混乱,使大量金融投机者坐收渔利,而将由此产生的金融风险丢给了国家(后文详述),从而造成整个国民经济发展的低效率。

三是资源配置不均衡。国有商业银行的垄断,除了造成中小企业、社会中下

① ROA(Return On Assets)为资产收益率,ROE(Rate of Return on Common Stockholders' Equity)为资本收益率。

② 参见李艳虹:《中国银行业的市场结构与竞争行为》,载《贵州财经学院学报》2008 年第 5 期。

③ 《兴业、农行等客户满意度得分低于行业平均得分》,http://finance.qq.com/a/20120330/001981.htm,2013 年 4 月 2 日访问。

层金融产品供给严重不足外,农村金融的弱化也是很重要的一个结果。虽然五大国有商业银行纷纷表示要切实加大对“三农”的支持力度,落实好服务“三农”的各项举措,改善“三农”金融服务,[1]但从实际情况看,农业投资由于农业收入的不确定性及农业投资的长期性、低收益性等特点,大多数农户难以被纳入正规商业金融供给渠道。[2] 农村金融产品供给不足、农村金融服务网点匮乏、农村资金外流严重以及地下钱庄和高利贷屡禁不止等严重制约着我国农村金融市场的发展和完善,并因此导致城乡发展与收入差距不断扩大,影响整个社会的发展与稳定。

(四)银行功能的异化——银行“钱荒”原因的深层次解析

回到本文开头提出的问题。在2013年5月提出我国M2(广义货币供应量)存量达104万亿元(位列全球第一),同比增长15.8%;前五个月社会融资规模9.11万亿元,比上年同期多3.12万亿元的背景之下,最不应该缺钱的银行因何会出现“钱荒”?

从表面上看,是几个方面的机缘巧合酿成了这次流动性危机:

其一,常规性的,银行每年年中要进行存贷比考核。每逢季末、年中等关键节点,银行都会投入“抢钱大战”,这与银行员工的福利奖金息息相关,“血拼”是必然的。其二,热钱逃离,外管局要求商业银行根据外汇存贷比补充外汇头寸,时限就在6月底,预计吸收市场资金约2000亿。其三,央行要求各商业银行在6月5日补缴存款准备金,以及端午节假期造成的银行备付金压力。其四,监管部门加强了债券市场监管,加大了市场对于月末资金面紧张的预期。其五,央行未如预期行为,不仅未向市场注入流动性,反而两次发行央票回笼少量资金。[3]

从深层次看,可以发现,此次“钱荒”的出现是必然的,这与我国当前银行功能的异化息息相关。所谓银行功能异化,是指银行脱离原有制度设计的服务功能和价值目标,甚至阻碍原有价值目标实现的变化。[4]

我国银行业的功能异化主要表现在以下两个方面:

一是价值目标的异化——与服务实体经济背离。此次“钱荒”源自于银行业务的肆意扩张、理财产品泛滥等。根据央行数据,截至2012年末,银行理财产

---

① 参见《工农中建交五大银行:2012年将加大服务实体经济学力度》,http://www.cbrc.gov.cn/chinese/home/docView/12A61779B51E457A88BF7C0FDB71D9A5.html,2013年3月1日访问。

② 参见郭树华、王文召:《浅析农村金融抑制及金融深化的路径选择》,载《河南金融管理干部学院学报》2006年第5期。

③ 参见《专家指银行钱荒四大根源 称可能持续到7月中旬》,http://finance.sina.com.cn/china/20130628/031815945641.shtml,2013年6月28日访问。

④ 参见徐孟洲、杨晖:《金融功能异化的金融法矫治》,载《法学家》2010年第5期。

品余额达7.1万亿元人民币,比2011年末的4.59万亿元增幅高达55%。其直接结果就是:储户的大量资金并未如制度设计的那样经由银行系统流入实体经济当中,而是通过一系列金融运作后,变成金融系统内部“钱生钱”的空转游戏。更有甚者,甚至通过某些违规操作,进入国家明令禁止的一些产能过剩的领域(如房地产)。

二是银行身份的异化——资本掮客出现。[①] 理财产品的实质是什么?通俗些说,就是银行(或者信托公司)以略高于市场存款利率的价格,从客户手中买入存款,然后再以更高的价格卖给市场需求者。这样的交易,不仅发生在金融机构与金融消费者之间,同样可以在金融机构之间进行。在我国银行业目前利率双轨制的前提下,央行规定了存款利率上限和贷款利率下限,而真正市场(包含民间市场)所给出的利率要远高于法定利率。这给了资本掮客们巨大赢利空间:他们通过各种方式将以法定利率吸收的存款以较低的价格拿走,再以市场利率投放出去。充当这个资本掮客的,可以是银行,也可以是信托公司,还可以是能够弄到钱的企业甚至个人(催生金融腐败)。如此,再多的流动性,也终有被抽空的一天。在这样的背景下,资金的流动就不再是按照国家经济发展的需要运作,而更多地演变成为一种商品的交易,价高者得。银行的角色,也从一个社会公共政策的辅助者,蜕变为一个纯粹的逐利者。而在这当中,国有商业银行,某种意义上正是这种资金的源头提供者。

综上所述,我国银行业间的竞争更多的只是一种表象,实质上,是在国有商业银行寡头垄断下中小银行激烈竞争的格局。这样一种竞争的异化与扭曲,不仅无法实现资源高效配置,消费者权益和社会效益无法得到有效保障,还可能会引发实体经济的边缘化和空心化,以及各种金融腐败、恶性竞争等不良后果。

二、中国商业银行竞争政策之反思

竞争政策在国家的各种经济政策中占据基础的、首要的地位。[②] 从广义上说,凡是与市场竞争有关的或者能够影响一国国内或与其他国家间的竞争条件或竞争环境的所有政策都属于竞争政策的范畴。[③] 其核心目标是通过保护和促进竞争,提高资源配置效率,增进消费者福利。基于此,经济学家提出了“促进

---

① 参见贺江兵:《“金融倒爷”致使宏观调控失效》,http://bank.hexun.com/2013-06-27/155541534.html,2013年6月27日访问。

② 参见陈秀山:《现代竞争理论与竞争政策》,商务印书馆1998年版,第133页。

③ 参见王先林、丁国锋:《反垄断法实施中竞争政策与产业政策的协调》,2008年度司法部国家法治与法学理论研究重点课题“反垄断法实施问题研究”阶段性成果。

和保护竞争应当是政府首要的经济职能”[①]的命题。而反观我国商业银行的竞争现状,在竞争政策推进方面却存在诸多的偏差与障碍。

(一)金融抑制背景下的观念偏差

根据肖(Edward Shaw)和麦金农(Ronald McKinnon)教授提出的金融抑制理论,中国是一个典型的实行金融抑制政策的国家。金融压抑是中国银行体系的主要特征,表现为:实施利率管制,公权力介入压低存款利率,人为干预信贷投放,将稀缺的信贷资源优先配置给政府支持的产业甚至企业等。[②] 按照这一理论,金融抑制不仅压抑金融业的创新与活力,人为的低利率也不利于储蓄增长和促进消费;大量金融资源没有流向最需要资金且高效率的实体行业,而是在各种寻租与俘获等因素下流向了低效率的政府部门,甚至成为资金掮客的敛财工具。金融抑制的危害性显而易见,为何却难以有效改善?思想方面的禁锢是其中非常大的因素。

1. 国家金融主权思想[③]根深蒂固

国有商业银行是我国金融的核心与支柱,在我国经济改革发展中起着举足轻重的作用。回顾中国银行发展史,不难发现,在相当长的时期内国有商业银行实际充当着国家第二财政的角色。政府通过对资金融通的掌控,实现宏观调控和产业发展目标,使资金按照国家的意图向需要扶持和发展的行业、产业、领域、地区流动,从而成为国家发展战略的重要工具。[④] 这一国家金融主权思想早已深入多数政府官员(尤其是地方政府官员)以及银行高管内心,因此,介入商业银行地方分支机构的信贷之中,利用权力对贷款的投向与规模施加影响,使商业银行与地方利益捆绑成为诸多地方官员非常热衷的活动,[⑤]从而形成了地方经济发展对商业银行资金供给的强烈需求和依赖。

2. 对竞争引发国家金融动荡及外资银行介入冲击经济安全之担忧

我国五大国有商业银行一直处于高度稳定与安全状态,一方面,国家通过对银行业的严格管控(尤其是资金的国际流动、外资银行的准入等),有效防范了金融风险;另一方面,国有商业银行以国家信用作为后盾。国有商业银行与政府

---

① 田俊荣:《促进竞争是政府的首要经济职能——访国家计委研究所副所长刘树杰》,载《人民日报》2002年12月16日。

② 参见《银行业垄断假象何来:关键在于改革缓慢》,载《财富》杂志2012年12月。

③ 参见梁琪、滕建州:《我国金融发展与经济增长之因果关系研究》,载《财贸经济》2006年第7期。

④ 参见郁方:《中国银行业垄断与规制研究》,华南理工大学经济与贸易学院2010年博士学位论文,第166页。

⑤ 参见杨大光:《中国银行业反垄断问题研究》,经济科学出版社2004年版,第193页。

的渊源,使其与国家之间的关系天然存在着一种隐含的长期合约关系,[①]即使"五家国有银行的不良资产在2002年被正式披露后,市场反应平静,如此大比例的损失,并没有在储户中造成恐慌,也没有公众信任危机,相反,存款仍在加速流向国有银行"[②]。我国银行业在两次大的金融危机和数次小的危机中能顺利度过就是一个很好的证明。相应地,人们更有理由担心,将竞争引入银行业是不是会引发银行的震荡与不稳定,尤其是银行倒闭所引发的对储户利益的巨大损害。缺少了国家的信用担保,如何能有效保障资金账户的安全?外资银行侵入,凭借的是其在管理、人才、资金实力等方面的巨大优势,如何能与之有效抗衡以保证国家金融之稳定、国家经济安全?

3. 目标多元冲突

竞争政策的终极目标通常包括保护竞争、提高效率、提升社会整体福利、保护消费者权益。[③] 从长远来说,这些目标是内在统一的,但在具体的历史条件下,竞争政策无法在同一时间实现所有的目标,不同社会制度下、不同国度以及不同发展阶段,侧重有所不同,同样是保护竞争的名义,所保护的利益和实现的功能却可以完全不同。[④] 所以,在各种可能的政策目标之间,往往存在着冲突。

垄断者的吞并与扩张可以解释为"规模经济"下的高效率,而一旦超过适度的规模却又可能绑架整个国民经济,进而损害消费者的权益。对中、小竞争者的保护,有利于维护整体社会的稳定,是否意味着"丛林法则"的失效——弱者不被淘汰是否妨碍到产业结构的集中和效率的提升?某些领域的竞争(如自然垄断领域),短期内效率的提升却可能引发社会的不稳定,造成整体社会的动荡与非效率……竞争政策目标多元,但当各种目标之间出现冲突时应如何权衡和取舍,法律并无明确规定。在效率与安全、经济发展与社会福祉、企业利益与个体权益等各种价值之间,并没有一个现成的答案告诉我们,现阶段的中国应该优先选择哪一种价值,如同公平与效率一样,总是让决策者难以轻松地取舍。笔者更愿意相信,中国银行业决策者们所期望的是通过一种渐进式改革的方式,逐步(分阶段)将竞争引入银行业,在金融效率与金融安全、在促进经济发展与提升社会整体福利,以及在寻求企业的利润最大化与个人利益最大化之间寻求一个最佳的平衡。

---

① 参见许可:《法律视角下我国中小银行面临的竞争环境》,华东政法大学2005年硕士学位论文,第9页。

② 梁媛:《银行信誉研究》,清华大学出版社2004年版,第103页。

③ 参见徐士英:《竞争政策与反垄断法实施》,载《华东政法大学学报》2011年第2期。

④ 参见王晓晔:《有效竞争——我国竞争政策和反垄断法的目标模式》,载《立法研究》1998年第2期。

（二）政银不分，银行资产管理体制不顺

目前，我国工、农、中、建、交五大国有商业银行都实现了公司上市的阶段性目标，"建立现代企业制度，完善公司治理结构"是五大银行所一直倡导和努力的方向。从现实情况看，各大银行也确实实现了巨额收益。然而，实质上，在"上市公司"光环笼罩下的这些银行巨头距离建立起"治理结构完善、运行机制健全、经营目标明确、财务状况良好、具有较强国际竞争力的大型现代化商业银行"的改革目标还有相当长的路要走。

1. 管理体制方面：产权虚置，所有者缺位

十六大之后，国务院成立了国有资产管理委员会，作为（非金融）国有资产统一的所有权代表。但在国有金融资产领域，我国并没有一个部门能完整地行使所有者权利。作为国家的最高行政机关，国务院难以将其作为国有商业银行资产所有者代表的职能同政府的其他公共管理职能清晰地划分开来，所以将所有者职能分散由财政部、中组部、中编办、人力资源和社会保障部、人民银行、行业监管部门、审计署等多个部门行使，①形成了多部门管理的国有商业银行管理体制。结果却形成了谁都管、谁都不担责任，主体多元、所有者缺位的局面。

2. 经营者方面，进取动力不足，合格企业家缺乏

银行经营者更多的身份是政府官员，而非现代企业意义上的企业家。第一，国有商业银行高管普遍缺乏现代企业家所应具备的素质。② 通常他们既不需要具备企业家应有的对市场足够的敏感度，亦缺乏打破陈规、创新改革之动力与勇气。一则创新改造机会成本太高，得不偿失；二则承担风险后的利益得失不能完全归个人所有，公有制下利润分配的"搭便车"现象难以避免，经营者的个人所得与付出极不相称，严重违背了"利险相随"的客观规律；③三则对经营者的考核，非以改革创新为参照坐标，"政治稳定"的价值取向更胜于"推陈出新"，"循规蹈矩"也比"标新立异"更符合体制内的中庸之道——改革创新在银行高管看来，不是一个"划算的买卖"。因此，国有金融机构的经营者不会主动承担市场

① 根据中央编办函【2003】81号文件，财政部、国资委、行业监管部门、人力资源和社会保障部、中组部和中编办等相关职能部门从不同的角度介入国有金融资产管理。财政部：负责金融类企业国有资产的产权登记等基础性管理工作；银监会：负责任命三家政策性银行、商业银行、四家资产管理公司以及中信集团和光大集团的专职监事；中组部：负责四大国有商业银行、交通银行、国家开发银行、进出口银行、农业发展银行、中信集团、光大集团等中央管理领导班子的金融机构干部的任命；审计署：对国有金融企业经营管理行为是否合规进行审计。

② 参见张维迎：《企业的企业家——契约理论》，上海三联书店、上海人民出版社1995年版，第8—9页。

③ 参见马理：《国有金融机构的行为扭曲与监管制度设计》，经济管理出版社2006年版，第81页。

风险,他们的战略是选择与他人共同分担不确定性。[①] 由此来解释,为什么各大国有商业银行明知国有企业"不差钱",还是慷慨地以较低的代价将钱借给它们,而那些中小企业明明求钱若渴,却借贷无门,究其原因,在同属国有的近亲关系、"暗箱操作"之外,管理者不愿意轻易冒险至少是其中的重要原因之一。第二,银行高管的真实身份,究其本质,是官员、技术型官僚。从产生机制和管理方式上看,他们多由上级机关委派,有着很明确的行政级别,参照体制内政府官员的管理模式,系统内部有一套较规范的晋升规则,基本上按部就班地进行提拔任用。从行为方式、考核任用程序看,银行高管基本是按照公共决策(党委领导,集体决策)的一系列要求循规蹈矩地进行,对其考核,非以单纯的企业经营绩效为唯一指标,资历、政治考量亦是上级部门参考的重要指标。对多数银行高管而言,经营企业,更多的是获取良好政绩以利升迁的一种手段。企业利益最大化不是其根本追求,获得政治上的升迁才是其最根本的目的。[②]

3. 内部管理方面,难以有效规制的"内部人控制"

对经营者的业绩评价与激励机制往往流于形式,并无实质的约束机制,所以经营者往往不需要对企业的保值增值承担任何责任,甚至因其草率或者盲目决策所造成的亏损通常也难以被追究。[③] 在这样的情况下,"道德风险"和"逆向选择"就很容易发生在经营者身上,如公款消费、中饱私囊、追求享乐,经营活动的目的从企业的保值增值完全转变为个人利益的最大化了。

由于信息和责任不对称,企业主管部门难以及时掌握企业的经营信息,经营者很容易通过各种手段夸大成绩,隐瞒失误,[④]将经营管理不善归于各种理由,而规避经营者的直接责任。因此,银行高管贪腐成风,也就不难想象[⑤],而由此造成的一切损失则完全由国家承担,也就是说,国家成为这些改革和稳定成本的最后买单者。[⑥]

4. 市场退出机制不畅,国家信用为银行背书

按照现代公司制度,出资人以其出资额为限,对公司债务承担有限责任。然而,这一基本理念在国有商业银行中却难以实现。政府,作为国有金融资产出资人的代表,其所承担的绝不是有限责任。一方面,政府作为社会管理者的角色,

---

① 参见张维迎:《企业理论与中国企业改革》,北京大学出版社 年版,第15页。

② 参见马理:《国有金融机构的行为扭曲与监管制度设计》,经济管理出版社 年版,第90页。

③ 参见宁向东:《国有资产管理与公司治理》,企业管理出版社 年版,第31页。

④ 参见蒋玮:《国有金融资产管理体制的现状、问题及改革设想》,山东大学2007年硕士学位论文,第24页。

⑤ 参见黄少安主编:《国有资产管理概论》,经济科学出版社2000年版,第12页。

⑥ 〔日〕青木昌彦:《对内部人控制的控制:转轨经济中的公司治理的若干问题》,载《企业治理》2001第1期。

必须对金融稳定、金融安全乃至社会稳定和国家安全承担起最终责任；另一方面，社会公众理所当然地将金融不稳定、金融不安全的责任归结为政府的管理不力或者监管失当。“政府有义务消除不良影响，承担无限责任”，也因此导致国有银行无法进入清算破产程序，不能实现市场化退出。[①]

（三）政府及利益集团的阻碍

1. 中央及地方政府干预

（1）由于受到多元目标函数和认知能力函数制约，中央政府并不是完全依照制度均衡与否来决定金融制度变革，而是在有限理性条件下，追求各种目标偏好统一的政府效用函数最大化。[②] 作为国家权力行使机构的中央政府行政部门，在银行业规制体系改革过程中既是改革目标的实施者，同时也是具有集团特征的特殊利益主体。（2）地方政府“银行偏好”倾向明显。在现代市场经济条件下，金融资源对于经济发展具有决定性意义，谁控制了金融资源，谁就掌握了发展地方经济的先机。[③] 同时，政府还可把相当一部分财政职能，如支持地区经济建设、结构调整、维持国有企业生存、保持社会稳定、承担经济改革成本及其他财政职能转嫁到国有银行身上。因此，地方政府及公权力不遗余力地将“手”伸进银行的“钱袋子”，通过“人事任免”[④]来加强对银行部门的控制，对银行贷款的走向与数目施加影响和干预，使得国有商有银行（地方分支机构）成为一个服从服务于地方经济发展，为地方产业部门提供金融支持的政策工具。一个“听话”的银行无疑是地方政府所乐见的。而在现代企业制度“产权清晰、权责分明、自主经营、自负盈亏”的要求下完全市场化的商业银行，无法为地方政府所掌控，显然不是其所期待的。

2. 既得利益集团的阻碍

利益既得者至少包括以下几类：（1）国有商业银行自身。享受巨大的超额垄断利润的同时，银行高管或者银行员工自身是最大受益者，打破稳定引入竞争则意味着他们的既得利益减少，压力增大。（2）国有企业。国有企业对传统银行体制具有强烈的制度性依赖，尤其是改革中对国企的政策性输血及不良债权的国家承担机制，使国有企业缺乏变革动力，从而与国有银行形成利益共同体，

① 参见郑青：《中国国有金融资产管理体制研究》，福建师范大学2010博士学位论文，第43页。

② 参见〔美〕奥利弗·E.威廉姆斯：《反托拉斯经济学——兼并、协约和策略行为》，张群群、黄涛译，经济科学出版社1999年版，第113—119页。

③ 参见杨大光：《中国银行业反垄断问题研究》，经济科学出版社2004年版，第193—195页。

④ 即通过公权力介入和影响国有商业银行分支机构负责人的任命。

采取一切可能的方式影响决策,阻碍改革。[①] (3)信贷资源的掌握者。在资金供给严重不足的中国,谁能获得信贷资源,就意味着谁能得到优先发展的基本条件。[②] 于是每个部门、每个企业都想方设法甚至不择手段地争取信贷资金。而控制信贷资源所产生的巨大利益很多时候就转化成了相关部门和个人的利益,权力寻租的机会因此产生。近年来多位银行高管的贪腐无不与此相关。总之,银行业垄断的过程就是极少数部门和个人利用银行的各种资源优势,谋取局部利益的过程。[③]

除了以上三大障碍外,诸如立法层面对中小银行、外资银行准入、业务限制的歧视性规定,关于"社会公共利益""实质性影响竞争""经营者集中的审查标准""安全港"等垄断标准不明确[④],执法层面主体边界不清晰[⑤],除外适用规定模糊、域外适用无力,乃至整个竞争文化、竞争教育的缺失,都是影响我国竞争政策推进的重要障碍。

三、国有商业银行竞争政策之推进方向及改进建议

(一)打消思想顾虑,树立竞争优先意识

纵观世界各国经济政策当中,竞争政策都居于首要的基础性地位。我们应该树立竞争优先的思想,打破"金融主权"的传统思维,尤其要打消引入竞争冲击国家经济安全的顾虑,对银行业垄断进行有效规制,妥善协调保护竞争与维护金融稳定的关系,防止垄断对社会利益与消费者的损害。这其中,因为银行的公共服务属性,对社会经济稳定与民生关系重大,因此打消这样的思想顾虑——竞争会导致"银行风险的蔓延与传染具有多米诺骨牌效应,会迅速摧毁社会经济发展的根基"[⑥]最为关键。

就国内的金融安全而言,导致危机产生的因素主要包括:通货膨胀、流动性过剩、资产泡沫、不良贷款、国际金融市场冲击、实体经济萧条等。银行垄断并非维护国家金融稳定的良方,相反,因为国有商业银行掌控着国家主要的金融资

① 参见郁方:《中国银行业垄断与规制研究》,华南理工大学经济与贸易学院2010年博士学位论文,第53页。

② 参见杨大光:《中国银行业反垄断问题研究》,经济科学出版社2004年版,第82页。

③ 同上书,第193—195页。

④ 参见徐士英:《竞争政策与反垄断法实施》,载《华东政法大学学报》2011年第2期。

⑤ 参见席月民:《我国银行业反垄断执法难题》,载《法学杂志》2008年第1期。

⑥ 参见郁方:《中国银行业垄断与规制研究》,华南理工大学经济与贸易学院2010年博士学位论文,第116页。

源,不仅因缺乏有效的激励和监督机制,造成金融资源配置效率低下和严重的“内部人”控制,而且由于缺少有力竞争者而导致“权力寻租”①及“政府俘获”②,使得大量银行贷款被投入一些“重复建设”“面子工程”当中,形成大量死账坏账,大量不良贷款最终由国家来买单。这才是对国家安全最大的不稳定因子,而缺乏银行退出机制与产权的国家所有形式使得这些隐性的危机因子都被“国有大银行不可能倒闭”“国家必然保护国有商业银行”等国家信用担保所掩盖了。

事实上,风险依然存在。近些年国家以高昂的改革成本,通过公司化改造、银行不良资产剥离等方法,有效地化解了一些银行风险,但在制度与路径的依赖下,不良资产形成机制隐患并未被有效清除,中央与地方政府债务、房地产资金与银行信贷的高度关联等都是埋伏在中国银行业中的“隐形炸弹”。

所以,真正对国家经济安全造成威胁的,不是有效竞争,而恰恰是垄断。这个结论也可由1997年发生的东南亚金融危机③所证明。

(二)厘清银行资产管理体制,建构新型政银关系

1. 微观层面:以现代企业家标准,培养市场竞争所需要的职业银行家

如前文所述,银行管理者身份更多的是技术性官僚而非职业经理人,以经营业绩和企业利润最大化标准为依据的职业经理人考核指标无法对银行高管产生真正的激励或者约束作用。应推行市场化、法制化的方式选拔银行高层人才,逐渐让“人治”的选拔方式退出。④ 可分步骤进行,即在现阶段,在坚持党管干部与塑造现代企业所需的职业银行家之间先寻求一个合理的平衡。一是有所区别,对国有大型银行领导班子的主要成员的干部任免权仍由中央行使,⑤但要防止简单地以行政化方式选任,并对主要领导的权力进行合理制衡。二是对其他银行高管的任免要坚持市场化的方法,在经理人市场上选聘经营能力更出色的职业经理人,变“伯乐相马”为“赛场选马”,积极创造有利于优秀人才脱颖而出的

---

① 通常将权力寻租定义为一种不能提高产出,甚至降低产出,却能给行为主体带来特殊地位或垄断权的投资行为。

② 政府俘获即企业通过为公职人员提供非法的个人所得来制定有利于自身的国家法律、政策、规章的企图。

③ 东南亚国家和地区为了实现“赶超”,采用了政府“主导”型的发展机制。在经济发展中,“政府干预”已不仅仅是矫正市场的失灵,而是在发挥更加积极主动的作用。在较短的时期内,的确创造出了“东亚奇迹”。然而,政府的过度干预也会扭曲某些经济关系如利率、汇率、股市等,当这种扭曲持续时间过长,程度过高时,就不可避免地会出现金融风险。

④ 参见李怀舟:《中国金融国有资本出资人制度研究》,西南财经大学2007年博士学位论文,第124页。

⑤ 参见郑青:《中国国有金融资产管理体制研究》,福建师范大学2010年博士学位论文,第107页。

同场竞技的平台。可以借鉴上海国资在这方面的好的经验做法。[①]

以此为基础,通过行政级别货币化[②]、股票期权[③]、EVA 奖金制度[④]等市场化的经理人激励机制,逐渐将对银行高管的行政式选拔过渡到银行管理层的完全市场化选拔,引进或者培养一批既熟悉国际金融市场,又懂金融经营的管理人才充实进入我国的银行队伍。

2. 中观层面:完善公司治理结构,实现国有商业银行的全面转型[⑤]

一是改造国有商业银行的股东结构。通过鼓励民营资本和海外战略投资者进入,形成国有、外资、民资等多元主体的产权结构。进一步稀释国有股权,在提升国有股的控制能力上下工夫,逐步实现国有股份从绝对控股到相对控股再到相对控制转变。二是改造公司董事会:(1) 要明确董事长职责定位,清晰界定董事长与经营层之间的分工,避免过多介入实际经营管理中。(2) 国有股东单位派出股权董事行使国有股东权制,及时了解和掌握银行运行状况,督促经营层有效履行权利和义务,防止“内部人控制”,充分维护全体股东及银行的整体利益。[⑥] (3) 发挥独立董事参谋和监督的作用,增加决策的合规性和科学性。三是完善内部与外部监督。在内,明确监事会的监督权利和职责范围,形成“三会一层”之间的分权与相互制衡机制,充分发挥监事会内部监督职能。在外,建立和完善银行经营绩效评价体系,完善资本经营预算制度;完善企业的考核指标体系,合理制定绩效考核评价办法,实现高管人员薪酬管理与企业绩效考评的有机结合,防范道德风险。[⑦]

3. 宏观层面:理顺银行资产管理体制,正确处理好政府与银行的关系

一方面要厘顺关系,政企分开,政府的归政府,市场的归市场。将政府作为

---

① 上海市探索建立了党管干部和出资者行使职责相结合的机制:金融企业负责人(包括正副职)的任命直接由组织部门监管,选人用人的基本程序是:股东提名—党管干部系统进行考核—相关监管部门资格审核认可—董事会表决。在金融企业负责人、董事、股东代表和企业高级监管人员的选用方面,上海市的做法初步实现了党管干部和股东经营者选人、市场化选人的有效结合。

② 即为经济激励方式替代行政级别激励方式做好铺垫。

③ 股票期权是经股东大会同意,将预留的已发行未公开上市的普通股股票认股权作为薪酬组合中的一部分,有条件地授予企业高层管理人员进行激励的方式。

④ 将 EVA(经济增加值)与经营层的薪酬挂钩,即把 EVA 增加值的一个部分回报给经营层,从而创造出使经营层更接近于股东的环境,使管理人甚至企业的一般员工开始像企业的股东一样思考。

⑤ 2006 年中国银监会发布了《国有商业银行公司治理及相关监管指引》,要求国有商业银行要建立规范的“三会一层”制度,即设立股东大会、董事会、监事会和高级管理层;引入战略投资者,建立多元化的股权结构;建立中长期发展战略,加强风险管理和合规建设,整合业务流程和管理流程;实施审慎的财务会计制度和信息披露制度等。通过调整股权结构、完善制度环境,相对分离政府所有者权利和行政管理职能,健全内控机制。

⑥ 参见郑青:《中国国有金融资产管理体制研究》,福建师范大学 2010 年博士学位论文,第 107 页。

⑦ 同上书,第 108 页。

国有银行资产出资人的身份、政府作为社会公共事务管理者的身份、政府作为政府宏观调控者以及作为宏观金融监管者的角色区分开来,还银行以“自我调节、自我约束、自主经营、自负盈亏”的真正市场主体身份。[①] 另一方面,重新架构国有商业银行资产管理体制,解决出资人不明确、产权实施动力不足的问题。整体设想如下图:

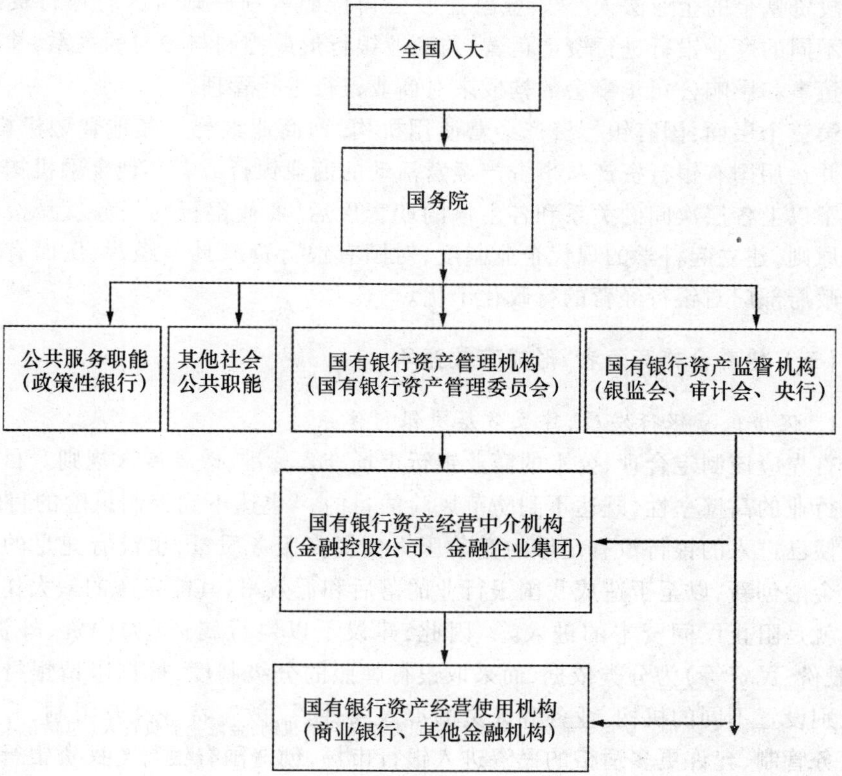

第一层面:全国人大代表社会全体成员拥有对国有银行资产的所有权,国有银行资产管理机构(如国有银行资产管理委员会)受全国人大委托作为出资人代表,履行出资人职能。主要职责(参照国资委)包括:就国有银行资产的收益、增值情况向国务院报告(由国务院将该部分内容体现于政府工作报告中,向全国人大汇报),执行全国人大、国务院有关决议;制定银行发展整体战略,进行宏观银行业布局;选派国有银行资产经营中介机构的主要管理人员,进行业绩考核,研究制定相关薪酬方案;负责监督国有银行资产经营使用机构保值增值职责

① 参见杨大光:《中国银行业反垄断问题研究》,经济科学出版社 2004 年版,第 200 页。

履行情况等。[①]

第二个层面:国有银行资产管理机构将资产委托给国有银行资产经营中介机构进行持股运作,具体行使所有者权利。作为国有银行资产经营中介机构的金融控股公司、金融企业集团等,将国有银行资产管理机构与国有银行进行有效隔离,[②]由其负责国有银行资产的具体经营管理,是"具有资产投资权力、相当于专业投资基金的企业法人"[③]。金融控股公司按照盈利原则将国有银行资产投资到不同的商业银行进行资产运营,与商业银行形成控制与参与的关系,并通过委派董事和影响公司董事会的构成来对商业银行进行管理。

第三个层面:国有银行资产经营使用机构,即商业银行及其他金融机构,是占有并运用国有银行资产从事资产经营活动的商业银行或者其他金融机构。在明确了以上各层次间的关系和各主体的职责以后,商业银行的任务就是按照市场化原则,建立起科学的现代企业制度,对国有银行资产具体经营,从而有效地避免政府部门对银行经营的行政化干扰。

(三) 培养合格竞争者,形成有效竞争

1. 促进民资银行发展,建立多层次银行体系

首先应该制定合理、公平的商业银行市场准入标准,改革准入规则。目前我国银行业的高壁垒性,既达不到防范风险的目的,[④]也达不到控制风险的目的,[⑤]反而使已进入的银行没有足够的竞争压力去提高服务质量,也没有充足的动力进行金融创新,以至于造成我国银行业的落后和低效率,其能发挥的最大作用实质上就是阻止民间资本的进入。[⑥] 因此,建议不以银行属性(如中资、外资、国有、股份、民资等)为分类依据,而采取银行牌照的分级制度,根据申请银行牌照的级别设置不同的机构、业务和人员的准入条件。[⑦] 放宽特许经营限制,开放相应业务管制,允许更多适格的民资进入银行市场,创造国有银行与民资银行公平竞争的环境。

---

① 参见李怀舟:《中国金融国有资本出资人制度研究》,西南财经大学2007年博士学位论文,第100页。

② 参见郑青:《中国国有金融资产管理体制研究》,福建师范大学2010年博士学位论文,第98页。

③ 李怀舟:《中国金融国有资本出资人制度研究》,西南财经大学2007年博士学位论文,第92页。

④ 参见胡忠:《完善国有银行治理结构》,载《中国信息报》2005年1月31日。

⑤ 参见阎铁毅:《行政性强制经营行为与地区封锁行为的弊端及对策》,载《当代法学》2002年第4期。

⑥ 参见许可:《法律视角下我国中小银行面临的竞争环境》,华东政法大学2005年硕士学位论文,第5页。

⑦ 参见郁方:《中国银行业垄断与规制研究》,华南理工大学经济与贸易学院2010年博士学位论文,第242页。

其次是培育多层次银行体系结构,大力发展面向中小企业、中下阶层、特定行业、特定区域的中小金融机构,改变国有垄断力量过强,社会中下层群体对应的金融供给与金融服务严重不足的格局。①

最后是通过财政税收倾斜政策,积极扶持新生的微小银行,通过政策规制与二次分配适度解决起点不公平问题。② 确立并逐步提高国有银行上缴利润给国家的比例,建立国家分红制度,实现国有商业银行高额利润由社会共享。

2012 年 5 月 26 日《关于鼓励和引导民间资本进入银行业的实施意见》(银监发〔2012〕27 号)正式颁布实施,腾讯、苏宁等企业已经提出申请,标志着中国民资银行的发展又迈出了实质性的一步。

2. 发展外资银行,学习借鉴先进的管理经验与理念

自从南洋商业银行于 1981 年在深圳设立首家外资银行营业性分支机构以来,外资银行在中国从无到有,稳步发展,截至 2011 年末,已有 48 个国家和地区的银行在华设立了 39 家外资法人银行、1 家外资财务公司、94 家外国银行分行和 253 个法人机构分行及附属机构。③ 在华外资银行资产达 2.15 万亿元,实现利润 167.3 亿元,④初步建立起了一套特色化、立体化、多样化的服务体系,并实现了与本土银行的双赢式发展。体现在:一是引进战略投资者及外资股东参与经营管理,使中资银行资本实力和管理水平显著提升,国际竞争力显著增强。二是为本土带来了丰富的产品、服务和业界良好实践,通过其在服务理念和管理方面的示范作用,⑤促使中国金融服务水平提升。三是外资银行在资金清算、跨境结算等方面与中资金融机构广泛开展合作,⑥实现互利双赢。因此,大胆地引入外资银行非常必要,但应注重加强学习融合以及完善监管。

一要注重学习,加强金融创新。相比中资银行,外资银行在产品、技术、服务及管理经验等方面都具有独特的优势。即使在政府的严防死守之下,外资银行依然在中小企业客户拓展⑦等方面取得优异成绩。⑧ 中资银行在产品服务创新、金融模式创新以及风险控制创新方面需要积极借鉴外资银行的先进经验,要进

---

① 参见杨德勇:《垄断与效率:我国银行业市场结构现状分析》,载《现代财经》2001 年第 12 期。

② 参见郁方:《中国银行业垄断与规制研究》,华南理工大学经济与贸易学院 2010 年博士学位论文,第 243 页。

③ 外资银行在中国的 50 个城市共建立了 782 家分支行服务网点,初步形成了连贯东、中、西部,有一定覆盖的服务网络。

④ 资料来源:《中国银监会 2012 年报》统计数据。

⑤ 资料来源:《中国银监会 2011 年报》专栏五:《中国加入世贸组织十年和中国银行业的国际化》。

⑥ 参见杨丽平:《外资银行在华发展令人瞩目》,载《金融博览》2012 年第 7 期。

⑦ 如积极主动争取做一些中小民营企业的贷款和设备融资,这些在中资银行不屑的业务,也成为一些外资银行拓展的业务空间。

⑧ 参见张梦:《外资银行斗不过中资行》,载《中国外资》2011 年第 1 期。

一步加强对 WTO 规则、巴塞尔《银行业有效监管核心原则》等国际规则、国际惯例的学习和研究,结合本国实际,对外资银行的风险水平、创新业务、主要问题、最新变化及发展趋势等进行研究判断,取长补短,实现跨越式发展。

二要加强完善监管体系,提高监管效率。包括:(1) 严格市场准入,严格按照《外资银行管理条例》规定的资本、经营业绩等条件,把好入门关。(2) 加强风险监控和防范,建立以风险性监管为主的监管体系。明确存款准备金、资本充足率、流动比率等风险防控指标要求。(3) 加强对外资银行风险信用等级的评估,依据其资金实力、在华业绩、守法程度、经营管理能力等作出综合评判,并采取对应的监管措施。(4) 加强动态监管,及时发现和处置外资银行的异常动向,提高应急处置能力。(5) 加强信息化监管,依托高科技手段,建立信息资源共享系统,提高监管效率。①

三要加强国际化金融人才的培养和交流。一方面完善人才交流机制,吸引国际优秀的金融人才进入我国银行系统;另一方面,加强本土人才的培养和历练,培养出一批具有国际视野、精通金融知识和国际规则的银行精英。

3. 发展其他金融机构,培育有力的市场竞争者

随着互联网技术的日益成熟,尤其是伴随着电子商务在中国的蓬勃发展,互联网企业向传统金融领域渗透呈现愈演愈烈之势。以阿里巴巴、腾讯、百度等为代表的互联网企业来势汹汹、野心勃勃,它们要做的不仅仅是充当“帮助银行把网点业务搬到网上”的扩张工具角色,而是要对金融生态进行全新改造。

在信贷领域,以阿里小贷为代表的互联网公司,②不仅可以破解信用贷款僵局,依托电商平台形成的交易、付款信用评估平台,实现现有银行难以做到的真正的信用贷款;而且凭借其支付宝第三方支付系统所形成的信用控制优势,完全掌握着控制资金的主动权。一旦允许其与国有商业银行公平竞争,将具有相当的竞争实力。③ 同样,以宜信、人人贷、陆金所等为代表的 P2P 网络借贷平台的兴起,实现了个体与个体之间通过网络直接借贷的可能,在债权债务属性关系中脱离了传统的资金媒介。④ 短短几年,P2P 借贷模式快速发展,2012 年末,P2P 借贷服务平台超过 200 家,可统计的 P2P 平台线上累计交易额超 100 亿元,投资人超过 5 万人。随着客户互联网使用习惯的成熟和 P2P 平台自身实力的加强,

---

① 参见杨大光:《中国银行业反垄断问题研究》,经济科学出版社 2004 年版,第 191 页。

② 参见叶檀:《银行真正的竞争对手,到了》,载《解放日报》2012 年 9 月 3 日。

③ 截至 2012 年 12 月,阿里小贷放贷资金累计已经超过 300 亿元,为 13 万家小微企业、个人创业者提供融资服务,不良贷款率仅为 0.72%。

④ 参见《中国 P2P 借贷服务行业白皮书 2013》,中国经济出版社 2013 年版,第 4 页。

该行业还将继续爆炸式增长。[①]

在网络理财领域,2013年6月下旬,阿里巴巴集团推出网络理财产品余额宝,首日完成5000万元货币基金申购,引起业内震动;10月28日百度旗下理财产品"百发"发售当日,仅几个小时,销售额即破10亿,参与用户超过12万户。

与此相类似的,还有以"众安在线"为代表的网络保险、以"比特币"为代表的网络货币等。互联网公司凭借海量客户优势,正以摧枯拉朽之势向传统金融各个领域进行扩张,势头之猛超出想象。[②]

(四)降低国有大型银行的市场份额,实现竞争与集中的最优平衡

1. 正确认识银行规模与银行效率之关系

要保证银行机构安全稳健的经营,需要保持适当的机构规模。尤其是近年来随着银行传统存贷款业务发展受到限制,银行机构需要向混业经营方向(证券或保险业务)发展,而证券经纪承销、自营或共同基金的管理销售等业务都只有具有一定规模的银行机构才能运作,银行机构多元化、规模化需求日益强烈。[③] 然而,"更好的银行都希望变得更大,但更大的银行不一定是更好的银行"[④],大规模不等于高效率。因为很显然,机构规模的大小,是与其管理成本以及不可拆卸成本成正比的。研究结果表明,商业银行的规模扩大到一定程度,就会出现规模不效率。中国银行业中,效率最高、效益最好的,并非最大规模的国有商业银行,而是规模适中的股份制银行。[⑤] 所以,五大国有商业银行的垄断格局绝非最规模效率的选择。

2. 寻找最适度的规模,实现竞争与集中的最优平衡[⑥]

实证研究结果[⑦]显示,规模经济确实存在,但非随银行资产规模的递增而增加,而是呈现倒U型。具体来说,资产在1000亿元至2000亿元之间的商业银行资产利润率最高,为0.329%;其次是2000亿元至2万亿元之间的商业银行,为0.308%;最低的是五大国有商业银行,为0.166%。从资产费用率看,1000亿元以下的银行最高,为3.617%;其次是五大国有商业银行,为2.724%;最低的是

---

① 参见《中国P2P借贷服务行业白皮书2013》,中国经济出版社2013年版,第5页。

② 参见《逐浪互联网金融》,载《财经》2013年第31期。

③ 参见霍洪涛:《论金融控股公司的反垄断法律问题》,载《金融理论与实践》2005年第8期 。

④ 李鸿兰:《反垄断法视野下的银行业并购问题》,载《技术经济与管理研究》2008年第3期。

⑤ 参见李艳虹:《中国银行业的市场结构与竞争行为》,载《贵州财经学院学报》2008年第5期。

⑥ 参见林毅夫、姜烨:《发展战略、经济结构与银行业结构:来自中国的经验》,载《管理世界》2006年第1期。

⑦ 参见赵园园:《论银行机构的"太大不能倒"与反垄断执法的变革》,载《社会科学研究》2011年第3期。

2000 亿元至 1 万亿元的商业银行。[①]

基于以上分析,改造我国银行结构布局,逐步提高银行的规模效率是可以尝试的途径。具体来说,包括“拆大”“扩中”“并小”。一是逐步降低以五大国有商业银行为代表的垄断得过大的银行规模,允许有能力且网点资源有限的银行通过并购等方式获得国有银行的部分网点,稀释五大国有商业银行的市场份额,将其合理拆分为二十家左右的较大型国有商业银行,并在此基础上进行现代企业治理。这样既能减轻国有银行维持分支机构的成本压力,又能充分利用这些网点资源,实现对金融资源的有效整合。[②] 二是进一步培养和扶持中等规模商业银行(以招商、光大、华夏、民生等为代表的股份制银行)发展壮大,提升其核心竞争力,形成数量较多(数十家)、各有特色的具有全球竞争力的中等规模银行。三是鼓励小微银行、农村银行、城市银行进行合作与兼并,形成一定规模,有自己特殊市场的市场竞争者。如此从整体上使银行业集中度达到一个相对合理的结构,既能形成有效竞争,促进银行业竞争力的提升,又能实现金融资源全覆盖基础上的有所侧重,并有步骤地实现国家高风险金融结构向低风险金融结构的转型。

(五)完善银行退出机制,建立存款保险制度

国有大型商业银行的寡头垄断格局最直接的后果就是将国家直接绑架,大而不能倒(Too-big-to-fail),即银行机构的规模大到整个社会不能承担其破产的程度,因为大银行机构倒闭会影响整个社会公众的信心,这种现象导致大银行机构获得很不公平的竞争利益。[③] 然而,2008 年席卷全球的金融危机却打破了这一常规:美国的央行没有履行其“最终贷款人”的职责[④],美国联邦储备委员会最终没有对雷曼兄弟伸出援手,导致全球金融体系的崩溃——“大非不能倒”。由此引发对我国商业银行退出机制的反思。

作为市场经济的主体,优胜劣汰的竞争法则应该同样适用于我国的国有商业银行。然而,从我国银行业的现实情况看,国有商业银行的退出机制还很不完善,表现为:

---

① 参见李艳虹:《中国银行业的市场结构与竞争行为》,载《贵州财经学院学报》2008 年第 5 期。

② 参见郁方:《中国银行业垄断与规制研究》,华南理工大学经济与贸易学院 2010 年博士学位论文,第 242 页 。

③ See Christopher L. Sagers, Too Big to Fail: The Role for Antitrust and Bankruptcy Law in Financial Regulation Reform, Cleveland State University Research Paper December 2009, p. 12.

④ 参见赵园园:《论银行机构的“太大不能倒”与反垄断执法的变革》,载《社会科学研究》2011 年第 3 期。

一是手段单一、非市场化操作。[①] 最典型的是政府指定其他金融机构进行托管、合并或者责令银行关闭,中央银行作为最后担保人兑付自然人存款。这种非市场化处置方式以国家行政指令为手段,以国家信用为依托,实质上是将银行风险在体制内消化,并不能起到真正的优胜劣汰的效果。

二是法规规定模糊,相关规范的可操作性差。目前银行退出市场可供遵循的法律、法规及有关条文规定散见于我国《企业破产法》《人民银行法》《商业银行法》《防范和处置金融机构支付风险暂行办法》《金融机构撤销条例》《银行管理暂行条例》以及一些地方性法规中,缺少专门针对陷入困境的银行退出市场在方式、方法、标准、范围、程序等方面可供遵循的法律规定,导致陷入困境的银行需要退出市场时,出现行政审批时间长、不确定性大、操作难以规范等问题。[②]

三是存款保护制度缺失。发达国家都建立了完善的存款保险制度,这一制度的要义在于,一旦银行出现资金周转困难、支付危机或破产倒闭等情形,依保险合同条款,投保银行可以从保险机构取得资金救助,保证银行支付。更重要的是,储户可以得到存款理赔,从而最大限度地保护了存款人的利益。[③] 存款保险制度的存在,避免了银行出现连锁性危机,对于维护金融秩序乃至整个社会秩序的稳定具有重要作用。[④]

我国目前尚未建立起存款保险制度,《商业银行法》第三章"对存款人的保护"规范的只是正常状态下对存款人利益的保护,而对商业银行退出时如何保障储户的权益未作规定。[⑤] 事实上,在我国,银行的破产退出绝非一个市场化的行为。迄今为止,银行破产退出市场的案例屈指可数,其中较经典的是1998年的海南发展银行破产案[⑥]。建立存款保险制度,无疑是完善银行退出机制的前提。

一要完善立法。包括两个层次:一个是关于金融机构破产方面的立法。

---

① 参见陈华、刘志威:《我国问题银行退出机制:一个国际比较的视角》,载《财经科学》2010年第10期。

② 参见王颖捷:《陷入困境银行的退出壁垒和我国相关问题研究》,国家社科基金资助课题《我国金融产业组织改革研究》阶段性成果。

③ 参见李静:《我国中小商业银行退出机制与〈存款保险法〉的制定》,载《企业经济》2003年第1期。

④ 参见陈华、刘志威:《我国问题银行退出机制:一个国际比较的视角》,载《财经科学》2010年第10期。

⑤ 参见许可:《法律视角下我国中小银行面临的竞争环境》,华东政法大学2005年硕士学位论文,第32页。

⑥ 海南发展银行成立于1995年8月,注册资金16.77亿元人民币,是在兼并5家信托投资公司的基础上设立的股份制银行,采用高息揽存的"偏招",成立一年资本规模达到86亿元,全年实际利润1.25亿元。1998年6月21日,因严重资不抵债被国务院、央行下令关闭,成为新中国成立以来政府关闭的首家地方性银行。

2007年6月施行的《企业破产法》第134条明确规定:“金融机构涉及破产问题时,国务院金融监督管理机构可以向人民法院提出对该金融机构进行重整或者破产清算的申请。监管机构依法对出现重大经营风险的金融机构采取接管、托管等措施的,可以向人民法院申请中止以该金融机构为被告或者被执行人的民事诉讼程序或者执行程序”。但金融机构破产的具体法规,因涉及公共安全和社会稳定等敏感因素,迟迟未有突破。另一个层次是关于存款保险制度方面的立法,应明确存款保险公司的性质、地位、职责、业务范围、经营方式等。二是借鉴西方发达国家的存款保险制度,结合我国的特点和实际,以市场化原则为基础,组建全国性存款保险公司,通过接管、安排银行间的收购、选择中介银行介入和财务援助等措施,保护投保存款人的利益。[①] 存款保险公司资金来源应该多元化,除了强制各商业银行按照资产规模、风险等级等情况缴纳一定比例的基金外,还可以向中央财政资金、央行借款,发行债券融资等,借鉴西方成熟的存款保险制度的做法,根据市场情况及时调整融资政策。三是要完善存款保险制度和金融机构退出制度的协调发展。[②] 在明确中国人民银行对于存款保险制度的主导地位基础上,科学处理中国人民银行、存款保险公司、金融监管机构在退出机制中的监管权利分配。[③]

---

① 参见王颖捷:《陷入困境银行的退出壁垒和我国相关问题研究》,国家社科基金资助课题《我国金融产业组织改革研究》阶段性成果。

② 参见周晓松、李讯、肖翔:《存款保险制度与商业银行退出制度协调机制研究》,载《金融评论》2010年第6期。

③ 银行机构退出金融市场属于金融市场相对特殊的状态,金融机构失去经营和管理权,破产管理人接管金融机构,并进行破产清算。中国人民银行、存款保险机构、金融监管机构均具有监管权力,中国人民银行基于系统风险处置而具有监管权,存款保险机构因杜绝存款保险过程中的道德风险而具有监管权,金融监管部门基于监管职能而具有监管权,所以必须科学处理好三者的监管权力分配,防止权力的过度冲突与重叠。

国有经济法

论《全民所有制工业企业法》的落寞*

吴京辉

引 论

2014年3月5日,李克强在《政府工作报告》中强调:“坚持和完善基本经济制度。优化国有经济布局和结构,加快发展混合所有制经济,建立健全现代企业制度和公司法人治理结构。”足见这一届政府改革国有企业的决心。

我国国有企业改革肇始于20世纪80年代,但进展缓慢,问题诸多,主要原因在于现行国有企业立法的混乱和缺陷。从逻辑上看,国有企业改革必须由法律进行规范,以制度的形式确定基本理念和原则,约束相关主体的行为,如此才能保障改革的顺利进行。目前,我国调整国有企业的法律有两部,即《公司法》和《全民所有制工业企业法》(以下简称《企业法》)。学界中讨论国有企业改革问题的有很多,从立法上探究国有企业改革的也不少,然而,对于国有企业的双轨立法这一现象进行深入剖析,对《企业法》的实效进行全面评估的,几乎还没有。

* 本文为国家社会科学基金重点资助项目“国有企业法律制度重构研究”(12AFX011)阶段性成果。

实际上,要找出现在国有企业改革的症结,必须从立法上、制度上理顺国有企业的法律适用问题。但是,现有的双轨并存的法律制度必然导致同为国有企业却适用不同的法律,并且依照《企业法》设立的国有独资企业与按照《公司法》设立的国有独资公司,都是国家单独投资设立的自主经营、自负盈亏的法人企业,在法律规范上不应该存在根本上的区别,但是两者在产权体系、人格的独立性、治理结构、管理者选任、管理者的角色等方面却有很大差别。

这些差别存在的原因是什么?显然,这些差别存在的制度原因在于两部法都是有效法律,具有同等的法律效力。然而,企业是市场的主体,市场经济的竞争主体应当具有平等的地位,更不用说同为一个股东的国有独资企业和国有独资公司,上述差别的存在有违市场经济的基本要求。

如何消除这些差别?思考这一问题不得不涉及《企业法》的现实价值问题,这部制定于计划经济时期的法律,经过了二十多年的经济发展和社会变迁,受其调整的主体如今有多少?也就是《企业法》能起作用的范围有多大?是否有必要保留?

从笔者收集到的资料来看,就《企业法》文本的研究而言,国内研究资料尚比较匮乏,运用国有企业改革和立法后评估的交叉视角的文献尚处于启蒙阶段。笔者检索到的最接近的专著莫过于李建伟教授等所著的《中国企业立法体系改革:历史、反思与重构》和孙晋教授所著的《中国企业法律制度的演进与变革》。《中国企业法律制度的演进与变革》体系完备,涉及与企业有关的立法体系方面的理论,以及从历史的角度评析我国企业立法的科学性、合理性及缺陷,并在此基础上进行反思与重构,但因其视角与本文不同,故参考价值不是很大。李建伟教授等所著《中国企业立法体系改革:历史、反思与重构》可谓是本领域最新的研究成果,该书回顾了新中国成立 60 年以来的企业立法,认为"所有制企业立法"与"企业组织立法"并存的"双轨企业立法体系"存在着结构性缺陷,在市场经济体制下明显地欠缺科学性导致法律适用的模糊与迷惘。但对《企业法》的研究在该书中仅为一小部分,在阐述深度上也并未见长。

也有学者撰写了系列论文,如顾功耘教授的《国有经济法律制度构建的理论思考》《全面修订公司法的若干建议》《论国有企业改革的重大转变及其法制方略》;张莉莉、王建文教授的《公用企业基本法立法的逻辑证成与基本结构》,李孟洲的《国有企业构建现代企业制度的企业立法》等。这些文章无疑为《企业法》的研究奠定了相对具体的文献基础,但是这类论文的数量十分有限。

国外有关我国国有企业制度的研究就更少。隋福民译英国学者彼得·罗澜的《中国的崛起和俄罗斯的衰落》涉及了我国国有企业的发展轨迹,而对于《企业法》的内容,几乎没有可供参考借鉴的外文资料。

探索《企业法》的现实价值不仅是在我国企业立法和国有企业深化改革中面临的重大理论问题,而且也是在实践操作层面上的重大现实问题。尽管对国有企业改革进行研究的文献和资料可谓汗牛充栋,但是,也不可否认在理论界和实际工作部门的观念之中,针对国有企业立法的改革存在着一种冷漠情绪,对《企业法》这部涉及国有企业改革的关键问题的法律,学界没有足够重视。

由于改革的不断深化,社会主义市场经济体制的建立和健全,社会主义法律体系的不断完善,作为一部与经济生活密切相关的法律,《企业法》自然会随着时间、条件和外部环境的变化而产生适应性方面的问题。这也是该法越来越淡出经济生活的主要原因,本文试图从《企业法》的经济基础、行政基础、法律环境(上位法、同位法)等方面,逐一剖析《企业法》的现实价值。

一、立法的制度基础已经改变

(一) 国家经济体制由计划经济转向市场经济

我国经过三十多年的经济改革,于 1992 年明确提出建立社会主义的市场经济体制。但由于我国受旧思想、旧观念影响,人们的市场经济观念还处于萌芽阶段,加之科学民主管理意识尤为淡薄,对于推动市场经济体制的发展起到了极大的阻碍作用。尤其是一些地方官员称王称霸、为所欲为的腐败行为,给我国经济和社会的发展造成了相当大的负面影响,使我国政治和经济体制改革受到了严重的干扰,可以说我国目前处于一种畸形的社会形态。即一方面是建立了社会主义市场经济体制,而另一方面却是与市场经济体制不相适应的政治体制。或者说一方面是比较高度自由的市场经济体制,另一方面却是带有封建、保守、腐败性质的管理机制。当然,产生这一状况的原因是多方面的,但主要是我国民众科学民主管理知识奇缺,尤其是缺乏具有科学民主意识的开明管理人才。①

在国际关系上由封闭到对外开放,再到加入 WTO 和全球化;在科技和生产力水平上高科技的迅猛发展和网络时代的到来,这些已经并在继续引起社会生活各方面重大而深刻的变化,也必然影响到公司制度和公司立法。例如,较之《企业法》开始颁行时,我国市场经济已迅速发育,而《企业法》仍保留了许多计划经济色彩和许多不必要的行政管理措施,这不利于市场机制充分发挥调节作用,也成为少数依照《企业法》设立、运行的企业在市场经济中发展的障碍。

① 参见樊敏杰:《我国国有经济的现状与改革的思路》,载《现代商业》2011 年第 14 期。

(二)治国方略由人治向法治转变

1978年党的十一届三中全会深刻总结了新中国成立以来特别是“文化大革命”10年的历史教训,提出:“为了保障人民民主,必须加强社会主义法制,使民主制度化、法律化,使这种制度和法律具有稳定性、连续性和极大的权威,做到有法可依,有法必依,执法必严,违法必究。”这是党中央摒弃人治的历史宣言。此后,党的历次重要会议都强调依法治国的重要性。

党的十三大报告指出:“法制建设必须贯穿于改革的全过程。”

党的十四届三中全会提出:“社会主义市场经济体制的建立和完善,必须有完备的法制来规范和保障。要高度重视法制建设,做到改革开放与法制建设的统一,学会运用法律手段管理经济。”

党的十五大报告明确提出,实行依法治国,建设社会主义法治国家。从此将“依法治国”确立为党领导人民治理国家的基本方略。

江泽民在报告中根据我国改革开放20年的经验和社会主义现代化建设跨世纪的发展需要,鲜明地提出了我国在社会主义初级阶段政治体制改革的目标是“进一步扩大社会主义民主,健全社会主义法制,依法治国,建设社会主义法治国家”,并且强调:“依法治国,是党领导人民治理国家的基本方略。”

可以说,从党的十一届三中全会到党的十五大,是我国在治国方略上从人治向法治转变的开创时期。探索我国法制建设已经走过的这一短暂而又富有雏形成果的历程,思考实现法制现代化的艰巨任务,对于坚定在21世纪建设社会主义法治国家有着十分重要的意义。①

1999年3月,九届全国人大二次会议将“依法治国”载入宪法,使“依法治国”从党的意志转化为国家意志。

党的十六大报告、十七大报告,分别从不同的角度提出依法治国。党的十八大报告,在十五大、十六大和十七大关于依法治国要求和精神的基础上,提出“全面推进依法治国”“加快建设社会主义法治国家”,将依法治国方略提到了一个更新的高度。党的十八大报告关于“依法治国”的论述和要求,重点集中在两个字上,即“全”和“快”。

“全面推进依法治国”,这是十八大报告关于推进“依法治国”的“空间”要求。推进“依法治国”是涉及中国各领域、各方面的一项政治任务。“全面性”表现在全面推进科学立法、严格执法、公正司法、全民守法,坚持法律面前,人人平等,保证有法必依、执法必严、违法必究。全面推进依法治国,就是任何组织或者

---

① 参见傅昭中:《治国方略的历史性转变》,载《四川师范大学学报(社会科学版)》1998年第4期。

个人都不得有超越宪法和法律的特权,绝不允许以言代法、以权压法、徇私枉法。全面推进依法治国,就是要更加注重发挥法治在国家治理和社会管理中的重要作用,维护国家法制统一、尊严、权威,保证人民依法享有广泛的权利和自由。

“加快建设社会主义法治国家”,这是十八大报告关于推进“依法治国”的“时间”要求。“依法治国”方略自从党的十五大确立,在党的统一领导下贯彻实施15年来,已经取得了可喜成就,但依然存有不少差距。在中国特色社会主义的建设和发展的承上启下关键时期,我们必须加快法治建设的步伐,到2020年实现全面建成小康社会宏伟目标时,“依法治国基本方略全面落实,法治政府基本建成,司法公信力不断提高,人权得到切实尊重和保障”①。

紧接着的2014年的政府工作报告中,李克强强调:“各级政府要忠实履行宪法和法律赋予的职责,按照推进国家治理体系和治理能力现代化的要求,加强建设法治政府……深入贯彻依法治国基本方略,把政府工作全面纳入法治轨道,用法治思维和法治方式履行职责。加强政府法制工作,改革行政执法体制。”

所以,《企业法》发挥作用的制度环境已经发生了根本性的改变,《企业法》的很多核心内容,如“在国家计划指导下,企业有权自行安排生产社会需要的产品或者为社会提供服务。企业有权要求调整没有必需的计划供应物资或者产品销售安排的指令性计划。企业有权接受或者拒绝任何部门和单位在指令性计划外安排的生产任务”都没有发挥法律效力的制度基础。

二、上位法的修改突显了《企业法》的滞后性

(一)《宪法》的修改

宪法与经济制度具有密切的关系,自1982年《宪法》颁布以来的四次修改都涉及重大的、具有根本性的经济体制问题。②

1. 1982年《宪法》确立的经济制度

自1982年《宪法》颁行以来,我国在政治、经济、法律、文化等方面取得了巨大成就。我国在生产发展的基础上,市场逐渐恢复繁荣,物价趋于基本稳定,财政收支走向平衡,人民生活不断改善。如果说,在经济恢复发展并取得相当成就

① 胡建淼:《十八大报告将“依法治国”方略提到新高度》,http://special.cpd.com.cn/n14878725/n14878771/n14879029/c14962593/content.html。

② 参见董和平:《宪法修改的基本经验与中国宪法的发展》,载《中国法学》2012年第4期。

的同时,我国开始尝试现代国家秩序的重构,那么,针对当时国民经济现状以及存在的问题与挑战,1982年《宪法》的颁布正式确立了我国的基本经济制度,包括:(1)经济制度的基础是生产资料的社会主义公有制(第6条);(2)国营经济是社会主义全民所有制经济,是国民经济中的主导力量(第7条);(3)各种形式的合作经济,是社会主义劳动群众集体所有制经济(第8条);(4)城乡劳动者个体经济,是社会主义公有制经济的补充(第11条);(5)国家保护社会主义的公共财产,以及公民的合法的收入、储蓄、房屋和其他合法财产的所有权,保护公民的私有财产的继承权(第13条);(6)国家在社会主义公有制基础上实行计划经济(第15条)。这不仅是对1949—1982年我国经济建设成就及问题的经验总结,还为此后经济发展设定了制度框架与基础。从这个意义上讲,此后在经济建设与发展中,无论是取得的成就,还是出现的问题,也就与这个宪法性制度框架存在一定的联系。[①]

2. 1982年以后的历次修改

1982年以后,我国经济建设发生了巨大变化,《宪法》的历次修正案反映了这一变化。

1988年,我国的改革开放和经济体制改革已经10年。在当时的情况下,如何通过宪法推动私营经济与土地制度的发展是需要解决的重大问题。1988年通过的《宪法修正案》在《宪法》第11条增加规定:“国家允许私营经济在法律规定的范围内存在和发展。私营经济是社会主义公有制经济的补充。国家保护私营经济的合法权利和利益,对私营经济实行引导、监督和管理。”将《宪法》第10条第4款修改为:“任何组织或者个人不得侵占、买卖或者以其他形式非法转让土地。土地的使用权可以依照法律的规定转让。”这些修改丰富了经济主体和经营方式的类型,极大促进了国家经济的进步与繁荣。1988年《宪法修正案》公布以后,我国的经济改革迅速深化,经济发展中制约经济规律发挥作用的计划成分进一步弱化,而市场调节则从辅助地位逐步转为主导地位。

1993年颁布的《宪法修正案》是我国宪法制度建设适应建立社会主义市场经济和健全社会主义民主政治的客观需要而采取的一项重大举措。该修正案主要内容有5条,其中4条是关于经济方面的。[②] 这次修宪的一个重要变化是将“国家在社会主义公有制基础上实行计划经济”修改为“国家实行社会主义市场经济”,从而确立了市场经济的合法地位,为社会主义市场经济的建立与发展提

---

① 参见明辉:《现代转型背景下的经济与宪法秩序》,载《中国农业大学学报(社会科学版)》2013年第1期。

② 参见李正华:《我国历次修改修正宪法有关经济制度内容的表现与特点》,载《北京联合大学学报(人文社会科学版)》2007年第1期。

供了有效保障。此外，这次宪法修改在经济体制方面还有一些重要发展：(1)重新确定了国家在整个经济运行中的地位和作用，即从过去的计划控制转变为通过经济立法综合调控和提供法律保障。(2)将“国营经济”修改为“国有经济”，将“国营企业”修改为“国有企业”，赋予企业完全的经营自主权，删去了公有制企业接受计划控制和指导的条款，从而为公有制经济组织完全进入市场经济体系、独立自主地进行经营创造了条件。

1999年颁布的《宪法修正案》进一步发展了社会主义基本经济制度的内涵，由原来的以生产资料的社会主义公有制为基础，修改为“坚持公有制为主体，多种所有制经济共同发展的基本经济制度”，将个体经济、私营经济等非公有制经济提升为社会主义市场经济的重要组成部分的地位，充分体现了对市场经济发展的深入认识和经济主体多样化的时代需要。①

2004年的《宪法修正案》对经济制度内容部分进行修改，进一步明确了国家对发展非公有制经济的方针。将“国家保护个体经济、私营经济的合法的权利和利益。国家对个体经济、私营经济实行引导、监督和管理”修改为“国家保护个体经济、私营经济等非公有制经济的合法的权利和利益。国家鼓励、支持和引导非公有制经济的发展，并对非公有制经济依法实行监督和管理”。这一修改一方面扩大了非公有制经济保护的范围，将其扩展到了个体经济和私营经济之外。另一方面则提高了非公有制经济的法律地位，将国家政策调整为“鼓励”和“支持”，使其取得了与公有制经济形式同等的发展地位，这是符合我国社会主义初级阶段生产力发展水平的实际情况及其客观要求的。②

(二)《企业法》的滞后性

立法应当遵循宪法原则，是当今各国立法最基本的准则。宪法主要是近代以来所发展起来的一种法律，而近代以来各国国家制度和社会制度尽管存在差异，却都是主流文明的制度表现，因而它们有文明的相通性。这种文明的相通性体现到宪法中，就是各国宪法尽管呈现种种特色，却同时也具有共通语言，即一般都坚持这样几项共通性原则：人民主权原则、权力制约原则、基本人权原则、法治原则。立法应当遵循宪法基本原则，就是要以这些共通性原则为指导，体现这些原则。中国立法无疑也要遵循这些原则。③

《企业法》的立法依据是1982年《宪法》。在1982年《宪法》的构架下，《企

① 参见许崇德：《迈向新世纪的根本大法——论九届全国人大对宪法的修改》，载《现代法学》1999年第2期。

② 参见董和平：《宪法修改的基本经验与中国宪法的发展》，载《中国法学》2012年第4期。

③ 参见周旺生：《法理学》，北京大学出版社2006年版，第197页。

业法》得以构建。但是,从1982年到1993年,我国经济建设发生了巨大变化,从1993年的宪法修正案可以看出这一变化。该修正案主要内容有5条,其中4条是有关经济方面的:在序言中增加"我国正处于社会主义初级阶段""建设有中国特色社会主义的理论和坚持改革开放"等内容。将"国营经济""国营企业"全部改为"国有经济""国有企业"。将关于"国家实行计划经济"的规定修改为"国家实行社会主义市场经济,国家加强经济立法,完善宏观调控"。这次宪法修正将改革开放以来对重大经济制度和经济体制的改革以法律形式加以确定。这次宪法修正的意义在于:明确规定了国家在社会主义初级阶段的基本经济制度和与之相适应的分配制度;将农村集体经济组织的经营体制进一步具体化、科学化;将非公有制经济作为社会主义市场经济的重要组成部分,进一步提高了非公有制经济的地位。①

按理,其他的规范性法律文件都应作相应的修改,所以,1998年全国人大常委会在修订《森林法》时将该法其他各条款中的"全民所有"改为"国家所有"、"国营"改为"国有",《归侨侨眷权益保护法》原第16条第2款中有关"国营企业"的相关内容也是到2001年10月全国人大常委会修订该法时作修改,《全国人民代表大会常务委员会关于严惩严重破坏经济的犯罪的决定》中有关国营企业的内容直到1997年修订《刑法》该决议被废止时失效。②

近三十年来,特别是1993年之后,国家对于符合市场经济规律的诸多法律的创设或恢复促进了中国快速脱离封建和计划经济的束缚。

1993年修正后的《宪法》第15条规定:"国家实行社会主义市场经济。""国家加强经济立法,完善宏观调控。"在市场经济成为国家的宪法性目标之后,八届全国人大常委会在工作要点中提出,要把立法特别是经济立法放在今后工作的第一位,在八届全国人民代表大会任期内,大体形成社会主义市场经济法律体系的框架。为此,全国人大常委会于1993年底制定了一个宏大的立法规划。在这个规划中列举了需要制定的有关市场经济法律体系的立法有152件,其中在八届全国人大任期内完成的就多达115件。这个雄心勃勃的立法规划本身就意味着一场立法革命,而且是前所未有的立法革命。此后的十多年中,有关市场主体的法律,如《公司法》《合伙企业法》《商业银行法》《知识产权法》《物权法》等先后出台。有限公司、股份公司、有限合伙、普通合伙等西方组织形态在中国完整出现,同时这些市场主体应该享有的股权、物权、债权、知识产权等权利也逐渐

① 参见李正华:《我国历次修改修正宪法有关经济制度内容的表现与特点》,载《北京联合大学学报(人文社会科学版)》2007年第1期。

② 参见郭延军:《改善宪法与法律衔接状况初论》,载《法学评论》2008年第1期。

完善。另外，调整市场主体关系和维护市场秩序的法律，如《合同法》《证券法》《票据法》《保险法》《海商法》《反不正当竞争法》《反垄断法》《反倾销法》《招投标法》等也先后出台。

从这些法律的本质来看，不难发现一条主线：一个社会主义公有制基础上实行计划经济的国家在向市场经济迈进中，不断地在原有国有资产、国有企业和政府控制资源的诸多公共物品上建立了私人所有权或创设了独立的他物权。如国有、集体土地的个人使用权，国有企业的股份制改革，城市基础设施的私人专营权等。

应该说，在这些主体和权利创设的过程中，我国的市场经济向着主体平等、人格独立、自由竞争，同时政府权力有限和依法行使方向发展，初步形成了清晰的自主性利益主体、新型的契约性人际关系和广泛的讨价还价机制。但是有关这些主体的立法与宪法的衔接问题似乎尚未引起立法机关的必要关注。

从我国宪法文本本身看，我国宪法文本中没有为自己设置处理自身与法律衔接问题的相应机制，没有对全国人大及其常委会在法定期限内清理旧法、制定新法作出明确规定，这些也是造成《企业法》与宪法衔接出现缝隙，而《企业法》继续有效的重要原因。

我国宪法中显然缺少处置宪法或宪法修正案与法律衔接事宜的规定，而只是在序言部分确认了宪法“是国家的根本法，具有最高的法律效力”，在第5条规定了“一切法律、行政法规和地方性法规都不得同宪法相抵触”，但宪法与法律的衔接问题，现行宪法并没有作出任何具体规定。而没有这种明确的规定，有关国家机关和部门就不会有及时处理宪法与法律衔接问题的紧迫感。我国宪法与法律衔接的现实状况已经说明了这一点。①

宪法是万法之法，也是其他所有法律和法规直接或间接的立法基础。背离宪法原则，立法必然紊乱。因此，各国立法非常强调正确处理立法同宪法的关系，强调立法应当以宪法为根据或不得同宪法相抵触。我国立法自当也如此。②

我国的立法以宪法为依据，过去如此，将来仍将如此。在中国特色社会主义法律体系形成之后，还要继续使这个法律体系日臻完善，有些新的法律需要制定，有的现行法律必须适应客观实际的变化而修正。不论是制定新法，还是修改已有法律，都要坚持以宪法为立法依据。

总之，中国特色社会主义法律体系的形成和未来的发展，都离不开宪法发挥

① 参见郭延军：《改善宪法与法律衔接状况初论》，载《法学评论》2008年第1期。

② 参见周旺生：《法理学》，北京大学出版社2006年版，第197页。

的统帅作用。①

所以,有学者提出:对法律进行清理,从现行法律中彻底清除早已过时的内容或提法,如"人民委员会""国营企业"等,并对相关内容重新作出符合现行宪法的规定,②以消除依然存在的与现行宪法不一致的内容。

三、政府职能的转变实现了《企业法》的使命

伴随着改革开放从局部单项向整体系统方向的不断推进,我国社会结构从封闭走向开放,计划经济向市场经济转轨,农业社会向工业化社会转变,形成了强调建构民主的政治体系,发展社会生产力的社会主导价值,标志着我国在整体上已经开始了历史转型过程。在这个转型过程中,面对世界各国的改革大潮,承受着内外界的压力和挑战,我国政府的职能以及承担该职能的行政权力和行政活动也经历了全方位的、巨大的挑战。③ 改革开放以来,我国政府职能历经多次调整,取得较大进展。

(一)从全能政府到有限政府

改革开放以前,政府对社会生活的各个方面进行全面细致的管理。这种管理方式不仅影响了政府职能的调整与转换,也给政府自身发展带来了不少问题。政府履行着全能型政府的角色,个人则完全融入一个个的单位之中,成为一个个"单位人"。此时,对于绝大多数生活在国营和集体所有制的社会组织中的中国公民来说,单位对于他们的价值观念和行为规范起着举足轻重的作用,他们的行为在事实上通过组织功能多元化的特殊方式逐一整合到了一个个具体的社会组织即"单位"之中,从而由这种单位代表他们的利益,满足他们的基本要求,给予他们社会行为的权利、身份和地位。这样一来,"任何一个中国人必须依靠单位赋予的身份才能获得行动的合法性基础",社会也由此成为一个"单位社会",国家也由此成为一个"单位中国",政府也就由此成为一个全能型的政府。④

而根据世界银行《1997年世界发展报告》对政府职能定位的描述,"政府应当是以市场、社会为前提的功能补位行政或是助动式行政,政府是对市场及社会功能缺陷的替补,是市场调节和社会自治的剩余物"。我国政府主要实施以下

① 参见许崇德:《充分认识宪法在中国特色社会主义法律体系中的统帅作用》,载《求是》2011年第7期。

② 参见郭延军:《改善宪法与法律衔接状况初论》,载《法学评论》2008年第1期。

③ 参见杨建顺:《论政府职能转变的目标及其制度支撑》,载《中国法学》2006年第6期。

④ 参见蒋健:《改革开放以来我国政府职能转变的逻辑进路》,载《攀登》2008年第5期。

措施,以实现从全能政府到有限政府的转变:

1. 政企分开

在20世纪80年代,针对全能主义政府体制高度集权和计划管理的弊病,学术界和我国政府提出了转变政府职能的政策目标。1984年的《中共中央关于经济体制改革的决议》提出政府要实行政企职责分开,正确发挥政府管理经济的职能。①

1992年党的十四大提出建立市场经济体制,1993年党的十四届三中全会通过了《中共中央关于建立社会主义市场经济体制若干问题的决定》,提出政府管理经济的职能主要是通过宏观调控政策,创造良好的经济发展环境。同时,政府培育市场体系,监督市场运行和维护平等竞争,调节社会分配和组织社会保障,管理国有资产和监督国有资产运营,实现国家的经济社会发展目标。1997年党的十五大重申按照社会主义市场经济的要求,转变政府职能,实现政企分开,把企业生产经营的权力切实交给企业。2002年,党的十六大将政府的职能明确为"经济调节、市场监管、社会管理和公共服务"。

为实现政企分开,我国政府做了卓有成效的工作。首先,政府积极培育市场。我国处于经济转型时期,市场经济有效制度的供给相对不足,表现在市场发挥作用的范围和领域还很有限,市场制度不够完善,因此,要市场机制发挥正常功能,还需要进一步界定和保护产权,规范市场经济规则,培育市场经济秩序,保证宏观经济稳定,创造良好的社会环境和国际环境。对于政府面临转型期市场力量薄弱而不能充分有效实现资源配置的问题,从2001年开始政府大力整治市场经济秩序,打击各种扰乱市场秩序的行为;同时,借加入WTO组织之机,进行了大规模的部门法规和地方法规及规章的清理,修改、废除与WTO协议不符合的法律法规,并将许多职能交由市场完成。到2001年9月,各部委共清理法律法规2200多项并公布了新的部门规章,以维护市场秩序。

其次,政府剥离部分职能。例如,20世纪90年代,我国政府各部委解除了与所办经济实体和直属企业的行政隶属关系;严令禁止军队、武警部队和政法机关经商办企业,开始对电信、电力、铁路、民航等国有垄断行业进行改革。②

就我国的情况而言,类似电信、供水、供电、石油、民航等部门均具有很强的规模经济的作用,垄断经营更有利于经济资源的合理利用。不过,由于这些产品可以计量出售,又不会有供不应求的局面,因此引入竞争能够提高效率,使投入

---

① 参见《十一届三中全会以来党的历次全国代表大会中央全会重要文件选编》(上),中央文献出版社1997年版。

② 参见黄庆杰:《20世纪90年代以来政府职能转变述评》,载《北京行政学院学报》2003年第1期。

少、产出多;通过竞争可以打破垄断,能够使公营垄断组织对顾客的需要作出反应,从而实现消费者主权与公众主权,[①]赋予企业逐利的动机和动力。与此同时,政府只对其产品品质、价格和市场供给情况严加管理。我国政府对于带有自然垄断性质的国有企业,如电信、电力、民航、石油、城市公用事业等领域,采取“渐进改革”的策略,逐步引入了市场竞争性。

最后,减少行政审批。回顾改革开放历程,我国已进行了六轮行政审批制度改革,取消和调整了原有审批项目总数的近70%。[②] 行政审批制度改革是调整政府与企业、市场和社会关系,转变政府职能的重要举措。行政审批制度形成于计划经济时代,原有的行政审批不仅项目过多过滥、程序不透明,而且对需审批的企业实行“差别待遇”,行政审批收费极其泛滥,导致寻租和腐败的加剧。在这个阶段,政府着手大力改革行政审批制,如1999年7月广东省政府制定了《广东省政府审批制度改革工作方案》,对省直机关68个部门和单位的审批事项逐一进行重新论证。通过清理,省政府各部门原有审批、核准事项1972项减为1205项,减幅39%,其中审批事项由1392项减为514项,减幅63%。这一改革有利于政府从繁忙的审批事务中解脱出来,使政府管理方式真正由微观管理、直接管理、各部门的分割管理转变到宏观管理、间接管理、大行业管理上来。[③] 2001年国务院召开行政审批制度改革会议,其后,各省、自治区、直辖市都相继推行了此项改革。到2002年11月,国务院及其职能部门取消了789项行政审批项目,涉及56个部门和单位。其中,涉及经济管理事务的有560项,涉及社会管理事务的有167项,涉及行政管理事务及其他方面事务的有62项。

2013年5月6日李克强主持召开国务院常务会议,研究部署2013年深化经济体制改革重点工作,会议决定,在第一批取消和下放的71项行政审批项目等事项基础上,再取消和下放62项行政审批事项,并依法依规及时公布。

以上改革措施坚持以市场取向定位政府,利用市场力量改造政府,优化政府职能,塑造“有限且有为”的新型政府,从而强力推进市场经济的发展。

2. 政府机构改革

我国政府自身改革也取得了一定成就,1993年、1998年和2008年,我国政府进行了三次比较重要的机构改革。

1993年的政府机构改革提出转变职能的根本途径是政企分开,把属于企业的权力放给企业,减少具体审批事务和对企业的直接管理。宏观调控部门加强

① 参见章文光:《社会主义市场经济视野下的政府职能》,载《学术界》2006年第1期。
② 参见《深化改革:从政府职能转变做起》,载《宏观经济管理》2013年第6期。
③ 参见侯保疆:《我国政府职能转变的历史考察与反思》,载《政治学研究》2003年第1期。

宏观调控,作好国民经济发展战略、发展规划和经济总量的平衡,制定产业政策、培育发展市场。专门经济部门发挥规划、协调、服务和监督职能。经过精简,国务院组成部门设置41个(含国务院办公厅),加上直属机构和办事机构18个,共设置59个。国务院非常设机构也进行了大幅度裁减,由85个减少到26个。

1998年机构改革同样强调转变政府职能,实行政企分开,较大幅度调整和精简机构和人员编制,重点是加强综合经济部门和执法监督部门,把国务院综合经济部门改组成宏观调控部门,由国家发展计划委员会、国家经贸委、财政部、中国人民银行共同承担宏观调控职能,撤销大量专业经济部门,使其成为国家经贸委管理的国家局,如国家国内贸易局、国家煤炭工业局、国家机械工业局等,它们不再直接管理企业。发展社会中介组织,把大量社会事务交给社会中介组织来承担。机构改革后,国务院组成部门从40个减少到29个,部门内设机构精简了1/4,移交给企业、社会中介机构和地方的职能有200多项,人员编制减少了一半。

2008年的国务院机构改革,是根据十七大和十七届二中全会的部署,遵照2008年3月全国人民代表大会通过的《国务院机构改革方案》,从促进经济社会又好又快发展出发,统筹兼顾,在一些关键领域迈出了重要步伐。改革突出了三个重点:一是加强和改善宏观调控,促进科学发展;二是着眼于保障和改善民生,加强社会管理和公共服务;三是积极探索职能有机统一的大部门体制。这次改革的目的是要理顺各项机制,着力推动政府职能的转变。按照政企分开、政资分开、政事分开、政府与市场中介组织分开的要求,取消、下放、转移了国务院各部门的60多项职能。[①] 可以说,这次改革围绕转变政府职能这个核心,取消、下放或转移了一些不该管的事项,同时加强了社会管理和公共服务职责。[②]

经过这次中央政府机构改革,政府部门得到进一步精简。除国务院办公厅外,国务院组成部门27个,直属特设机构1个,直属机构16个,办事机构4个,直属事业单位14个。

党的十八届二中全会和十二届全国人大一次会议审议通过的《国务院机构改革和职能转变方案》,拉开了新一轮政府机构改革的序幕。此次行政体制改革明确提出,“凡是企业能够自主决定、自担风险、自行调节、自律管理的事项,坚决取消行政审批,充分调动市场主体的积极性和主动性;凡是社会组织能够承担的事项,坚决转移给社会组织,充分发挥其在社会公共事务管理中的作用;凡是下级政府能够管理的事务和提供的服务,坚决下放给下级政府,充分发挥地方

① 参见姜承红:《我国政府职能六十年的变迁与展望》,载《北京行政学院学报》2009年第4期。

② 参见李军鹏:《政府机构改革前瞻》,载《南风窗》2013年第2期。

和基层政府在公共事务管理和服务中的作用,最大限度地方便企事业单位、社会组织和人民群众”[①]。

(二)从集权政府到法治政府

市场经济的本质是法治经济,实现法制化是市场经济条件下政府职能的一个重要内容和发展方向。如果说,市场经济体制和计划经济体制下的政府职能有区别的话,最大的区别便是法制化。“市场经济是法制经济”,这句话形象地概括了市场经济的主要特征。计划经济体制下政府职能的最主要特征是行政化,即用行政手段来行使政府职能;而在市场经济条件下,政府行使职能必须依法进行。在法治国家,无法律依据的政府行为是违法行为,不具有法律效力。处于由计划经济体制向市场经济体制过渡阶段,我国政府必须完成政府职能由行政化向法制化的过渡。[②] 而转变政府职能本身就是建设法治政府的要求,从行为到程序、从内容到形式、从决策到执行,都必须符合法律规定,要使行政权力在法律和制度的框架内运行。[③]

从1993年开始,我国的市场经济法律体系的框架逐步形成,包括宪法、法律、行政法规、地方性法规和部委规章等一整套规范体系。首先,制定了规范市场主体,明确其权利和义务的法律,如《公司法》。其次,制定了调整市场主体关系,维护公平竞争的法律,如《合同法》《反不正当竞争法》《证券法》《房地产法》《消费者权益保护法》等。最后,实施了加强宏观调控,促进经济协调的法律,如《预算法》《人民银行法》《商业银行法》等。因此,我国政府在规范、监督市场主体、市场组织形式和市场交易形式等方面,逐步走上法制化轨道。

2003年8月,十届全国人大常委会第四次会议表决通过了《行政许可法》,该法于2004年7月1日起施行。2004年3月,国务院颁发《全面推进依法行政实施纲要》(以下简称《实施纲要》)。《行政许可法》和《实施纲要》的颁布与施行,对政府依法行政提出了新的更高的要求,对政府工作产生了并将继续产生深远的影响,对全面建设小康社会、依法治国乃至建设和谐社会的进程,必将产生巨大的推动作用,亦为转变政府职能确立了崇高的目标。《行政许可法》为建立“行为规范、运转协调、公正透明、廉洁高效”的行政管理体制,为建立有限政府、有为政府、诚信政府和法治政府,提供了有力的法律保障。[④]《行政许可法》不仅

---

① 宋世明:《行政体制改革的“表”与“里”》,载《法制日报》2013年3月1日。

② 参见刘作翔:《市场经济条件下政府职能的几个重要问题——兼议政府职能的法制化》,载《政法论坛》1994年第1期。

③ 参见《深化改革:从政府职能转变做起》,载《宏观经济管理》2013年第6期。

④ 参见杨建顺:《论政府职能转变的目标及其制度支撑》,载《中国法学》2006年第6期。

规定了政府规制的一般原则，而且还为政府规制的具体展开设置了相应的行为准则。该法的制定和施行，标志着我国向政府职能转变的制度保障迈出了极为重要的一步。

到2010年底，一个立足中国国情和实际，适应改革开放和社会主义现代化建设需要，集中体现中国共产党和中国人民意志，以宪法为统帅，以宪法相关法、民法商法等多个法律部门的法律为主干，由法律、行政法规、地方性法规等多个层次法律规范构成的中国特色社会主义法律体系已经形成，国家经济建设、政治建设、文化建设、社会建设以及生态文明建设的各个方面实现了有法可依。①

根据十八大关于"五位一体"的总体部署，行政体制改革是从经济体制、政治体制、文化体制、社会体制以及其他体制改革的结合点出发的，涉及行政权力关系的调整和政府组织结构的变动，涉及中央与地方、政府与社会、政府与企业、整体利益和局部利益等一系列重大关系需要进行整体布局和统筹。②

面对影响政府职能转变的众多新兴因素，面对党的十八大报告，要按照建立中国特色行政体制目标，建设职能科学、结构优化、廉洁高效、人民满意的服务型政府。而《企业法》显得苍白无力，难以作为。

四、同位法的完善取代了《企业法》的功能

（一）公司法的制定和修改

从1978年到90年代初，国有企业改革已经走过了十几年的历程，经历了初始的放权让利、利改税、承包制、转换经营机制等若干阶段。但是，在《企业法》立法框架下，始终不能解决国有企业活力不足、企业与国家的关系不顺等问题，这些问题促使经济学界、法学界和政界思考国有企业改革的系统性、长远性和战略性问题。

1993年11月，党的十四届三中全会召开，会议通过了《中共中央关于建立社会主义市场经济体制若干问题的决定》，指出国有企业改革的方向是建立产权明晰、权责明确、政企分开、管理科学的现代企业制度。十四届三中全会之后，当时主管国有企业改革的机构——国家经济贸易委员会，在《人民日报》公开发表了题为《建立与社会主义市场经济体制相适应的现代企业制度》的长篇文章，

---

① 参见《中国特色社会主义法律体系》白皮书，http://www.gov.cn/jrzg/2011-10/27/content_1979498.htm，2013年9月17日访问。

② 参见黄伯平：《政府职能的重大转变：从宏观调控再到宏观管理》，载《北京行政学院学报》2013年第3期。

对现代企业制度作了权威而系统的阐述。[①] 该文认为,随着我国经济体制改革的深入发展,国有企业活力不足的深层次原因进一步显露出来,主要是企业产权关系不明晰、组织制度不合理和管理制度不科学。因此,为了使国有企业改革进一步深化,必须解决深层次矛盾,应该由放权让利为主要内容的政策调整转为企业制度的创新,探索一条公有制与市场经济相结合的有效途径。我国所要建立的现代企业制度,是以规范和完善的企业法人制度为主体,以有限责任制度为核心的新型企业制度,其基本特征是:政企职责分开,产权关系明晰,企业中的国有资产所有权属于国家,企业拥有法人财产权,是自主经营、自负盈亏的独立法人实体;企业以包括国家在内的出资者投资形成的全部法人财产依法享有民事权利、承担民事责任,并对出资者承担资产保值增值责任,出资者按投入企业的资本依法享有所有者的权益、承担有限责任;政府不直接干预企业的经营活动;企业按照规范制定章程建立领导体制和组织管理制度;企业依法经营,照章纳税,接受政府监督,适应国家宏观调控政策。建立现代企业制度,必须完善我国的企业法人制度,确立法人财产权,实行出资者的所有权与法人财产权的分离。

1. 1993 年《公司法》的颁布

为适应国有企业改建为公司,建立现代企业制度的需要,1993 年 12 月,我国第一部《公司法》出台。这是一部比《企业法》重要得多的法律。[②] 在某种意义上,可以说,当初公司制度的引进更大意义上讲并非是经济发展的自发要求,而是国企改制的需要,即利用公司特有的产权结构、治理机构及业务运营等模式转换国企的经营机制建立现代企业制度。1993 年《公司法》出台的背景就是为了服务当时的国企改制,在制度构造上设定大量关于国企改革的条款,对于由国企改制而成的公司在设立、股份发行和转让、治理结构、债券发行、破产等方面都作了许多特别规定,可以称 1993 年《公司法》为“国有企业改制法”。[③] 因为当时尽管国有企业共有 180 多万家,其实“老板”只有一个,那就是中央政府。虽然大小企业分割成条条块块,分别隶属政府各部门或省市各级政府管理,又多次改革,进行放权、让利、搞活,但其指令式的计划经济性质并无根本改善。只有将这种“国家大企业”分散为千万个以独立法人为主体的经济单位,按照市场经济规律办事,才有可能建立起现代企业制度。《公司法》就是要推动这种产权改革。

《公司法》规定,公司是企业法人,有独立的法人财产,享有法人财产权,并

---

① 参见国家经济贸易委员会:《建立与社会主义市场经济体制相适应的现代企业制度》,载《人民日报》1993 年 12 月 21 日。

② 参见张文魁:《中国经济改革 30 年》,重庆大学出版社 2008 年版,第 70 页。

③ 参见漆多俊:《中国公司法立法与实施的经验、问题及完善途径》,载《中南工业大学学报(社会科学版)》2002 年第 1 期。

以其全部财产独立承担债务责任。该法在有限责任公司和股份有限公司设立部分,分别作出了有关国有企业改建为有限责任公司或股份有限公司的规定。①

《公司法》的颁布实施,标志着我国市场主体立法从以所有制形式立法转变为以责任形式立法,并摒弃了以所有制形式将企业分门别类的立法倾向。将各种不同所有制形式的企业作为平等的市场竞争主体看待,与 1993 年以前的企业主体立法思想相比有了较大的变化。②

当时最广泛的理解是,现代企业制度就是以股份制度为基础的现代公司制度,建立现代企业制度,就是要将传统的全民所有制企业改造为公司制企业。也就是说,要使国有企业实现公司化。所谓将国有企业改建为公司,是指将国有企业净资产折价或折股入公司,国有企业或其代表资产所有的部门,作为设立公司的发起人,或自己组建公司,或采取吸收其他法人和个人的出资,或向法人和个人出售部门股份等方式组建公司。这是不同于传统公司设立的做法。

按照当时的《公司法》的规定,国有企业改建为公司可以采取以下形式:

(1) 为单一投资主体的国有企业,符合公司法规定设立有限责任公司条件的,可依该法改建为国有独资有限责任公司(第 21 条)。

(2) 为多个投资主体的国有企业,符合公司法规定设立有限责任公司条件的,可依该法改建为由几个股东共同出资设立的有限责任公司(第 21 条)。

(3) 国有企业符合公司法规定设立股份有限公司条件的,可依该法改建为股份有限公司,如发起人少于 5 人,应采取募集设立方式(第 75 条)。

《公司法》颁布之后的几年,新设立的公司不多,大多数公司是由当时的国有企业改建而成的,③这是我国公司组建的一大特色。

国有企业的公司化,将使其资产保持独立性,有利于在国有企业同政府之间建立清晰的财务边界,有利于国有企业按照市场规则进行经营并接受市场竞争的结果。

现代企业制度的提出以及《公司法》的颁布,促使了我国经济学界思考如何建立现代公司制度的问题。吴敬连、钱颖一在 1994 年曾系统论述了国有企业的公司化。他们认为,国有企业的公司化应该包括三方面的基本内容,即明确公司的法人性质;界定产权关系,明确投资者对公司法人财产的股权;建立公司治理结构。其中,建立公司治理结构是公司化的核心。他们还认为,公司化是制止国有企业经营状况恶化、国有资产加速流失的迫切需要,是国有企业改革的合理起

---

① 参见王保树等:《中国公司法》,中国工人出版社 1995 年版,第 77—79 页。

② 参见姜天波:《公司法修改的若干理论问题》,载《人民司法》2005 年第 4 期。

③ 参见王保树等:《中国公司法》,中国工人出版社 1995 年版,第 77—79 页。

点,也有利于解决国有企业过度负债和承担社会职能等问题. 并为股权多元化准备了条件。

1993 年《公司法》的制定标志着我国进入了现代企业制度建立的新阶段,该法对恢复我国商事公司制度、推进国有企业的公司制改建、保护股东和债权人利益、确立市场经济主体的法律地位诸方面起到了重要作用。直至今天,该法仍然是我国商事组织法的主体和骨干。

《公司法》于 1994 年实施,将我国国有企业现代公司制的改革纳入了法律轨道。1994 年 11 月,国务院确定在百家企业进行现代企业制度的试点,《人民日报》公布进行试点的 100 家企业和 3 家控股公司名单。1999 年 9 月,十五届四中全会决定对国有大中型企业实行规范的公司制改革,指出公司制是现代企业制度的一种有效组织形式,而公司法人治理结构是公司制的核心。

有学者认为,经过《公司法》改造后,相对于放权让利,国有企业公司制改革取得了两个重大进步:一是承认了企业独立法人地位,国家作为股东,必须按照《公司法》的规定行使所有者职能;二是通过上市引入了外部投资者的监督,在一定程度上约束了内部人控制问题。①

《公司法》的实施充分调动了社会各种主体投资的积极性,避免了国家一家投资所带来的资金不足、投向盲目、效益不高等弊端。在管理体制方面,《公司法》的实施使我国的企业开始实行民主和科学的管理,进一步划清了与政府之间的关系。在收益分配方面,《公司法》的实施改变了传统的分配格局,使投资者、经营者、劳动者各自的利益在一定程度上得到满足。公司法作为商法的重要组成部分,与其他部门法相互配合,为建立我国市场经济的良好法律秩序、促进国民经济的繁荣发展提供了良好的法制保障。②

《公司法》实施后,国有企业的公司制改造对克服传统国有大中型企业低效性、治理结构的诸多缺陷发挥了重要作用,但由于当时公司实践经验不足,公司内部权力制衡机制失衡,股东大会形式化,董事长兼任总经理,监事会不监事等情况普遍存在,没有形成制衡机制。《公司法》实施不久,就有学者撰文指出:“当前我国企业的法人治理结构十分混乱,传统的东西和现代的东西混在一起,使法人治理结构很不规范。西方的法人治理有三层,董事会、监事会和经理班子,关系非常清楚。我国是八架马车,老三会,新三会,再加一个经理班子,一个外部监事会,关系十分复杂和混乱。各方面的关系,特别是党委和厂长的关系很

① 参见龚红、宁向东:《国有企业转型过程中宏观与微观权力关系的渐进式变革》,载《财经科学》2007 年第 1 期。

② 参见顾功耘:《〈公司法〉的实施与完善刍议》,载《法学》2004 年第 7 期。

难协调。有些企业即使建立了所谓的现代企业制度，各管理层也基本上由上级任命，各层之间无法进行有效的领导、制约，最终使企业无法有效运作。”①

2. 2005年对《公司法》的修改

1993年《公司法》颁布之时，正逢我国刚刚提出建立社会主义市场经济体制不久，1993年《公司法》在我国的经济改革和经济建设中发挥了巨大的作用，其实施已经导致计划经济体制下形成的单纯国有企业运行机制逐步让位于市场条件下的多种公司形式并存的运行机制。而十多年之后的2005年，正是我国社会主义市场经济体制走向完善之时。无疑，公司是市场经济发展的最重要的商事主体，因而《公司法》的颁布被人们视为建立社会主义市场经济体制的切实有效的步骤之一。同样，完善的公司制度也是完善的市场经济体制的应有之义。因此，《公司法》的修改必须适应完善市场经济体制的需要。

公司制度从一定意义上而言就是公司法人制度。而公司法人制度的根本点是：股东财产与公司财产分离，公司具有独立的财产权利；股东承担有限责任；公司具有独立人格。与其精神不一致的条文不应继续存在于公司法之中。譬如，1993年《公司法》第4条第1款规定：“公司股东作为出资者按投入公司的资本额享有所有者的资产受益、重大决策和选择管理者等权利。”第2款规定：“公司享有由股东投资形成的全部法人财产权，依法享有民事权利，承担民事责任。”这表明，股东出资后仅有股权，众多股东投资形成的财产属于公司。但是，该条第3款却又规定“公司中的国有资产所有权属于国家”。似乎国有股与其他股东不同，它既对公司享有股权，又继续对投入公司的资产拥有所有权。显然，这是不符合公司法精神的。②

尽管1993年《公司法》有力地推动了国有企业的改革，但是国有企业的一些不规范改革也给《公司法》的实施蒙上了浓重的阴影。在证券市场上，相当数量的国有控股的上市公司不仅没有形成合理的法人治理结构，而且经营状况以及效益令人担忧。有的公司经营不多年，已经陷入严重的困境，引起了多方面的关注。③ 修改《公司法》成为必然。

2005年11月27日新《公司法》对原《公司法》进行了全面的修订，修订案面临的一个首要难题，就是如何处理关于国企改革的问题，即要不要在《公司法》中规定国企的问题。在讨论中多数人主张国企改革立法应与《公司法》修改分开进行，但究竟彻底分开还是有限度分开，争论非常激烈，焦点集中在“国有独

① 范恒山：《国有经济的战略调整与国有企业改革》，载《经济社会体制比较》2002年第4期。

② 参见王保树：《〈公司法〉修改应追求适应性》，载《法学》2004年第7期。

③ 参见顾功耘：《〈公司法〉的实施与完善刍议》，载《法学》2004年第7期。

资公司”的去留上。有人主张,《公司法》中单列的关于“国有独资公司”部分应该去掉,与新增的“一人有限责任公司的特别规定”合并为一节;否则,同是一人出资,私人出资的叫“一人有限公司”,国有出资的却叫“国有独资公司”,不利于淡化公司的所有制色彩,也不利于一视同仁、公平竞争,但也有人以及国资委、工商总局等主管部门主张保留。最终保留“国有独资公司”一节,同时在淡化所有制方面取得了一些进展。①

(1) 保留并修改国有独资公司相关制度

1993 年《公司法》第 64 条规定:“本法所称国有独资公司是指国家授权投资的机构或者国家授权的部门单独投资设立的有限责任公司。”据此规定,不少中央企业作为国家授权投资的机构所投资设立的子公司都是国有独资公司。2005 年《公司法》将其修改为:“本法所称国有独资公司,是指国家单独出资、由国务院或者地方人民政府委托本级人民政府国有资产监督管理机构履行出资人职责的有限责任公司。”该定义与原定义相比较,“独资”的含义有所不同,修改之后的概念界定更为准确:由国家单独出资,由代表国家的国务院或者地方人民政府委托本级人民政府国有资产监督管理机构履行出资人职责。对比之下,后者缩小了国有独资公司的范围。因为根据该规定,国有独资公司的设立要具备三个要件:第一,国家出资,与原来的“国家授权投资的机构或授权投资的部门出资”相区别;第二,国家单独出资,由此区别于国有控股公司、国有参股公司;第三,国有独资公司是国有资产监督管理机构根据本级政府委托履行出资人职责的公司,本级国有资产监督管理机构是唯一履行出资人职责的机构。这样一来,非由国有资产监督管理机构根据本级政府委托履行国有资产出资人职责的公司,将不再被纳入国有独资公司的范畴。国家授权投资的机构设立的独资企业也不称为国有独资公司,而是纳入法人设立的一人公司的范畴。所以,国有独资公司的范围由此大为缩小。由于这一基本概念的变革,国有独资公司的组织机构有了一系列的变化:

① 修改国有独资公司董事会。对国有独资公司董事会中的非职工董事由 1993 年《公司法》规定的由国家授权投资的机构或者国家授权的部门委派相应修改为由国有资产监督管理机构委派;董事长、副董事长由国家授权投资的机构或者国家授权的部门从董事会成员中指定修改为由国有资产监督管理机构指定。

② 修改国有独资公司股权代表。1993 年《公司法》规定,由国家授权投资

---

① 参见李建伟:《中国企业立法体系改革——历史、反思与重构》,法律出版社 2012 年版,第 44—45 页。

的机构或者国家授权的部门代表国家行使股东权利。2005 年《公司法》规定，由各级政府的国有资产监督管理机构代表国家行使股东权利。由于该变化，使原来由国家授权投资的机构或者国家授权的部门行使的权利一律修改为由国有资产监督管理机构行使，如规定国有独资公司的公司章程由国有资产监督管理机构制定或者由董事会制定报国有资产监督管理机构批准。

③ 修改国有独资公司重大事项的决定权。1993 年《公司法》第 66 条规定："国有独资公司不设股东会……但公司的合并、分立、解散、增减资本和发行公司债券，必须由国家授权投资的机构或者国家授权的部门决定。"2005 年《公司法》将 1993 年《公司法》第 66 条的规定修改为"国有独资公司不设股东会……但公司的合并、分立、解散增减注册资本和发行公司债券，必须由国有资产监督管理机构决定；其中，重要的国有独资公司合并、分立、解散、申请破产的，应当由国有资产监督管理机构审核后，报本级人民政府批准。前款所称重要的国有独资公司，按照国务院的规定确定。"2005 年《公司法》的这一规定既对 1993 年《公司法》合理的规定予以肯定，又吸收了国有资产管理体制改革的成果，借鉴了 2003 年国务院颁布的《企业国有资产监督管理暂行条例》第 21 条的规定："国有资产监督管理机构依照法定程序决定其所出资企业中的国有独资企业、国有独资公司的分立、合并、破产、解散、增减资本、发行公司债券等重大事项。其中，重要的国有独资企业、国有独资公司分立、合并、破产、解散的，应当由国有资产监督管理机构审核后，报本级人民政府批准。"至于哪些企业属于重要的国有独资公司，在不同的经济发展阶段、不同的社会发展时期，重要的国有独资公司的含义不同，所以，2005 年《公司法》授权国务院来确定。

(2) 删除国有独资公司有关内容

删除"公司中的国有资产所有权属于国家"的规定，这一规定带有明显的计划经济痕迹。因为按照我国早期学界的观点，在国有企业中，作为出资者的国家享有所有权，企业享有对占有的国家财产进行依法经营的权利，包括占有、使用、收益、处分四项权能。这种学说是在社会主义市场经济发展初期，出于国企改革的政策考虑而提出的，根本上说还是没有完全脱离"公司制度是姓资还是姓社"的争论，将社会主义的国有公司作为一般公司的例外，目的是避免动摇公有制基础，防止国有资产流失。但是，这样的规定并未如设想一样对国有企业改革起到很好的作用，相反导致了国有企业即使在公司制改革后，仍然产权不清、政企不分、职责不明。这一规定，从根本上否定了公司法人人格独立的财产基础。后来有些学者又提出双重所有权说，认为公司对其法人财产享有所有权，而作为出资者的国家同时对公司享有所有权（终极所有权）。但是这一学说因为违反了"一物一权"的物权法思想，并与经营权说一样导致公司法人格对股东的依附，根本地动摇了公司法人制度。还有一种法人财产占有说认为国家是全民财产的所有人,企业则享有具有独立物权性质的占有权,这种权利是一种相对所有权,企业据此可以自主支配一定的全民财产。占有权说很难涵盖使用、收益、处分等权能,与公司实际运作状况不相符合,且同样使得公司产权不清、责权不明,因而最终也被抛弃。

随着我国国有企业改革的推进和对公司制度认识上的深化,法学界和实务界达成共识:公司制度中法人财产权与股东股权的分离不仅可以为一般公司带来公司独立经营和出资者权益的双重保护,而且同样可以适用于国有企业。在国有企业中,国家作为出资者依法出资后,享有作为股东的股权,而公司对包括国家股东在内的出资则享有独立的法人财产权。国家股东凭借其股权决定公司重大问题,分享公司利润,同时选派经营者经营公司;公司则依法自主经营、自负盈亏。如果公司经营者侵犯公司或股东的合法权益,造成国有企业财产流失,公司和股东可以依照公司法的规定追究公司经营者的责任。这种产权清晰、权责分明的模式更有助于促进国有企业经营效益的提高,同时保护国有资产。在这一思路被广泛接受后,原《公司法》的这一规定就愈发显得不合时宜,因此在此次修改时予以删除。①

删除了关于国有独资公司适用范围的规定。1993 年《公司法》第 64 条第 2 款规定:“国务院确定的生产特殊产品的公司或者属于特定行业的公司,应当采取国有独资公司形式。”删除了只有董事长为公司的法定代表人的规定。1993 年《公司法》规定,董事长为公司的法定代表人。按照 2005 年《公司法》第 13 条的规定,公司法定代表人由公司章程自行规定,可以是董事长、经理或执行董事。删除了公司董事会成员为 3—9 人的规定。1993 年《公司法》第 68 条第 2 款规定,公司董事会成员为 3—9 人。2005 年《公司法》对公司董事会成员的人数未作规定。删除了 1993 年《公司法》第 71 条有关国有独资公司资产转让的规定。删除了原《公司法》第 72 条规定的内容,主要因为原《公司法》的规定,有些不科学,有些不符合我国对国有独资公司管理的新情况和要求。

删除 14 处涉国企改革的条款。如删除 1993 年《公司法》第 7 条:“国有企业改建为公司,必须依照法律、行政法规规定的条件和要求,转换经营机制,有步骤地清产核资,界定产权,清理债权债务,评估资产,建立规范的内部管理机构。”第 21 条:“本法施行前已设立的国有企业,符合本法规定设立有限责任公司条件的,单一投资主体的,可以依照本法改建为国有独资的有限责任公司;多个投资主体的,可以改建为前条第一款规定的有限责任公司。国有企业改建为

① 参见赵旭东:《新旧公司法比较分析》,人民法院出版社 2005 年版,第 6—8 页。

公司的实施步骤和具体办法,由国务院另行规定。”这些特别条款的删除,有助于回归《公司法》作为企业基本组织法的制度本位。[①]

（3）新增国有独资公司有关内容

① 明确规定了国有独资公司董事会的职工董事的产生原则、产生机构和程序。1993年《公司法》只是原则性地规定国有独资公司董事会的职工董事由职工民主选举产生,至于具体通过何种民主程序选举产生,没有明确规定,职工董事的民主化成为空话。而2005年《公司法》规定国有独资公司董事会的职工董事的产生通过公司职工代表大会选举产生,这样,职工董事的选举在操作层面上就没有障碍。

② 对国有独资公司监事会的新规定。主要有以下几个方面:第一,监事会的组成。1993年《公司法》规定监事会的成员不得少于3人,但是没有对职工代表比例提出明确的要求。鉴于一方面职工最了解公司的生产经营状况,其合理建议值得听取,另一方面,职工属于弱势群体,为了保护这部分人的利益,2005年《公司法》将其修改为国有独资公司监事会成员不得少于5人。增加规定:“国有独资公司监事会成员不得少于五人,其中职工代表的比例不得低于三分之一,具体比例由公司章程规定。”并针对1993年《公司法》没有明确规定监事会职工代表的产生办法,2005年《公司法》明确规定职工代表通过职工代表大会选举产生。第二,监事会主席的产生。1993年《公司法》没有关于监事会主席的规定,2005年《公司法》明确规定监事会主席由国有资产监督管理机构从监事中指定。第三,监事会的职权。由于2005年《公司法》对有限责任公司监事会职权作了修改,增加了监事会职权,因此,2005年《公司法》关于国有独资公司监事会职权适用相关规定,其职权当然也有所增加。具体行使2005年《公司法》第54条第1—3项规定的职权和国务院规定的其他职权。

③ 对国有独资公司的董事高级管理人员专任制度的规定。对于一般的公司而言,竞业禁止义务仅仅是要求董事、经理不得自营或者为他人经营与其所任职公司同类的营业或者从事损害本公司利益的活动。如果所兼任的职务的公司业务与其所任职公司业务不存在竞业态势,且所从事的活动不损害本公司利益的,法律不限制一般公司的董事、经理对他公司职务的兼任。但是,2005年《公司法》对国有独资公司董事长、副董事长、董事、高级管理人员,实行了比竞业禁止的规定更加严格的专任制度。

1993年《公司法》也有高管的专任制度,其第69条第2款规定:“经国家授

---

① 参见李建伟:《中国企业立法体系改革——历史、反思与重构》,法律出版社2012年版,第44—45页。

权投资的机构或者国家授权的部门同意董事会成员可以兼任经理。”第70条规定:“国有独资公司的董事长、副董事长、董事、经理,未经国家授权投资的机构或者国家授权的部门同意,不得兼任其他有限责任公司、股份有限公司或者其他经营组织的负责人。”但是,2005年《公司法》将这两个条文分别修改为:“经国有资产监督管理机构同意,董事会成员可以兼任经理”;“国有独资公司的董事长、副董事长、董事、高级管理人员,未经国有资产监督管理机构同意,不得在其他有限责任公司、股份有限公司或者其他经济组织兼职。”

2005年《公司法》之所以如此严格规定,其目的在于通过确保公司董事、经理等能勤勉地在国有独资公司工作,最大限度地防止公司管理层因兼职导致国有独资公司管理秩序混乱失控,达到防止国有资产流失的最终目的。①

我国《公司法》的这些进步,很大程度上取代了《企业法》关于所有权和经营权分离、政企分开的功能。国有企业的治理结构如果依照《公司法》的规定进行组建,将更加规范合理。

(二)《企业国有资产法》的出台

我国国有经济的发展,积累了规模庞大的国有资产。对于国有企业及其改革和经营性国有资产的管理,以至如何建立一个有效的体制,确保各类国有财产的有效利用和保护,是人们长期以来关注的一个话题。对于国有资产,我国一直没有一部从整体上加以系统调整的法律。尤其是针对有些地方、有些国有企业,将国有资产低价折股、低价出售,甚至无偿分给个人,或者以其他方式和手段侵害国有资产权益,造成国有资产流失的现象,《企业法》束手无策。因此,社会各界呼吁制定保护国有资产的专门法律,以健全制度,堵塞漏洞,切实维护国有资产权益,保障国有资产的安全。②

国有资产法的立法工作自1993年启动,历时15年,几经反复,结合实践和观念发展的实际状况,《企业国有资产法》终于在2008年10月28日经由第十一届全国人民代表大会常务委员会第5次会议通过,并于2009年5月1日起正式施行。

在规范对象上,《企业法》适用于全民所有制企业,这类企业具有法人资格,财产归全民所有。《企业国有资产法》规范对象更广,包括了国有独资企业、国有独资公司,以及国有资本控股公司、国有资本参股公司。

---

① 参见史正保:《解读新〈公司法〉对国有独资公司制度的完善》,载《经济研究参考》2007年第59期。

② 参见杨绍华:《企业国有资产法:一部保障国有资产权益的重要法律——访全国人大常委会法工委副主任安建》,载《求是》2009年第9期。

两部法律对以下几个方面的规定基本一致:肯定了政企分开、两权分离的原则,明确了企业经营自主权不受非法干涉;职工有权通过职工代表大会等形式对企业实行民主管理;国家出资的企业负有妥善经营管理国有资产、进行风险控制、实行经济责任制以及确保国有资产保值增值的职责;企业负有保证产品质量,建立和谐劳动关系,接受审计、税务等部门的依法监督,遵守法律法规等责任。但是,《企业国有资产法》的出台,替代了《企业法》关于国有资产保值增值的相关功能。

1.《企业法》的立法宗旨相对落后

《企业法》的立法宗旨在第1条便已明确提出,即"为保障全民所有制经济的巩固和发展,明确全民所有制工业企业的权利和义务,保障其合法权益,增强其活力,促进社会主义现代化建设"。

改革开放以来,我国经济建设取得了举世瞩目的成就,国有经济日益发展壮大。国有资产广泛分布于社会生活的各个方面,尤其是在公共基础设施、国家安全和支柱产业等领域。规模庞大的国有资产不仅是我国社会主义的政治经济基础、政府提供公共产品和公共服务的基本保障,也是全国人民的共同财富。随着我国国民经济的发展和国有企业改革的深化,国企效益提高、利润有所增长,对国有财产投资经营提出了更高的要求,为使国有资本和国企造福于民,现阶段的实际需要不仅仅是保障全民所有制经济的巩固和发展,明确全民所有制工业企业的权利和义务,保障其合法权益,增强其活力,而是如何把全民所有的国有资产即国家所有的权益保护好、运用好,实现、维护国有资产权益,巩固和发展国有经济,增强国有经济的活力、控制力、影响力的问题。解决好这一问题,对于提高人民生活水平,增强综合国力和民族凝聚力,坚持我国社会主义基本经济制度,具有十分重要的作用。《企业国有资产法》第1条开宗明义:"为了维护国家基本经济制度,巩固和发展国有经济,保障国有资产权益,发挥国有经济在国民经济中的主导作用,促进社会主义市场经济发展,制定本法。"

《企业国有资产法》贯彻了党的十六大、十七大精神,遵循宪法,坚持社会主义基本经济制度,保障国有经济的巩固和发展,从法律上保障和维护国有资本的权益。

2002年党的十六大决定成立国有资产监督管理机构,十六届二中全会和十届全国人大进一步明确将国资委作为本级政府的直属特设机构,根据授权依法履行国有资产出资人职责,并负责国有资产监管。选择这个方案,有利于改变国有资产多头管理和国有资本出资人不到位的状况,减少管理层次,加强集中统一监管。国资委专门承担企业国资监管职责,既不同于对全社会各类企业进行某方面公共管理的政府机构,也不同于一般的企事业单位,而是由政府授权行使国家所有权的监管职能,具有特殊性质。从这时起,我国第一次从机构设置上,在政府层面明确了企业国有资产的产权代表,使该职能由政府公共管理部门承担的政资不分的局面,转向由政府特设机构专门负责,并由过去政府多个部门分散管理转为由政府特设机构集中行使。

2003 年十六届三中全会在《中共中央关于完善社会主义市场经济体制若干问题的决定》中,进一步强调要建立健全国有资产管理和监督体制,坚持将政府公共管理职能和国有资产“出资人”职能分开,国有资产管理机构对授权监管的国有资本依法履行“出资人”职责。2007 年 10 月党的十七大报告指出:完善各类国有资产管理体制和制度,加快推进政企分开、政事分开。

从上述政策及文件中可以清晰地看到,十多年来我国国有企业和国有资产管理体制改革的总体脉络,是在适应建立社会主义市场经济体制目标的大背景下,始终围绕国有企业产权制度改革这个核心,推进政企分开、政资分开,促进国有财产投资经营各环节的角色定位科学、明晰,在此基础上力求出资人到位、监管得力、企业得以依《公司法》面向市场有效地运作,从而为发展壮大国有经济奠定了体制基础。因此,本法就是在延续以上精神的前提下,着重完善经营性国有资产管理体制,将其制度法律化的尝试。①

2.《企业法》的立法原则被全面超越

《企业法》第 2 条第 2 款、第 3 款明确规定:“企业的财产属于全民所有,国家依照所有权和经营权分离的原则授予企业经营管理。企业对国家授予其经营管理的财产享有占有、使用和依法处分的权利。企业依法取得法人资格,以国家授予其经营管理的财产承担民事责任。”至此,所有权同经营权分离的原则,得到了法律的认可和肯定。但是,国有企业的政企不分、两权如何分离的问题,在《企业法》实施的二十多年中,一直就没有有效解决。

《企业国有资产法》另辟蹊径,在总结国有资产产权体制与管理体制改革的基础上,对履行出资人职责的机构、出资人,出资人行使出资人权利应当遵循的基本原则,出资人对出资企业的权利等关系出资人职责、地位,以及出资人与出资企业关系的重大事项作了明确规定,这些规定对于最终厘清国有资产出资人、出资人的代表人、所有权人、经营人、监管人之间关系,理顺政府与国家出资企业的关系,进一步推进并完成我国经济体制改革具有非常积极的意义。②

---

① 参见史际春:《企业国有资产法理解与适用》,中国法制出版社 2009 年版,第 1—5 页。

② 参见王克稳:《〈企业国有资产法〉的进步与不足》,载《苏州大学学报(哲学社会科学版)》2009 年第 4 期。

3.《企业法》的部分规定被完全取代

(1)《企业法》第6条规定:"企业必须有效地利用国家授予其经营管理的财产,实现资产增殖;依法缴纳税金、费用、利润。"此条规定难以实现立法目的。

据有关资料显示,自1994年至2007年,国有企业没有上缴一分钱利润。2009年,国有企业利润上缴比例仅约6%,其余利润都在企业内部分配。2010年,该比例降至2.2%而央企上缴的红利目前主要在央企体系内部转移,①尚没有体现《企业法》第6条规定的意义。《企业国有资产法》通过切实保障国家对企业出资所形成的出资人权益,以保障国有资产安全,防止国有资产流失,这是实现国有资产保值增值、发展壮大国有经济的基础。

尽管国有企业和国有资产管理体制改革取得明显成效,但由于我国以前对国有财产投资经营的规律不甚明了,实践中缺少章法,制度性缺漏较多,基本上是"头痛医头、脚痛医脚",体制不够完善。加上我国正处于社会和经济转型期,各种侵吞、侵害国有资产及其权益的事件层出不穷,如在国企改制过程中,将国有资产低价折股、低价出售,甚至无偿分给个人,或者以其他方式和手段侵害国有资产权益,化公为私。因而维护国资权益,保障国资安全,防止国资流失,成为社会持续关注的焦点。如何从法律角度切实维护国资权益,防止国资流失,促进国有经济巩固和发展,《企业法》的第6条规定在这样窘迫的现实面前无能为力。因为该条规定只是宣誓性、号召性的规定,没有可诉性的规则条文作保障。《企业国有资产法》科学地确立并完善国有财产投资经营的原则、方式,将其制度化、法治化,以保护国有资产权益,发挥国家所有权在社会主义市场经济中的主导作用,从而促进市场经济的健康运行和发展。②

(2)《企业法》第44条规定,企业管理人的产生,由政府主管部门根据企业的情况决定采取政府主管部门委任或者招聘或企业职工代表大会选举产生。第47条规定,企业设立管理委员会或者通过其他形式,协助厂长决定企业的重大问题。管理委员会由企业各方面的负责人和职工代表组成。

而《企业国有资产法》第12条则规定:"履行出资人职责的机构代表本级人民政府对国家出资企业依法享有资产收益、参与重大决策和选择管理者等出资人权利。履行出资人职责的机构依照法律、行政法规的规定,制定或者参与制定国家出资企业的章程。履行出资人职责的机构对法律、行政法规和本级人民政府规定须经本级人民政府批准的履行出资人职责的重大事项,应当报请本级人民政府批准。"

---

① 参见天则经济研究所课题组:《国有企业的性质、表现与改革》,载豆丁网。

② 参见史际春:《企业国有资产法理解与适用》,中国法制出版社2009年版,第1—5页。

依照新法优于旧法的原则,《企业国有资产法》第12条将前述《企业法》第44、47条规定架空。

总之,《企业国有资产法》确立了我国企业国有资产监督管理体制,明晰了履行出资人职责的机构和国家出资企业的职权与责任,明确了涉及国有资产出资人权益的重大事项,规定了国家出资企业管理者的选择与考核规则和国有资本经营预算制度的相关原则,对推动我国国有企业改革和发展具有十分重要的意义。毫无疑问,《企业国有资产法》对仅仅依照《企业法》成立的国有企业既是机遇又是挑战。

按照《企业国有资产法》的规定,企业国有资产是指国家对企业各种形式的出资所形成的权益。不论哪种国有资产只要进入经营性领域就要纳入这部法律调整的范畴。这从细节上反映出我国希望在自己的经济改革中,能搭建起一条新型的公有制与市场经济体制相对接的桥梁。[①] 为国有企业的多种所有制改革留下伏笔,使国有企业改制与资产转让有了较明确的法律依据,同时和2005年《公司法》相呼应,也规定了国企高管不得随意进行三类兼职,增加规定主要负责人应接受经济责任审计、出资机构须对国资保值增值负责等。[②] 其先进性不言而喻。

《企业国有资产法》的颁布施行,标志着企业国有资产管理体制及国有资产的经营和保护从行政手段向民商事法律手段的转变,这部法所确立的国有资产管理体制是与社会主义市场经济体制的改革目标和国有企业改革的方向相一致的,其颁布施行必将对社会主义市场经济的发展、深化国有企业改革发挥巨大的促进作用。

《企业国有资产法》的出台,从立法宗旨到立法原则再到具体的规则多方位地突显了《企业法》的笨拙和老套。

(三)破产法的完善

《企业破产法(试行)》于1986年12月在第六届全国人民代表大会常务委员会第十八次会议上通过。由于该法仅仅适用于全民所有制企业,所以也可以称为国有企业破产法。后因社会经济生活的变化,于2006年进行了修改。

1.《企业破产法(试行)》为国有企业改制服务的制度设计

1979年以后,我国走上改革开放的道路。城市经济改革的一个重要目标就是让企业自负盈亏,但随着企业亏损和不能偿还债务的情况日益突出,便急需一

---

① 参见刘纪鹏:《〈国有资产法〉破冰2006》,载《法人》2006年第2期。

② 参见赵梅:《浅议〈企业国有资产法〉的缺憾与对策》,载《经济师》2009年第9期。

套法律机制来加以处理。于是,制定破产法的任务便提上了议事日程。1980 年 10 月,国务院发布《关于开展和保护社会主义竞争的暂行规定》,引发了关于“淘汰”落后企业的讨论。1984 年 5 月在第六届全国人大第二次会议上,部分代表提出了制定企业破产法的提案。随后,国务院多次召开会议讨论制定破产法的问题。讨论中存在着激烈的争论。与此同时,学者们争相发表文章,呼吁制定破产法。

1984 年 10 月,中共十二届三中全会通过《关于经济体制改革的决定》,提出“使企业真正成为相对独立的经济实体,成为自主经营、自负盈亏的社会主义商品生产者和经营者,具有自我改造和自我发展的能力,具有一定权利和义务的法人”。至此,可以说,所有权与经营权适当分开的思想成为制定企业破产法的理论依据。全国人大常委会于 1986 年 12 月 2 日通过了《企业破产法(试行)》,并在《企业法》实施满三个月之日即 1988 年 11 月 1 日生效。

“两权分离”的思维催生了我国第一部破产法——《企业破产法(试行)》。而《企业破产法(试行)》的通过与施行,不仅在我国法律体系的构筑中填补了历来匮缺的空白,而且还以它为中轴,带动了诸如《企业法》《社会保障法》《公司法》《反不正当竞争法》等一系列法律法规的相继出台。①

《企业破产法(试行)》的颁布和施行对冲破国有企业不能破产的旧观念,建立企业优胜劣汰的竞争机制起了促进作用,《企业破产法(试行)》服务于国有企业改制的主要安排有:

第一,立法宗旨——以破产促经营。

由于当时全民所有制的形式——国家所有制存在着缺陷和弊端,决定了劳动者同生产资料直接结合的愿望难以实现,决定了劳动者与经营者同企业经营状况之间缺乏完善的联结机制,因而,劳动者与经营者对企业的责任心不可同私有制企业同日而语。这样,就出现了全民所有制企业没有“真正主人”的状况。在这种情况下,关于国有企业的破产不仅有商品经济规律作用的客观原因,而且还有企业经营者缺乏责任心的主观原因。这是当时我国不少全民所有制企业连年亏损,缺乏经营活力的重要因素。因此,我国企业破产立法的目的就必须既要维护商品经济的秩序,保护债权人、债务人的合法权益,又要以完善全民所有制,加强企业经济责任制和民主管理,增强企业经营者与劳动者对企业的责任心为重要出发点,促使经营者与劳动者同企业之间建立“共损共荣”的经济法律关系,使企业有“真正的主人”。所以,明确企业经营者和管理者对企业的责任,促使企业的经营者和管理者对企业经营管理尽心尽力,是我国当时的企业破产立

① 参见汤维建:《优胜劣汰的法律机制——破产法要义》,贵州人民出版社 1995 版,第 229 页。

法宗旨之一。这一立法宗旨决定了我国企业破产法律责任包含两种类型:其一,为了达到破产清算的公平性,必须对各种破产诈欺、破产贿赂、违反说明义务、损害债权人利益等行为进行惩罚;其二,为了加强经济责任制,根据过错责任原则,对企业破产负有直接责任的人员进行处罚。① 但是当时立法的指导思想主要是以破产为惩罚手段,来促使那些亏损的国有企业改善经营。②

第二,适用范围的专属性。

《企业破产法(试行)》仅限于全民所有制企业法人,其他所有制企业不适用。这种专门对全民所有制企业破产关系的法律调整,是由我国全民所有制企业在当时的社会经济生活中的主导地位决定的。但同时也带来不利影响,随着当时我国企业的深化改革,为适应市场经济的需要,我国企业逐渐形成了国有、集体、私营、三资、股份有限公司和有限责任公司等多种所有制形式。后来的实践证明达到破产界限的企业,有各种所有制的企业,其中集体企业占的比重相当大。其他所有制形式的企业已濒临破产、名存实亡。由于《企业破产法(试行)》不适用于非国有企业,致使这些企业破产无法可依,成了"活不成"又"死不了"的烂摊子,给企业本身和社会均带来许多问题。可以说在某种意义上,正是由于《企业破产法(试行)》适用范围过窄,才导致企业破产机制不能在全国范围内的企业普遍实行。③

第三,破产程序的行政参与性。

《企业破产法(试行)》设置了很多条文,让政府参与破产程序,如公用企业和与国计民生关系重大的企业,出现了破产原因,政府有关部门可以给予资助或采取其他措施帮助清偿债务;全民所有制企业作为债务人要自行提出破产申请,必须经政府主管部门同意;债权人申请宣告债务人破产时,是否申请和解,债务人本身没有决定权,其上级政府主管部门却享有决定权;债务人和债权人会议达成和解协议后,经人民法院裁定认可,中止破产程序,其后的整顿由债务人的上级主管部门负责,这就把政府直接管理企业经营活动、整顿亏损企业的行政措施引入了破产程序。另外,关于破产清算的组成人员,现行破产法规定由人民法院从企业上级主管部门、政府财政部门等有关部门和专业人员中指定,使政府官员成了破产清算组的主要成员,而忽视了破产清算工作的民间性、中介性、专业性和社会性。④ 诚然,国有企业或者国有独资公司的财产属于该企业或者公司所

---

① 参见徐德敏、梁增昌:《企业破产法论》,陕西人民出版社 1990 年版,第 282—283 页。

② 参见徐学鹿主编:《市场主体与市场行为法的基础理论与实务》,人民法院出版社 1999 年版,第 191 页。

③ 参见张景文:《关于重新修订〈破产法〉的法律思考》,载《中外法学》1995 年第 3 期。

④ 参见李曙光:《现行〈破产法〉的缺陷及其重新完善》,载《改革》1996 年第 1 期。

有,国有企业同其他企业的不同,仅仅在于出资人不同,而出资人在法律地位上也是平等的。所以,不应当特别规定国有企业申请破产时应当征得其出资人的同意,而其他类型的企业在申请破产时就不必征得其出资人的同意。这样的问题应当由企业法和公司法来解决。目前,在我国司法实践中的问题是,政府有关部门始终把自己的出资人地位与政府管理地位混合在一起,以政府权力行使其出资人的权利,如"计划破产"就是最典型的表现。① 所谓"计划破产",就是在一些破产案例中,政府对破产全过程一手包揽、计划安排,甚至怂恿企业逃避债务的情况。一些地方政府沿用过去计划体制下习惯的"关停并转"方式,把破产当作行政行为,以行政命令的方式推行破产,不考虑破产企业本身的意愿,不考虑法院在破产工作中的主导地位,不考虑用市场和改革的方式来解决破产问题。而破产行为是法律行为,从破产的提出、申请、受理、公告、债权人会议、宣告、清算到破产程序的终结,都是有严格的法律规定的,一个企业破产的全过程也应是一个司法程序的过程,不是政府计划安排的结果。破产对企业来说是由于企业生产经营上的失败而不得不采取的极端手段,它是一种必要的丧失,因此破产行为是市场竞争自发要求的行为。在破产过程中为体现市场的公平、平等和合理,破产程序必须依法进行,只有严格遵循法律规定的程序才能公平、平等地保护所有市场主体(包括债权人和债务人)的合法权益,最大限度地减少债权人、债务人的损失。②

《破产法(试行)》的上述种种制度设计,导致在1986年掀起的改革大潮中,一部分国有企业已经具备了破产原因,但因其职工无法安置而不能破产,于是,在我国的国有企业中实行了极具中国特色的所谓"计划破产"。当时的《破产法(试行)》就等同政策而非法律,更像"职工安置法"或者"国有企业拯救法"。③ 从各地当时的破产司法实践看,根据《破产法(试行)》的规定,由债权人或债务人主动提出破产申请的极少,由政府有关部门或企业主管部门指定某个企业实行破产处理的情况占绝大多数。一些地区为了推行企业破产制度,针对债权人和债务人都不愿意提出破产申请的现实,相继成立了破产试点办公室或指导组,由其决定某些病入膏肓、无法拯救的亏损企业破产,并通知人民法院宣告企业破产。④

《破产法(试行)》的出台,一个原因是观念的转变:十二届三中全会明确提出要使国有企业真正成为自主经营、自负盈亏的相对独立的法人,越来越多的人

---

① 参见李曙光:《破产试点中应注意的几个问题》,载《法学》1995年第4期。

② 参见同上。

③ 参见李永军:《重申破产法的私法精神》,载《政法论坛》2002年第3期。

④ 参见张景文:《关于重新修订〈破产法〉的法律思考》,载《中外法学》1995年第3期。

认识到国有企业必须以其占用的财产独立承担亏损责任,国家不应该继续替国有企业承担亏损包袱,亏损累累资不抵债就应该通过破产方式强制企业退出市场。观念的转变是直接原因。另一个更加重要的原因,是经济发展的需要:因为到了20世纪80年代中期,乡镇企业、私营企业逐步发展,并以其灵活的经营机制步步挤压国有企业,一些国有企业陷入亏损之中而不能自拔。这种前所未有的情况促使政府不得不考虑连年亏损的国有企业的出路问题。经济发展的需要是根本原因。

《企业破产法(试行)》的颁布对于冲破计划体制下国有企业不能破产的旧观念,建立优胜劣汰的市场竞争机制起到了推动作用。但是,在社会主义市场经济体制框架建立以后,这部《企业破产法》的局限性与缺陷已日益暴露出来。[①] 诸如《企业破产法》(试行)仅适用于全民所有制企业,适用范围过窄;受到当时立法实际情况的限制,政府参与破产程序的行政色彩过浓,明显带有计划经济的痕迹,并且缺乏有关重整制度的规定,对某些濒临破产但有复苏希望的企业尤其是大中型企业缺乏避免破产的有效措施和手段等,导致《企业破产法(试行)》被架空。[②] 所以,尽管《企业破产法(试行)》这部法律具有革命性的意义,但是该法出台后基本上处于"闲置"状态,即很少有国有企业按照此法实行破产。

2. 2006年《企业破产法》从立法上对所有制身份的突破

一个企业究竟应不应该破产,其条件是客观的,即只要具备破产原因,就可以自己申请或者被债权人申请破产。政府有关部门既不能促成破产,也不能阻碍破产,搞所谓"计划破产"。确实,在当时破产试点过程中涉及的主要是国有企业,而国有企业的产权代表又是政府,因此政府在企业破产过程中扮演着很重要的角色,但是我国推行破产法,本身是对原来计划体制下积累下来的企业病的一种彻底诊治,一个企业破产的全过程也应是一个司法程序的过程,不是政府计划安排的结果。破产对企业来说是由于企业生产经营上的失败而不得不采取的极端的手段,它是一种必要的丧失,因此破产行为是市场竞争自发要求的行为。在破产过程中为体现市场的公平、平等和合理,破产程序必须依法进行,只有严格遵循法律规定的程序才能公平、平等地保护所有市场主体(包括债权人和债务人)的合法权益,最大限度地减少债权人、债务人的损失。[③] 不过《企业破产法(试行)》无法消除这类问题。

《企业破产法(试行)》与正式法律的地位和效力有一定区别,并且在立法宗

① 参见周小全、兰莹:《重修〈企业破产法〉势在必行》,载《法学杂志》1998年第2期。
② 参见王欣新主编:《破产法论坛》(第1辑),法律出版社2008年版,第35页。
③ 参见李曙光:《破产试点中应注意的几个问题》,载《法学》1995年第4期。

旨上将破产法作为深化改革的措施,带有明显的政策导向性,因此部分内容仍然具有探索性,部分规定过于原则,操作性不强,[①]严重落后于市场经济发展的新要求。2006 年 8 月 27 日,《企业破产法》终获通过。该法的核心内涵体现了从过分关注国企利益到充分强调市场效率的重大转变,[②]是我国社会主义市场经济体制进一步深化、完善的体现,标志着我国向现代市场经济体系又迈出了重要一步。其进步性表现在两个方面:

第一,进一步完善市场经济法制环境,提高市场经济效率。2006 年《企业破产法》第 2 条规定:"企业法人不能清偿到期债务,并且资产不足以清偿全部债务或者明显缺乏清偿能力的,依照本法规定清理债务。企业法人有前款规定情形,或者有明显丧失清偿能力可能的,可以依照本法规定进行重整。"依照这一条款,当企业出现明显资不抵债状况时,债权人可以及时提出破产清偿要求,从而制止了资本的进一步无效配置和滥用。而理性的企业在预见已无法解决企业困境时,也可依法提出破产重整申请,以及时制止局面的进一步恶化。因此,无论从哪一方面来看,该法的实施都有效优化市场资本配置,充分体现市场经济效率要求,体现市场经济优胜劣汰原则。

第二,扩大破产法的适用范围,不同所有制企业一体保护。2006 年《企业破产法》的适用范围为我国所有的企业法人,包括国有企业、法人型私营企业、三资企业、上市公司与非上市公司、有限责任公司与股份有限公司,甚至是金融机构。这体现了各类企业在法律面前平等的原则要求,也由此把国有企业带入了更公平的市场运行环境。

首先,有利于促进国有企业运行更加市场化、公平化和平民化。

政策性关闭破产,一直是此前多年来国有企业最后一道"保护屏障",享受着非市场的特殊政策和财政支持。

在 2006 年的中央财政预算中,就安排了 338 亿元用以推进国有企业政策性关闭破产和中央企业分离办社会工作。据统计,截至 2005 年底,我国已经实施政策性关闭破产项目 3658 家,需要退出市场的国有大中型特困企业和资源枯竭矿山,大部分已实施了关闭破产。而北京、上海、江苏、浙江和福建五省市已经停止实施政策性破产,全面转向依法破产。但在 2008 年之前,仍有约 2000 家列入规划的企业等待进行政策性破产。虽然这次明确为"新、老划断",对 2000 家左右的国有企业依据原来的破产规范,但其余的 10 万家左右的国有企业将完全依据新破产法规范。国有企业将进入市场化、公平化和平民化运作环境,承受公平

① 参见王欣新主编:《破产法论坛》(第 1 辑),法律出版社 2008 年版,第 35 页。

② 参见陈维:《新破产法:从国企利益到市场经济效率的转变》,载《上海国资》2006 年第 10 期。

的市场竞争压力,包括市场化破产、依法破产的压力。[①]

其次,将促进国有企业经营管理方面更注重市场原则。既然国有企业将与其他各类企业进入公平的破产程序,那么,其所透露的信息是除非特殊的明确规定,一般国有企业将被要求与其他各类企业一样,关注市场经济的核心原则——经济效率和效益,否则将可能进入破产程序。同时,2006年《企业破产法》对包括国有企业在内的经营管理者也施加了更大的压力。

最后,促进国有经济加快调整重组优化步伐。对国有经济整体来说,2006年《企业破产法》有效解决了国有企业“破产难”“难破产”的问题,这为国有资产整体加快优化组合、提高资产质量、改善资产结构提供了通道和依据。[②]

总之,破产法的修改,进一步体现了受十一届三中全会的精神以及改革开放实践的影响,我国经济领域的立法经历了一个从重视身份区别到淡化身份色彩、从注重差别对待到实行平等对待的发展进程。这既是一个哈耶克意义上的从身份之治到法律之治的转变过程,也是一个类似于梅因所说的“从身份到契约”的“进步社会的运动”,只不过此身份已不同于梅因当时所称的身份而已。到目前为止,这一运动过程尚未终结。[③]

从发展趋势看,这一运动要求在规范商事交易主体的企业立法中,从计划经济体制下沿袭而来的注重差别对待的各种身份完全消失,以取消身份差别、实行平等对待为特征的统一性立法要求逐渐兴起。

五、小　　结

国有企业的改革一直被定位为经济体制改革的中心环节,就企业本质来看,国有企业仅仅是一个资本的载体,它的本质是国有资本。如此来说,国企进、退的实质就是国有资本的流动和重新配置。所以国企的改革,从本质上看,就是国有资本的流动和重新配置,这就不可避免地会出现部分国有资本的社会化和国企的民营化过程。当然,这一过程应是公平有序地、有效率地通过市场机制来实现,而不是简单的公有制或私有化的问题。

良好的法律制度与国企改革具有正相关关系,前文从经济基础、行政环境、法制环境多角度剖析了《企业法》的弊端,这部法律实际成为一部僵尸法律,不能为国企改革保驾护航,不能维护市场经济秩序,应该退出历史的舞台。

---

① 参见魏雅华:《〈企业破产法〉给中国经济带来什么》,载《检察风云》2006年第19期。

② 参见陈维:《新破产法:从国企利益到市场经济效率的转变》,载《上海国资》2006年第10期。

③ 参见戴孟勇:《身份的衰落——中国民商法三十年》,载《政治与法律》2008年第7期。

涉外经济管制法

外汇保证金交易制度建设的法律思考

徐　磊*

一、问题的提出

1972年布雷顿森林体系瓦解,“美元、黄金双挂钩”固定汇率制被颠覆,世界金融领域进入新的风险时代。此前,汇率风险、利率风险等处于可以被忽略的地位,此后却成了影响各国经济活动甚至全球金融不可忽视的风险因素。作为现代金融风险管理的重要工具,衍生品市场有了突破性的变革。外汇保证金交易作为金融衍生品种的一部分,属于虚拟经济的范畴,起源于20世纪80年代的伦敦。国际上外汇保证金交易是非常普遍的交易形式,也是个人投资者和机构投资者重要的投资工具。外汇保证金交易(Foreign Exchange Margin)也被称作虚盘交易,是指外汇经纪商向投资者提供的一种具有杠杆性质的外汇交易业务。其主要特征是:投资者以获取外汇交易汇差为目的,实际投入一定数量资金作为交易保证金后,便可按一定的杠杆倍数将保证金金额进行放大,从而使外汇交易

---

* 华东政法大学访问学者,上海建桥学院法学副教授。

本文系上海市教委2010年创新课题《我国外汇保证金交易法律制度构建研究》(编号:10YZ232)阶段性成果。本文部分内容发表于《法学杂志》(2012年第2期)、《经济师》(2012年第2期)。

的合同金额超出投资者实际投资的交易保证金金额。

金融衍生品市场可以区分为交易所市场(Exchange Traded Derivatives, ETD,又称场内交易市场)和场外交易市场(Over-the-Counter Market,OTC,又称柜台交易市场),外汇保证金交易属于后者。OTC没有固定的场所,没有规定的成员资格,没有严格可控的规则制度,没有规定的交易产品和限制,主要是交易对手通过私下协商进行的一对一交易。场外交易主要盛行于金融业,特别是银行等金融机构发达的国家。

通过对历年来ETD市场与OTC市场的比较,可以发现OTC市场的成交金额比ETD市场庞大得多。其原因主要有:其一,场外市场主体资格限制较少,风险管理完全分散,市场参与积极性高。其二,监管与制度环境宽松。在场外衍生品市场,交易工具和交易行为基本上是不受管制的,只是间接地受国家法制、规章、银行业监管以及市场监督的影响。此外,场外市场的主要做市机构在全球市场上灵活运转,却只接受本国国内的审查和监督,这无疑也促进了该市场的发展。其三,参与者类型。商业银行是金融衍生品市场的主要参与者,它们天然地会选择与银行同业市场有着极大相似性的场外衍生品市场;同时,非透明和公开化的场外市场更可能为其提供高额回报。商业银行的积极参与,促使市场成交金额呈几何倍数放大。[①] 然而,OTC交易的空前活跃和在2008年全球金融危机中交易主体的巨大亏损,表明金融政策不应当建立在完全依赖市场自己管理自己的基础上。在金融政策方面,完全依靠一只“看不见的手”从下到上进行微观经济的管理显然是不够的,还需要一只“看得见的手”从上到下进行宏观经济的管理、风险控制和监管。

在我国,外汇保证金交易经历了从1992年到1993年的“一哄而上”,到1994年国家外汇管理局和中国证监会等四部委联合发出“一纸禁令”,从2006年对银行业等金融机构“重新开闸”,到2008年不到两年时间“二度叫停”的发展过程。2008年,美国次贷危机终于演变成一场全球金融危机,全球资本市场普遍深幅下挫,商品市场超速回调,信用风险急剧提升。在剧烈变动的外部环境的影响下,当时我国蒸蒸日上的银行理财产品市场不断爆发出零收益、负收益和展期等负面消息。外汇保证金交易合同的对手方主要是海外交易商,国内投资者大都缺乏专业能力和风险承担能力,在较大的社会影响下,监管机构反应强烈。2008年6月国内外汇保证金交易的紧急叫停,引起社会各界的广泛关注。在暂停银行经办该项业务的同时,银监会表示将继续根据审慎监管的原则,会同外汇管理等部门,进一步研究对此业务的风险监管,在各方面条件成熟时,再推

---

① 参见陈晗:《金融衍生品:演进路径与监管措施》,中国金融出版社2008年版,第97、98页。

出新的统一规范管理的办法。

2011年我国外汇储备已达3.18万亿美元,外汇储备连续数年位居世界第一。为消化庞大外汇储备的不利影响,央行在外汇管制政策上作出了宽松调整。政府近年推行了“藏汇于民”、淡化取消强制结汇等政策,使国内居民的外汇存款也日益庞大。作为一种重要的投资渠道,外汇保证金交易市场不可或缺。除中国银行、交通银行、工商银行、民生银行等国内银行曾开设外汇保证金业务外,一些知名的欧美外汇保证金经纪商包括FXCM、FXSOL、IFX、EasyForex、CMS、嘉盛等都有跨国分支机构入驻。国家对于外汇保证金交易的限制,实际上只是约束了国内商业银行主体,境外交易经纪商在我国境内设立的千余家代表处等分支机构仍然从事着外汇保证金“经纪业务”,国内投资者的风险有增无减。银监会指出,参与境外机构的保证金交易属于地下金融的范畴,被视为违法,投资行为得不到法律保护,投资者将面临更大的资金风险。2009年以来,在丰厚的服务利润驱动下,国内银行在银监会尚未开闸的情况下又在试探监管红线,不断开展实盘外汇交易业务。一个不存在外汇保证金交易市场的金融市场体系是不够完善的,否认外汇保证金交易的合法性只是权宜之计,合理引导、加强监管势在必行。

目前,我国外汇保证金的研究主要局限于金融领域。[①] 或许因为民商法部门与经济法部门学者较少接触外汇保证金实务,在法律研究领域,除了一点初步的金融衍生品市场国际法律制度简介外,鲜有进一步的法律问题分析研究。司法实践中,在缺乏法律依据的情况下,倾向于简单的侵权之诉或合同之诉。时至今日,在尚无法律或法规制度草案的情况下,有必要首先梳理外汇保证金交易的法律问题。

二、外汇保证金产品的法律属性

为达到法制统一化的要求,对外汇保证金产品进行立法之前,首先需要界定外汇保证金产品与证券、期货、外汇的异同,辨析外汇保证金的法律属性。

《证券法》明确其调整的客体为:在我国境内,股票、公司债券和国务院依法认定的其他证券的发行和交易;政府债券、证券投资基金份额的上市交易。外汇保证金既不属于股票或债券,也不属于证券投资基金,因而不属于我国法律项下

---

① 如外汇保证金交易对国家金融安全的冲击以及对证券市场的影响(王粟旸、郑宁博,2008);外汇经纪品种的比较研究(昊兰,2007;生康利,2008);外汇保证金的潜在风险分析(赵仲锋,2008;陈翎,2008)等等。

的证券范畴。

2007年公布的《期货交易管理条例》将适用范围从原来的《期货交易管理暂行条例》确定的商品期货交易,扩大到商品、金融期货和期权合约交易。所谓期货,就是指由期货交易所统一制定的,规定在将来某一特定的时间和地点交割一定数量标的物的标准化合约。而外汇保证金交易属于现货外汇交易,其虽按一定的杠杆倍数将实际交易额在原基础上放大几十倍甚至上百倍,但因其以24小时频繁波动的外汇现汇行情为依据,不符合期货的特点。

《外汇管理条例》中所称外汇,是指下列以外币表示的可以用作国际清偿的支付手段和资产:(1) 外币现钞,包括纸币、铸币;(2) 外币支付凭证或者支付工具,包括票据、银行存款凭证、银行卡等;(3) 外币有价证券,包括债券、股票等;(4) 特别提款权;(5) 其他外汇资产。作为OTC交易中的一种,外汇保证金交易也被称作虚盘交易,即指个人在交纳一定的保证金后进行的交易金额可放大若干倍的外汇(或外币)间的交易,其杠杆效应与现汇交易之间有着显著的区别。我国银行曾提供的实盘外汇交易,实际上是我国所独有的一种封闭型外汇交易。因此,无论从哪个角度而言,外汇保证金产品都不属于外汇的法律范畴。

如上所述,外汇保证金产品与我国现有法律规范所明确的证券、期货、外汇没有交集,因而无法适用《证券法》《期货交易管理条例》及《最高人民法院关于审理期货纠纷案件若干问题的规定》等期货法律法规及司法解释,亦难以适用外汇法律法规。法律制度的缺失及实务界对外汇保证金法律属性认知的匮乏,致使投资者司法救济相当艰难。

美国《商品交易法》(Commodity Exchange Act,CEA)[①]奠定了美国金融衍生品场内交易的监管基础,2000年《商品期货现代化法案》则是美国金融衍生品场外交易的重要里程碑。审判实践显示,商品期货交易委员会(Commodity Futures Trading Commission,CFTC)的权力只限于期货领域,对于现汇交易缺乏相应的法律权限,2008年《再授权法案》首次赋予CFTC针对外汇交易商制定监管规则的权力。由此,所有外汇交易商必须在CFTC和美国国家期货协会(US National Futures Association,NFA,是期货行业自律组织)注册为期货佣金商(Futures Commission Merchant,FCM),并接受上述机构的日常监管,在期限内未取得资格或没有被核准的外汇业者将被勒令停止营业。这两部法案的出台,赋予了外汇保证金产品"类期货"的法律性质,可以成为我国学者研究的蓝本。

---

① CEA制定于1936年,此后经过多次修订。与CEA相配套的是CFTC根据授权制定的《关于期货交易法的一般规章》,该规章最新于2006年4月1日通过修正案。

三、风险隔离机制

在风险管理方面,曾经有限责任与破产保护两项制度将部分风险从借款人转向贷款人,为19世纪工业革命获得广泛资金来源奠定了基础,对现代经济作出了巨大的贡献。如今种类日益繁多的金融衍生品多为分散风险而设立,投资者对利益的追逐却极大地放大了风险。金融衍生品的高风险性众所周知,①外汇保证金交易随着互联网的发展打破了地域的局限,在线外汇交易行业发展至今,金融欺诈和交易商破产的事情屡有发生。有外汇研究专家将外汇保证金交易的潜在风险概括为:资金安全风险、市场风险、高杠杆风险、网络交易风险、信用风险和破产风险。② 就法律层面而言,风险隔离机制主要应考虑资金安全和破产风险。

(一) 资金安全风险

美国对外汇保证金交易过程中的客户资金安全设定了较为严格的监管法规,《商品交易法》要求经纪商与银行之间签署合作协议,建立开展国际外汇保证金交易业务的信誉账户;并要求经纪商与保险公司之间签署合作协议,由保险公司承担因协议银行破产所导致的客户账户的风险。CFTC 和 NFA 要求从事期货交易的 FCM 将客户保证金与自有资金的账户分开,为客户保证金设立专用的隔离账户(Segregated Account),并将一定比例的自有资金作为准备金存入客户的隔离账户。③ 但对于从事 OTC 外汇现货交易的经纪商而言,NFA 并没有要求其为客户建立隔离账户,实际上外汇保证金交易经纪商也极少为客户设立隔离账户。因此,OTC 外汇保证金交易中客户资金存在较大安全隐患。

---

① 巴塞尔银行监管委员会在《金融衍生工具管理指南》中指出,金融衍生工具具有信贷风险、市场风险、流动性风险、操作风险和法律风险。外汇保证金交易在提供以小搏大交易方式的同时,也放大了汇率风险,获利机会与亏损风险都成倍增加。欧美外汇经纪商通常提供高达100倍甚至400倍的资金杠杆。据不完全统计,我国80%甚至90%的投资者处于亏损状态。

② 参见赵仲锋:《剖析外汇保证金(下)》,载《卓越理财》2008年第3期。

③ See Title 17: Commodity and Securities Exchanges §1.20; §1.21; §1.22; §1.23, Section 1.

表1　2009年12月美国FCM财务汇总表(节选)①

Futures Commission Merchant	B/D (a)	DSRO (b)	A/O Date	Adjusted Net Capital	Net Capital Requirement (c)	Excess Net Capital (d)	Customers' Seg Required 4d(a)(2) (e)	Customer Amount Pt. 30 Required (f)
CAPITAL MARKET SERVICES LLC	N	NFA	11-30-2009	23 984 785	21 188 215	2 796 570	0	0
EASY FOREX US LTD	N	NFA	11-30-2009	20 665 102	20 000 000	665 102	0	0
FOREX CAPITAL MARKETS LLC	N	NFA	11-30-2009	68 574 018	25 050 658	43 523 360	0	0
FX SOLUTIONS LLC	N	NFA	11-30-2009	52 466 413	20 000 000	32 466 413	0	0
GOLDMAN SACHS & CO	Y	CBOT	11-30-2009	13 061 735 092	1 938 944 413	11 122 790 679	18 524 384 477	6 991 971 757
GOLDMAN SACHS EXECUTION & CLEARING LP	Y	CME	11-30-2009	1 923 630 716	113 786 909	1 809 843 807	1 256 331 625	17 179 006
HSBC SECURITIES USA INC	Y	CME	11-30-2009	1 473 171 429	69 726 254	1 403 445 175	742 743 775	109 273 432

外汇保证金交易经纪商与保险公司之间签署的合作协议也并未使客户资金获得外部信用增强,美国某些外汇经纪商宣称在其公司开户的客户的资金受到联邦存款保险公司(Federal Deposit Insurance Corporation,FDIC)或证券投资者保护公司(Securities Investor Protection Corporation,SIPC)的保护,实际上只是一种宣传手段。FDIC的主要职能是存款保险,在银行破产的情况下为储户提供一定额度的补偿,而在外汇经纪商破产的情况下,未存入隔离账户的客户资金是得不到保护的;SIPC保护的对象则是证券投资者,并不包括外汇保证金交易。经纪商的信用风险进一步扩大了客户账户的资金风险。

我国《期货交易管理条例》规定,期货交易应当严格执行保证金制度。期货交易所向会员、期货公司向客户收取的保证金,不得低于国务院期货监督管理机构、期货交易所规定的标准,并应当与自有资金分开,专户存放。期货交易所向会员收取的保证金,属于会员所有,除用于会员的交易结算外,严禁挪作他用。期货公司应当为每一个客户单独开立专门账户,设置交易编码,不得混码交易。期货公司经营期货经纪业务又同时经营其他期货业务的,应当严格执行业务分离和资金分离制度,不得混合操作。② 外汇保证金交易相关条款的设计可借鉴

① 报表数据于2010年1月19日摘自CFTC官方网站,说明前四个交易经纪商FCM客户隔离账户(Customers' Seg Required栏目)资金均为零。

② 参见《期货交易管理条例》第29条、第30条、第31条。

期货交易较完善的资金风险隔离机制。

（二）破产风险

美国外汇零售交易进行十余年，已有数百家提供外汇零售交易经纪商倒闭，甚至包括声名显赫的上市公司瑞富集团。[①] 2009 年 5 月，被誉为“外汇皇冠”的瑞士外汇交易商 Crown Forex 宣告破产，再次引起 OTC 领域的波澜。2008 年美国《再授权法案》通过后，CFTC 和 NFA 也将经纪商破产风险防范作为外汇保证金政策研究的重中之重。

《美国统一商法典》规定了完善的担保制度，[②]极大地扩大了担保权人对担保物的物上追索权。[③] 不仅如此，《美国破产法典》还确立了安全港规则[④]，规定了六种受保护的交易，即商品合约、远期合约、证券合约、回购协议、金融互换协议与净额结算主协议。[⑤] 受保护主体是商品经纪人、远期合约商、证券经纪人、金融机构、金融参与人、证券结算机构或净额结算主协议参与人之一。[⑥] 商品期货合约或期权合约、股票合约，以及与外汇相关的场内交易的任何期权，都属于在“安全港”中受保护的交易。但是，OTC 交易的经纪商不属于安全港规则保护的主体，其场外交易的特征也使其不属于受保护的交易范围。

值得注意的是，不管是否设立了担保，《美国破产法典》授予股票客户或商品客户拥有清算理赔的优先权。但是，由于外汇保证金产品既不属于股票也不属于商品，所以交易客户只能以普通无担保债权人的资格进入破产清算程序，而且不享有优先权，所以当经纪商破产时，客户保全其全部资金的可能性基本为零。NFA 明确表示，外汇保证金交易没有结算机构的担保，客户用于买卖外汇的入金不受任何监管机构保护，在破产时不被优先考虑（如表 1 所示）。

我国破产法将金融合约等同于一般合约进行处理，根本就没有建立有关金

---

① 瑞富集团破产案，被称为美国历史上第 14 大破产案。《华尔街日报》在瑞富事件后，专门撰文《瑞富破产案凸现衍生品交易风险》讨论了场外交易的风险。

② 参见《美国统一商法典》第 9 章。

③ 《美国统一商法典》规定担保权人对担保物的物上追索权，可以追及担保物转化成的收入或者产品，甚至还允许担保权人对债务人“日后取得之财产”（after-acquired property）取得担保权益。但是，《美国破产法典》规定的担保物价值范围小于《美国统一商法典》第 9 章的规定。

④ 安全港规则是学者们对美国破产法相关规定进行归纳的学理名称。它是指当事人所签订的金融合约，在合约一方发生破产事件时，可以在继续履行、终止、抵消、结算等方面享有一系列破产机制豁免待遇的一项法律制度。

⑤ 参见冯果、洪治纲：《论美国破产法之金融合约安全港规则》，载《当代法学》2009 年第 3 期。

⑥ 在上述主体中，“金融参与人”与“净额结算主协议参与人”是美国破产法于 2005 年新增的。其中，金融参与人包括两类：一是缔结受保护合约的机构，或是在破产申请提交前 15 个月内的任何时点所拥有的受保护合约的总价值即名义或实际本金数额不少于 10 亿美元或者逐日盯市头寸不少于 1 亿美元的任何机构；二是金融结算组织。

融合约的安全港规则。金融衍生交易的实践水平与研究水平低下,更不可能在破产法中提及 OTC 交易客户的优先地位。在法律制度的设计中,必须考虑对破产风险的防范和金融秩序与安全。

四、监管制度设计

风险的控制离不开制度的设置和监管体系的完善。美国次贷危机引发全球金融动荡余波未平,目前世界各国均致力于加强金融监管,但在我国外汇保证金交易尤其是外国经纪商渗入的领域,却出现了监管盲区。究其原因,除该产品法律属性未定之外,监管体系不够健全和有效是我国外汇保证金交易市场夭折的重要因素之一。目前我国对金融业仍然采取"一行三会一局"[①]的分业多元监管模式,尽管设有联席会议制度,但仅限于进行交流和沟通信息,并没有实际上的联合监管,在外汇保证金交易制度缺失的情况下,权责不明、监管缺位难以避免。

(一)几个主要国家外汇保证金市场监管制度分析

1. 美国

美国对金融衍生品的监管主要采用功能性监管的方式,即根据不同金融体系不同的基本功能来划分监管权。美国对金融衍生品的监管部门主要是 CFTC 和证券交易委员会(US Securities and Exchange Commission, SEC)。CFTC 和 SEC 根据衍生工具本身的属性来划分监管管辖权。所有的衍生工具分为两类——"证券"和"商品",由联邦及州两级政府部门加以规制。当出现既有证券又有商品属性的混合工具时,CFTC 和 SEC 则通过"目标测试"来决定双方的管辖权。其中,CFTC 的目标是促进价格风险的转移,因此,它应当监管"以套期保值和价格发现为功能的市场与工具",如对期货合约和期货期权的管辖权;而 SEC 的目标是促进资本流动,因此,它应当监管"以基础投资为目的的市场与工具",如对证券期权和证券指数期权的管辖权。[②] 同样,由于外汇现货既不属于股票或期货也不属于商品,美国也曾出现了监管上的真空。1999 年美国总统金融工作小组(PWC)的《场外金融衍生品与商品交易法报告》认为,参与场外衍生品交易的大多是金融机构,这些机构都有足够的能力保护自身的利益和控制对手方的违约风险,因此不必再进行严格的监管。该报告还认为放松监管可以促进金融创

---

① 指中国人民银行、中国银行业监督管理委员会、中国证券监督管理委员会、中国保险监督管理委员会和国家外汇管理局。

② 参见郑鲁英:《美国对金融衍生交易的监管及其对我国的启示》,载《金融教学与研究》2002 年第 5 期。

新,有利于确保美国在衍生品领域的竞争优势。美国国会采纳了该报告的意见,在2000年《商品期货现代化法案》(CFMA)中进一步将更多场外衍生品交易排除在CFTC的监管范围之外,确认所有合格的参与者在场外进行的衍生品交易都可以免受CFTC的监管。① 2008年次贷危机发生后,美国对金融市场和金融产品的监管受到诸多质疑,美国国会参议院农业委员会主席宣称,CFMA豁免对场外衍生品的监管是一个灾难性的错误决定,次贷危机应促使政府加强对场外衍生品市场的监管力度,提高该市场的透明度。

2008年《再授权法案》首次赋予CFTC权力,可以针对外汇交易商制定清晰的监管规则。从此美国在监管设计上,零售外汇行业被纳入CFTC的监管之下。根据CFMA,外汇交易商必须在CFTC注册,成为期货佣金商(FCM)类别下的外汇交易商成员。然后,CFTC通过NFA发布和实施监管,在期限内不具备资格或没有被核准的外汇业者将被勒令停止营业。

因证券业和期货业的不断融合,近年来,美国期货业就是否应该将SEC和CFTC合并从而进行监管机构整合的问题展开了如火如荼的探讨。

如前文所述,美国CFMA和《再授权法案》已经将零售外汇行业纳入CFTC的监管之下。CFTC在OTC经纪商关于信息披露、信用增强、内部控制及对交易客户的投诉和争端处理等方面实施监管,相当程度上规范了交易市场。CFTC和NFA近期对OTC经纪商资金门槛的调整②使之成为当今世界上最严格的资本要求,降低了交易风险。

2. 英国

在1997年金融监管体制改革之前,英国的金融监管体系是多元的、复杂的,多家监管机构根据法律和惯例,对金融业实施分业监管。随着金融业的发展和经营方式的改变,特别是1986年金融“大爆炸”后,英国金融业务融合趋势日益突出,分业监管的弊病日益显现。1997年始,英国以《金融服务现代化法案》作为唯一的主管法律,建立了单一的金融市场法律体系,并成立了全国统一的金融监管机构——金融服务局(Financial Service Authority,FSA),同时承担了对现货市场和衍生品市场的规范和监管。区别于美国,英国没有针对产品的监管制度,而是根据市场参与者的经验和专业知识,进行不同的风险保护和监管。2005年,为使英格兰银行与FSA之间建立真正意义上的有效合作机制,在英国中央

① 参见李扬等:《中国金融发展报告(2008—2009)》,社会科学文献出版社2009年版,第392页。

② 要求外汇经纪商必须具有2000万美元的调整净资本,如果提供的保证金杠杆超过100:1,提供此项服务的外汇经纪商的净资本必须达到4000万美元。拥有自己的交易平台,经常与国际外汇市场清算头寸的大型经纪商的净资本,必须超出7000万美元。2010年底,CFTC决定将外汇保证金交易的杠杆限制于50:1,通过降低杠杆比例降低投资者风险。

银行前任行长默文·金的建议下,建立了"联合危机委员会",进一步限缩了央行的职能,为最高效地处理市场危机提供了制度上的保证。由于英国在世界金融业中的地位,其监管体制改革对世界各国影响深远。

3. 德国

德国实行的全能银行制度是世界金融业务融合模式的主要代表,德国的综合银行在原则上可以提供所有的金融服务,但长期以来其金融业监管却是分业监管体制。2001 年初,德国推出了金融体制改革草案,内容之一为"改革德国金融监管体制",将原先的银行业监管局、保险监管局、证券监管局合而为一,成立联邦金融监管局(BaFin)。2002 年 BaFin 的成立使德国的金融产品从现货、期货到衍生品都得到统一的市场监管。同时,在监管措施上,BaFin 还体现了高度中央集权制的特点,交易所、券商、银行和经纪公司必须将每日的全部报单和交易资料(包括交易所内成交的和 OTC 场外交易的)报告给 BaFin。BaFin 可以在第一时间内对所有产品的数据进行全面分析。德国的金融衍生品市场监管模式体现了欧盟国家在新的金融市场一体化下政府监管加强的趋势。[①] 因风险控制需要,德国限制保险公司和抵押贷款运用于 OTC 市场。

4. 日本

日本经历了从统一监管到分业监管再到统一监管的变革。1996 年前,日本的财政和金融权集于大藏省(财政部)。1996 年日本金融监管体制开始改革,日本设置了三类期货交易所,即期货公司的交易所、证券公司的交易所、银行的交易所,在 2006 年 6 月之前,分别受《商品交易法》《证券法》《金融期货法》的规范,按不同产品由金融厅、经济产业省、农林水产省等部门分头监管。2006 年 6 月 7 日,日本参议院审议通过了《金融商品交易法》,该法整合了各种金融商品,终结了日本金融衍生品市场监管混乱的根本制度。此外,大多数国家没有对场外衍生品设定特殊的许可要求,日本则是一个例外。在日本,证券公司需要参与场外衍生品交易的,需要得到有关部门的特别许可。

历史上,大多数国家或地区对包括外汇保证金产品在内的 OTC 市场主要采取分业监管模式。然而,金融业的混业经营及场外衍生品的迅速发展和相对不定型的特点,使得分业监管渐显弊端,各监管机构之间难以形成合力,往往成为监管缺失的根源。目前,统一监管和混业监管渐成趋势。

---

① 参见姜立文、刘长才:《美国金融衍生品的异化与监管》,载《河南金融管理干部学院学报》2009 年第 1 期。

（二）我国外汇保证金市场监管政策建议

1．宏观政策方面的建议

（1）循序渐进构建我国综合化监管模式或基于分业监管体制的金融监管协调机制

近年来，金融跨业经营管制逐渐松动，三大金融业法的修订也为金融业综合经营预留了空间，我国各金融业之间的业务渗透已经非常普遍。2000 年 8 月，中国平安保险公司推出的“千禧红”产品标志着银行保险的全面启动，此后，众多保险公司纷纷入股、参股银行。再如就银行业而言，许多银行参股或设立了基金管理公司、保险公司、信托投资公司、金融租赁公司等机构，可见各金融业综合经营的范围逐步扩大。2008 年，《国务院办公厅关于当前金融促进经济发展的若干意见》明确规定：“完善金融监管体系，进一步加强中央银行与金融监管部门的沟通协调”。构建监管的制度与法律体系，不但要考虑当前金融业综合经营的运营管理和风险控制问题，也要考虑未来综合经营业务进一步发展后的监管体制问题，按照推动行业发展、有效防范风险和审慎监管的原则，循序渐进地构建适合我国国情的监管模式和监管体制。[①] 世界主要国家或地区的统一监管或混业监管模式值得我国借鉴，通过完善统一的监管体系、明确监管责任，改变目前我国外汇保证金交易因法律缺失及责任不明所致的各监管部门互相推诿，无人监管的现状。

（2）从机构监管向功能监管转变

在统一监管模式下，可设立功能监管部门。功能监管是指依据金融业务的功能设置专门的监管机构，监管各自不同的业务，而不是按金融机构的性质划分监管权限。在此框架下，金融监管当局关注的是金融机构的业务活动及其所发挥的基本功能，而非金融机构名称。[②] 比如新加坡以金融监管局为统一监管机构，下设银行监管部、复杂金融机构监管部、特殊风险监管部和审慎政策部，各自担当不同的功能，共同实施对金融机构的监管。

随着金融衍生品的多元化、金融活动参与者的复杂化，监管不可能细化到所有的业务流程，功能性监管的内涵应不断深化。由此，需要提高交易机构的风险管理能力、加强交易机构的制度设计和自律性，完善微观制度和政策。

---

① 参见葛兆强、庞东：《国内商业银行开展综合化经营面临的问题与应对策略》，载《金融与保险》2008 年第 10 期。

② 参见陈晗：《金融衍生品：演进路径与监管措施》，中国金融出版社 2008 年版，第 421 页。

2. 微观政策方面的建议

(1) 净化和规范现有市场

在当前缺少制度规范,市场环境不适宜全面推出外汇保证金交易的阶段,应严厉打击地下交易,查处非法炒汇机构。同时,加强对广大投资者的宣传教育,增强风险意识,拒绝非法炒汇活动。[①] 境外外汇交易机构在我国的分支机构在经营范围上,仅限于外汇交易信息咨询,无权进行具体交易。工商管理部门对其经营活动应加强监督检查,对某些代表处聘用“经纪人”进行开户和交易代理的行为进行处罚,必要时,公安司法机关应对涉及非法经营罪的主体予以立案侦查。

(2) 明确限定交易机构准入门槛

在构建统一的金融监管体系的基础上,在法律制度中授权监管机构对OTC交易机构的资本金要求、风险评估、实施程序等内容制定细则,并对经纪商进行严格评级,制定科学的评级标准和评级模型。在信息全面的基础上,对评级的过程和结果进行监控。同时,限定不同级别的交易商对交易杠杆倍数的设定。

(3) 提高机构风险管控能力和服务能力

首先,在外汇保证金交易过程中,机构应提供详细的风险预测、24小时汇市走势和完善的技术指标,提高分析预测市场走势和风险评估的能力;其次,机构应该准确地识别和细分从事外汇保证金业务的投资者,对投资者的投资经验和风险偏好进行评估,并在投资者正式交易之前为其提供模拟交易培训,提高投资者对交易风险的认识;再次,禁止外汇交易员从事此项业务,避免道德风险;最后,建立和完善投资者档案体系和投诉处理机制等。

(4) 严格规范信息披露,执行定期报告和审计制度

很多金融衍生品相当专业和复杂,而且透明度不够,普通大众难以理解,而场外衍生品市场的透明度缺乏更使得系统性风险不易察觉,除非进行特殊的信息披露,否则很难获取有关信息。外汇保证金交易机构的信息披露制度应严于一般上市企业,不仅要求披露自身(包括母公司和子公司)的业务经营和财务状况,而且对集团内其他关联公司的重要信息也应该一并披露,为市场评价产品和交易提供充分的依据,以强化其内部约束和提高风险管理能力;同时也有利于监管部门实施有效监督,维护投资人的利益和正常的交易秩序。

(5) 加强国际协调与合作

雷曼兄弟的倒闭引起的连锁反应对整个世界金融体系都造成了冲击,资本

---

① 参见杨楠楠:《我国外汇保证金交易现状研究》,载《上海市经济管理干部学院学报》2010年第2期。

的国际化使得各国在金融领域紧密相关、互为依存。各国或地区为保护本国、本地区消费者利益，维护金融业的稳健运行，促进国民经济发展，根据各自的经济发展水平和金融业发展状况，对跨国金融集团都实施了程度不同的监管。这种监管分为两部分：一是东道国对外国金融机构设立在其境内的分支机构的监管；二是母国对其金融机构海外分支机构的监管。这实际上都是基于各国主权进行的国家单独监管。[①] 对于境外交易经纪商在我国境内设立的千余家代表处等分支机构，我国应在行使属地管辖权的基础上加大监管力度。

美国联邦储备委员会前主席格林斯潘曾公开承认，认为金融机构自己更有动力和能力控制风险，因此监管当局可以适当放松的观点是不正确的。同样，在资本全球化的时代，我国金融衍生品市场的发展，离不开规范有效的监管。

外汇保证金产品等金融衍生品不是"潘多拉魔盒"，在金融体系多元化的今天，一个不存在外汇保证金交易的市场，其金融市场体系是不够完善的。否认外汇保证金交易的合法性只是权宜之计，难以规避我国交易客户通过境外经纪商在线交易的法律风险和造成的金融冲击，统一法律或暂行法规应尽快出台。

① 参见张忠军：《金融业务融合与监管制度创新》，北京大学出版社 2007 年版，第 334 页。

香港人民币离岸中心法律规制与监管问题研究

陈文祥

在中国建设人民币离岸金融市场,近年来有加快之势,特别是"十二五"规划中,有关深化金融体制改革的内容明确指出:"完善以市场供求为基础的有管理的浮动汇率制度,推进外汇管理体制改革,扩大人民币跨境使用,逐步实现人民币资本项目可兑换。"而在资本账户逐步开放的过程中,通过人民币离岸市场可适度加快渐进开放速度。

对于在香港地区建设亚洲区首个人民币离岸中心,香港地区有其自身独特的制度及市场优势,但鉴于离岸货币市场的特殊性和复杂性,需要实施中央监管与香港特区监管有效结合联动的监管格局,更有必要建立一套针对人民币离岸市场的风险监管体系和制度,使在港人民币流动处于中央银行的有效监控之下,减少对内地金融体系的冲击。

一、香港建立亚洲区首个人民币离岸市场

(一)离岸金融中心的概念

根据传统定义,"离岸金融是有关货币游离于货币发行国境外而形成的、通常在非居民之间以离岸货币进行的各种金融交易或资金融通"①。例如,欧洲美元市场、亚洲美元市场、拉美美元市场等,这些市场都是在美元的发行国——美国之外所形成的以美元进行交易的场所。

然而,离岸金融市场在20世纪80年代被赋予新的内涵——美国国际银行设施(IBF)开辟了在货币发行国境内设立离岸金融市场开展离岸金融交易的先例,从而打破了传统的离岸金融有关货币须游离于货币发行国境外这一特征。

---

① 韩龙:《离岸金融的法律问题研究》,法律出版社2001年版,第5—6页。

IBF这样定义离岸金融市场——在货币发行国境内金融循环系统或体系之外，并且通常在非居民之间以离岸货币进行的各种金融交易或资金融通。在IBF的"视野"下，离岸的"岸"不与国境等同，而实际上指一国国内金融的循环系统或体系。有关金融活动离开这个系统或体系，从而不受该国对国内一般金融活动所实行的规定、制度的限制和制约，就构成离岸金融。

因此，根据国际货币基金组织（International Monetary Fund, IMF）的总结，离岸金融中心的特征可以概括为一个设有相对大量金融机构的司法管辖区，金融机构主要为非居民提供金融服务；一个拥有大量对外资产和负债的金融体系，且资产和负债规模超过本地金融中介服务的需求。

在传统的金融市场上，市场所在国享有对本国金融市场实施东道国监管的权力，金融机构母国也享有对本国金融机构及其海外分支实施并表监管的权力，但在监管主次上，并表监管只能作为东道国监管的补充。①

然而，离岸金融市场所具有的彻底的国际性，决定了其离岸金融活动涉及金融市场所在国或地区、货币发行国、金融机构母国、筹资者母国、资金提供者母国等多个国家或地区的主权事项，直接导致离岸金融监管的复杂性和多头性。②

为了促进离岸金融市场的发展，很多国家采取宽松的监管政策，例如，对离岸金融业务普遍给予存款准备金、存款保险、利率、税收、外汇管制等方面的优惠政策。然而，硬币的另一面是，由于离岸市场的参与成本低、交易额巨大，利润相对在岸市场更高，其市场风险亦相应较高，一旦出现债务危机或巨额国际资金流动，将对整个金融体系产生冲击。这在国际金融历史上都有过惨痛的教训。

因此，在离岸金融市场，"监管先行"仍是必要保障。只有加强监管者审慎监管，建立稳健、有效的监管法律制度，才能够尽可能保障离岸金融业务在游戏规则内安全进行，才能够让离岸金融业参与者在稳定规范的金融环境里获得合理利润。离岸金融监管的最终目的在于保障离岸金融交易有序、公平而又有利可图地运行。

（二）建立人民币离岸市场风险监管体系和法律制度的必要性

在中国建设人民币离岸金融市场的必要性无须赘言，近年来加快之势明显。而此前多年，中央有关部门迟疑于推进离岸金融市场建设的主要原因，应是相关法律制度的缺失以及对金融风险的担忧。央行货币政策委员会委员、国务院发展研究中心金融研究所所长夏斌亦在他的著作《中国金融战略2020》中谈到：

---

① 参见罗国强：《离岸金融法研究》，法律出版社2008年版，第13页。

② 同上。

“金融股权的放开,可有待于金融监管及协调等机制的完善……资本账户开放要与加强金融监管、提高宏观调控水平相联系。”①而在资本账户逐步开放的过程中,通过人民币离岸市场可适度加快渐进开放速度。“建立人民币离岸中心,在相对控制离岸中心向我国传递风险的同时,放开部分资本账户管制,以实现人民币区域化的部分利益,可能是我国资本账户渐进开放中的一个显著特点。”②

人民币国际化是把双刃剑,建立人民币离岸市场,在享有人民币国际化“优待”的同时,更要防范人民币国际化可能带来的危害,而且人民币国际化不可能一蹴而就,其推进可与监管体制和法律制度的确立及完善相辅相生。

综上,笔者认为,有必要建立一套针对人民币离岸市场的风险监管体系和制度,以此对以投资套利为目的的在港人民币地下流通形成打击,使在港人民币流动处于中央银行的有效监控之下,减少对内地金融体系的冲击。

(三)日元离岸市场法律制度建设借鉴

纵观国际,几个主要货币的国际化进程都离不开离岸市场的发展。例如,美元的国际化进程是在欧洲美元市场和境内 IBF 两个离岸市场建设中不断推进的;欧元的国际化进程是在伦敦、香港、新加坡、东京、纽约等欧元离岸市场的发展中得以推进的;而日本于 20 世纪 70 年代建立了欧洲日元市场,其后,在 80 年代,东京离岸市场开始发展,并最终实现日元可兑换,日元完成了国际化进程。

相比其他完成货币国际化进程的国家,日本与中国最为相似,分析日元国际化进程可对中国人民币国际化提供借鉴。日元离岸市场的发展经历了两个阶段:20 世纪 70 年代开始,伴随着日元国际地位的提高,欧洲日元市场迅速发展。其地理分布较为广泛,日元在伦敦、纽约、香港、新加坡等地都有交易。其中,伦敦占全部市场份额的 60% 左右,是最为重要的欧洲日元市场。

80 年代初,日、美共同成立了日元—美元委员会,标志着日元新一轮资本账户开放的开始。更为重要的意义在于,日元—美元委员会建议设立东京日元离岸市场。在该市场上,银行可以接受非居民存款,推动国内企业海外融资。市场的主要限制是不允许非居民进行证券交易。

东京日元离岸市场的建立最终标志着日本经济、金融的高度自由化及全面开放,而香港人民币离岸中心的建立和发展完善也必将是人民币国际化的一个重要步骤。

中国与日本的货币国际化进程相似之处在于,首先,20 世纪 70 年代,日本

---

① 夏斌、陈道富:《中国金融战略 2020》,人民出版社 2011 年版,第 278—280 页。

② 同上书,第 286 页。

面临的经济形势与当前的中国十分相像,包括经济的高速增长与资本管制,来自国内、国际上的资本账户开放压力等;其次,日本在贸易自由化和日元可兑换改革上断断续续,类似于中国的“试点”计划;最后,日本从经常项目账户可兑换(1964 年)到实现全面可兑换(1984 年),用了整整 20 年时间,而人民币在经常项目下可兑换于 1996 年便已实现,至今尚未完成人民币完全自由兑换,日元与人民币的自由化过程均长于其他国家。

通过对日本离岸市场建立过程的研究,笔者认为,与其货币国际化进程较为相似的中国,目前对汇率制度和资本项目的管制力度仍然较大,这成为制约人民币离岸市场发展的最大制度障碍,并将有碍于内地与香港人民币离岸中心之间贸易和资本往来的畅通。基于此,香港人民币离岸中心需要完善以下问题:一是拓宽人民币资金的合法回流渠道;二是放松汇率制度、资本项目管制;三是建立一套完备的人民币离岸市场法律规制及监管制度,与香港金融监管机构协调监管。

(四)香港人民币离岸中心的法律制度优势

在人民币国际化逐步推进过程中,香港发展人民币离岸市场并最终建立人民币离岸金融中心,具有明显的法律制度优势和市场优势。

首先,香港作为一个国际性离岸金融中心,既是一个为国际金融业务提供记账、注册和避税的场所,又是具体开展存贷、汇兑、咨询等金融业务的银行中心,具有明显的制度优势和市场优势。

制度方面,香港具有健全的金融监管与完善的金融市场体系、平稳的汇率制度及雄厚的外汇储备,同时,香港完善的市场调控体系和强大的市场干预能力,都为其建设人民币离岸金融中心奠定了坚实的制度基础。

作为成熟的国际金融中心,香港金融创新监管的灵活度较高,金融产品的创新能力强、周期短,且针对其他货币的金融产品已很发达,将为开发人民币衍生品提供便利。

其次,“一国两制”的制度优势可以使香港与内地之间建立有效的防火墙,防止金融风险蔓延。建立人民币离岸市场,可能对在岸市场造成影响,特别是可能削弱在岸货币政策的效能或造成金融波动,但是,香港与内地之间天然的资本账户管制的“隔离墙”,可以有效掌控资本进出;同时,香港在应对外来金融投机冲击方面有较丰富的经验。香港建立人民币离岸中心,可以尽量降低人民币国际化进程中可能面临的投机冲击成本。

此外,香港所具备的法律制度优势也是其建成首个人民币离岸中心的重要因素。首先,香港具有完备的法律体系,具有系统、严明、高效并遵循国际惯例的金融及经济监督机制;作为全球金融中心,香港拥有灵活、高效的货币调控体系,合理、公平竞争的商业银行体系。其次,长久以来,香港的土地、股票、债券和衍生品产权界定、登记、注册、交易都有完备的法律保障。

值得一提的是,香港具有一套完整有效的反洗钱法律制度,并仍在不断完善。其中,《贩毒(追讨利益)条例》(1989 年)、《有组织及严重罪行条例》(1994 年)、《联合国(反恐怖主义措施)条例》(2002 年)等是香港反洗钱法律制度的核心。香港金融监管机构还分别针对银行业、证券及期货业、保险业作出了行业打击洗钱和恐怖融资的法律指引,其中包括金管局制定的《银行业条例》《防止洗黑钱指引》;证券及期货监察委员会制定的《证券业及期货条例》《防止洗黑钱及恐怖分子筹资活动的指引》;保险业监理处制定的《保险公司条例》和《防止洗黑钱及恐怖分子筹资活动的指引》。香港完备的反洗钱法律制度,能够有效打击洗钱犯罪活动,有利于离岸人民币的安全进出,其完备的法律制度也使得香港与内地的监管协调有法可依。

二、人民币离岸中心的法律规制与监管问题

(一)离岸金融监管的特殊性及其国际法律监管

1. 市场所在国监管与国际协调

离岸金融的离岸性和“两头在外”的特征,使其有别于在岸金融监管。尽管为了吸引国际金融机构的进入,促进离岸金融市场发展,使其在与其他离岸金融中心的竞争中更具优势和吸引力,很多国家采取了宽松的监管政策,但离岸市场仍然是有监管的市场。国际上,离岸金融市场的国际法律监管是建立在巴塞尔委员会及相关国际组织的共同努力之上的,离岸金融市场需在各国的协调监管下健康有序公平地运行。

适当的离岸金融监管将促进离岸金融交易的发展,而离岸金融监管的缺失或过分宽松,以及过于严格,都将阻碍离岸金融交易的发展,破坏金融秩序与安全。需要明确的是,离岸金融监管的终极目标是,保障离岸金融交易安全以及“有利可图”。

在展开对离岸金融监管的研究与探讨之前,笔者想要明确的是,本文关于离岸金融市场法律规制的视角是,离岸金融市场所在国对发生于其境内离岸市场上的离岸金融关系所进行的法律规制与协调,其实质是市场所在国法律制度,辅以国际协调。

所谓离岸金融关系,是指各方当事人在离岸金融业务的开展过程中所形成

的一系列权利义务关系。其中的离岸金融监管关系，是指有关国家主管部门对本国离岸金融市场以及从事离岸金融的当事人的监督和管制，包括市场所在国对离岸金融市场的监管、金融机构母国对金融机构的监管、资金提供者母国对资金提供者的监管、资金筹集者母国对资金筹集者的监管等，其中，市场所在国对离岸金融市场的监管构成了离岸金融监管的主要部分。①

本文想要探讨的是香港人民币离岸市场的监管与国际协调监管的一系列问题。

2. 宽松监管与适度控制

尽管离岸金融市场的特殊性决定了其"多头监管"的特征，但实际上，任何一个国家都无法单独对其进行完全控制，离岸金融交易正是利用了各国法律的豁免性或例外性规定而产生的。很多国家有意采取宽松的监管政策以促进离岸金融的发展，对离岸金融业务给予金融机构存款准备金、存款保险、利率、税收、外汇管制等方面的优惠。而与此同时，只要在岸金融市场存在着诸如对市场准入、业务准入、税收征管等方面的监管，就会出现一个监管规则相对宽松的离岸金融市场，金融机构在其中逃避某些监管束缚的情况。因此，某种角度上可以说，离岸金融市场的形成，也是金融业参与者"逃避"金融市场所在国监管的结果。

一般而言，离岸金融市场没有严格的准入限制，没有信贷利率管制，没有外汇管制，也基本没有税收管制。这是一个享有高度自由的市场，决定了离岸金融法律规制应当恪守宽松监管的原则。中国若要确立香港人民币离岸中心的法律地位，应实行宽松的监管政策。但相对于在岸市场，离岸市场因其成本低、交易额大、利润高，市场风险也相应较大，管理风险和适度控制，势必成为宽松监管的补充。离岸金融市场如果一味追求高额利润而忽视了风险管理，从而成为国际金融链条中薄弱的一环，一旦有债务危机发生，引发巨额国际资金流动，将对中国整个金融体系产生冲击。如果过度忽视监管，将带来无法预知的严重风险。我们必须认识到，只有实行适度的监管，才有可能规避金融风险的"引爆"，将离岸金融的优势和效益发挥到最大。同时，只有实行适度监管，才可能最大限度地避免因宽松监管所导致的监管真空；对某些金融从业者恶意规避法律，甚至从事金融犯罪的行为实行有效监控，可避免离岸金融市场成为滋生金融犯罪的温床。

在国际离岸金融发展史上，"BCCI 事件"（BCCI，即国际信贷商业银行，Bank of Credit & Commerce International）是经典的滥用离岸金融优势犯罪的案例。BCCI 1972 年在卢森堡注册成立，曾在全球 73 个国家和地区设立子公司或分公

① 参见罗国强：《离岸金融法研究》，法律出版社 2008 年版，第 24 页。

司,拥有一个非常复杂的跨国银行网络。卢森堡是著名的离岸金融中心,具有发达的金融市场和基础设施,并对外来银行和投资者提供税收优惠,是地区金融中心。正是因为其宽松的银行监管规则和税制自由,令其无法完成监管使命,使得BCCI的犯罪活动不受任何政府的监管长达15年之久。

1991年,BCCI因严重亏损、蓄意隐瞒借款和巨额债务等欺诈行为,以及涉嫌参与秘密军火交易、资助恐怖主义、逃税、走私、洗钱等犯罪活动,被多国金融监管机构关闭在当地的业务,继而倒闭,最终导致世界性清盘。“BCCI事件”被称为“世界金融史上最大的欺诈案”。

惨痛的教训揭示出,建立离岸金融市场,不仅仅会带来诱人的收益、活跃的金融交易,还会带来各种风险,包括信用风险、交易风险、市场风险、操作风险、违法风险、声誉风险、道德风险等。因此,在保持离岸金融市场及离岸金融业务高度自由化的同时,市场所在国必须对该市场进行适度的监管与控制,宽松监管与适度控制不可偏废。

(二)人民币离岸中心市场主体监管

离岸金融市场所在国的监管法制,应当包括离岸金融中心设立、离岸金融从业者的准入、离岸金融业务的经营、税收征管与优惠,以及风险控制与防范等各个方面。具体包括离岸金融市场模式监管法制、离岸金融市场准入监管法制、离岸金融业务经营监管法制、离岸金融税收征管法制,以及离岸金融风险监管法制。①

笔者认为,香港人民币离岸中心监管,应包含市场主体监管、经营业务监管、风险监管、税收监管以及外汇监管五个方面,实施中央监管与香港特区监管有效结合联动的监管格局。本文将从离岸市场主体准入、人民币业务经营及风险防控的角度,探讨香港人民币离岸中心监管问题。

1. 规范和强化市场准入

所谓离岸金融市场准入,是离岸金融市场所在国为其监管布置的第一道防线,是离岸金融市场所在国对外资金融机构进入本国市场所实施的控制和管理。它是指市场所在国金融监管当局依照法律规定的标准,审核并决定有关金融机构获得进入本国市场从事离岸金融业务的从业资格。

针对香港人民币离岸市场,其准入应指金融机构从事人民币业务的从业资格,它是香港对外资金融机构以及中资金融机构进行人民币业务所实施的监管和控制。

---

① 参见罗国强:《离岸金融法研究》,法律出版社2008年版,第101页。

中国进行离岸银行业务试点依据的是1997年中国人民银行颁布的《离岸银行业务管理办法》(银发〔1997〕438号),国家外汇管理局是银行经营离岸银行业务的监管机关,负责离岸银行业务的审批、管理、监督和检查。根据《离岸银行业务管理办法》第19、20条的规定,银行对离岸银行业务应当与在岸银行业务实行分离型管理,设立独立的离岸银行业务部门,设立单独的离岸银行业务账户,离岸业务与在岸业务分账管理;该办法第26条规定,非居民资金汇往离岸账户和离岸账户资金汇往境外账户以及离岸账户之间的资金可以按照规定自由进出。

据此,中国的离岸银行业务采取的是内外业务分离型的离岸市场模式,即离岸业务与在岸业务相分离。在此模式下,离岸账户与在岸账户分立,居民交易和非居民交易基本分开运作,但法律允许两个账户之间有一定程度的渗透。①

采取这一模式,既保障了离岸金融业务获得发展,又能适当分离离岸金融市场和境内金融市场,以隔离金融风险,同时也可避免金融机构轻松地逃避监管。

由于离岸金融业务的复杂性及高风险性,离岸金融市场所在国均对进入其离岸金融市场的金融机构设置了较为严格的准入标准,包括准入主体界定、准入主体形式以及准入许可方式等。

2. 离岸金融市场准入主体

对于离岸金融市场的准入主体范围,各国规定不一。有些国家对准入主体的设定范围宽泛,以美国为例,美国允许进入离岸金融市场的主体包括商业银行、储蓄银行、外国银行在美国的分支行和代理机构等。在新加坡,作为外汇指定银行的商业银行和证券银行均被允许进入离岸金融市场。在这些国家,离岸金融市场准入主体范围被圈定在较宽泛的金融从业者范畴。

有些国家或地区规定的离岸金融准入主体范围则相对狭窄,以中国台湾地区为例,台湾地区1983年颁布的"国际金融业务条例"及1984年通过的"国际金融业务条例实施细则"规定,离岸金融市场的参与者为在台湾境内办理外汇业务的外国银行;经核准设立代表办事处的外国银行;经核查合格的著名外国银行以及指定办理外汇业务的台湾地区本地银行。在这样的情形下,离岸金融市场成为一个纯粹的银行间市场。

在中国离岸金融试点中,根据《离岸银行业务管理办法》,从事离岸金融业务的为经国家外汇管理局批准经营外汇业务的中资银行及其分支行。

对离岸金融市场准入主体的严格把关,可以将金融风险拦截在第一道防线之外,一定程度上保障了金融秩序。不过,严格的准入监管,有可能以牺牲离岸

---

① 参见罗国强:《离岸金融法研究》,法律出版社2008年版。

金融市场的活力为代价,同时其也有悖于离岸金融市场建立的初衷,不利于活跃离岸金融交易以及吸引外资进入。

3. 香港人民币离岸市场准入主体形式

金融机构进入离岸金融市场,以跨国银行为例,理论上可以有三种形式,一种是分行形式,一种是银行子公司,第三种是合资银行。

分行属于跨国银行总行的一部分,不具有独立法律地位,不拥有独立资本,资产负债亦为总行资产负债的一部分,总行对分行的行为和债务直接承担法律责任。在离岸金融市场,分行是更便于总行实施直接控制的一种准入形式。银行子公司又称银行子行,子行是依照东道国法律成立的、由外国银行拥有全部或多数股权的独立法律实体,子行自负盈亏,母行与子行之间无连带责任,子行若经营亏损,母行仅限于投资损失。合资银行在离岸市场所在国具有独立的法律地位,由两家或两家以上金融机构(其中至少有一家为外国银行)共同出资在离岸市场所在国境内依法成立的经营银行业务的法律实体。

以上三种形式中,跨国金融机构在进入离岸市场时,更多倾向于采取分行形式。因为,分行不具有独立法律地位,不拥有独立资本,在离岸市场吸收存款时,不必缴纳存款准备金,从而可降低经营成本,将利润最大化。

事实上,在离岸金融市场上,跨国银行的准入只能采用分行形式。原因在于,离岸金融业务的交易主体主要为"非居民",而子行与合资银行均在离岸金融市场所在国注册成立,按照"注册地标准",属独立法人实体,子行与合资银行应为离岸金融市场所在国"居民",因此,两种形式均不能成为离岸金融市场的交易主体。相比,只有分行才符合"非居民"的标准,因其注册地、主要营业地跟随母国,是跨国银行总行的一部分。这是在准入前提下设立的标准。而鉴于离岸金融市场具有更高的金融风险和资金流量,跨国银行总行作为最后的偿债人,至少可部分规避风险,以及对进入离岸市场的分行进行救助,因此,离岸金融市场所在国一般都规定跨国银行以分行形式准入离岸市场。

由于香港的国际金融中心地位,外资金融机构进入香港地区从事各项金融业务的历史源远流长,跨国银行在香港从事离岸业务,也应遵照相应的准入标准与形式,即在香港建设人民币离岸中心过程中,从事人民币离岸业务,各中资、外资或跨国金融机构仍需面临重新准入的问题。具体而言,包含从事离岸金融业务需经国家外汇管理局批准等。

4. 香港人民币离岸市场准入许可方式

一般离岸金融市场准入许可方式有两种,既审批制和核准制。审批制是指离岸金融市场所在国政府主管部门依据法律规定,对申请进入本国金融市场从业的跨国金融机构资质进行实质审查,并决定是否批准其进入申请。而核准制是指离岸金融市场所在国政府主管部门依据法律规定,对申请者提交的材料进行形式审查,并对符合条件的申请者予以核准注册。

在离岸金融市场,为了更大限度地防范金融风险,市场所在国往往实行审批制准入。根据中国人民银行《离岸银行业务管理办法》第 8 条和第 12 条的规定,对于国内银行从事离岸银行业务试点的申请,由国家外汇管理局审批。

香港地区对于离岸金融业务的准入则采取发牌照的方式。香港实行"银行三级制"——可从事离岸金融业务的包括持牌银行、有限持牌银行和接受存款公司三类认可机构。发照当局应当保证新离岸金融机构有适当数量的股东、充足的财力、与业务结构相一致的法律结构,以及具备专业知识、道德水平,能稳健、审慎经营的管理人员。

因此,保证发照与持续监管的标准相一致十分重要。当一家已经成立的金融机构不能达到标准时,可据此吊销其执照。发照方面的法规同监管工具一样,旨在限制银行倒闭的数目和存款人的损失,但同时不应因限制准入而影响离岸金融业的效率和竞争水平。一般来讲,发照程序应至少包括对银行组织的所有权结构、董事和高级管理人员、经营计划、内部机制、预计财务状况和资本充足率的审查。

(三) 离岸人民币监管

1. *以法律法规形式鼓励香港人民币回流*

内地企业赴港融资直接推动了香港证券市场的飞跃式发展,港股市值从 1995 年的 2 万亿港元骤增到今天的 20 万亿港元。与此同时,跨境人民币结算增长迅速,2013 年前三季度,香港地区人民币贸易结算交易达到 2.6 万亿元人民币。

而全球范围内,截至 2013 年 9 月末,离岸人民币存量约 1.3 万亿元,其中,香港地区 9000 亿元(存款 + CD)、澳门地区 600 亿元、台湾地区 990 亿元、伦敦 1000 亿元、新加坡 1400 亿元,预计离岸人民币流动性在 2013 年底达到 1.275 万亿元水平。

然而,如何把这些人民币资金送回内地帮助企业发展、产生投资收益成为一大难题。

资金回流渠道狭窄,成为离岸人民币市场发展的绊脚石。香港金管局总裁陈德霖表示,拓宽在岸与离岸人民币市场的桥梁,让资金能够有序地循环和流通,是香港离岸人民币业务中心发展的重要进程。

截至 2013 年 9 月底,香港的人民币客户存款及存款证共计 9076 亿元;"点心债"(即离岸人民币债券,以人民币计价、人民币结算)未偿还债券余额有 2930

亿元;银行人民币贷款余额增至1071亿元。由此,仍有超过一半的人民币存款找不到合适的投资工具,若无法有效回流,则一来资金停滞造成资本浪费,二来闲置资金可能寻找地下管道以非法途径流入内地,抬高内地民间利率水平,扰乱正常的金融市场秩序。更令人严重的担忧是,由于中央银行无法准确监测到通过地下通道流入内地的人民币的数量,势必将对央行货币政策形成干扰。

因此,鼓励沉淀于香港的人民币投资内地实体性生产行业、非虚拟金融业,并以法律法规形式鼓励境外人民币回流,投资国家重点扶植产业,势必是当前中国内地与香港监管当局研究的重要课题。人民币回流宜疏不宜堵,适度放开"出海口",并以法律规制加以引导,将使内地金融体系以及人民币市场形成良性循环。

2. 监管人民币"出海口"

(1) 人民币FDI——人民币合法回流法律制度迈出重要一步

2011年8月,时任国务院副总理李克强访港,提出构建香港人民币离岸中心的具体政策措施,包括支持外商使用人民币直接投资,鼓励香港创新发展离岸人民币金融产品,放行人民币境外合格机构投资者(RQFII)投资境内证券市场,目标直接指向香港人民币离岸中心的发展瓶颈。

2011年10月,市场呼吁已久的人民币外商直接投资(Foreign Direct Investment,FDI)终于开闸,即外国投资者可以境外合法获得的人民币依法来华开展直接投资活动。对于香港人民币离岸市场而言,FDI有利于降低香港企业进入内地投资的汇兑风险并且大大增加香港及国际企业对人民币融资的需求,企业可以利用香港的人民币融资平台进行银行、债券及股票融资,汇到内地进行直接投资。对内地而言,FDI的落实不但有助于实体经济的发展,并且为香港日益增加的人民币资金提供了更多出路,推动了香港人民币债券及证券市场的发展,加快了香港离岸人民币业务的建设。

2011年11月,工银亚洲计划在香港发行人民币次级债,并将发债收益以FDI形式注资其内地的全资附属机构华商银行,成为人民币FDI的第一笔运作。

2011年人民币FDI开闸当年,人民币FDI占香港所有FDI总数的12.1%,约为900亿元人民币。到2012年首季,这一占比升至25.3%,2012年第二季,全球经济转差,人民币FDI占比仍有24%。首两季人民币FDI涉及金额分别为470亿元及448亿元,总额已超2011年全年。

商务部《关于跨境人民币直接投资有关问题的通知》所称境外人民币为外国投资者通过跨境贸易人民币结算取得的人民币,以及从中国境内依法取得并汇出境外的人民币利润和转股、减资、清算、先行回收投资所得的人民币;外国投资者在境外通过合法管道取得的人民币,包括但不限于通过境外发行人民币债券、发行人民币股票等方式取得的人民币。

为了控制FDI可能给内地金融等带来的风险,《关于跨境人民币直接投资有关问题的通知》第4条规定,人民币FDI在中国境内不得直接或间接用于投资有价证券和金融衍生品(除该通知第11条规定外),以及用于委托贷款。而对于风险较大的房地产行业,该通知第10条规定,跨境人民币直接投资房地产业应按照现行外商投资房地产审批、备案管理规定执行,以防“热钱”大规模流入内地金融体系。

(2) RQFII——以法律制度开启多层次人民币回流渠道

同为李克强访港政策“大礼包”的重要内容,人民币合格境外机构投资者(RQFII)的推进速度亦超乎市场想象。根据RQFII试点框架,RQFII投资境内证券市场,起点为200亿元人民币。按照相关管理办法,试点机构在香港募集人民币进行境内证券投资的资产配置应当符合以下要求:在获批的投资额度内,不超过募集规模20%的资金投资于股票及股票类基金,不少于募集规模80%的资金投资于固定收益证券,包括各类债券及固定收益类基金。

2011年12月,首批21家机构获批成为RQFII试点机构。RQFII推出之际,参与机构仅限于境内基金管理公司、证券公司的香港子公司,初期只能发行债券类产品或A股ETF产品。2013年3月,中国证监会发布新规《人民币合格境外机构投资者(RQFII)境内证券投资试点办法》及《关于实施〈人民币合格境外机构投资者境内证券投资试点办法〉的规定》,扩大RQFII试点,允许更多境外金融机构将离岸筹集的人民币资金投资境内资本市场,同时放宽了RQFII投资范围的限制。截至2013年10月30日,中国已批准RQFII 47家,获批额度共计1396亿元人民币。

RQFII工具背后的9000亿元在港人民币存量规模未来有望凭借这一渠道回流内地市场。境外机构投资者可运用在香港筹集的人民币资金,投资内地股票和债券,为在港的人民币资金增加回流机制,巩固香港的人民币离岸中心角色。

(3) 人民币债券——维护过渡期内监管稳定

随着2010年12月人民币跨境贸易结算的全面铺开,经香港银行结算的贸易额由2010年上半年每月平均45亿元人民币,大幅飙升至下半年每月平均570亿元人民币。在贸易结算量增加的带动下,香港人民币存款亦由2009年的620亿元人民币,上升至2010年底的3150亿元人民币,直至2013年9月末的7300亿元人民币,香港人民币存款成为仅次于美元的第二大外币存款,规模较2008年底增长10倍多。

香港人民币资金规模的逐渐扩大,为香港作为离岸人民币融资平台提供了有利条件。2011 年,共有 84 家机构在香港地区发行 1040 亿元人民币债券,除国家财政部、内地金融机构和香港企业外,还有 28 家跨国企业和海外金融机构。

此外,2010 年 11 月,国家财政部金融司亦与香港金管局签订合作备忘录,并成功通过金管局 CMU 系统投标平台向机构投资者发行共值 50 亿元人民币的国债。这对进一步拓宽人民币国债发行渠道起到了重要作用。

2013 年前 9 月,香港"点心债"发行量达 754 亿元,未偿还债券余额有 2930 亿元。

未来,向境外投资者全面开放境内债券市场的试点,放开境外机构和自然人持有的人民币资金投资境内包括国债、企业债和央行债券在内的各类债券投资业务,将是可能推进的路径和方向。其意义在于,债券收益固定,且发行额度可以调控,放开此项业务不会引起境内固定收益市场的过度波动,有利于过渡期内的监管稳定。

(4) 积极建立人民币计价金融衍生品相关法律规制

鉴于中国资本项下未完全放开的现实,为了加快推进人民币国际化进程,国务院发展研究中心金融研究所所长夏斌指出,其中一条重要思路是,"能让境外的人民币像其他自由兑换货币一样,用于存款、贷款、结算支付、资产管理、投资、汇率避险等全方位业务,形成自身一定的市场交易、循环规模"[①]。而通过香港与内地商品期货交易所不同方式的合作,根据不同商品,在境内外建立以人民币标价的商品期货交易所等大宗商品期货市场,是未来可行的推进方向。

2011 年 10 月 17 日,香港金银业贸易场推出全球首只离岸人民币计价的黄金产品,使得香港成为全球第一个能提供以人民币计价的黄金合同的金融中心。

2012 年 1 月,香港交易所表示,计划推出人民币计价的金属、农产品和其他大宗商品的衍生产品。2012 年 12 月,法国巴黎银行发行全球首只人民币计价权证。

此外,人民币金融产品也在不断创新,人民币保险、人民币 ETF、人民币期货及人民币股票等均在市场推出。目前,香港人民币清算网络的参加行超过了 210 家,清算金额也由 2010 年日均 50 亿元上升至 4000 亿元,其中超过九成是离岸市场的交易。

建立人民币离岸中心,推动人民币利率与汇率以及衍生产品市场发展,是人民币国际化的必经之路。而在人民币存量越来越大的趋势之下,必然滋生一些不正规发售的以人民币计价的金融衍生产品,其高利润、高风险满足了部分投资者的风险偏好。由于这部分产品游离于监管范围之外,为避免金融危机的发生,

---

① 参见夏斌、陈道富:《中国金融战略 2020》,人民出版社 2011 年版,第 336 页。

应针对人民币计价的衍生产品进行市场退出的法律规制。

大规模跨境资金流动可能给内地带来潜在的金融风险，而随着近几年香港人民币的沉淀，沉淀资金不断寻找“出海口”，在投资渠道狭窄的情况下，有相当数量的人民币通过地下渠道流入内地，波及内地金融稳定。因此，鼓励香港持有人民币，引导在港人民币资金以正规合法的多种渠道回流内地，是香港发展人民币离岸中心的必然要求，无论是FDI、RQFII开闸，还是债券市场扩容、人民币计价衍生品蓄势待发，人民币投资渠道的拓宽，在使得境外人民币合法地流入境内，有效打击地下金融的同时，可使在港人民币流动处于中央银行的有效监控之下，亦不至于对内地货币政策造成负面影响。

为此，外管局强调应加强跨境资金流动监管，加强监管合作，严厉打击地下钱庄等违法犯罪行为，加大对违法违规信息的披露力度等。

三、香港人民币离岸中心法制问题建议与探讨

（一）以法律法规制度防范香港人民币离岸市场风险

香港人民币离岸市场需要相对健全、能与国际惯例接轨的法制体系，需要公平完善的金融法制环境，从而为各项离岸金融业务健康有序地开展提供保证。中国现有规范离岸金融业务的法律主要是中国人民银行1997年10月颁布的《离岸银行业务管理办法》，以及国家外汇管理局1998年5月颁布的《离岸银行业务管理办法实施细则》。

在2010年，香港金管局向认可机构（香港的持牌银行、有限持牌银行及接受存款公司三类统称为认可机构）发出指引，说明人民币业务的监管原则及操作安排、适用于企业客户的业务范围，以及跨境贸易结算试点的相关监管措施。

同时，中国还有一套与离岸银行业务相关的法律、法规、规章以及实施细则，包括《商业银行法》《外资银行管理条例》《境外机构对外担保管理办法》《商业银行内部控制指引》《境内机构借用国际商业贷款管理办法》《境内机构对外担保管理办法》等，这些都为构建香港人民币离岸市场法律制度提供了基础，但随着跨境贸易结算、存款、债券发行，以及金融及理财产品等不同业务的显著增长，香港人民币离岸业务法律规制建设迫切需要推进。此外，还需要更多制度的放行及众多监管部门之间的协调。

（二）反洗钱——香港与内地协调监管的重要内容

随着香港离岸人民币业务范围日渐扩大，为充分发挥香港的金融中介角色

以及人民币离岸中心的市场地位,香港金管局正在加强与内地金融合作与监管的力度,并利用香港作为扩大人民币使用的平台,协助内地制定政策,协调监管,加强两地跨境经济和金融联系,促进人民币离岸中心的健康有序发展。而这其中的一项重要内容当属反洗钱的监管合作。

由于离岸人民币游离于在岸金融体系之外,极易滋生洗钱等非法交易,打击人民币非法地下交易、反洗钱就成为内地与香港联动监管与合作协调的重要方面之一。

中国2006年颁布的《反洗钱法》首次在法律层面全面确立了反洗钱监督管理机制,此后又陆续颁布了《金融机构反洗钱规定》《金融机构大额交易和可疑交易报告管理办法》《反洗钱调查实施细则(试行)》《金融机构报告涉嫌恐怖融资的可疑交易管理办法》《反洗钱现场检查管理办法(试行)》《金融机构客户身份识别和客户身份资料及交易记录保存管理办法》等法规,建立了金融机构的客户识别尽职调查程序、交易记录保存制度和金融机构大额和可疑交易报告制度等。

香港金管局亦于1993年开始相继制定发布了一系列反洗钱指引,包括《防止洗钱活动指引》(1993年)、《防止洗钱活动指引》(1997年)、《反洗钱准则及操作规程》(1997年)、《防止洗钱活动指引》(2003年),其中对银行及其职员在反洗钱活动中的职责、义务作了明确的行业规范。

《反洗钱法》中明确提出:"与境外反洗钱机构交换有关信息和资料,开展反洗钱司法协助",在法律层面,确立了内地与境外包括香港的反洗钱监管合作机制。

构建与完善内地与香港反洗钱监管合作机制,包括立法协调机制、司法协助机制、监管合作机制、人员与文化交流机制以及其他合作机制。

首先,将参照两地共同参加的国际条约和国际组织的规定及国际惯例,制定和修改反洗钱法律法规,使两地反洗钱的法律法规、管理制度等各方面趋于一致或接近。

其次,实行并表监管。并表监管是指对一银行或银行集团所面临的所有风险(包括洗钱风险),无论其机构在何地注册,都应从银行或银行集团的整体予以综合考虑的一种监管方法。它意味着母国监管当局应对其所负责的银行或银行集团,基于其全球业务总体监控其风险状况(包括风险集中和资产质量状况)和资本充足性。这一原则也可借用到反洗钱监管机制中,对所有跨境金融机构的反洗钱行为进行有效监管。

此外,还应建立反洗钱联席会议制度,加强反洗钱信息交流与共享机制,以协调反洗钱行动。

（三）进行有效的过渡期监管安排

无论是企业还是个人，在境外持有人民币无非出于风险、利益的综合考虑，为什么要持有人民币，如何使用人民币，如何使之进出中国内地，是境外持有人民币的企业或个人考虑最多的问题。

从国际经验看，最为成功的离岸市场当属欧洲美元，一向以更少限制、更高收益而著称。其成功经验表明，离岸中心不仅需要足够容量的资金池，更需要良好的投资产品以及相应的兑换制度。欧洲美元是自由市场与金融机构、众多投资者自我选择的结果，而香港人民币离岸市场在当前人民币不可完全自由兑换的情况下，需要更多的配套机制设计。即通过制定一定的规则，允许境内居民的人民币通过一定的“通道”流向境外离岸市场，同时允许境外居民所持人民币也通过上述“通道”流入境内人民币市场，通过不断地扩大“通道”，加快推进资本账户的开放速度。

笔者认为，通过香港人民币离岸市场推进资本账户渐进开放的过程中，需要有效的过渡期监管安排，虽然香港人民币离岸市场诸多政策措施陆续推出，人民币金融产品有序“放行”，意味着香港人民币离岸市场建设正在加快推进，但仍需要施加一定程度的限制性措施。例如，对于绝大多数离岸金融中心而言，不设金融机构存款准备金限制，但为了加强对金融机构吸收人民币存款的监管，维护人民币汇率及离岸市场的平稳，香港金融监管机构可以对金融机构缴纳法定存款准备金等作出强制性规定，以及实施相关的机制安排，香港金融监管部门对其实施监管，而内地监管部门也可由此掌握相关市场上的人民币供求状况。

此外，应建立风险应急机制，保留必要的临时资本账户管制的权力。同时，中国应积极参与亚洲金融、货币合作与金融监管协调，研究如何借助区域的合作力量，协调监管，以制约国际金融市场对香港人民币离岸市场的负面冲击，加强应对可能产生的各种风险的能力。

四、香港人民币离岸中心监管的样本意义

综上所述，鉴于离岸金融市场的特殊性和复杂性，特别是人民币离岸市场的重要意义，“监管先行”是必要的保障。只有监管者审慎监管，建立稳健、有效的监管法律制度，才能够在离岸金融市场尽可能保障离岸金融业务在游戏规则内安全进行，也才能够让离岸金融业参与者在稳定规范的金融环境里获得合理利润。在实行离岸金融市场宽松监管政策的前提下，适度的监管，才有可能规避金融风险，将离岸金融的优势和效益发挥到最大。

对于在香港建设亚洲区首个人民币离岸中心,建立一套针对人民币离岸市场的风险监管体系和制度,将使在港人民币流动处于中央银行的有效监控之下,减少对内地金融体系的冲击,为人民币资本项下的渐进开放奠定基础,有序推进人民币国际化进程。

随着新加坡、中国台湾地区、伦敦、法兰克福等国家和地区积极加入人民币全球范围内的离岸中心布局,人民币离岸市场监管势必成为人民币国际化战略布局中的关键一环,香港人民币离岸中心的监管布局与法律制度建设,将为日后亚洲乃至全球人民币离岸中心的建设和发展提供样本借鉴。

市场监管法

小额贷款公司监管特殊性研究

俞 燕

我国小额信贷已有20年历史,经历了从国际捐助、政府补贴到商业化运作的过程,可分为三个阶段。第一个阶段是引入福利性小额贷款组织。近年来,随着金融体制改革的逐步深化,四大国有商业银行股份制改革力度加大,贷款发放不断向优质客户、大型企业倾斜,对县域经济支持乏力,导致中小微企业及农户融资较为困难。

第二个阶段是开展商业性小额贷款公司局部试点。为解决融资难问题,推动农村金融领域的组织创新,2005 年 10 月,中国人民银行和银监会会同财政部、农业部、商务部、国务院扶贫办、工商总局等部门先后在山西、四川、贵州、陕西、内蒙古五省区开展商业化小额贷款试点工作。至此,小额贷款公司作为一件新生事物正式登上了中国的历史舞台。

第三个阶段是在全国范围内开展商业性小额贷款公司试点。2008 年 5 月 4 日,中国银监会与中国人民银行联合发布《关于小额贷款公司试点的指导意见》(银监发〔2008〕23 号)(以下简称《指导意见》),标志着商业性小额贷款公司试点范围扩展至全国。此后,小额贷款公司如雨后春笋般发展起来。统计显示,截至 2013 年 6 月,全国共有小额贷款公司 7086 家,贷款余额 7043 亿元,上半年新增贷款1121亿元。从地区分布看,江苏、辽宁和内蒙古的小额贷款公司机构数位列全国前三位,分别为529家、499家和472家。同时,江苏以1090.68亿元的贷款余额遥遥领先,浙江和四川的贷款余额分别为818.82亿元和432.73亿元。①

我国政府历来对金融管制严格,小额贷款公司作为一项金融制度和组织的创新,自出生之际便备受关注。小额贷款公司发挥"支农支小"作为,整体取得了较好的经济社会效果。不过,随着数量和规模的不断扩大,也出现了一些问题。比如,行业整体经营粗放、风险管理水平较低、人员素质不高,部分公司甚或发生非法集资、高利贷、暴力催债等事件。比如,2011年内蒙古亿万富豪金利斌自杀身亡,经相关部门调查,金利斌及其惠龙公司在六年多时间内非法吸收公众存款二十余亿元,多家小贷公司通过违规操作参与其中。②

小额贷款公司发展的良莠不齐,引起了各界对行业监管的重视。作为规范小额贷款公司发展的法律效力位阶最高的《指导意见》,只就监管主体、监管内容等作了极为简单的规定。对试点中出现的新问题,《指导意见》缺乏解决方案,且部分规定已不适应行业发展需要,一定程度上妨碍了金融创新,影响了市场配置资源的效率。

目前,理论界主流观点认为对小额贷款公司应进行"非审慎监管",因为其不吸收公众存款,倡导实施比银行宽松的监管措施,但"非审慎监管"和"审慎监管"的具体区别是什么、"非审慎监管"的指标如何设计,都没有详细答案。如果不解答这些问题,"非审慎监管"就只是停留在理念层面,难以有效指导监管实践。实务界则出现严格监管的趋势。小额贷款公司作为"草根金融",与民间金融有着天然联系。由于其贷款利率高于银行,且确有部分公司参与民间高利贷,社会舆论常将其与民间高利贷混为一谈。社会舆论的负面评价,加之部分公司的不合规行为,"严格监管"的呼声日益强烈。实践中,部分地方政府已出台行业相应管理办法,以加强监管。比如,根据《辽宁省小额贷款公司试点暂行管理办法》的规定,2012年辽宁省共取消了46家逾期未开业小贷公司的筹建资格、22家开业小贷公司的经营资格。③

监管,是政府干预市场的一种方式。关于市场和政府的关系,理论界已形成

① 资料来源:http://finance.chinairn.com/News/2013/07/30/123443628.html, 2013年8月10日访问。

② 参见《陇首家小贷公司即将退市》,http://www.financialnews.com.cn/xlbd/xedk/201206/t20120616_9775.html,2013年4月10日访问。

③ 参见《辽宁重处小贷公司违规经营 68家公司被勒令退场》,http://www.21cbh.com/2013/xintuo_122/608632.html,2013年4月10日访问。

基本共识,即市场和政府都存在缺陷,两者都会“失灵”。由于公正目标和效率目标的同时实现存在一定程度的冲突,在政府干预市场的过程中,如何处理好这两个目标间的关系,一直是理论界和实务界关注的焦点。这同样也是研究小额贷款公司监管问题的基本分析框架,如何既避免监管不足导致监管目标不能实现,又避免监管过度影响效率,是制定监管法律制度时需重点考量的内容。

小额贷款公司从事金融业务,不同于一般公司。在资本性质、业务模式等方面与银行业金融机构也存在本质差别。其具有我国金融体制改革的独特背景,与国际小额信贷组织的发展历程不尽一致。这些差异,加之金融监管体制的中国特色,决定了我国政府对小额贷款公司的监管具有特殊性。本文试以小额贷款公司的特殊性为分析出发点,对小额贷款公司的监管目的、监管原则、监管主体、监管内容等进行具体探讨,并提出相关政策建议,以期完善我国小额贷款公司监管法律制度。

一、小额贷款公司的特殊性

(一)国际小额信贷的起源与发展

虽然小额贷款公司在我国属于新生事物,但小额信贷组织在全球已有300年历史。18世纪早期,Jonathan Swift 建立“Irish Loan Fund System”,专门为穷人提供无抵押贷款,这是成立最早、存续最久的小额信贷机构之一。19世纪,数量更多、规模更大、运作更加规范的存贷款机构在欧洲出现,这些机构首先出现在城市和乡村的穷人中,比较著名的有“People's Banks”“Credit Unions”“Savings and Credit Co-operatives”等。它们秉持利他主义的信念,“帮助农村地区的穷困人口摆脱对当地高利贷者的依赖,从而提高穷人的收入”是行动的动力。从19世纪80年代开始,一些实验性的项目在孟加拉国、巴西以及其他一些国家进行。这些项目以贫困妇女为对象,帮助她们组成小组,然后以小组进行贷款,贷款资金则被用于一些小生意。小组成员的团结和互信是这种小额信贷模式的重要基础。

20世纪初,经过对小额信贷组织模式的不断尝试和探索,多种改良版本在拉丁美洲的农村地区大量出现。20世纪50—70年代,政府及资金供给者将注意力放在为小规模和边缘农民提供农业贷款上,希望通过此方式来提高生产力和增加收入。20世纪80年代,小额信贷领域中两个广泛被接受的政策——“贫困瞄准”和“贷款补贴”受到攻击,出现“金融体系获得”新思潮。这种思想认为,对于农业的发展而言,信贷的投入并非必备要素。信贷作为一种金融服务,应该由市场来确定价格,从而保证其充分供给,而非计划性。利率最高限额和信贷补贴妨碍了金融媒介的发展,打击了储蓄者和投资者的积极性,最终受益的往往是生产规模较大的大生产者,而非小型生产者及低收入生产者。

20 世纪 90 年代,高还款率和覆盖成本的利率,使一些小额信贷机构得以长期可持续发展。小额信贷被奉为一种消除贫困的手段,得到越来越多的关注和重视。小额信贷机构遍布许多国家,催生出更多形式为贫困家庭和小型创业者服务,但更倾向于农村和人口集中的国家。20 世纪 90 年代中期,小额信贷被赋予贷款外的更多内容,包括储蓄和其他金融服务。"小额信贷(Microcredit)"逐步被"微型金融(Microfinance)"的概念所替代,后者不但包括前者,还包括为贫困人口提供储蓄、保险、结算等其他小额金融服务。

目前,小额信贷被全世界所关注,从全球已有研究看,小额信贷在扶贫和社区发展中,已经被证明确实有效的作用包括:有效消除饥饿和极端贫困、村级贫困家庭适龄儿童基础教育的广泛普及、促进性别平等及保障妇女权益、降低儿童死亡率及促进妇女健康、环境可持续发展及帮助建立全球发展伙伴关系。随着小额信贷模式的不断创新和发展,小额信贷的发展目标和任务在不同地区也更加明确和具体。①

根据不同标准,可以将小额信贷机构模式划为不同的类型。根据资金供给主体的不同,小额信贷机构可以分为 NGO 模式、商业银行模式和合作制模式三种。这三种模式是相互交叉和渗透的,某种情况下可以转换。NGO 模式的小额信贷机构,其运营主体为 NGO 组织,主要资金来源于捐赠或贴息贷款,运营目的大多具有较强的针对性和目标领域,完成社会责任的目的性和使命感要强于对利润最大化的追求,比较有代表性的是玻利维亚团结银行。② 商业性银行模式下,小额信贷的运作主要依赖于商业银行的资源,资金融入、人员配置、平台搭建等各方面都建立在银行原有平台之上。这类机构运作相对规范,但受制于商业银行传统的盈利模式和运作模式,可能存在其他机构在发展后期才会出现的官僚化倾向,并且在业务运作中偏离扶贫目标的倾向性更强。这类小额信贷机构不能完全瞄准贫困农户,而是更加注重资产质量和盈利指标。但两者兼顾的机构数量也不少,比较典型的是印度尼西亚人民银行乡村信贷部、印度工业信贷投资银行及德国国际项目咨询公司的小额信贷业务。③ 合作制模式的小额信贷机构的所有者不是单一主体,而是多主体,根据运作模式的不同,又可以分为信贷

① 参见杨菲、李卓:《国外小额信贷机构》,经济科学出版社 2012 年版,第 1—7 页。
② 同上书,第 14—15 页。
③ 同上书,第 16 页。

联盟合作模式、社区合作模式和成员合作制模式。信贷联盟本身就是合作金融组织,也称存贷合作社,是为其个人成员提供存贷服务的基层金融机构,组织和运作都遵循合作社的基本原则。与信贷联盟合作模式的合作范围广、合作级别高不同,社区合作模式主要依赖于社区或其他行政区划的地理位置及人们的地缘关系而形成资金互助组织,为社区内或特定区域内的人民提供最基础的存贷款服务,最具代表性的是拉丁美洲的"村金融系统"模式。[①]

在发展过程中,小额信贷机构逐渐形成福利主义小额信贷和制度主义小额信贷两派。两者都坚持扶贫目标和宗旨,但在服务程度、机构本身发展方面有所区别。福利主义小额信贷以孟加拉国乡村银行(GB)和国际社会资助基金会(FINCA)的村银行为代表,强调服务的深度,致力于改善穷人经济和社会福利,认为可接受补贴来维持机构的日常运营,不愿过多考虑机构的可持续性。制度主义小额信贷则认为服务的广度(贷款者的数量)比深度(贷款者的贫穷程度)更重要,并希望维持机构自身财务的可持续性。近年来,后者成为国际小额信贷界的主流观点,许多福利主义小额信贷机构组织发生转型,普遍强调增长、效率和盈利。

(二)我国小额贷款公司的产生

小额贷款公司属于制度主义小额信贷机构,《指导意见》将其界定为"由自然人、企业法人与其他社会组织投资设立,不吸收公众存款,经营小额贷款业务的有限责任公司或股份有限公司"。《指导意见》从三个层面确定了其性质:(1)属于公司。是独立的企业法人,有独立的法人财产,享有法人财产权,以全部财产对其债务承担民事责任。(2)不是普通的公司。与商业银行一样,从事放贷业务,但限于发放小额贷款,具有金融属性。(3)经营小额贷款业务,但不能吸收公众存款,与银行类金融机构有着本质区别。

我国小额贷款公司是在特定背景下产生的。一方面是基于缓解"三农"和中小企业融资难的需要。长期以来,我国农村金融改革和经济发展相对滞后,在以建立家庭联产承包责任制为主要内容的农村土地改革之后的二十余年中,城乡二元结构仍然存在并在部分领域有所强化。与此同时,由于金融市场的欠发达和对利率的严格管制,我国中小企业的融资难问题一直十分突出,"麦克米伦缺口"[②]十分巨大。据中国人民银行公布的调查数据,当我国中小企业融资需求

---

① 参见杨菲、李卓:《国外小额信贷机构》,经济科学出版社 2012 年版,第 26 页。

② "麦克米伦缺口"(Macmillan Gap),即资金的供给方不愿以中小企业所要求的条件提供资金,使得中小企业的发展普遍存在一个大的资金需求缺口。参见邓向荣、周密:《"麦克米伦"缺口及其经济学分析》,载《南开经济研究》2005 年第 4 期。

在200万元人民币以下时,就很难获得银行的贷款支持。中共中央、国务院自2004—2009年连续六年发布以“三农”为主题的“一号文件”,特别是《中共中央国务院关于2009年促进农业稳定发展农民持续增收的若干意见》明确提出,“增强农村金融服务能力,加快发展多种形式新型农村金融组织和以服务农村为主的地区性中小银行,大力发展小额信贷和微型金融服务”。国务院《关于进一步促进中小企业发展的若干意见》(国发〔2009〕36号)也明确提出,要加强和改善对中小企业的金融服务,切实缓解中小企业融资困难。

另一方面是基于民间金融合法化的需要。与经济运行中的巨大资金缺口相对应的是,内部集资、民间借贷、高利贷、地下钱庄等大行其道。客观而言,民间金融的发展有其合理性,但随着规模扩大,各种风险也不断显现,有些甚至酿成系统性风险(比如农村合作基金会)。[①] 政府对民间金融长期持保守甚至反对态度,总体体现为“行政取缔为主、刑事处罚为辅”的管理模式,导致民间金融长期处于地下化、非法化的状态。[②] 面对金融自由化趋势,此管制模式显然已不适应实践发展需要。

在此背景下,小额贷款公司作为一项金融创新,为大量的民间资本转变为合法金融资本、大量的金融需求通过合法途径实现提供了重要通道。《指导意见》将其定位于“引导资金流向农村和欠发达地区,改善农村地区金融服务,促进农业、农民和农村经济发展,支持社会主义新农村建设”,并要求其“在坚持为农民、农业和农村经济发展服务的原则下自主选择贷款对象”,即表明了小额贷款公司服务“三农”的政策目标。各地方政府往往还将支持中小企业发展等内容列为政策目标。

由此可见,小额贷款公司的特殊性体现在它的性质和公益性定位。一方面,其是从事金融业务的非正规金融机构[③],发放贷款但不吸收公众存款;另一方面,其是商业性机构,但具有特定政策目标,可以划归为制度主义小额信贷范畴。

二、小额贷款公司的监管目标与原则

监管必须首先确立可以操作的目标,监管目标决定着监管的原则、内容范围、方法等。而监管原则应全面充分反映监管关系的客观要求,对监管活动具有根本性的指导意义。

---

① 参见中国人民银行小额信贷专题组编:《小额贷款公司指导手册》,中国金融出版社2006年版,第8页。

② 参见张书清:《民间借贷的制度性压制及其解决途径》,载《法学》2008年第9期。

③ 由于其没有金融许可证,有学者称其为“准金融机构”。

(一)监管目标

《指导意见》中没有明确小额贷款公司的监管目标。小额贷款公司监管属于政府对特殊领域的市场规制行为。所谓市场规制,即通过实施法律和规章制度来约束和规范市场主体及行为。狭义的规制,仅指规制主体以治理“市场失灵”为己任,依法对市场主体的市场进入和退出、价格、数量、质量、投资、财务会计等进行限制性的控制。

根据市场规制理论,其特征主要有:(1)规制主体的公共性。政府是干预市场的主体,随着经济社会的发展,非政府公共机构也成为规制主体。市场规制必须有一定的客观标准和办事程序。(2)规制角度的限制性。公共机构通过限制市场主体的意思自治,对阻碍市场机制发挥应有功能的现象加以限制,如价格限制、数量限制或经济许可等。(3)规制政策的动态性。作为经济政策的一部分,规制政策的选择属于公共选择,随社会经济形势的变化而动态变化。(4)规制内容的经济性。市场规制以克服“市场失灵”作为出发点,以反不正当竞争、反垄断和保护消费者权益为着力点,维护市场秩序。(5)规制范围的微观性。市场规制虽然会对宏观经济产生影响,但其直接对象是微观经济行为。[①] 小额贷款公司监管适用市场规制理论,同样具有这些特征,但由于小额贷款公司非正规金融机构的定位,在规制(即监管)内容方面更加具体化。

金融作为经济发展的核心领域,金融监管的目标可分为一般目标和具体目标。一般目标是防范和控制金融风险,维护金融体系的安全、稳定,保证金融业有效、有序运行和货币政策的有效实施。具体目标则是保障和实现金融机构经营的安全性、竞争的公平性和政策的一致性。经营的安全性包括两个方面:保护存款人和其他债权人的合法权益;规范金融机构的行为,提高信贷资产质量。竞争的公平性是指通过监管,创造一个平等合作、有序竞争的金融环境,鼓励金融机构在公平竞争的基础上,增强经营活力,提高经营效率和生存发展能力。政策的一致性,是指通过监管,使金融机构的经营行为与中央银行的货币政策目标保持一致。[②]

小额贷款公司作为一类特殊的“准金融机构”,不能吸收存款,不具有银行的内在不稳定性和脆弱性,自然也不会引发金融系统性风险,所以,不存在保护存款人利益、防范金融系统性风险的问题,也不以维护金融体系安全为监管目标。

---

① 参见王全兴:《经济法基础理论专题研究》,中国检察出版社2002年版,第584页。
② 参见侯书生主编:《中外政府金融监管比较》,国家行政学院出版社2012年版,第13页。

小额贷款公司的特殊之处在于其公益性定位。笔者认为,公益性是小额贷款公司的最重要价值所在。公平,作为人类社会的终极价值追求,意味着一定时空范围内对资源、利益、机会、权利、义务等所作的配置,符合公正、平等、均等、均衡的要求,既能保证每个人的发展又能满足整体发展的要求。公平,要求满足全体社会成员的基本要求和较好的生活愿望,赋予每个人公平的发展权,将消灭贫困作为特别优先问题来考虑。[①] 但时至今日,全球贫困仍然以有违人道主义的方式而存在。小额信贷的终极目标即改善人们生活和减少贫困。因此,敦促小额贷款公司发挥公益性作用,应列为首要监管目标。

小额贷款公司作为商业性机构,实现财务可持续性是内在需求。保障小额贷款公司运营安全、有序竞争应列入监管目标,但此目标与上述公益性目标相比是次要的,某种程度上两者是手段和最终目的的关系。此外,小额贷款公司可以从外部批发融资,保护债权人利益也应列入监管目标,因为其客户处于相对弱势地位,保护借款人利益也应一并纳入。

综上,小额贷款公司监管目标可归为三类:一是敦促其实现公益性宗旨,这是首要监管目标;二是保护借款人和债权人利益;三是保障其运营安全、有序竞争。小额贷款公司的监管原则、内容、手段等应紧紧围绕监管目标来制定。

监管有效与否,可以从两个维度来衡量,一是监管目标的实现程度,二是监管投入与产出,即经济学的成本收益分析。监管投入与产出较难确定,如单从监管目标的实现程度来衡量监管有效性,答案不一定令人满意。

国际小额信贷峰会报告显示,小额信贷出现了“使命漂移”,即小额信贷的服务对象偏离了贫困人口,尤其是那些最贫困人口。国际小额信贷峰会将“最贫困人口”界定为那些生活水平处于一国贫困线以下,并且位于该部分下端50%的人口;或者那些处于10亿最贫困人口之外,但当最开始获得小额信贷服务时,每人的日均收入水平低于1美元的任何人口。[②] 我国将小额贷款公司服务对象定位于“三农”和中小企业,与国际小额信贷峰会界定的贫困人口已存在较大差距。试点实践中,一些小额贷款公司热衷于为房地产类大型企业等提供大额贷款,或者为富裕人士提供资金周转,更加偏离其所应服务的对象。要改变此现象,首先需在《指导意见》和地方政府文件中明确小额贷款公司的监管目标,将其制度化。

---

① 参见王全兴:《经济法基础理论专题研究》,中国检察出版社2002年版,第294页。

② Sam Daley-Harris:《2006国际小额信贷峰会运动主题报告(上)》,载《2009/2010小额信贷通讯合集(中英文版)》。

（二）“非审慎监管”

《指导意见》中同样没有明确小额贷款公司监管原则。从字义理解，“非审慎”是相对“审慎”而言的。巴塞尔委员会1997年的《银行业有效监管核心原则》(Core Principles for Effective Banking Supervision)提出“审慎监管”理念，将其作为一项核心原则予以确认。其“审慎监管法规和要求”(Prudential Regulations and Requirements)部分，要求监管当局制定和实施资本充足率、风险管理、内部控制、资产质量、损失准备、风险集中、关联交易、流动性管理等方面的审慎监管法规。这些审慎监管法规可以分为两大类，一类涉及资本充足率监管，另一类涉及风险管理和内部控制。[①] 可见，“审慎监管”是对银行业务运营监管时适用的原则。

世界银行扶贫协商小组(CGAP)编写的《小额信贷监管指导原则》(以下简称《原则》)[②]，第一次提出了小额信贷领域的“非谨慎监管”(即“非审慎监管”，下同)概念。当监管的目的是专门保护整个金融体系和小储蓄者的安全时，管理是“谨慎的”。谨慎监管通常比大多数非谨慎监管复杂、困难，也更耗资，应避免用繁复的谨慎规则从事非谨慎监管的目的。因此，授权非银行小额贷款机构，不需要谨慎监管；授权非银行金融中介开办储蓄业务，则通常需要谨慎监管。纵观各国小额信贷监管实践，基本都按此做法。

《原则》认为，目前有关小额信贷管理的大多数讨论都集中在谨慎监管上。首次探讨非谨慎监管的问题，是因为很多监管对象都不需要谨慎对待。《原则》对“非谨慎监管”的适用范围进行了探讨，涉及“授权建立和运行小额贷款机构，保护消费者，防止欺诈和金融犯罪，建立信用信息服务，支持有安全保障的交易，制定与利率相关的政策，制订外国所有者、管理和资本来源的约束，确定税收和会计问题”等多方面。

《原则》对何时应谨慎监管小额信贷进行了探讨，还就资金来源、捐赠资助、现金抵押及类似强制储蓄、商业借款等谨慎监管中的具体问题阐述了观点。此外，《原则》还提出了专用于小额信贷的谨慎监管原则，即某些在传统银行业中很普通的准则须经调整后才能适用于小额信贷，涉及“最低资本金、资本充足率、贷款文件、所有权适应性和多样化的要求”等方面。

笔者认为，结合巴塞尔委员会和CGAP的界定，小额贷款公司“非审慎监管”的内涵有：(1) 由小额贷款公司“只贷不存”的性质决定的，优势在于避免限

---

① 资料来源：http://wiki.mbalib.com/wiki/审慎监管，2013年10月12日访问。

② 世界银行扶贫协商小组的29个捐助成员于2002年9月正式通过了《小额信贷监管指导原则》。

制创新,节省监管成本;(2) 与“审慎监管”适用的范围不同,“审慎监管”仅适用于银行业务运营,而“非审慎监管”适用于小额贷款公司市场准入、业务运营和市场退出全部环节;(3) 小额贷款公司并非完全不适用“谨慎监管”原则,但须将银行有关监管指标经调整后才能适用。

此外,适用“非审慎监管”原则还应把握几点:(1) 监管原则是为监管目标服务的,不能偏离之;(2) 随着小额贷款公司的发展,监管原则可适时调整,不是一成不变的,监管内容和指标等也应相应及时调整。

三、小额贷款公司监管主体和权限

《指导意见》对小额贷款公司监管主体作了“交换承诺式”的规定,并授予其小额贷款公司市场准入的审批权限。

(一) 我国现有模式

《指导意见》规定:“凡是省级政府能明确一个主管部门(金融办或相关机构)负责对小额贷款公司的监督管理,并愿意承担小额贷款公司风险处置责任的,方可在本省(区、市)的县域范围内开展组建小额贷款公司试点”,同时规定:“申请设立小额贷款公司,应向省级政府主管部门提出正式申请,经批准后,到当地工商行政管理部门申请办理注册登记手续并领取营业执照”。

根据该规定,各省级政府多指定具体职能部门负责小额贷款公司的监督管理,而在工作机制方面,则多成立跨部门协调小组,小组成员包括政府其他相关部门。小额贷款公司的市场准入,采用逐级审批的方式,最终由省级主管部门审批决定。日常监管和风险处置则由小额贷款公司所在地的县或设区市政府负责。

茅于轼对此提出批评,认为《指导意见》并没有解决“由谁来监管、由谁来制订一套办法”的问题,并认为“一定要有一个专门的委员会来监管农村的小额信贷运作”。另有学者认为,《指导意见》规定的监管主体是临时的分散机构,没有行政执行权力,小额贷款公司实际上仍游离于金融体制之外。林毅夫则对此予以高度评价,认为这在我国金融监管制度方面“实现了革命性突破,代表了农村金融监管的新趋势”:《指导意见》首次引进了分层监管,允许省级机构(如金融办)对小额贷款公司进行监管,前提是该监管机构愿意承担小额贷款公司的风险处置责任。这是我国金融监管制度的重大变革,分层监管的意义在于鼓励监管创新和多元化,有利于监管竞争和金融创新。[①]

小额贷款公司的监管框架设计,可以放在我国金融体制改革的大背景下理解。改革开放后,我国作为由计划经济向市场经济体制过渡中的国家,金融监管体制变革的过程基本上体现了政府主导型、渐进式和相对于微观金融发展的滞后性的三大特征。[②] 有观点认为,“中国金融体制改革非常重要的一个方面是应该建立中央和地方双层金融监管体制。涉及社会公众利益,特别是小投资者利益的所有金融活动必须集中在中央来实行严格监管;只要不涉及社会公众的资金和小投资人的资金,就不会有过大的负外部性,这一类金融机构和金融活动最好交给地方政府管”[③]。

笔者认为,小额贷款公司的监管职责交由地方政府,是建立我国双层金融监管体制的第一步,同时也是“非审慎监管”原则的体现。但是,监管实践中出现了一些问题,主要有:(1) 监管手段缺失,监管经验缺乏,持续监管流于形式;(2) 各地政府监管不一,存在监管套利;(3) 各部门分工合作的协调机制没有很好地发挥作用,存在“谁都管、谁都不管”的现象。有些问题可以随着监管力量的增强、监管经验的积累逐步解决,在实践中化解,而有些问题则需要对现行制度设计进行反思。

(二) CGAP 模式

CGAP《原则》中提出了另外一种监管模式,“如果目的是排除有不良记录者拥有或管理小额信贷机构,那么中央银行不必承担监控和保护小额信贷机构的稳定性这些工作。只要求登记注册,公开小额信贷机构的拥有者和管理者的信息,以及提交‘健全及恰当’的检查即可。一些非谨慎的管理可以放在一般商业法规下进行的,由执行这些法律的政府部门来管理,这取决于这些机构的相关能力”。

如按 CGAP 专家观点,小额贷款公司不需专门监管机构,只要正常办理注册登记,并加以适当的信息披露和检查即可。这种模式比我国现行模式更为宽松,更接近于对一般企业的管理,政府几乎无须另行耗费监管资源。虽然其缺陷在于部分监管目标(即敦促其实现公益宗旨)较难实现,但鉴于监管成本较低,如仅从成本收益分析,不失为一种较优的选择。我国现行监管模式中,地方政府为控制风险,指定专门监管部门,制定具体监管规则和流程,并配置专门人财物。

---

① 参见杨骏:《小额贷款公司试点舆情和评论》,载《2008/2009 小额信贷通讯合集(中英文版)》。

② 参见侯书生主编:《中外政府金融监管比较》,国家行政学院出版社 2012 年版,第 57 页。

③ 吴晓灵:《应该建立双层金融监管体制》,http://www.p5w.net/news/gncj/201208/t4431348.htm,2013 年 10 月 24 日访问。

政府投入了监管资源,但监管效果如何、收益成本比是否更优,都还有待实践检验。

要提高监管的有效性,必须认真思考两方面问题:(1) 地方政府在金融监管方面既缺乏经验,也缺乏专用人才,如何提高监管能力以适应监管实践需要?(2) 如何确保监管目标的实现?中央和地方的关系,已不再是传统的命令和服从的关系,更多是博弈格局。中央的政策目标与地方利益不一致时,地方政府易从自身角度考虑问题,政策执行往往大打折扣。比如,小额贷款公司最终定位在于扶贫,但部分地方政府为激励其多缴税,给予扶持政策时将税收贡献而非社会绩效作为主要奖励依据,政策激励导向发生偏差。

近年来,国际上出现对小额信贷监管加强的趋势。比如,印度在危机爆发之前,大部分小额贷款公司都由印度国家农业与农村发展银行监管,印度央行只对其中规模较大的几家进行监管。危机爆发之后,所有小额贷款公司都要在印度央行注册并接受其监管,同时印度各邦地方政府也会履行监管职能。随着我国小额贷款公司数量和规模的不断扩大,似也有加强监管的必要,但要避免过度监管、降低效率。

需特别注意的是,《指导意见》由银监会和人民银行制定,法律效力位阶不高,仅仅是部门规范性文件。《指导意见》规定小额贷款公司的设立须经省级政府主管部门审批,属于创设行政许可。根据我国《行政许可法》,规范性文件不能创设行政许可,所以《指导意见》有违法之嫌。另外,《指导意见》没有强制要求地方政府监管,而是以一种"承诺交换"的方式,即地方政府愿意承担风险处置责任的,则可以开展试点。地方政府的监管主体地位和监管权限,尚待以法律的形式予以明确。另外,由于《指导意见》的法律效力位阶较低,不能授予地方政府主管部门行政处罚权,对于违规经营的小额贷款公司,地方政府不能进行行政处罚,这就大大降低了监管的威慑力。

四、小额贷款公司市场准入监管

与银行监管一样,小额贷款公司市场准入监管也涉及机构准入、业务准入和高级管理人员准入。《指导意见》对这三个方面都作了规定,对于机构准入,主要有最低资本、股权结构两个指标;对于业务准入,主要规定了不得跨区域经营;对于高级管理人员准入,提出了一定资质要求。下面着重讨论实践中引发争议较多的几个指标。

(一)最低资本

《指导意见》规定:"小额贷款公司的注册资本来源应真实合法,全部为实收货币资本,由出资人或发起人一次足额缴纳。有限责任公司的注册资本不得低于500万元,股份有限公司的注册资本不得低于1000万元。"

对此,国际捐助机构认为注册资本门槛过低,不足以使小额贷款公司实现规模经济和可持续发展,理由有两点:(1)国际上那些发展良好的微型金融机构都有更大的资本规模;(2)经验表明,不仅在全球微型金融市场中,也在一些微型金融比较发达的发展中国家,微型金融行业整体上都呈现较强的行业集中趋势,几家比较大的微型金融机构往往占据大部分市场份额。此外,较低的资本门槛下,可能会有大量的小额贷款公司得以成立,从而增加监管当局的监管负担。

我国部分学者和实务界人士却对此提出强烈质疑,他们认为,注册资本门槛太高将使"民间投资者的热情急剧消退",只有骨干企业才能发起设立小额贷款公司,这将使小额贷款公司不能实现收编民间融资的目的。[①] 实践显示,地方政府普遍提高了最低资本要求,多数设定在2000万以上,[②]且均要求以实收货币方式出资。在出资期限方面,多数均遵循《指导意见》,要求"一次性足额缴纳"。[③] 广东省和辽宁省比较特殊,不仅规定了注册资本下限,同时也规定了注册资本上限。试点初期,广东省规定注册资本上限为2亿元,2012年将上限调增到5亿元。辽宁省2008年规定上限为2亿元,2012年针对符合条件的小额贷款公司,允许其增资扩股后突破2亿元上限限额。

从地方政府的做法可以得出几点结论:第一,调高最低注册资本要求,目的在于筛选较有实力的股东进入小额信贷行业,提高经营者的资金实力和抗风险能力。同时也避免新设机构数量太多,与监管力量不匹配。第二,最低注册资本的提高并不会降低民间投资者的热情,反而能将不具有投资能力,有以借贷资金、集资资金出资可能的投资人排除在外,避免了潜在风险。第三,注册资本上限的做法有一定的合理性,优点在于可以控制小额贷款公司规模,继而控制其单笔贷款规模,促使其服务对象下沉,服务那些融资需求较小的客户,而这些人往往都是弱势群体。缺点则在于限制了客户覆盖面,也限制了规模经济可以给公司带来的成本摊薄的优势。

鉴于我国民间资金充沛、监管资源有限,笔者赞同提高小额贷款公司最低注

---

① 参见杨骏:《小额贷款公司试点舆情和评论》,载《2008/2009小额信贷通讯合集(中英文版)》。

② 部分地区区分有限公司和股份公司,部分地区不作区分。

③ 浙江省自2011年允许注册地设在乡镇的新设小额贷款公司以一年内增资方式变相分期出资。

册资本要求,各地政府可以结合当地经济发展水平,设置合适的门槛。对于限制注册资本上限的做法,似应谨慎,一方面因为其存在限制发展的弊端;另一方面,公益性监管目标的实现问题,也可以通过激励机制来解决。

(二)股权结构

《指导意见》要求小额贷款公司“单一自然人、企业法人、其他社会组织及其关联方持有的股份,不得超过小额贷款公司注册资本总额的10%”,在股权结构方面提出了比村镇银行更为严格的限制。[①]

对此,国内外专家学者、小额贷款公司投资者和实践者的意见比较统一,普遍认为该规定意味着小额贷款公司至少需要10名发起人,公司控制权的分散化将大大降低小额贷款公司制度模式对民间资本的吸引力。此外,这一规定和第一批试点的七家小额贷款公司制度框架不同(当时规定试点小额贷款公司的股东不得超过五人),也和现实中已经存在的小额贷款公司制度框架不同(它们大多模仿第一批试点的七家公司),使制度上的不确定增加。[②]

各地方政府陆续突破了《指导意见》的规定。比如,广西壮族自治区、辽宁省均允许企业独资设立小额贷款公司,安徽省则放宽至50%,江苏省放宽至40%;北京市、重庆市、广东省、浙江省均设定上限为30%。[③] 笔者认为,分散和集中的股权结构各有利弊。股权结构分散,优点在于股东间能形成有效制衡,防范大股东侵犯小股东利益,缺点则在于容易导致公司股东(大)会难以有效决策,降低效率;股权结构集中,优点在于决策快、效率高,缺点则在于容易形成“一股独大”的失衡局面。

股权结构决定了公司治理机制。实践显示,在小额贷款公司委托代理关系中,最为突出的是两类问题:一是大股东控权,侵犯小股东利益;二是经营层道德风险问题。在我国法人治理结构普遍不完善、民营企业家大多未真正建立现代企业治理理念的实际情况下,建议《指导意见》适度提高小额贷款公司单一股东的持股比例,设计相对集中的股权结构,以提高决策效率。应要求地方政府原则上统一遵照执行,对于有特殊情况的,地方政府可以自由裁量,但需要明确条件和流程。随着试点发展,建议最终取消对小额贷款公司的股权结构限制,而由投

---

① 根据《村镇银行管理暂行规定》,村镇银行最大股东或唯一股东必须是银行业金融机构。最大银行业金融机构股东持股比例不得低于村镇银行股本总额的20%,单个自然人股东及关联方持股比例不得超过村镇银行股本总额的10%,单一非银行金融机构或单一非金融机构企业法人及其关联方持股比例不得超过村镇银行股本总额的10%。

② 参见杨骏:《小额贷款公司试点舆情和评论》,载《2008/2009小额信贷通讯合集(中英文版)》。

③ 浙江省同时要求,主发起人及其关联股东首次入股比例上限扩大到30%后,不得再参股本县域其他小额贷款公司。

资者意思自治,这也符合国际惯例。

(三) 资本性质

《指导意见》只限定“小额贷款公司的主要资金来源为股东缴纳的资本金、捐赠资金,以及来自不超过两个银行业金融机构的融入资金”,未就资本性质进行限制。

对于境外资本,《指导意见》持开放态度,仅要求“股份有限公司应有2—200名发起人,其中须有半数以上的发起人在中国境内有住所”。各地方政府做法不一。试点初期,很多地区要求小额贷款公司的发起人应为境内投资人,仅广东省明文规定境外投资人具有入股资格。随着试点工作的推进,许多地区都对外资逐步开放。笔者认为,当前国内资金较多,小额贷款公司设立即含有疏导民间资金之目的,不宜允许引入过多境外资本,且特别要防范热钱涌入。此外,鉴于印度小额信贷危机的教训,逐利资金大量涌入将导致小额信贷市场无序竞争①,我们对此类资金更应持谨慎态度。

目前,小额贷款公司注册资本多来自于民间资本,发挥了民间金融合法化的通道作用。国有企业、上市公司也对其产生了较大兴趣,问题在于如何看待这两类资本。笔者认为,国有企业经营国家资产,本身即应承担较大社会责任,可以将其合理引入小额信贷领域,这也有利于小额贷款公司公益性目标的实现。但是,监管部门要加强与国资监管部门的沟通协调,相对一般的民营小额贷款公司,对其应采取较为审慎的监管模式,以防小额贷款公司成为国有资产流失的渠道。基于我国国情,上市公司作为公众公司,多有圈钱之嫌,且往往炒作概念哄抬股价,对其应持谨慎态度,避免小额贷款公司成为其炒作的工具。此外,要严格禁止投资者将银行贷款资金和集资资金、拆借资金用于投资小额贷款公司,避免资金体外循环,增大泡沫。

CGAP《原则》中提到,小额信贷机构中“占主导地位的是非政府组织、政府援助机构、多边捐助机构以及其他开发投资者”。可见,捐助者和社会投资者在投资主体中占据了一定比例。而我国小额贷款公司股东多为企业和个人投资者,其他社会组织较少,捐赠资金也较少。这反映了我国小额贷款公司的公益性形象还没有树立,尚未被社会大众认可,或者说,小额贷款公司的公益性作用还没有得到发挥,需要在实践中不断改进。

---

① 在印度的一个村庄,有五个向穷人提供小额贷款的小额信贷公司,以及另外两个以上未登记的机构提供资金,而且手续非常方便,只需要身份证和一张照片就行。参见《小额信贷危机四起:“尤努斯模式”印度之困》,http://finance.sina.com.cn/roll/20101105/07168904275.shtml,2013年10月14日访问。

(四) 业务范围

业务范围限制包括经营地域和业务种类两方面。《指导意见》对小额贷款公司的经营地域未作限制。试点初期,多数地方政府均规定其"不得跨区域经营"且"暂不允许设立分公司",主要基于三方面考虑:(1) 借助于地缘优势产生的熟人经济效应,是小额贷款公司缓解信贷市场信息不对称的有效手段,如允许跨区域经营,由信息不对称加大引发的道德风险和逆向选择风险也将随之加大;(2) 维护地方利益,要求服务本地客户,推动本地区经济发展;(3) 便于监管,跨区域经营无疑将加大监管难度。之后,部分地方政府允许符合条件的部分小额贷款公司跨市、县设立分支机构。内蒙古自治区最为开放,直接允许注册资本不少于5亿元的小额贷款公司跨省区设立分支机构,同时还允许区外小额贷款公司到自治区内设立分支机构。整体而言,地方政府对小额贷款公司经营地域持保守态度,即使允许跨区域经营也要求其先设立分支机构主体。

近年来,互联网金融的蓬勃发展对小额贷款公司跨区域经营的限制提出了挑战。互联网金融业依赖大数据分析解决信息不对称问题,提供更有针对性的特色服务和更多样化的产品,交易成本的大幅下降和风险分散提高了金融服务覆盖面,尤其使小微企业、个体创业者和居民等群体受益。以阿里小贷为例,其分为阿里贷款和淘宝(含天猫)贷款两类,阿里贷款为阿里巴巴会员企业提供信用贷款,满足会员企业在生产经营过程中产生的流动资金需求,分为"循环贷"和"固定贷"两种。目前阿里信用贷款仅面向江浙沪卖家、收费和普通会员。淘宝贷款面向淘宝和天猫卖家,分为订单贷款和信用贷款两类,均面向全国卖家,额度在100万元以内。淘宝订单贷款是基于卖家店铺已发货、买家未确认的实物交易订单金额给出授信额度,到期系统自动还款。淘宝信用贷款是基于店铺综合经营情况给予授信,不受当天订单量限制,无须抵押担保,授信额度可多次支用,随借随还。[①] 据报道,截至2013年6月末,阿里小贷投入贷款总额已超过1000亿元,客户超过32万户,户均贷款额度4万元。与此同时,受益于参与者广泛及对消费者行为与偏好的精确把握,阿里小贷的不良率只有0.84%,低于商业银行的平均水平。[②]

对以阿里小贷为代表的小额贷款公司而言,经营地域限制与信贷模式存在内在冲突,大大影响其服务广度,地方政府理应放开限制。但随之而来的另一个

---

① 参见《银行挑战者:阿里小贷》,http://wenku.baidu.com/view/0dac2861a45177232f60a28a.html,2013年10月16日访问。

② 参见《互联网金融大热倒逼监管跟进 阿里小贷不良率仅0.84%》,http://finance.sina.com.cn/money/bank/bank_hydt/20130806/080416356240.shtml,2013年10月16日访问。

问题是这种放开对其他类小额贷款公司是否公平？笔者认为，只要小额贷款公司能化解经营地域限制的上述第一方面理由，则地方政府可持开放态度，至于监管问题，可以通过建立信息监测系统、加强非现场检查的方式解决。此外，还要合理疏导，避免放开后部分地区因竞争过于激烈引发恶性竞争。

在业务种类方面，《指导意见》规定小额贷款公司“经营小额贷款业务”。个别地方政府予以了突破。比如，重庆市2008年即允许其办理“各项贷款、票据贴现、资产转让”，并于2012年就委托贷款制定了管理暂行办法。地方政府允许的新业务主要包括：(1) 委托贷款，如重庆市、广东省；(2) 票据贴现，如重庆市、浙江省、广东省；(3) 资产转让，如重庆市、浙江省、广东省；(4) 融资性担保，如江苏省；(5) 金融机构业务代理，如江苏省。地方政府可以结合各地实际，允许小额贷款公司开拓业务范围，但这些新业务应和小额贷款的主业密切相关，有助于主业发展。已出现的新业务中，票据贴现本就属于贷款业务范围；资产转让如真实出表则完全没有问题，如采用回购式或转让的仅是所谓债权收益权，则实质是融资行为，应受相关限制；委托贷款、融资性担保业务则似不符合有关规定。

笔者认为，地方政府应鼓励小额贷款公司与银行合作，除了由银行向其提供批发资金外，小额贷款公司还可以向银行推荐客户并负责贷后管理服务，或者由两者向共同客户放贷。正如CGAP《原则》所言，“即使国家的商业银行目前没有兴趣从事小额信贷业务，但是一旦专业的小额信贷机构证明其盈利的潜力，这些银行的态度会改变的。……当小额信贷产品成为商业银行资产的一小部分时，监管小额信贷活动的风险和成本就会低得多”。

五、小额贷款公司业务运营监管

业务运营监管是银行监管的核心内容，目标在于维护安全和稳定，避免和降低银行运营中的各种风险，设有资本充足率、风险管理、内部控制、资产质量、损失准备等具体监管指标。小额贷款公司“只贷不存”，不具有银行的负外部性，对其业务运营是否应进行“非审慎监管”呢？具体又该设置哪些监管指标？笔者认为，业务运营监管也是小额贷款公司监管的核心内容，其风险承受能力较低，不能对其完全适用“非审慎监管”，部分运营行为仍需“审慎监管”，但不能照搬银行监管，而要根据其特点予以调整。

(一)资本充足率①

《指导意见》没有提出小额贷款公司资本充足率指标,而是规定其从不超过两个银行业金融机构融入资金的余额不得超过资本净额的50%,实际是非常高的资本充足率要求。按现有50%的银行融资杠杆计算,小额贷款公司的资本充足率最低约67%,远高于银行8%的最低资本充足率要求。

林毅夫肯定了制度突破,认为"这一方面为商业银行开辟了信贷批发业务,为银行间接参与农村金融发展打造了一个平台;另一方面,从事信贷批发业务的金融机构,同时也承担了监督小额贷款公司的责任,与省级监管部门一起约束小额贷款公司的行为。多渠道监管有利于硬化小额贷款公司的预算约束,是市场力量监管金融机构的一种重要形式"②。但各界强烈批评此规定极大地限制了小额贷款公司的资金实力,伤害了其规模扩张和可持续发展的能力,理由主要包括:(1)小额贷款公司可能很难从两家银行得到其所需要的足够融资;(2)"融资总额不超过资本净额的50%"的规定,与国际上成功的微型金融机构一般高达1000%的资金杠杠率相差甚远,会大幅度压低投资者可能获得的资金回报率;(3)融资来源最多为两家银行业金融机构,不符合融资双方分散风险的要求,也不利于市场竞争。

对专门小额信贷机构的资本充足率要求是否应该严于各类商业银行,CGAP《原则》对支持和反对的论据作了全面罗列。支持的理由是:(1)小额信贷与商业银行资产相比,资产更不稳定,产生的不良贷款具有传染性;(2)小额信贷机构需要高额利率才能保持不赔本,同等程度的不良贷款对小额信贷机构盈利性的影响要大于对银行的影响;(3)大多数国家的小额信贷没有很长的跟踪记录,管理层和职员相对缺乏经验,监管机构判断和控制小额信贷风险的经验几乎为零。相对较高资本充足率的限制,有利于监管者对出现的问题迅速作出反应。反对者则认为,如果对小额信贷机构要求较高的资本充足率,或者对业务多样化的机构的小额贷款提出同样的平抑风险要求,有可能会降低小额贷款的净资产回报率,进而降低其作为一个产业的吸引力,创造一个不公平的竞赛场。

实践中,由于行业发展呼声日益强烈,地方政府逐步放开限制。一方面,探索突破融资渠道,包括:(1)股东定向借款,如江苏省、浙江省、重庆市;(2)同业调剂拆借,如江苏省、浙江省、重庆市、广西壮族自治区;(3)境内外资本市场上

---

① 《指导意见》中虽然没有提出资本充足率的概念,但实际上提出了非常高的资本充足率要求,且限制了外源融资渠道。

② 转引自杨骏:《小额贷款公司试点舆情和评论》,载《2008/2009小额信贷通讯合集(中英文版)》。

市,如浙江省、广西壮族自治区;(4) 地方金融资产平台资产转让,如重庆市、广西壮族自治区;(5) 投资基金,如广东省、广西壮族自治区。另一方面,探索提高小额贷款公司的财务杠杆,比如,江苏省、浙江省、广东省将融资比例提高为资本净额的100%,重庆市则提高至资本净额的230%。[①]

限制小额贷款公司的融资渠道和杠杆,可以避免或减少风险传染给外部债权人,具有一定的合理性,但这种限制不利于其做大规模,实现规模经济,也不利于其扩大客户覆盖面,影响其服务广度,是以牺牲其财务可持续和公益性作用为代价来保护债权人的利益。银行业金融机构作为小额贷款公司的债权人,自身即具有相对较强的风险判断和控制能力,无须监管中给予特别照顾。因此,完全可以逐步提高银行融资的杠杆上限,具体融资额度交由市场进行配置。不过,债权人范围的拓宽应谨慎,可以发债、资产证券化等方式逐步拓宽至风险承受能力较强的机构投资者,但不宜立即放宽至定向个人投资者。总之,一方面应适度降低小额贷款公司的资本充足率,以满足其可持续发展需要;另一方面在保护债权人利益时,应重点保护小债权人利益。

(二) 风险管理和内部控制

《指导意见》对小额贷款公司的风险管理和内部控制作了比较原则性的规定,整体体现了"非审慎监管"原则,但个别规制则持"审慎监管"态度。

在贷款对象方面,《指导意见》要求小额贷款公司"在坚持为农民、农业和农村经济发展服务的原则下自主选择贷款对象"时,"应坚持'小额、分散'的原则,鼓励面向农户和微型企业提供信贷服务,着力扩大客户数量和服务覆盖面"。部分地方政府增加了限制,禁止其向股东和关联方发放贷款。笔者比较赞同此做法,通过禁止小额贷款公司向股东和关联方发放贷款,可以避免股东抽逃注册资本或将公司演变为融资平台。

在贷款分散度方面,《指导意见》规定:"同一借款人的贷款余额不得超过小额贷款公司资本净额的5%。[②] 在此标准内,可以参考小额贷款公司所在地经济状况和人均GDP水平,制定最高贷款额度限制。"各地政府做法较为不一。一种是要求贷款进一步分散,比如北京市将该比例调低为3%。另一种则相反,比如重庆市调高至10%,江苏省则仅允许开业未满一年的小额贷款公司比例上限为

① 其中,银行业金融机构融资和回购方式开展资产转让业务的融资余额之和上限为100%、股东定向借款上限100%、同业拆入资金上限30%。

② 《村镇银行管理暂行规定》要求,村镇银行发放贷款应坚持小额、分散的原则,提高贷款覆盖面,防止贷款过度集中。村镇银行对同一借款人的贷款余额不得超过资本净额的5%;对单一集团企业客户的授信余额不得超过资本净额的10%。

10%,开业满一年后该比例不得超过5%。辽宁省还参照村镇银行的规定,提出单一集团企业客户比例要求,但规定授信余额不得超过资本净额的20%,高于村镇银行10%的规定。除此之外,各地还作了更加细化的规定,比如上海市要求50万元以下的借款人数量应占借款人总数的50%以上,江苏省则规定70%资金应发放给贷款余额不超过50万元的小额借款人,并就涉农贷款比例作了规定。

笔者认为,贷款分散度的监管指标非常重要,理由有两点:第一,分散贷款有利于风散风险,是小额贷款公司重要的风控手段;第二,通过控制单一借款人的贷款额度上限,可以促使小额贷款公司的客户定位下沉,敦促其实现公益宗旨。因此,有必要对此指标进行"审慎监管",并在监管评级中提高此指标的权重。在对此指标进行监测时,需要对通过拆分贷款的方式以符合监管要求的行为重点监测。除了贷款分散度,基于我国小额贷款公司服务"三农"和中小企业的具体定位,地方政府可以对涉农贷款的比例、中小微企业的比例等作进一步限制,在监管评级体系中纳入该类指标,并提高其权重。

在内部控制方面,《指导意见》的规定比较原则,要求"建立健全贷款管理制度,明确贷前调查、贷时审查和贷后检查业务流程和操作规范,切实加强贷款管理"。笔者认为,地方政府有必要细化内控规则要求。需注意的是,小额贷款公司规模小、人员少,不可能建立如银行那样的内控组织架构并配置专人,往往身兼数岗,在确保风险隔离的前提下,应简化流程、确保效率。比如,在贷审环节,不需要强制设立贷审会机制,但仍要保留贷款"三查"。又如,在对贷款文件的要求方面,鉴于贷款额度和客户性质,要求像银行那样提供贷款文件是不合理的。正如CGAP《原则》中提出的,"尤其不可能要求其提供抵押登记、客户的财务报告以及客户的登记证明等","对小额度的贷款必须取消这些要求"。但是,小额贷款公司仍应关注借款人的第一还款来源,对借款人的还款能力进行评估。因此,要求其贷款文件中包括客户简单的现金流评估文件是完全合理的。然而,"如果是给该客户发放重复性的短期贷款,则不应该要求该小额信贷机构为每一笔贷款提供现金流分析"。

在贷款质量方面,《指导意见》要求小额贷款公司"建立审慎规范的资产分类制度和拨备制度,准确进行资产分类,充分计提呆账准备金,确保资产损失准备充足率始终保持在100%以上,全面覆盖风险"。此规定同样比较笼统。贷款分类的作用在于掌握贷款资产的真实状况,分析判断风险状况。与银行一样,小额贷款公司也应该对贷款资产进行分类、计提拨备并及时调整。笔者认为,对此应进行"审慎监管",制定贷款分类基础标准及拨备比例,设置监管指标进行考核。但是,应提高对小额贷款公司不良贷款的容忍率,该项指标应高于银行。

对于资产流动性,《指导意见》没有进行规定。小额贷款公司不能吸收存款,对流动性管理的要求虽然低于银行,但仍然存在期限错配的问题。如果流动性发生问题,一方面会影响小额贷款公司债权人(目前为银行)的利益,另一方面则会影响小额贷款公司的服务广度。因此,有必要设置比银行简单的流动性监管指标。

(三)贷款利率

《指导意见》规定:"小额贷款公司按照市场化原则进行经营,贷款利率上限放开,但不得超过司法部门规定的上限,下限为人民银行公布的贷款基准利率的0.9倍,具体浮动幅度按照市场原则自主确定。"对这种限定贷款利率区间的做法,各界观点不一。

反对者认为,设定小额贷款公司的利率上限限制了其业务发展能力,且无法"招安"地下钱庄。支持者则认为,"小额贷款公司贷款利率上限不得超过央行基准利率4倍的规定,虽然不及某些特殊情况下地下钱庄的利率水平,但考虑到地下钱庄的'非法性风险溢价'因素,并不能说明小额贷款公司对民间融资缺乏吸引力。先期试点的小额贷款公司的贷款加权平均利率约为22.54%,低于上限规定,故此政策是适当的"。[①]

要解决是否应限定贷款利率的问题,首先要了解小额贷款公司的贷款定价方法。为实现盈亏平衡,小额贷款公司的利息收入必须覆盖资金成本、贷款损失及管理费用。由于小额贷款公司的客户信用资质较差,理论上预期违约率也较高,导致贷款损失率高于银行。小额贷款公司属于劳动密集型行业,单笔贷款金额小,但单笔贷款的管理费用并不低,而是明显高于银行。较高的贷款损失和管理费用决定了小额贷款公司贷款利率要高于银行。此外,小额贷款公司的客户大多对贷款利率敏感度较低,而对能否获得贷款更为关注。

关于政府是否应干预贷款定价,CGAP持否定态度。《原则》中指出,"立法机关和公众很少能够理解这种曲折辩证关系,所以他们往往对小额信用利率愤愤不平,即使是在利率既不反映无效率也不反映额外收益的情况下也是这样",并认为,"如果政府控制了小额信用的利率,政治干预通常很难制定足够高的封顶利率以保证小额信贷的可持续发展。他们制定的封顶利率(由于限制了服务)对穷人的伤害几乎总是远远高于用低利率为他们带来的帮助"。

CGAP反对的理由在于:(1)公众对小额信贷的高利率不理解;(2)政府易受公众影响,对利率的上限约束导致小额信贷不能可持续发展,影响为穷人服

① 参见杨骏:《小额贷款公司试点舆情和评论》,载《2008/2009小额信贷通讯合集(中英文版)》。

务。笔者对此持不同观点。公众对小额贷款公司高利率的不理解,并不能成为政府不干预的理由,相反,这种不理解乃至误解,是可以通过披露利率计算方法等信息来澄清的。

在我国小额贷款公司的试点初期,合理的利率限制是非常必要的。限制利率上限的根本目的在于遏制小额贷款公司过度追求利润,变异为高利贷公司。小额贷款公司作为市场中的"经济人",天然具有逐利性。过度逐利一方面有悖其公益性目标,另一方面还将造成借款人负债过重,引发社会矛盾。在这方面,印度爆发小额信贷危机即是实例。2011 年印度安德拉邦高达 67 亿美元的小额贷款市场崩溃,成千上万的小额贷款借款人停止偿还贷款。借款人控诉贷方收取不合理的 36% 的贷款利率,而且通过高利贷催款员催逼收债,造成超过 30 起的自杀事件。①

至于利率的上限,应结合小额贷款公司的成本,并给予一定的盈利空间,以保证其财务可持续性,这是完全可以测算的。关于利率的下限约束,小额信贷市场目前不存在过度竞争,似尚无必要,完全可由市场决定。对小额贷款公司贷款定价的干预,可随着市场的成熟、适度竞争格局的形成、社会监督和行业自律的强化而逐步减弱。

六、小额贷款公司市场退出监管

《指导意见》规定小额贷款公司法人资格的终止包括解散和破产两种情况。"解散依照《公司法》进行清算和注销","被依法宣告破产的,依照有关企业破产的法律实施破产清算"。

2013 年 3 月,金华市广利恒小额贷款公司被法院判决解散,成为浙江省首家被解散的小额贷款公司。② 该公司的贷款模式基本是由公司股东按投资比例进行担保,或股东间联保对外放贷。贷款基本被股东作担保借出,小额贷款公司实际成了股东的融资平台。后因股东间出现纠纷,经股东放出的贷款无法收回,三名股东以经营严重困难为由请求法院解散公司。在市场退出机制方面,小额贷款公司与一般公司相同,比较特殊的是其转制村镇银行的规定。

《指导意见》规定:"小额贷款公司依法合规经营,没有不良信用记录的,可在股东自愿的基础上,按照《村镇银行组建审批指引》和《村镇银行管理暂行规

---

① 参见《小额信贷危机四起:"尤努斯模式"印度之困》,http://finance.sina.com.cn/roll/20101105/07168904275.shtml,2013 年 10 月 14 日访问。

② 参见《浙江首家解散的小额贷款公司 到底出了什么问题》,http://zjnews.zjol.com.cn/05zjnews/system/2013/05/23/019355925.shtml,2013 年 10 月 14 日访问。

定》规范改造为村镇银行。”银监会之后出台《小额贷款公司转制设立村镇银行暂行规定》，明确了转制的具体条件，包括“持续营业3年及以上，清产核资后无亏损挂账，最近两个会计年度连续盈利，不良贷款率低于2%”等。

关于小额贷款公司转制村镇银行，理论界和实务界看法不一。林毅夫肯定了积极方面，认为“为从业人员提供了正向激励，在积累经验的基础上，将本土经验植入存款类金融机构，成为真正意义上的民营银行。同样重要的是，银行作为小额贷款公司的批发性金融机构，可以成为转型后的村镇银行的股东，为农村金融与城市金融的融合创造条件”[①]。小额贷款公司的投资者提出批评意见，认为没有明确小额贷款公司转制村镇银行时可以享受的便利条件，按现行村镇银行组建办法，民间资本需要将控制权让与金融机构，民间投资者显然极不情愿。

有观点认为，小额贷款公司转制村镇银行的条件，实际高于投资者直接申请设立村镇银行的条件。“这实质上是用正向规定的形式反向封死了小额贷款公司转制村镇银行的道路”，必然打击希望迂回进入银行业领域的民间投资者的热情。但是，这一规定对巩固小额贷款公司“只贷不存”的制度形式，以及促进小额贷款公司长期发展都有正面意义。[②]

笔者认为，小额贷款公司如选择转制村镇银行，则应符合村镇银行有关规定，包括“最大股东或唯一股东必须是银行业金融机构”的规定。村镇银行是在农村地区设立的主要为当地农民、农业和农村经济发展提供金融服务的银行业金融机构，由境内外金融机构、境内非金融机构企业法人、境内自然人出资。按国际惯例，出于安全考虑，工商业企业进入商业银行一直是受到非常严格控制的。

小额贷款公司如转制村镇银行，优势在于获得金融牌照，成为正规金融机构，可以吸收公众存款；劣势则在于村镇银行发展也面临困难，如激烈的存款市场竞争，硬件设施、技术、人员等方面成本高等，还将接受金融监管部门的严格监管。选择转制时应将优劣势考虑清楚。迄今全国还没有一家小额贷款公司成功转制村镇银行，银监会应出台相关细则，以便于操作。

综上，小额贷款公司作为公益性和商业性并存的准金融机构，其监管体制有别于银行，也有别于一般公司。监管目标不仅在于保护债权人、借款人的利益，保障其安全运营、有效竞争，更在于敦促其实现服务“三农”和中小企业的政策目标。在监管内容方面，整体适用“非审慎监管”原则，但对于风险管理和内部控制仍应遵循“审慎监管”，并建立与其信贷流程和机制相适应的可操作的具体

---

① 转引自杨骏：《小额贷款公司试点舆情和评论》，载《2008/2009小额信贷通讯合集（中英文版）》。

② 参见吴晓灵、焦瑾璞等：《中国小额信贷蓝皮书（2009/2010）》，经济科学出版社2011年版。

监管指标。

试点至今,现有监管制度框架一定程度上滞后于小额贷款公司自身发展需要,应予以调整,比如放松对外源融资、股权结构的限制等,但对贷款对象、贷款分散度、贷款分类等均应严格监管。面对数量越来越多的小额贷款公司,监管力量的加强和能力的提高已成为当务之急,要坚持监管目标并衡量成本收益,避免从监管不足转向监管过度的另一个极端。

小额贷款公司监管是对地方政府管理地方金融能力的一项考验。基于权责利的对等需求,在对《指导意见》的规定进行完善并吸收地方经验的基础上出台效力位阶更高的法律制度,赋予地方政府监管主体身份及相应监管权限,是做好此项工作的前提和基础。

民间借贷的法治化发展

郝一丁

一、引　　言

美国学者R.J.麦金农、E.S.肖在他们的经典著作《经济发展中的金融深化》和《经济发展中的货币与资本》中,从不同的角度对发展中国家金融发展与经济增长的辩证关系作出了开拓性的研究,提出在二元经济结构下(比较发达的城市与相对落后的农村),[①]主要为国有(或国有控股)企业提供现代金融服务的比较发达的商业银行、金融市场等现代金融体系,将与为民营经济、小微企业、个人等提供传统地下金融服务的钱庄、标会等民间借贷体系同时并存。[②]

正如美国学者所述,在中国,无论发达地区,还是经济相对落后的不发达地区,一直存在民间借贷。尤其是在浙江、广东、内蒙古鄂尔多斯等民营经济发达、小企业大量聚集的地区,民间借贷更是有着肥沃的生长土壤。最近几年,特别是2010年以来,小微企业融资愈发困难,又叠加央行不断缩紧银根的宏观背景,部分地区的民间借贷不论是规模还是利率都几近"疯狂"。2011年3月,号称民间借贷"南北双雄"的温州、鄂尔多斯开始出现借贷风波,直至9月达到顶峰,此后时任总理温家宝开始赴各地调研,各地政府也开始采取一系列的救市措施,最终危机暂时得以稳定,但暗流依然涌动。本文拟对民间借贷的健康发展之道进行研究,在尊重现有法律体系与金融监管资源分配的基础上,探索规范民间借贷的立法思路,以供学界参阅。

---

① 参见〔美〕R.J.麦金农、E.S.肖:《经济发展中的金融深化》,邵伏军译,上海三联书店1988年版,第5页。

② 参见〔美〕R.J.麦金农:《经济发展中的货币与资本》,卢璁译,上海三联书店1997年版,第7页。

二、民间借贷及其争论

民间借贷也称为民间融资,是指游离于国家正规金融机构之外的,以资金筹措为主的融资活动,泛指非金融机构的自然人、企业及其他经济主体之间以货币资金为主要标的的价值转移及本息支付。在发展中国家,由于经济相对落后,基本上都采取了“金融抑制”政策以集中力量发展民族经济。金融抑制政策造成正规金融垄断和整体金融效率低下,致使正规金融内累积的风险增加,同时也为民间借贷的兴盛提供了条件,民间借贷这一“自生自发”形成的金融秩序成为消解正规金融体制中累积的风险和缓解融资困难的重要工具,成为对金融抑制政策下产生的正式金融制度的必然补充。

十一届三中全会后,随着国家在经济领域的放权,个体经济和民营经济得到了发展,中小企业贷款难的问题逐渐出现,民间借贷也开始出现并不断发展壮大,呈现出多种发展形式,主要包括个人自由借贷、合会、地下钱庄、典当行、私募基金、小额贷款公司等。在江苏、浙江、福建和广东等民营经济发达的沿海地区,民间借贷已经有了相当大的规模和影响。民间借贷逐步由“地下”走到“地上”,在解决中小企业贷款难、活跃地方经济等方面起着越来越重要的作用。然而,一方面,我国长期以来对民间融资实行严格的金融管制,对民间融资缺乏系统的研究和制度设计,缺少专业的监管机构和有效的监管措施;另一方面,民间融资处于隐蔽、分散状态,导致国家难以对其进行有效的监管。民间融资虽然本质上属于私人交易行为,但一旦涉及不特定公众,就进入社会经济的公共领域。大规模的融资活动不仅具有相当的社会性、公共性和连锁效应,而且容易引发欺诈和各种犯罪,影响经济秩序和社会稳定,从而增加整个金融体系的风险。正是基于这一背景,2011 年以来,众多民企老板因民间借贷等因素纷纷“跑路”、小微企业倒闭事件接连发生,民间借贷相关负面新闻不断浮现。

围绕民间借贷两面性的特性,学界进行了大量研究,但大多是在对当前法律体系、监管体系批判基础上,为民间借贷的大力发展摇旗呐喊,如陈志武教授曾依据 1934 年民国政府中央农业试验所对当时全国 22 个省经济状况所作的调查,对中国民间借贷的状况进行了分析,指出自从有人类以来就有对金融的需求,就会时常需要借贷的支持。民间对借贷资金的需求并不会因意识形态或政策的禁止而改变太多,相反,由于这种意识形态和政策环境大大减少了借贷资金的供给,借贷利率大大上升。[①] 同时,若一个地区的商业文化越发达,对商业价

① 参见陈志武:《金融的逻辑》,国际文化出版公司 2009 年版,第 102—110 页。

值的认同度越高,那么该地人群对契约执行的认同度就越高,也就越能为民间借贷市场的发展提供一个较好的社会制度环境,并推动地区经济的繁荣。① 陈教授进而建议借鉴公司治理的概念,把公司治理和保护股东利益的概念运用到对民间借贷问题的分析上。应在民间借贷市场上保护放贷人的权益,正如在公司治理中要保护股东的权益。换句话说,不应过分管制压抑民间的放贷者,而应通过电视和媒体渠道表彰这些人对于社会的贡献,表彰他们愿意把自己辛苦的劳动所得拿出来满足别人的资金需求。这样可以鼓励更多的人参与民间借贷,增加借贷市场上的资金供给,使利率降低。一概言之,解决民间借贷负面效应的最好办法不是禁止民间借贷或打倒放贷者,而是大张旗鼓地鼓励之,保护其权益。

表一 1934 年部分省市民间借贷利率分布②

地区	各种借款利率占比					平均利率	利率高于 30% 的比率
	年利率 10%—20%	年利率 20%—30%	年利率 30%—40%	年利率 40%—50%	年利率 50% 以上		
宁夏	0	0	28.5	14.2	57.3	49.6%	100.0%
陕西	0.9	6.6	29.3	12.2	51	47.1%	92.5%
河南	1.2	10.8	52.8	19.2	16	39.3%	88.0%
贵州	0	15.2	65.5	12.9	6.4	36.2%	84.8%
山西	2.6	17	40.6	27.6	12.2	38.3%	80.4%
安徽	1.2	32.1	38.3	11.1	17.3	36.6%	66.7%
青海	0	42.9	19	14.2	23.9	37.6%	57.1%
浙江	41.2	57.7	1.1	0	0	21.0%	1.1%
福建	31.9	63.9	4.2	0	0	22.2%	4.2%

对于陈教授的观点,笔者持不同意见。首先是关于借贷利率与民间借贷市场发展程度的关系问题。清末及民国初期,晋商尤以山西票号出名,基于诚信和团结的商帮政策,山西的金融发展程度在当时居于全国领先地位。然而,据上表显示,山西当年的平均借贷利率高达 38.3%,在 22 个省中排名第 5 高,显然有悖于陈教授民间借贷发展与借贷利率负相关的理论。其次是经济发展与民间借贷的关系。陈教授认为,良好的商业环境给了浙江民间借贷生存的空间,借贷的盛行反过来促进了浙江金融的发展,并促进了浙江经济的繁荣增长。事实上,此结论相对武断,经济的发展是多方面的,陈教授的推论忽视了太多与经济发展相关的因素。再次,依表所示,作为中国经济最发达的地区,浙江的平均利率是

① 参见陈志武:《金融的逻辑》,国际文化出版公司 2009 年版,第 102—110 页。
② 参见陈志武:《反思高利贷与民间金融》,载《新财富》2005 年第 8 期。

21%,按照当下央行确定的一年期利率标准,这个利率仅是标准利率的3.8倍,并未超过如今法律所规定之上限。相反,宁夏当年的平均利率为49.6%,折换后大大高于央行标准利率的4倍。显然,贫穷与繁荣的诱导,民众的疾苦与民间借贷的发展并不是简单关联,研究务必需要对民间借贷的本质进行深入分析。从利率与风险的对应关系看,民间借贷中亲友圈互助性的整体平均利率大体合理;而在职业化逐利的民间阶段,则存在以高额回报为诱饵的“圈钱”行为,会大大增加借款者的财务负担且容易引发资金断链。对民间借贷性质不作区分,会遮蔽其良莠不齐的客观现实以及人们理性看待民间借贷的眼光,无意间否认了“恶”民间借贷的存在。

无论是民间借贷全面合法化还是对金融的抑制,均不利于集中力量创造我国和谐的民间借贷环境。仔细品味,会发现两者各执一端,一个“全面拥护”,另一个“全面打击”,均显得激情有余而理性不足。笔者认为一定要在社会各界中形成共识,在监管部门合理监管的背景下,才能正确预设民间借贷的规制目的,并寻找到其疏导与发展所需要的路径和法律规则。

三、境外民间借贷发展规范分析

中小企业融资难是一个全球性问题,无论是美日等拥有高效银行系统的发达国家,还是发展中国家,商业银行出于成本和风险的考虑,均不愿意向中小企业发放贷款,中小企业都面临着较大的融资问题。在这样的背景下,民间借贷成为一个必然存在且普遍存在的金融形式。经过多年的探索,国外一些国家和地区找到了一系列规制、促进民间借贷发展的道路,形成了一整套行之有效的法律制度。总结和研究这些国家和地区的有益经验和做法,对于完善我国民间借贷法律制度,构建适合民间借贷发展的软环境具有重要意义。

(一)美国信用社模式

美国金融业高度发达,金融体系非常完备,但仍然不能满足全社会企业和个人的资金需求,除了主流的融资渠道外,美国的民间借贷也非常活跃,且类型丰富。美国较为成熟的民间借贷方式主要包括储蓄贷款协会和信用社。

美国储蓄贷款协会建立在成员之间密切的社会关系基础上,利用社会关系了解其成员的资信度、监督成员行为和保证合约的执行。储蓄贷款协会分为互助性储蓄贷款协会和股份制储蓄贷款协会两种。互助性储蓄贷款协会不得通过募集外来股份来吸收和增加资金,股份制储蓄贷款协会则可以对外吸收资金。储蓄贷款协会必须注册登记,可以选择在联邦政府注册,也可以选择在州政府注册。

合作性质的信用社是美国民间借贷的主要形式。1909年,美国成立了第一家信用社——圣玛丽教区居民信用社。1909年4月6日,新罕布什尔立法会向该信用社颁发了特许状。在政府的支持下,社会的中下层阶级可按照自愿、平等和互利的原则,在社区结成合作性质的信用社。① 1935年,全美信用社协会执行委员会成立信合保险公司,旨在为信用社提供保险。二战后美国信用社得到快速发展,1980年储蓄机构法规限制、储蓄账户利率上限相继取消,信用社优惠管理措施也得以推广,这些都使信用社得到快速发展。② 此外,美国有关信用社的立法也非常完善。1909年,美国马萨诸塞州通过了第一部信用社法。1934年美国国会通过了全国性的联邦信用社法,对联邦信用社管理局的职能和作用、信用社股份保险等内容作了详细说明。1998年,美国联邦信用社管理局修订《信用社管理准则与规章》,对信用社的具体运作作了详尽规定。美国对信用社的监管采取联邦政府和州政府的双重监管模式。1965年,各州政府分别成立了各州信用社监督专员协会,③目的在于加强对地方信用社的监管。1978年,美国联邦信用社监管局正式成立,专门负责对在联邦注册的信用社实施监管。

(二)日本双层次民间借贷体系

日本的主要民间借贷形式为类似于中国合会的"无尽"。无尽始于日本的镰仓时代(公元13世纪),最初是带有经济互助性质的组织,为地方中小企业和家庭提供了大量资金帮助。作为一种自发的民间组织,政府对其并不加以管理。19世纪末,互助性质的无尽开始演变为商业化运作的金融组织。1915年,在日本金融当局和日本银行对无尽利弊综合评估的基础上,日本国会通过了《无尽业法》。该法规定无尽会员人数不得超过100人,存续期不得超过5年,每人每期缴纳的会金不得超过1万日元。同时规定大多数无尽合并组建成为联合股份公司形式,公司注册资本金为15 000日元。④

二战后,日本国内出现了两种金融组织:一种是专门向中小企业提供融资的财务公司,该公司没有固定会员,客户只需向其储蓄60次,每次50日元,就可以获得1万日元的贷款。⑤ 这种金融组织的迅速发展促使政府修正《无尽业法》。

---

① 参见《美国信用社的发展历程》,载《中国农村信用合作》2006年第1期。

② 同上。

③ 参见贺力平:《合作金融发展的国际经验及对中国的借鉴意义》,载《管理世界》2002年第1期。

④ 参见鲍静海、吴丽华:《德、法、美、日合作金融组织制度比较及借鉴》,载《国际金融研究》2010年第4期。

⑤ 参见陈蓉:《论我国开放民间金融市场的政府行为选择——基于日本、台湾地区民间金融的演化》,载《理论导刊》2009年第7期。

但随着经济的发展,《无尽业法》有些条款已越来越不能满足社会发展需求,在这种情形下,无尽协会要求政府起草新的法律,推动无尽转变为中小规模的银行。1951 年,日本通过了《互助银行法案》,开始了无尽向商业银行的转变;1990 年,所有的互助银行都转变为商业银行。互助银行的业务范围包括:接受定期"会金"、吸纳活期存款和定期存款、发放贷款等。[①] 另一种是农协系统下的合作金融组织。该组织是根据《农业协同组合法》由农民自发建立的农业合作组织。它的构成分为三级:最基层是以市町村为一级的农业协同组合,在不以营利为目的的条件下,为农户办理存贷款、结算和保险等业务;中间是以都道府县为一级的信用农业协同组合联合会,简称信农联,负责其地域范围内的农业资金调配和结算;最高层的是农林中央金库,负责全国范围内的资金调配和清算,兼营债券、证券投资等业务。[②]

除上述民间借贷组织形式外,目前日本还存在如信用组合和信用金库等民间借贷机构,这些民间借贷机构强调自律,政府对其管制较松。所有民间借贷组织和中小企业形成了较为稳定的融资网络,政府的积极引导和宽松的监管政策促使日本民间借贷得以大量存在和蓬勃发展,有效地满足了中小企业和个人的资金需求,促进了经济的发展。

(三)我国台湾地区先抑后扬的民间借贷规范历程

我国台湾地区民间借贷规模非常庞大,形式也多种多样,包括私人借贷、互助会、储蓄互助社、地下钱庄和地下投资公司等。[③] 目前,台湾地区民间借贷诸多形式中影响最大的是合会。台湾地区合会有两条发展路径:一是在政府主导下的运行;一是民间的自发运营。1948 年,国民党政府制定"台湾合会储蓄业管理条例",建立了遍及全台湾地区的合会储蓄公司体系。1976 年根据新"银行法",合会储蓄公司全部改制为中小企业银行,从此合会被纳入正规金融体系,以民间经营为主。民间自发运营的合会同样在台湾地区起着重要作用,1945 年台湾光复后,民间自发合会快速扩张,并引发诸多政治、经济和社会问题,因而台湾当局加强了对民间合会的监管力度。然而,经过了 1960 年的取缔和 1975 年的打击,民间借贷却愈发活跃。在无法抑制民间借贷发展的情况下,台湾当局转而放松对民间借贷的管制,在承认民间借贷合法的基础上引导民间借贷向规范

---

① 参见鲍静海、吴丽华:《德、法、美、日合作金融组织制度比较及借鉴》,载《国际金融研究》2010 年第 4 期。

② 同上。

③ 参见黄家骅、谢瑞巧:《台湾民间金融的发展与演变》,载《财贸经济》2003 年第 3 期。

化和正规化方向发展。[①] 一方面,台湾当局分别于1975年和1989年修订“银行法”,赋予民间借贷合法地位,并为部分经营运转良好的合会和地下钱庄转化为地区性的民营银行提供法律依据,合会和地下钱庄经过规范和注册成为正规金融的重要组成部分。[②] 另一方面,台湾当局通过“立法”将不具备正规化条件的合会也纳入法律规范领域,1999年通过的“民法债篇”即将合会列为民法规范的对象。[③]

(四)经验总结

总结美国、日本和我国台湾地区的有益经验,可以得出以下结论:

第一,对民间借贷应进行严格界定,保护合法的民间借贷,并完善相关立法。无论是美国、日本,还是我国台湾地区,都依法对民间借贷作了严格的定义,对各类民间借贷进行了严格的区分,并制定了专门的法案,对合法的民间借贷进行保护和推动。

第二,民间借贷应强化监管。各国和地区尽管在宏观上采取放松管制的思维支持民间借贷发展,但在对民间借贷的监管上却丝毫不敢懈怠,纷纷建立有效的制度和出台相应的措施加强对民间借贷的监管。

第三,充分把握民间借贷发展动态,积极引导向正规金融发展。疏导、规范、监管等工作的落实都应建立在充分认识和了解民间借贷的基础上。各国和地区都应在自身规范体制完善的过程中,牢牢掌握民间借贷及其组织的发展状况,适时通过立法或者完善法律法规,采取积极引导和鼓励的政策措施,推动民间借贷向正规金融方向发展,进而走上良性发展之路。

四、民间借贷法治建设思路

当前我国与民间借贷有关的法律规范有《民法通则》《合同法》《刑法》《治安处罚法》等,此外还有国务院制定的行政法规,如《非法金融机构和非法金融业务活动取缔办法》(国务院[1998]247号令)等。最高人民法院就民间借贷问题先后颁布了众多具体的司法解释,中国人民银行、银监会、商务部等部门还制定了一系列规章,具体包括:最高人民法院1991年《关于人民法院审理借贷案件

① See Levenson, A. R. & Besley, T., The Anatomy of an Informal Financial Market: Rosca Participation in Taiwan, Journal of Development Economics 511(1996), pp. 45—68.

② See Besley, T. & Levenson, A. R., The Role of Informal Finance in Household Capital Accumulation Revidence from Taiwan, Economic Journal 106(1994), pp. 39—59.

③ 参见黄震:《台湾“合会”法律制度之变迁》,载《财经法律评论》2003年第1期。

的若干意见》、最高人民法院1998年《关于贯彻执行〈中华人民共和国民法通则〉若干问题的意见(试行)》、1999年《最高人民法院关于如何确认公民与企业之间借贷行为效力问题的批复》、中国人民银行1996年《贷款通则》、1996年《最高人民法院关于对企业借贷合同借款方逾期不归还借款的应如何处理问题的批复》、2010年12月最高人民法院《关于审理非法集资刑事案件具体应用法律若干问题的解释》(法释〔2010〕18号)等。总的来说,我国当前民间借贷立法现状和管制模式具有以下特点:第一,法律法规不健全,法律规定过于原则,缺少适用依据,导致民间融资与非法融资法律界限不清;第二,民间融资活动长期处于一种模糊的状态,属于"灰色金融"的一部分,采取行政管理为主、刑法制裁为辅的管制模式;第三,未对民间借贷及其相关权益问题作出明确的规定,导致处于相对弱势的借贷方无法得到恰当的保护,部分文件中虽然也提及维护借贷交易公平,保护借贷人利益的内容,但大多数属于宣示性立法,真正具有可诉性和可操作性的条文捉襟见肘,对民间借贷的考核和监督机制在现行立法体系中更是无处可寻。因此,笔者建议,可以如下思路加强对民间借贷的法治建设:

(一) 国家层面强化宏观调控

国家层面应充分利用宏观调控工具,放开金融压抑政策,从利率市场化与总量调控政策两个方面推动民间借贷市场的自由、健康发展。现行条件下资金紧张,即使贷款利率实现自由浮动,其对信贷市场的冲击也不会很大,在促进利率市场化的有利时机,应尽快取消存款利率上限管制,同时给商业银行完全的利率确定自主权,强化利率竞争,使利率双轨制转变为利率单轨制,或者至少让双轨宽度收窄,真正形成市场利率一统天下。在信贷总量层面也应进行调整,比如继续提高存款利率、适当提高贷款利率、纠正负利率,为利率单轨化作一个铺垫;同时,通过公开市场操作和存款准备金率的调整,适当引导银行间市场利率下行,增加银行间市场的流动性。如此一来,一方面银行存款成本上升,逐渐同银行理财产品、民间借贷市场拉平,促使私人资金从银行表外向表内回流,从民间借贷市场向规范金融市场回流,从而提高金融监管的效力;另一方面,银行间市场利率下降,银行发放贷款能力增强、贷款投放增加,从而降低民间借贷利率,间接促成两个市场利率的适当接轨。

(二) 地方立法先行先试

鉴于我国各地民间借贷发展水平不平衡,通过国家立法,金融监管层面建立统一的全国性的民间借贷法律规范体制还需要较长时间的论证和推动,在这样的现实情况下,较为务实的制度路径就是在条件相对成熟的地方,通过地方立法机关和地方政府共同协商，将有限的立法资源和行政资源向民间借贷规范化建设倾斜，通过强化市场规范以及借贷人保护机制，率先建立起有效的民间借贷规范措施，并在成熟后逐步推广。

温州是改革开放后我国民营经济发源地之一，温州地方经济以发展民营个体企业这种产权清晰的私有经济主体为主，取得了巨大的成功，同时基于民间资金多，投资难，中小企业多，融资难的“两多两难”问题，民间借贷的发展也获得了现实的土壤。为了应对本轮民间借贷危机，国务院批准实施的《浙江省温州市金融综合改革试验区总体方案》提出了温州金融改革方案的“十二项任务”。其中的核心任务就是民间借贷的规范化。此次温州金融改革成败的客观衡量标准之一就是看其能否解决“两多两难”的困境，冲破合法民间借贷和非法金融活动之间的鸿沟。因此，在温州先行先试，在现有国家层面的法律框架之内，积极探寻适度超前又切合实际的制度设计，出台符合当地实际情况，能够规范、推动民间融资和经济发展的地方性法规或者政府规章，并选择恰当时机向全国推广，是一条相对可行的立法思路。

（三）突出借贷人权益保护

借贷人与出借方相比，处于弱势地位。作为一部规范市场环境和交易秩序的法律，理应强化借贷人的权益保护，通过详细而清晰的权利界定使得保护措施有据可依，并构筑起出借方义务的基础和内容。首先，考虑到地方立法的法律位阶不高，国家立法有权赋予公民在民商事领域的各项权利，地方立法只能在此范围内解释和细化，不能突破，更无权创设权利。其次，借贷人虽然是特殊的权利主体，但还仍属于民事主体的一个部分，其享有的权利都是基于普通民事主体权利而产生的，因此，《民法通则》《合同法》等法律规范已经完全能够实现的权利，无须特地在地方立法中明示，地方立法的目的仅是将借贷人享有的权利，比如人身财产安全权、知情权、选择权、公平交易权、人格尊严权、获取知识的权利、个人信息不受侵犯的权利、投诉举报权等通过特别明示的方式予以描述、总结，而不是法律意义上的新设权利或者授权。

（四）突出国家保护的重要性

按照法律对于金融管理的分工，金融事务由“一行三会”统一管理，地方政府是配合“一行三会”做好金融管理工作，并提供良好的服务。在法律的授权范围内，地方立法无权直接对金融事务设定义务，但可以强调或者细化国家金融立法对于金融法律关系规范的内容。地方立法应在《民法通则》《合同法》等法律基础上，参照《消费者权益保护法》对于经营者的义务规范，对保护借贷人，维护借贷法律关系公平的内容进行详细说明,更好地保护借贷人的利益,约束出借人的行为,维护良好的民间借贷市场秩序。地方立法以地方人民政府相关机构(主要指地方政府的金融服务部门)为基础,加强并组织、协调、督促有关行政管理部门做好借贷人权益保护工作,不但是对现行国家垂直管理的金融监管体系的补充,同时也是地方政府在服务地方金融环境方面的职能体现。地方政府金融服务部门由于在监管职能上不存在利益冲突和职能切断划分,因此在统筹协调借贷人投诉维权活动,并在此基础上创设有效的争议解决与监督机制方面能够发挥独特的作用。地方政府金融服务部门应注重借贷人投诉机制的设置,在督促出借人与监管机构积极回应借贷人投诉的同时,通过配套设立的调解机制与监督机制也参与到民间借贷纠纷处理活动中,可避免和减少借贷人使用司法资源解决争议,从而缓和民间借贷双方之间的矛盾。此外,由地方政府金融服务部门牵头各金融监管机构,加大对借贷人的保护,建立全面的保护机制,形成与现有金融监管部门的联系机制,可以有效避免重复管理和管理真空。同时,地方政府作为金融市场教育的主管部门,应建立并推行普及式的民间借贷教育工程,以提高民间借贷各方的专业素质与风险防范、自我保护能力,培育良好的金融市场环境。

(五)注重发挥行业协会的作用

行业协会对民间借贷市场的健康发展将起到至关重要的促进作用,社会组织可以很好地履行对于行业发展的监管和管理职能,同时也可以作为桥梁和纽带将借贷人、出借人、银行等机构很好地联系在一起,确立民间借贷市场的发展原则和合作机制,并适当引入竞争。行业协会应主要从事:(1) 出台包含认证方法、自律规则和纠纷解决机制的民间借贷规范手册;(2) 为借贷人提供咨询和培训;(3) 组织、维护民间借贷交易平台,设计电子贷款处理工具;(4) 组织、维护民间借贷网上沟通论坛;(5) 为出借人提供借贷人的认证情况证明;(6) 进行民间借贷市场标杆管理和质量管理;(7) 通过日常工作和学术会议与政府、学界进行联系;(8)将民间借贷的成功做法和模式通过其网站和出版物进行宣传报道,推动市场发展。

五、民间借贷法治建设核心内容

基于上述分析,笔者认为应在浙江温州先行先试,结合《浙江省温州市金融综合改革试验区总体方案》,将民间借贷相关内容纳入温州金融改革配套立法计划之中,或者根据立法条件的成熟程度,先制定政府规章,再制定条例。相关

地方立法中,必须重点明确以下内容:

(一)明确民间借贷的概念

现行的法律法规等文件中没有对于民间借贷的定义,对民间借贷概念的界定应充分结合行业特色、业务范围,从借贷法律关系主体、借贷利率、借贷区域、借贷资金来源等方面进行分析,对合法的民间借贷和非法金融活动进行区分。只有通过了犯罪纪录、教育经历、从业经历等考察的出借人,提供的资金来源合法,可以适当补偿机会成本和风险,没有超过一定区域范围,未脱离熟人社会依托的民间借贷才可归为合法的民间借贷。

(二)借贷人权利的界定

借贷人应当享有人身财产安全权、知情权、选择权、借贷教育权、隐私权、投诉举报权等权利。

人身财产安全权是指借贷人在民间借贷中享有人身和财产不受损害的权利。与货币资产有关的民间借贷往往是犯罪分子高度关注的领域,犯罪分子为了获取财产,较多采取伤害借贷人人身安全的方式,这就使得其他民事法律关系中市场主体的人身和财产安全与服务本身的关系,远不如民间借贷领域密切,因此地方立法中对借贷人的人身和财产安全权应予以特殊强调。假如借贷人在接受交易过程中受到了人身和财产的损失,而出借人存在过失,其应当承担相应责任。

知情权是指借贷人在接受出借人借款时有权询问和获知交易的真实情况以及交易条件。民间借贷的特点决定了交易双方对交易事项本身认识差距的存在,容易产生利益冲突。利益冲突带来的利益失衡使更多的焦点集中于出借人义务的履行,尤其是信息披露义务的强化与关注上。借贷人应对其借贷行为享有基于出借人提供信息而作出决策的权利,具体而言,至少应包括:第一,借贷人享有平等自由获取借贷信息的权利,也就是无论身份、种族、性别、社会地位等因素的不同,均享有得到与其从事的交易相关的信息的权利。第二,真实准确全面地获取借贷信息的权利,即借贷人享有得到能够反映交易真实性的信息的权利,即信息应真实而不虚假、准确而不被误导、全面而非断章取义。总之,应当建立一个坚实的理念,即借贷人的知情权是其进入民间借贷市场的基础,只有知情权得到充分的保障,借贷人的权利才能得以实现。

选择权是指借贷人有权自主选择出借人,自主选择借贷交易模式。也就是说,借贷人有权按照自己的意愿,自主选择出借人进行借贷交易活动,在交易中有权自主选择交易结构和核心条款,决定签订合同或者拒绝与出借人发生借贷关系,不受他人的干涉和限制。出借人不得强行向借贷人提供额外业务,不得在合同或法律关系中规避法定义务或明显有违公平。

借贷教育权是指借贷人享有获得有关自身权利、出借人义务,以及发生争议后的处理方式等知识的权利。从广义上讲,借贷人享有的获取知识的权利属于民事主体的受教育权,但这项受教育权并不纳入义务教育的范畴,属于社会再教育的领域。地方立法应规定借贷市场参与者享有获得有关借贷和相关权益保护方面知识的权利。温州民间借贷规范体系中的教育培训并不是简单意义上的宣传和教育,金融改革的探索需要具有一定金融知识的合格的借贷市场参与者,这种教育和引导应当获得政府资金的支持。民间借贷参与人的教育不应当只是借贷人自身的需要,也不应当仅仅是出借人的义务,如果具有一定金融知识的民间借贷参与者有利于推动一个地区经济发展转型,维护稳定的经济秩序,甚至起到监督传统金融机构的行为,优化金融发展环境的作用,那么民间借贷参与者的教育就应当是政府的职责。也就是说,政府应当通过财政资金支持的方式,落实具体的教育专项资金。

隐私权是指借贷人的个人信息不受侵犯的权利,即借贷人提供给出借人的姓名、肖像、家庭信息、财务信息、通讯方式等个人信息不受侵犯。地方立法应强调,未经本人同意,禁止出借人及其工作人员泄露借贷人的任何个人信息。传统民法意义上的隐私权是指自然人享有的私人生活安宁与私人信息秘密依法受到保护,不被他人非法侵扰、知悉、收集、利用和公开的一种人格权,而且权利主体对他人在何种程度上可以介入自己的私生活,对自己是否向他人公开隐私以及公开的范围和程度等具有决定权。在民间借贷中,传统隐私权应交易的需求而延伸至借贷领域,借贷人享有的隐私权属于传统隐私权的范畴,但是又与传统隐私权有所区别,即借贷人对其与信用或交易相关的信息享有控制支配权,此隐私权以信用信息为核心,包括借贷人经济与财产交易状况方面的信息,突出财产状况及其财产的流向。

投诉举报权主要应包含三个方面,第一是借贷人有权对出借人的侵权行为向有关部门投诉、举报;第二是借贷人有权对有关行业协会制定或者约定的行业规则中不利于保护借贷人权利的内容提出修改意见和建议;第三是借贷人有权对国家机关维护民间借贷市场秩序的工作提出建议,有权对国家机关及其工作人员在保护借贷人工作中的违法失职行为提出批评、检举、控告。这三个方面的权利涉及从出借人的微观市场行为,到宏观层面的行业规则和国家机关监管工作,体现了依次递进的层次。

(三)明确相关政府部门及监管机构的职责分工

温州民间借贷监管机制可由地方政府牵头,联系“一行三会”,利用行业协会、市金融公会等机构的资源,共同推进机制建设。各机构在监管机制中的角色分工,具体阐述如下:

1. 地方政府及相关职能部门的职责

地方政府应当是监管机制的发起人和负责人,民间借贷的安全和稳定是温州金融改革试验的重要内容,加大民间借贷监管,必须由政府牵头,并形成与现有金融监管部门的联系机制,避免重复管理和管理真空的出现。温州市金融服务办应当是监管工作的具体推进部门,应明确其金融风险监测、借贷人权益保护的专属职责,同时通过强化协调职能,完善温州市监管机构在民间借贷领域的分工负责、协同监管。具体而言,金融办的职能应定位于民间借贷的管理,借贷风险的发现,借贷争议的调解、解决和协调。一方面,赋予其一定的综合协调管理权,针对民间借贷的发展和潜在的问题,联系各相关部门协调处理和解决;另一方面,应定位于解决借贷争端,赋予其一定的行政执法权,针对损害借贷人合法权益的行为,向出借人提出解决方案,或帮助受损害的借贷人提起诉讼,就损害合法权益的行为,予以维权保护。为了保持与民间借贷市场的有效沟通,准确把握市场的发展动向,加强对其监管,温州市金融办和其他有关行政管理部门以及国家设立在温州的金融监管机构应当充分听取市场参与者的意见,在各自的职责范围内充分履行监管职责,积极处理借贷纠纷,依法保护借贷人的合法权益。

2. 行业协会的职责

行业协会定位于政府监管机构、借贷人和出借人之间的沟通“桥梁”,作为行业共同体,既要代表本行业协会会员的利益,又要从维护正常的经营秩序和全行业长远利益出发强化会员的自律。行业协会应负责协调与政府机构、其他金融机构的关系,颁布行业行为准则,采集各类民间借贷信息,并进行信息分类,区分市场的走势和波动,向不同的关联部门发送信息,起到传达和预处理的作用,并负责督促有关部门及时处理相关信息。

具体而言,行业协会应重点履行如下职能:第一,监督职责,即向相关机构提出完善民间借贷市场的意见和建议。行业协会有其“身处一线”的优势,能够收集和了解到政府和各监管机构不能或难以了解到的“一手”信息。因此,行业协会所提出的关于民间借贷市场规范管理的建议,政府和各监管机构不应忽视。第二,宣传职责,即宣传民间借贷发展的经验、有关借贷人合法权益保护的法律法规。宣传的方式可以包括设立专门的与民间借贷相关的资讯网站,定期或不定期地举办宣传活动、民间借贷知识普及活动等。第三,纠纷受理职责,即受理借贷人的投诉并转有关部门依法处理。行业协会是为了维护行业秩序而设立的社会组织,虽然不具有属于国家公权力的受理和解决纠纷的权力,但可以通过受理借贷人投诉并转请有关部门处理,进而帮助其维权。第四,与推动民间借贷发展有关的其他职责。

3. “一行三会”的协助职能

根据法律规定,“一行三会”是法定的金融监管部门,当然负有维护金融市场稳定的职责。然而,如前所述,法律在民间借贷方面的具体措施相对欠缺,使得“一行三会”缺乏监管依据。笔者认为,在国家就民间借贷专门立法之前,“一行三会”有必要密切配合地方政府民间借贷监管机制的构建,并积极在其中发挥协助作用,特别是在借贷风险的处理、出借人不当行为或者违法行为的查处和惩罚等方面发挥作用。

4. 仲裁机关和司法机关的职责

从国外经验看,发生涉及民间借贷的金融纠纷时,借贷人通常会首先选择向行业协会反映,通过协商解决。如果借贷人对于行业协会的协调与处理感到不满,一般会向相关的监管机构提出有关投诉,以作进一步调查、调解;如果监管机构无法为借贷人提供监管保护,则借贷人还可以通过司法程序,即仲裁或者诉讼等途径予以解决。由此可见,仲裁机关和司法机关在民间借贷纠纷的救济途径中处于较后的位置,一般是在行业协会的协调和监管部门的干预之后,只有在前两种机制都无法发挥作用的情况下,仲裁机关和司法机关的救济才会发挥作用。温州可考虑借鉴上海的经验,成立专门的金融仲裁庭,或在法院设立金融审判庭,为借贷人权益的保护提供专门保障。当然,由于民间借贷纠纷通常涉及金额较小,当事人较多,而我国的集团诉讼制度并不健全,无法满足当前民间借贷发展的需要,因此,我们建议金融仲裁庭和法院的金融审判庭应当密切关注上海市民间借贷诉讼的特点和发展趋势,注重司法机关工作人员水平,引入专家证人、专家陪审员制度,辅助办案人员处理民间借贷案件,建议建立司法机关与金融专业人员交流机制,提高办案人员的专业业务水平。尤其是专业金融仲裁院,应不断完善仲裁机制,引进国内外知名专家作为仲裁员,加大宣传力度,扩大知名度和影响力,通过政府积极引导,争取行业协会受理的投诉纠纷、“一行三会”接待的投诉纠纷、媒体公布的投诉纠纷等优先选择金融仲裁庭的仲裁,节约诉讼成本,培育金融改革的多样化诉讼解决机制,保护借贷人的利益。

(四)合理科学的利率规范

对利率的规范关系到借贷双方的权益,无疑是民间借贷制度中最核心的内容。民间借贷利率与政府对产品的定价不同,相关立法不应干预借贷双方在法律限度内对利率的自由协商,而是防止出借人乘人之危或利用优势地位损害借贷人的正当利益。[①] 在已有的立法先例中,香港特别行政区的《放债人条例》第24条规定:任何人(不论是否为放债人)以超过年息60%的实际利率贷出款项或要约贷出款项,即属犯罪。第25条规定:关于任何贷款的还款协议或关于任何贷款利息的付息协议,如其所订的实际利率超逾年息48%,则为本条的施行,单凭该事实即可推定该宗交易属敲诈性。由此可见,香港地区实际上是规定了两个不同层次的利率限制,违反不同层次的利率限制承担不同性质的法律后果。美国对民间借贷利率的规范主要由各州法律规定。部分州对利率管制采取了较为自由放任的态度,允许借款人和放贷人协商达成任何利率,如特拉华州以及南达科他州,但大部分州仍然制定了限制最高利率的法案。[②] 对最高利率的限制通常取决于贷款用途、贷款的种类、放贷人的种类以及发放用于特定用途的贷款。最高利率通常是一个固定利率,也可能是取决于某些指数的浮动利率,如联邦储备委员会的贴现率。虽然美国国会一般情况下不会介入利率限制,但针对发薪日贷款等特殊情况,美国国会也专门通过了法律,规定向军人及其抚养人员发放的消费贷款年利率不得超过36%。[③]

我国最高人民法院《关于人民法院审理借贷案件的若干意见》第6条规定:"民间借贷的利率可以适当高于银行的利率,各地人民法院可根据本地区的实际情况具体掌握,但最高不得超过银行同类贷款利率的4倍(包含利率本数)。"围绕这一"四倍红线"规定的争论从未停息。部分学者认为,一方面,"四倍红线"的存在会迫使民间借贷各方采取规避行为,为社会不安定埋下隐患,引起金融秩序和民间金融生存环境两者之间的恶性循环。另一方面,"四倍红线"一刀切式的处理方式无视民间借贷市场上还贷风险信息不对称分布的客观状态,否定了利率对非正规金融市场的"过滤功能"。同时,在国有银行利率市场化完成之前,以法定银行贷款利率为基准限制民间金融本身就不合理。[④] 因此,应该取消四倍利率的上限规定,转而采取动态利率、市场化利率的规范模式。

笔者认为,四倍红线的规定确实难言合理。但是,目前我国缺乏对利率管制问题进行改革的基础。首先,我国信贷市场本身还不够健全,市场失灵的问题广泛存在,特别是在供求关系失衡的情况下,出借人容易凭借自身优势形成价格垄断,市场对价格的自发调控作用可能无法充分实现。其次,利率管制的理论基础

① 参见岳彩申:《民间借贷规制的重点及立法建议》,载《中国法学》2011年第5期。

② 同上。

③ 同上。

④ 参见廖振中、高晋康:《我国民间借贷利率管制法治进路的检讨与选择》,载《现代法学》2012年第2期。

是金融消费者保护。如果取消利率上限,必须配套一系列有效的措施以保护消费者利益。像美国金融消费者保护的立法就包括《贷款真实性法案》《公平信贷法案》《电子信贷转移法案》《平等信贷机会法案》《社区再投资法案》《公平收债法案》《个人消费者金融保护署法案》等,这些法案提供了广告要约、先合同义务、信息披露、后合同义务、合同的履行与债务的收取、诉讼保护等多层面的消费者保护机制,为其贷款利率市场化提供了良好的法制环境。然而,我国目前对于金融消费者保护的立法非常薄弱,也因此抑制了利率市场化的步伐。由于缺乏法律环境与制度基础,放开利率管制将激化借贷双方矛盾,不利于处于弱势地位的借贷人。因此,笔者建议,首先,仍保留"四倍红线"的原则性规定;其次,区分消费借贷和商事借贷,消费借贷的年利率上限可在"四倍"基础上适当降低,至于商事借贷,其保护重心在于双方利益的平衡,其上限制定要考虑通胀因素,可在"四倍"的基础上适当提高;最后,一些特殊的借贷形式要例外规定,比如类似于美国"落日贷款"形式的借贷,因借款周期短、手续简便,若借贷双方达成合意约定较高的日利率或月利率,则无干涉的必要。

六、民间借贷配套辅助机制的建立

徒法不足以自行,要使相关立法取得效果,一方面需要政府、行业协会等各方面力量的支持和配合;另一方面,也需要构建专门的配套辅助机制,推动法律规范的实现。结合当前我国民间借贷存在的问题,笔者认为应加快研究并确立如下辅助机制:

(一)建立民间借贷登记备案机制

民间借贷登记备案就是对民间借贷交易信息进行登记备案,为借贷双方提供一个集聚民间融资中介服务、备案管理及监测等功能的综合平台。民间借贷靠的是信誉,靠的是"借条",往往造成诸多信誉和资金安全问题。民间借贷登记备案机制的建立就是对解决这一问题的重要尝试。登记备案机制除提供非常规范的借贷合同外,还会引进充当"项目红娘"的融资中介机构,以及律师、会计师、公证处等就民间借贷的合法性和风险把控形成配套服务体系的入驻机构,尽力减少借贷双方的法律纠纷和借贷风险。

民间借贷登记备案的内容包括借贷双方信息、借贷期限、利率、担保措施和违约责任等内容,可以较好地规范民间借贷行为,有效遏制高利贷投机行为。通过借贷登记,借贷双方的信息都更加透明,选择的余地也大了,进而可以有力推动民间借贷阳光化、规范化，有效降低借款利息。[①] 同时，登记备案机制积累足够的数据后，还可以形成一套类似银行征信系统的民间借贷"征信系统"，对企业以及自然人的逾期行为予以记录，有不良记录的人，再融资将会增加难度。温州民间借贷登记中心已于2012年4月26日正式挂牌，每天都有数十人前来登记中心咨询，已有上百人登记借出或贷入需求，供需资金总额超过3亿元，供需比例基本持平，截至2012年年底，已成功出借数十万元。[②]

（二）构建民间借贷权益纠纷解决机制

自20世纪80年代以来，各国纠纷解决系统进入一个替代性争议解决程序（ADR）的高速发展期，各国均在不同程度上对ADR运动采取积极认可的政策并进行了各种尝试。当前，如何建立多元化纠纷解决机制还处于探索阶段，在民间借贷纠纷问题的处理上，除了提请中央立法之外，也可以探索温州等地方立法率先确立的方式，以体现地方金融改革方面先行先试之魄力和政策优势。笔者认为，对民间借贷的纠纷处理应建立"和解—调解—仲裁—诉讼"一整套有机联系的多元化纠纷解决机制。

民间借贷纠纷的和解制度，即鼓励借贷双方在诉讼发生之前，互相协商达成协议，解决双方的争执。和解制度中最为重要的是和解的效力问题——如果和解协议不具有任何效力，那么和解就会失去意义。法院通过对和解协议的审查，对于意思真实而又不违反法律强制性或禁止性规定的和解协议应予以支持，但对于一方非自愿作出的或违反法律强制性或禁止性规定的和解协议不予支持。

从地方立法的事权看，诉讼属于法律调整的范畴，仲裁又因为太多的政府色彩而无法发挥更大的作用，地方政府只有在"调解"机制上有所作为。调查发现，温州市金融部门每年都会以信访的形式处理大量的民间借贷纠纷，其中大部分涉及借贷人权益保护方面的内容，通过政府层面的调解，可以将有关争议在初期就得到很好的化解，节约了诉讼资源。因此，地方政府在民间借贷市场的监管方面，可以考虑建立一个较为完整的、联系现有各方力量的"调解"机制。

首先，关于调解主体的设立。调解机构如何设置，将直接影响到该机构能在多大程度上发挥作用。笔者建议借鉴上海国际金融中心建设的经验，由温州市政府层面牵头，会同中央"一行三会"及其在温州的派出机构，建立"民间借贷推动及纠纷处置协调机制"，在温州市金融办设立具体受理纠纷的机构。该机构

---

① 资料来源：http://www.ce.cn/macro/more/201204/11/t20120411_23231564.shtml，2013年10月7日访问。

② 资料来源：http://paper.people.com.cn/rmrb/html/2012-05/07/nw.D110000renmrb_20120507_1-02.htm，2013年10月7日访问。

既是金融办的一个内设处室,同时又是调解民间借贷纠纷的独立部门,有权调解处理民间借贷纠纷。该机构的调解应当在60日内结束,但借贷人要求继续调解的,调解期限可以延长。对于该机构的人员组成,可有两层架构:第一层是常设固定人员,负责日常具体工作;第二层是纠纷处理专家组,由"一行三会"的法律部门专家或金融界、法律界专家按项目制组成,负责重大疑难纠纷的调解处理。他们类似仲裁委员会的委员,实行一案一议的项目制。其次,调解机构的职能定位。调解机构应当承担下列职能:(1) 向纠纷主体提供消费信息和咨询服务;(2) 参与有关部门对民间借贷的监督、检查;(3) 就民间借贷的发展和稳定,向有关部门提出建议;(4) 受理投诉,并对投诉事项进行调查、调解;(5) 就损害借贷人合法权益的行为,支持其提起诉讼;(6) 对民间借贷市场的非法行为,通过媒体予以公示等。调解机构要实现传统调解功能的"三个转变",即从微观的维权事务处理逐步转向对社会宏观层面的民事主体权益保护,从对单个民间借贷纠纷提供事后调解逐步转向对不同领域的民间借贷主体提供事先预警和保护,从被动应付处理逐步转向主动、有效的防范和服务。最后,调解职能的设计。在程序设置上应把握以下几个原则:一是处理及时快速,这是当事人愿意诉诸投诉机构而不是直接上法院的主要原因。二是运作透明和中立,让有意使用调解服务的主体,容易取得有关服务的渠道和资料。因此,将已裁定的个案定期公布,十分重要。三是救济渠道要有兼容性,即仲裁机制必须有金融机构的支持参与,愿意接受和执行仲裁的结果。另外,必须给予纠纷主体到其他渠道投诉的权利。换句话说,如纠纷当事人不服调解机构的决定,有权选择诉至法院。

调解受理和处理主要可包括以下几个环节:(1) 投诉渠道设置,可以设置单独民间借贷投诉网络,并配备经过专门培训的人员受理投诉。(2) 投诉的初步分理归类,对诉请简单、争议不大、数额较少的投诉可按简单程序处理;对存有争议、数额较大的投诉,按普通程序处理。(3) 调解,做好安排使接受调解双方均有机会陈述案情、提出申诉、聆听及回应对方的论点。(4) 提出处理建议,对按照简单程序处理的投诉,由机构工作人员提出处理意见,报金融办通过后,告知双方当事人;对按普通程序处理的投诉,机构工作人员提出初步调解建议,连同卷宗一并送相应的监管部门并征求有关专家意见,由各监管部门回复后,投诉机构再告知当事人处理意见。(5) 投诉备案和消费预警公示,投诉机构需建立受诉备案登记制度,对每件受案以及出借人具有过失或需承担责任的案件分别进行备案登记,并分送相应的金融监管部门,列入相应的征信体系。同时,投诉机构应定期或不定期公布各类民间借贷预警信息,提醒民事主体理性参与。

仲裁与诉讼解决民间借贷纠纷的方式,即借贷人为解决借贷纠纷,可以依据仲裁协议申请仲裁或者依法提起诉讼,仲裁委员会或者人民法院受理后,应当依法采取便捷的方式处理民间借贷争议。在当前宏观经济形势下,仲裁员和法官应增强政治意识和大局意识,充分发挥司法的能动和服务职能,兼顾保护民间资本融通与维护正常金融秩序之要求,合理平衡,面对纷乱繁杂的民间借贷表象,需要透过现象认清本质。此外,针对民间借贷中较难避免的债务违约问题,也应确立一个清晰的破产重组程序,这对于深化金融体制改革、完善市场经济制度具有积极意义。债务违约如已发生,随后的工作就是进行债务重组,如企业破产清算、资产处置、债权补偿等。企业破产程序、优先受偿顺序、债务重组机制等,都需要有完善的法律程序和规章制度,我国相关制度建设还很欠缺。因此,可考虑在温州先行先试,确立科学的破产重组程序,促进民间借贷规范运作,并推动我国金融业生态的丰富和深化。

由于很多上位的、配套的机制还没有得到法律法规的确立,因此本文探讨的民间借贷纠纷救济机制在实施中会遇到各种各样的问题,但建立系统化的多元纠纷解决机制已是大势所趋,温州金融改革、地方立法先行先试当在民间借贷纠纷的解决上跨出一步。

(三)发展小额贷款公司,推动民间借贷发展

小额贷款公司是我国民间借贷法制化的产物。如前所述,改革开放以后,民间借贷虽然随着经济的发展和实践的需要而蓬勃兴起,但政府对民间借贷长期持保守甚至反对态度,总体体现为行政取缔为主,刑事处罚为辅的管理模式,民间借贷长期处于地下化、非法化的状态。随着民间借贷规模的不断扩大,各种风险也不断出现,其地下化、非法化的状态和政府的管制模式已然不适应实践的需要。只有政府的政策引导和合理的制度安排,才能为民间借贷提供一定的发展空间,引导其健康成长,使其不断向规范化、契约化的方向发展。2002 年以来,国家开始探索民间借贷发展和规制的框架,并尝试以民间小额信贷为主要形式进行贷款公司试点。2008 年 5 月,中国银监会和中国人民银行联合颁布《关于小额贷款公司试点的指导意见》(以下简称《指导意见》)(银监发〔2008〕23 号),明确规定小额贷款公司是由自然人、企业法人与其他社会组织投资设立的有限责任公司或股份有限公司,通过自有资金以及一定限额内的融入资金发放小额贷款,但是不得吸收存款;《指导意见》同时明确,各地省级政府指定所属部门对小额贷款公司实施监管。在这一过程中,民间借贷被纳入国家监管当局的监管范围,同时丰富的民间资金通过小额贷款公司这种组织形式流向小微企业和“三农”,对于有效缓解金融市场供需双方的矛盾具有明显的推动作用,小额贷款公司自身也实现了可持续发展。因此,大力发展小额贷款公司,引导民间资金流向,可以较好地间接规范民间借贷市场。针对小额贷款公司的发展,笔者认

为地方政府应着重推进如下事项:

首先,推动相关金融机构与小额贷款公司的战略合作。鼓励具备条件的银行、保险公司、基金公司等金融机构以及国外金融机构以合适方式参股小额贷款公司,与信用评级高、规模较大的小额贷款公司开展战略合作。例如,鼓励小额贷款公司与银行寻找业务合作的对接点,推动小额贷款公司采用综合授信的方式,以调剂资金头寸为主,向固定合作的商业银行或村镇银行贷款,降低资金成本,建立良好的信用关系,争取达到同业拆借的实质性操作。同时,借鉴银行的电子技术、融资及理财管理,资金归集与利用,实现小额贷款公司自身业务的规范与拓展。如加强小额贷款公司与担保机构、保险公司的业务合作,有效分享客户资源,实现利益捆绑,风险分散。鼓励小额贷款公司和担保公司联合的发展模式,鼓励担保公司更多参与小额贷款的担保业务,为净资产和信用不足的中小企业获得资金支持提供帮助,政府通过资金支持、信用补充等多种渠道拓展担保公司与小额贷款公司的合作途径。

其次,应主导开发小额贷款公司信息监测系统,并结合系统监测探索建立小额贷款公司风险补偿基金。一方面,地方政府应协调好各部门之间的信息共享,牵头推动信息监测系统的建立和完善,覆盖监管空白,改善监管基础条件;另一方面,每年应拿出原给予小额贷款公司的贴息成立风险补偿基金,对于小额贷款公司放贷过程中产生的不良贷款,经过财政审核认定属于小额贷款公司尽职的,可通过风险机制按一定比例给予补偿。

再次,合规前提下探索创新,区别对待,分类管理。对信贷投放"支农""支小"达到一定比例,且管理水平较高的小额贷款公司,应制定一系列优惠措施,从而充分发挥政策的正向利导。一方面,允许其享受与农村金融机构同样的财税政策,并允许税前计提风险准备金;另一方面,适时提高其融资杠杆率,并允许其拓宽业务范围,开展票据贴现、资产转让、保理等业务,提高资金利用率,增加盈利空间。

最后,建立健全小额贷款公司的退出机制。例如,建立小额贷款公司强制退出机制,对存在非法集资、非法吸收或变相吸收公众存款、超利率上限放贷、暴力催债、账外经营、抽逃注册资本、发放股东及其关联方贷款等违规行为实行零容忍,强制其退出市场。

七、结　语

我国经过市场经济的积累与沉淀,在民间形成了大量闲置货币资本,它们集腋成裘、左冲右突,但始终难以取得风险与收益合理平衡的投资渠道。我国有关民间借贷的法律制度与民间借贷的发展形势极不相称。为维护国家对金融业的绝对控制地位,长期以来,我国对民间借贷一直奉行抑制原则,构筑了集刑法、行政法和民法于一体的管制架构,合法的民间借贷一直未能获得充分保护和推动发展。债信文化是建立市场经济信用机制的核心内容,而放开民间借贷和完善民间借贷制度则是形成债信文化的必由之路。[①] 在民间借贷野蛮成长的今天,面对巨额的民间资本,对于民间借贷宜疏不宜堵,应该充分认识到民间借贷的积极作用,完善相关立法,合理引导,趋利避害,减少对民间借贷的高成本、低效率的管制活动,给其提供一个合法的活动平台,使之能够充分发挥其在服务经济发展和改善民生方面的积极作用,校正被扭曲的金融市场资源配置。

① 参见张曙光:《债信文化的形成与中国金融业的发展》,载《浙江大学学报(人文社会科学版)》2002年第5期。

自由贸易区背景下我国金融消费者保护的立法展望

柯　心

一、我国金融消费者保护现状及立法缺失

（一）金融消费者析解

2000 年英国《金融服务和市场法案》(Financial Services and Markets Act 2000)首次以立法的形式确定了"金融消费者"的法定概念。[①] 金融消费者区别于一般的消费者,也区别于银行客户、投资者、投保人等概念,是指为满足个人和家庭需要,购买金融机构金融产品或接受金融服务的公民个人或单位。

（二）现状与立法缺失

目前我国金融消费者保护的法律基础是《消费者权益保护法》《中国人民银行法》《商业银行法》《证券法》《保险法》《银行业监督管理法》以及由中国人民银行、银监会、证监会、保监会等监管机构制定的规章制度。这些法律法规存在着金融消费者保护的适用性不强、监督管理机构职责规范不够明确、相关法律法规法律效力层次较低等问题。

在现有监管体制和行业自律体制都没有对金融消费者给予足够关注时,金融消费者的投诉往往直接诉诸司法途径或者一般性行业的消费者保护机制。这

---

① See Financial Services and Markets Act 2000, Part I. 5(3): Consumers means persons—(a) who are consumers for the purposes of section 138; or (b) who, in relation to regulated activities carried on otherwise than by authorised persons, would be consumers for those purposes if the activities were carried on by authorised persons.

种做法激化了金融机构与消费者之间的矛盾,导致金融机构的声誉受损。此外,相关法律法规的协调性不够,有的下位法与上位法存在冲突,或者是同等效力的法律法规相互重叠交叉,造成法律真空,使金融消费者无所适从,也严重影响了法规的权威性。作为金融消费者保护的最后救济手段,司法保护存在诉讼周期长、诉讼费用高、举证难和执行难的问题,很难有效保护金融消费者权益。

(三)影响金融消费者保护立法的导向性因素

德国学者基尔希曼(Kirchmann)有一句名言:只要有立法者的三句话,整柜整柜的书就可以毁掉。立法者的地位可见一斑。立法是一个国家法治建设的逻辑起点,立法的好坏,关系到一国法治的发展。同样的,金融消费者保护的相关立法,不单单关系着消费者本身的权益保护,实则对金融服务业乃至一国的金融发展有着重要的影响。是哪些导向性因素影响着立法的理念和走向呢?

1. 市场因素

立法的终极溯源是社会物质环境的变迁。经济基础决定上层建筑是马克思主义唯物史观的基本观点,社会物质基础的变迁和新的经济主体的出现,导致了社会的新的利益诉求和法律需求出现,当这种法律需求愈来愈强从而打破法律的均衡状态乃至严重失衡时,就会带来法的变革。而社会法律需求的不断出现也推动着法的不断变动发展。因此,任何立法的发展都应该追及它的源头——物质环境的发展及特性。

金融消费者既有消费者的一般特性,又有其独特之处,这种独特性植根于其生命之源——金融市场,因此从立法的角度看,我们不得不关注对于金融市场、金融消费者个体与群体的相关效应研究。作为推动《美国金融改革法案》出台的学者,哈佛大学 Elizabeth Warren 教授在 *Making Credit Safer* 一文中列举了金融市场以及金融消费者存在的固有问题,比如集体效应遭遇困境的现象如何解释,金融销售者和消费者共同的追求造成金融产品"金玉其外,败絮其中"的结果,金融市场中消费者对于该领域的无知使得损害消费者权益的行为乘虚而入,精英消费者对金融市场良性发展的无能为力,以及金融消费者对自身行为的不确定等,这些都是涉及金融市场实务的问题,也构成了影响金融消费者保护相关立法的导向性因素。

2. 政策因素

因应国家的法制化进程,立法成为利益分配机制,因而立法过程成为权力博弈平台,公共权力机构自然无法置身事外;立法过程不只是单纯行政权力主导下的利益分配,而是多种利益、多元主体的言说空间。在各种政策充斥的大环境下,立法绝不可能独善其身,依其本身的轨迹前进,而必然受到政策的牵引或羁绊。

这其间有政党对立法的影响。通过立法程序,把执政党的党纲或政策上升为国家法律是任何一个政党都极为关注的问题。执政党在施政报告中所作的许诺是许多国家立法的重点和方向。如在英国,执政党总是通过年度立法计划来安排党的选举纲领里提出的内容。年度立法计划由内阁向议会提出,由女王宣读后具有法律效力,立法的政策问题在制订立法计划时决定。

此外,还有利益集团对立法的影响。在高度发达的现代社会形态中,细密复杂的社会分工使社会利益呈现出多元化的特征。为了保护和扩展各自的利益,不同的利益主体便以各种形式结成了利益集团,以反映集体成员的共同需求。在美国,游说活动和立法一样古老,而利益集团也与政治一样古老——一定集团中的利益共性涵盖或囊括了其成员的利益个性,游说并左右政策的制定,从而对立法活动产生影响。

3. 社会因素

立法过程的社会参与和立法的民意基础是影响立法的社会因素,参与主体主要包括利益团体、公民个人及大众传媒。孟德斯鸠在《论法的精神》中曾提到:在一个自由的国家里,每个人都被认为具有自由的精神,都应该由自由来统治自己,所以立法权应该由人民集体享有。在终极意义上,立法权力是人民赋予的,这样,社会大众当然可以参与、影响、监督,甚至直接参与立法活动。同时,他们的参与能使立法更为民主和彰显民意。

每个人都是自身权益的最佳表达者,利益主体会积极从现实需要出发提出价值诉求,并在适当场合表达出来,以求在利益重组的博弈中得到重视并实现。个体利益或有不同,但实现利益最大化的方式却是大同小异,参与立法就是最佳方式之一。

4. 法律因素

某一阶段的法治水平制约或影响着下一阶段的法治发展,其中包括法的理念。法的理念是法律稳定与变动的思想基石,如果说社会物质基础的变迁是法的变动的客观原因,那么法的理念的变迁则在一定意义上成为法的变动的主观决定因素。从西方传统的"秩序、公平、自由"的个人本位的立法理念,到"社会本位"的立法理念,再到当代法学家们所倡导的以可持续发展为指导的"绿色立法"的生态本位立法理念,法的理念的每一次变迁都在最深的主观层次上影响着法的稳定与变动,它是法的灵魂与精神导向,支配着法律规则条文的吐故纳新。

有学者因此指出,法的理念在变迁的现实中的投影不断变化,使得据此投影所画之图形——法律,也必随此法的理念的进化而进化,在此意义上可以说,立法者所要表述的法律就是指人们的法理念而言。不同的法的理念,对特定立法的宗旨及其终极关怀都将产生举足轻重的影响。以自由为核心的法的理念,必定以最大限度地保障和实现公民的自由和权利为终极关怀;以秩序为核心的法的理念则通常将法当作控制社会的一种手段,以树立公共权力为中心的社会秩序为立法宗旨;而以正义为核心的法的理念必定以维护社会的公平正义为法的终极目标。这些不同的侧重点一方面反映了理念之间可能的目的冲突,同时也意味着立法者对不同理念的位阶排序和现实诉求。

法学家对立法的影响不言自明,他们作为一个对法律最为熟知的精英阶层,深深影响着法律的变革。艾伦· 沃森认为:制作法律的法律家们的角色完全被法律渊源的观念所覆盖,是配角;可是法学家们给法律加了一种独特的味道,其角色还是显露了出来。笔者认为,在立法中,他们不仅不是配角,有时甚至主导着法的变迁。他们的能力和水平,在极大程度上决定着立法水平,他们的立法思维及价值取向也影响着立法模式和未来导向。

二、我国自由贸易区金融改革趋势以及境外自由贸易区的相关规定

(一)上海自由贸易区金融改革趋势

建立上海自由贸易区,是进一步扩大开放、推动完善开放型经济体制机制的有效平台。进驻自由贸易区的企业,将享有更加便捷的审批流程和税费减免政策,再加上人民币资本项下逐步开放,上海自由贸易区将成为为企业提供与海外资本、市场对接的窗口。我国可以借助发展自由贸易区不断拓宽经济发展空间,应对贸易保护主义对我国形成战略挤压的不利态势,拓展经济上的市场领土和金融领土。上海自由贸易区不仅是实体经济对外开放的窗口,也是金融活动对外开放的窗口和深化金融改革创新的先锋。

自由贸易区金融改革趋势将是逐步放开对资本流通的管制。首先,在自由贸易区内,管制相对宽松,市场化程度高,跨境资金流动也比较自由,这必将为人民币资本项下自由兑换提供良好的实验环境。其次,自贸区以自由化为核心特征,在关税及非关税壁垒方面给予企业各类特殊优惠政策。进驻自由贸易区的企业,将享有更加便捷的审批流程和税费减免政策。最后,自由贸易区属性使得按国际惯例运作离岸金融市场成为可能,在上海自贸区发展离岸金融市场可以减少政策障碍,先行先试。

(二)东南亚国家联盟

近年来,中国与东盟跨境人民币业务发展迅速,人民币与东盟国家货币的直接挂牌交易进入了实质性探索,极大地推动了双方贸易投资便利化。中国人民银行副行长潘功胜在第四届中国—东盟金融合作与发展领袖论坛上说。中国与东盟之间的区域金融稳定机制初步建立,中国承诺逐步开放资本项目,加强人民币弹性,并加快人民币离岸金融市场的发展,东盟地区作为人民币跨境贸易结算的重要试点地区,在人民币国际化进程中起到重要的推动作用。中国在探索人民币国家化进程中已经迈出坚实步伐,但国际化过程中的风险同样不容忽视。潘功胜说,中国与东盟国家应加强在金融政策协调以及在金融稳定、金融市场建设、金融监测与统计、反洗钱等方面的深化合作,构建区域性防范和化解金融危机的机制。东盟作为中国与区域合作的重要试点,其在金融创新方面同样着眼于人民币国际化进程及离岸金融的发展。

(三)北美自由贸易区

在金融保险业方面,《北美自由贸易协定》规定实施的最初六年中,美国、加拿大银行只能参与墨西哥银行8%至15%的业务份额;在第7—15年间,如墨银行市场中外国占有率超过25%,则墨有权实行一些保护性措施;墨在美、加银行市场中一开始就可以享受较为自由的待遇。协定还允许美、加的保险公司与墨的保险公司组成合资企业,其中外国企业的控股权可逐年增加,到2000年在墨的保险企业中外国企业的股份可达到100%。另外,《北美自由贸易协定》在行业惯例、服务贸易、投资规则、争议解决等方面均作了详细的规定,这些规定具有稳定性和可预测性,有利于在法律制度层面上增强北美地区投资人的信心并保障他们的利益。这种宏观利益的表现就是,近几年来,北美自由贸易区无论在商品进口总额还是在出口总额方面都保持着国际贸易地区份额的首位,远高于排名第二的欧盟国家的相应总额,占世界进出口总额的1/4左右。北美自由贸易区的建立,对美、加、墨三国各自的经济发展也产生了积极影响。

《北美自由贸易协定》作为北美自由贸易区的缔结基础,对区域内的金融协作与创新无疑起到了推波助澜的作用,也活跃了区内的资本流动与合作。从另一个角度看,协定也为这类协作作了充分的铺垫与保护。比如,跨境金融服务贸易的市场准入方面,协定采取维持现状的做法,即任何缔约方不得采取任何措施限制另一缔约方的跨境金融服务提供者,在协定生效时其所允许的范围内从事任何形式的跨境金融服务贸易。其次,规定各缔约方应允许位于其境内的法人或自然人或其国民向另一缔约方的跨境金融服务提供者购买金融服务,但该规定并不要求缔约方允许此等服务提供者在其境内进行商业活动或辅助活动。在不排除对金融服务的跨境贸易进行审慎监管其他手段的前提下,缔约方可以要求另一缔约方的跨境金融服务提供者和金融工具进行登记。[①] 又如,协定已作了明确否定的,即使已达成的合作协议的作用也会因其所规定的“谨慎剔除”(Prudentialearve-out)条款和一些保留项目而大为削弱。“谨慎剔除”条款规定,第十四章中所有的条款都可出于“非常谨慎”的原因,通过“合理措施”来加以废除。虽然协定指明了这些“谨慎原因”必须是基于保护投资者(包括存款者和被保险人)、维护金融道德和市场稳定等目的,并列举了一些可能情况,但“谨慎”的伸缩性很大,这无疑大大削弱了协定的效力。[②]

三、自由贸易区设立对金融消费者保护立法的影响——从市场角度

如前文所述,在自由贸易区内,管制相对宽松,市场化程度高,跨境资金流动也比较自由,这必将促进金融服务业登上一个新的层面。以跨境理财产品为例,其一直是我国银行理财产品的一个主要类别,一旦自由贸易区建立,对境外金融机构的管制必将减少,很有可能将跨境理财产品从境内银行对境外金融机构模式发展成境内投资者个人直接对境外金融机构的模式,类似于离岸投资的形式。在这样的趋势之下,投资者在自由贸易区内与境外金融机构直接发生的理财合同将成为我国金融消费者保护立法中的重要内容。

跨境理财合同是当事人一方或双方为境外法人的金融理财合同,金融理财合同往往以银行个人理财合同、基金合同、信托合同、证券公司集体资产管理合同、保险合同等形式存在,基本上没有权威、统一、规范的定义。在我国,跨境理财合同一般被认定为具有不同国籍当事人签订的委托理财合同。

一旦个人投资者在自由贸易区内与境外金融机构签订跨境理财合同,从事跨境理财,那么纠纷的发生就在所难免,金融消费者权益也可能受到损害。过去以境内银行为理财合同相对方的投资者,其角色发生了转变,直接与境外金融机构发生合约关系,从而摒弃境内银行的中间作用。如此一来,几个问题产生了:其一,金融消费者也就是个人投资者无法依托银行等机构完善的评估体系,无法理解境外理财产品的机构性与复杂性,这就给消费者的消费行为带来了很多不确定因素;其二,在合同发生纠纷后,以往金融消费者可以直接依中国法起诉境

① 参见温树英:《评〈北美自由贸易协定〉的金融服务规定》,载《当代法学》2003年第9期。
② 参见刘灿阳:《北美自由贸易区及其对金融服务的影响》,载《国际金融研究》1993年第9期。

内银行,但角色转变后,自由贸易区内纠纷的准据法选择要么依照自由贸易区内的相关协议,要么由合同直接确定,无论哪种选择方式,对于那些不清楚法律制度的投资者来说,困难都很大;其三,失去境内银行的中间缓冲作用,个人投资者与境外金融机构之间因跨境理财而发生的纠纷,如果处理不好影响会很大,不但超出自由贸易区的范围,还很有可能上升为政治问题。

因此,从市场角度看,以跨境理财产品为例,自由贸易区的设立对我国金融消费者权益的立法保护有着长远的影响,区内金融市场的改革很有可能是我国金融市场的发展趋势,而区内金融消费者保护遇到的问题,也许在不久的将来会成为全国性的问题,如果能在区内对相关问题作立法研究,对全国金融市场的长远发展则十分有益。

四、自由贸易区设立对金融消费者保护立法的影响——从政策角度

(一)自由贸易区设立可能带来的竞争政策转变

《北美自由贸易协定》有关区域内竞争政策的主要内容是:第一,消除贸易壁垒,便利货物和服务在成员领土间跨国界流动;第二,改善自由贸易区公平竞争条件;第三,实质性增加各成员领土内投资机会;第四,充分而有效地保护和实施各成员领域内的知识产权;第五,为实施和适用该协定、协作管理、解决争端而制定有效程序;第六,建立一个框架以促进三边、地区间和多边合作,扩大和提高该协定的利益。其中"消除贸易壁垒,便利货物和服务在成员领土间跨国界流动"和"改善自由贸易区公平竞争条件"是协定的主要宗旨。贸易壁垒的清除有利于公平竞争,而公平竞争又能促进区内贸易自由流动。

东盟由于各成员国国内竞争政策的滞后以及竞争法实施经验的不足,缺乏像北美自由贸易区那样的经济和法制基础,不能当然地照搬它们的竞争政策。东盟大多数国家仍是发展中国家,因此需要在竞争法和竞争政策的框架内设计出合适的发展政策。尽管全球化要求更多实质性的竞争政策,但在东盟竞争政策形成过程中,文化及其他因素也是很重要的。[①] 目前东盟较少出现竞争政策的单独协定,而主要体现为区域自由贸易、关税同盟或共同市场协定中的相关条款。[②]

---

① See Tran Duc Minh, Closing Remark of ASEAN Conference on Fair Competition Law and Policy in the ASEAN Free Trade Area (AFTA).

② 参见王先林:《WTO 竞争政策与中国反垄断立法》,北京大学出版社 2005 年版,第 52 页。

我国的自由贸易区设立后，区内市场必将迎来各类创新，而竞争政策的定位与转变也是大势所趋。由于境外金融服务业的引入，相关的竞争政策势必要更多地落足于进一步引入竞争，促进区内的合理性竞争，以实现市场的活力。在这样的要求下，就区内金融市场而言，无论是主动还是被动，竞争政策对于目前的行政垄断、自然垄断都会有更强有力的打击。

（二）竞争政策在金融消费者保护立法中的重要角色

1. 竞争政策的消费者标准

综观各国竞争政策，其主要目标皆是促进竞争而不是限制竞争的。在经济学界，竞争政策被定义为所有那些为保护和促进市场经济中的竞争而采取的措施、制定的法规条例和设立的监察实施机构的总和。在国家的各种经济政策中，竞争政策占有基础的、首要的地位。① 可以说，竞争政策是市场经济国家为保护和促进市场竞争而实施的一项基本的经济政策，其核心目标是通过保护和促进市场竞争，确保竞争机制在相关市场发挥作用，从而提高生产效率和资源配置效率，增进消费者福利。② 因此，消费者标准是竞争政策制定、执行、评价的重要依据。

2. 竞争政策与金融消费者保护的关系

一方面，金融消费者保护体现竞争政策目标的层次性。③ 竞争政策可分为终极目标和直接目标。从世界各国的竞争政策目标看，大多数国家的竞争政策把终极目标定位在提高经济效率和消费者利益之上，而消费者福利更是其最终目标的真正落脚点，因为消费者福利最大化的目标与经济效率最大化目标相比，更具有可操作性。消费者既是“转嫁竞争损失的终端”，也是竞争政策的最终受益者。竞争政策的终极目标必须在直接目标实现的基础上才能得以实现。通过竞争政策的实施，在大多数行业内形成有效竞争，可以视为我国竞争政策的直接目标（以下简称“有效竞争目标”）。

另一方面，金融消费者保护体现竞争政策目标的阶段性。对竞争政策目标还可以进行阶段性的设计和划分，实施竞争政策所带来的社会福利在长远和近期阶段，在消费者群体和企业群体之间的分配是不同的。从长远看，消费者群体应当从社会福利的提升中获得更多的好处，这才是竞争政策的终极目标，而在一定时期内，企业的发展必须得到重视，相应的，企业要在社会整体福利的分配中

① 参见陈秀山：《现代竞争理论与竞争政策》，商务印书馆 1998 年版，第 133 页。

② 参见王先林、丁国峰：《反垄断法实施中对竞争政策与产业政策的协调》，载《法学》2010 年第 9 期。

③ 参见徐士英：《竞争政策与反垄断法实施》，载《华东政法大学学报》2011 年第 2 期。

占据较多的部分。待到整体经济实力有了显著提升,竞争机制在体制、文化等多个层面确立之后,竞争政策目标就会相应地进入新的阶段,社会福利的分配则应当更倾向于消费者群体,消费者也将成为市场竞争最大的受益者。

作为最大的发展中国家,我国一直以来坚持改革开放,而金融竞争政策的建立和实施将有助于改革开放的不断深化,切实维护金融业"走出去"参与国际竞争的合法权益,在拓展金融业发展空间的同时,保障我国经济金融安全,进一步增强我国经济金融的国际竞争力和世界影响力。

我国金融要真正"走出去",就必须建立健全具备吸引力、执行力和创新力的金融竞争生态,在积极推动金融市场有序竞争的同时,保障金融消费者权益。不但要通过金融竞争政策的制定,引入新的银行、证券、保险等市场主体,向金融市场注入新的竞争元素,激活市场竞争潜力,而且要完善反不正当竞争、反垄断、金融机构市场退出等法律制度体系,防范金融垄断行为,优化金融竞争环境。在有效的竞争政策指导下建立金融消费者保护制度,才能从根本上保障制度的有效执行。

(三)我国金融市场中竞争政策对金融消费者保护现状

1. 金融市场中妨碍竞争同样损害消费者利益

金融市场中的垄断或限制竞争行为不利于有效地配置金融资源,而且助长了权力寻租、贪污腐化的社会风气,最终损害的还是金融消费者的利益。以一直被诟病的金融业霸王行为为例,其损害消费者利益的事实显而易见。近年来,国有商业银行滥用市场优势,新增收费达20多项,同时正在酝酿的收费还有多项,引起公众强烈不满。上海一位消费者以1.5元的标的状告三大国有商业银行和中国银联,说明广大消费者对类似于跨行收费等霸王行为的忍耐已到达底线。

2. 现有竞争政策对金融消费者保护的导向

第一,控制金融集团化及内部限制竞争协议。提供多元金融服务的金融集团一般是金融综合经营和跨业经营即产融混合合并的产物,其多元经营目的是各业务间高度互补和金融资源共享,集团内部各个法律实体形成利益共同体,金融集团通过限制竞争协议尤其是集团内部的限制竞争协议安排达到逃避竞争的目的。金融集团内部限制竞争协议具有隐蔽性,监管难度极大,根据"企业内部共谋理论",有必要对金融集团内部成员企业之间的限制竞争协议进行必要的规制。金融集团的资源整合不仅给金融监管带来重重困难,同时,其在市场竞争中的垄断优势不断扩大,给市场竞争秩序带来潜在或现实的威胁。金融集团的垄断问题,最为常见、危害极为明显的当属金融集团限制竞争协议。正如亚当·斯密曾经说的:"同行的经营者们很少聚到一起,即使为行乐和消遣,其谈话的内容也是以共谋损害大众或者以其某种阴谋诡计抬高价格而告终。"①

第二,银行"太大不能倒"原则的终结。2008 年金融危机爆发后,传统的银行业"太大不能倒"原则面临越来越多的质疑与挑战。建立在银行系统重要性与公共性基础之上的"太大不能倒"原则有其合理性一面,但该原则的适用也带来道德风险、竞争原则的破坏、财政负担等巨大的负外部性。美国《2010 华尔街改革与消费者保护法案》通过建立大型银行清算程序最终放弃了该原则,该法案反映出美国银行监管的价值取向由"系统风险优先"向"公共利益与系统风险并重"的转变,这种转变也在实质上体现出消费者利益优先的价值取向。②

第三,现有竞争政策对金融消费者保护的导向。无论是控制金融集团化、破除金融行业内部限制竞争协议,还是银行"太大不能倒"原则的终结,这些竞争政策都说明了:现阶段金融业发展已经到达一定规模,整体实力也有所提升,对于已经从经济发展过程中谋取了福利的金融机构来说,促进建成金融业合理竞争秩序,一方面是金融市场进一步发展的内在需要,另一方面更是竞争政策消费者福祉的体现。由此可见,现有竞争政策对于金融消费者保护是有正面、积极导向的。

(四)金融危机后各国竞争政策以及金融消费者保护格局的建立

首先,稳定竞争政策目标以保证竞争力。在 2008 年开始的这场严重的国际金融危机中,主要市场经济国家和地区在竞争法实施中异乎寻常的表现发人深省。这些国家和地区一反历史上经济衰退时期放松甚至放弃竞争法实施的做法,甚至加强了反垄断法的实施。美国司法部反托拉斯局根据《复苏与再投资法案》提供了超过5000 亿美元的政府投资项目资金,并采取决断的防范措施,以防止在这类资金快速支出的同时,潜在的共谋和欺诈风险急剧增加。同时,美国司法部反托拉斯局还撤回了以宽松的执法政策为标志的《谢尔曼法第二条的实施报告》,因为这一报告的执法政策导向被指责为"把企业的利益放到了消费者利益之前"。日本、欧盟在这次金融危机中对竞争法的实施也给予了高度关注。日本公正交易委员会(JFTC)对松下集团、韩国三星公司、LG 集团处以巨额罚金即是金融危机发生后日本重视竞争的典型案例。欧盟委员会竞争事务委员 Neelie Kroes 则提出,竞争规则的坚持如一地执行是非常必要的,即便是在危机时期。上述事实表明,这些国家和地区在维护市场竞争方面已经形成了一贯的

① 〔美〕亚当·斯密:《国富论》,唐日松等译,华夏出版社 2005 年版,第 336 页。

② 参见伏军:《论银行"太大不能倒"原则——兼评美国〈2010 华尔街改革与消费者保护法案〉》,载《中外法学》2011 年第 1 期。

立场,其竞争政策目标在任何情形下都不会发生根本性动摇。

其次,加强金融行业竞争与消费者保护。随着过去几年美国信贷市场的扩张,贷款的范围和复杂性也出现了增加,特别是在抵押贷款市场上,各种各样的可调整利率抵押贷款变得越来越普遍,这类贷款的复杂性和隐蔽性对消费者保护形成了严重挑战。奥巴马政府认为消费者普遍缺乏金融专业知识,难以识别五花八门的金融产品背后的陷阱,而监管部门缺乏对消费者的保护,消费者容易受到蒙骗,购买大量不适合他们的金融产品,这是导致次贷危机的一个重要原因。

2010 年 7 月 21 日,美国总统奥巴马签署了《多德—弗兰克华尔街改革与消费者保护法》,这部法律被看成美国 20 世纪 30 年代以来颁布的最全面、最严厉的一部金融改革法案。该法案从根本上改变了美国现有金融监管格局,[①]它将强化金融行业竞争与消费者保护并重,形成金融消费者保护格局。[②]

(五)竞争政策的变化对金融消费者保护的立法影响

首先,应通过竞争政策进一步协调效率与利益的关系。竞争政策的目标在于保护竞争、提高经济效率、保护社会公共利益和消费者利益,在大多数情况下是趋于一致的,但也可能存在冲突。对于各种目标之间出现冲突时应该如何权衡和取舍,法律并未规定,也不可能作出明确规定,而只能依赖于法律实施中的政策性引导和解释。提高效率与保护消费者利益,在大多数情况下能够画上等号,但在具体的实施过程中,经营者在多大程度上将获得的经济效率转移给消费者,就会在增强或减弱经营者提高效率的动机问题上进行权衡。当金融行业提高效率、促进发展,与保护金融消费者利益发生冲突时,就需要对国家的竞争政策及其阶段性目标进行明确定位。目前金融市场中存在行业之间与行业内部的竞争,前者如证券、银行、保险业甚至民间融资机构之间的竞争,后者则如国有银行与商业银行之间的竞争。良好的竞争能避免垄断带来的信息不透明、共谋、恶

---

① 该法案规定,禁止不公平的、欺骗性的和滥用的行为与惯例损害金融消费者权益。金融消费者保护署将采取行动阻止金融机构从事不公平的、欺诈的、滥用的行为和惯例,包括颁布识别与禁止此类行为的条例。但是,金融消费者保护署必须与联邦银行监管机构、州银行监管机构以及其他涉及上述条例的合适的联邦机构进行协商沟通。金融消费者保护署主管可以发布涉及有关金融消费者产品的披露条例,内容包括消费者金融产品的成本、收益和风险。此外,主管还可以要求建立披露标准指引,颁布涉及消费者金融产品销售行为的条例,增加产品和服务的信息披露,确保消费者获得公平交易。另外,联邦贸易委员会在消费者保护条例制定方面具有重要地位,根据《美国联邦贸易委员会法》第 5 条的规定,联邦贸易委员会有权禁止"商业中或影响商业的不公平或欺骗性行为及惯例"。

② 该法案中对金融消费者权益的保护主要有:建立金融消费者保护局;对投资者保护方面的改进;确定新的金融衍生产品的地位;减少政府对金融业的注资救助计划;建立金融稳定监管委员会和金融调查办公室;住房按揭贷款的保护、限制和监管。

意定价、搭售等现象,提高金融市场的运行效率,使得金融资源得到合理配置,达到竞争的效果,最终实现保障金融消费者利益的目标。然而,过度的竞争也易带来金融市场的动荡,不合理竞价使得金融市场效率低下,不利于市场的运行,最终损害的还是消费者的利益。由于我国执法体制的特殊性,存在着竞争执法与行业监管协调、执法机构之间的协调、行政执法与司法衔接等现象。这就尤其需要在竞争政策的统一影响下,协调金融市场效率与金融消费者利益保护的关系。

现阶段的竞争政策在整个金融市场中也需要区别规范,一些成熟的行业或业务,如银行的常规业务,应该加强竞争,实现保护消费者利益的终极目标,而证券、融资担保等首先应以行业成熟为主。这并不是说某领域需要金融消费者保护,而某领域不需要,而是保护的力度和广度应该是在竞争政策的导向之下,由竞争政策先来协调清楚效率与利益的关系之后,才制定保护的具体措施。

其次,通过竞争政策影响具体保护标准和制度的确定。金融消费者有群体性的特点,区别于一般的个体消费者,而且其损失与加害行为之间的因果关系难以证明,因此在保护措施方面应该区别于一般的消费者保护。

金融消费者的利益属于发散性正当利益,与一般消费者的指向性正当利益有所不同。所谓指向性正当利益,即某一消费者个体不受经营者有针对性地实施不正当行为侵害的利益,其本质是消费者个体所享有的受法律保护的私益。所谓发散性正当利益,即某一范围或地区或一定范畴内的消费者组成的集体不受相关经营者个体(或其联合)发散性地实施不正当行为侵害的利益,其本质是由带有某种身份归属(行业、地区等)标签的不特定多数消费者所组成的集体即“群”所享有的受法律保护的公益。金融消费者利益与竞争政策所保护的消费者利益两者属性存在内在同一性,即“群”的特点,因此金融消费者保护制度的制定很大程度上取决于竞争政策的导向。

在金融市场竞争政策的导向下,金融消费者利益基于金融市场和金融产品的特殊性,保护过程中应该要注重“群”的利益,途径就是建立集体维权机制直接保护发散性正当消费者利益,如引入集体诉讼的制度。此外,由于群体越大,群体内部越难做到信息共享以及相互协调,因此与利益侵害方谈判的成本也越大,可以在竞争政策的指导下减轻受害方的举证责任。

最后,通过竞争政策约束行政性排除和限制竞争行为。竞争政策的忽视和漏洞会严重影响对金融消费者的保护力度。滥用行政权力排除和限制竞争行为(行政性垄断)的主要形式是通过政府制定行政规定的形式,维护或助长行业或企业在相关市场中的垄断地位。此外,还包括行政机关通过影响行业协会的行为排除和限制竞争。随着市场化的深入,各种利益集团会为了避免失去特权而游说决策当局,从而影响政府部门制定反竞争的行政规定。目前我国在维护市场竞争机制方面,最严重的障碍是来自政府的反竞争行为。由于各种垄断形式的耦合交叉,使得来自政府的限制竞争行为很难确定,体制的原因又使我国《反垄断法》在规制行政权力排除限制竞争方面的效力十分有限,因此,通过竞争政策约束行政性排除和限制竞争行为,对金融消费者保护意义重大。比如说在竞争政策中引入"竞争性审查制度",即对行为,特别是抽象行政行为进行以竞争法为视角的审查,赋予金融消费者对竞争规定提出建议甚至于诉讼的权利。同时,防止利益集团游说政府制定出不符合消费者标准的竞争政策。

五、自由贸易区内金融消费者保护立法面临的问题

(一)全球金融监管原则转变与我国金融消费者保护的严峻形势

2008年,始于美国而迅速蔓延至全球的金融危机,在全面检验各国金融监管模式的同时,也将金融消费者保护的问题提到各国面前。危机的严重后果使得世界各国不得不重新审视自己的金融监管模式,而金融消费者保护问题便成为检讨的重点。这场由美国次贷危机引发的全球性金融危机,波及欧洲、亚洲等地区并产生了严重影响。不可否认,金融监管的缺陷是酿成这次全球金融危机的重要原因,监管重叠与监管真空的存在,使游离于金融监管规则之外的按揭公司、银行及其他机构大量出售复杂的、不合适的、与消费者金融状况不相符的金融产品,给消费者和金融系统带来了短期内难以弥合的创伤,在依然严峻的形势下,各国开始深刻反思金融市场法律规制的核心与基础。

自金融危机至今,世界各国都积极作出反应以减少危机对本国金融体系带来的影响,进而达成共识:金融消费者保护应作为金融监管的出发点与基础理念,以此防范金融危机的发生,维护金融消费者对金融市场的信心。美、英、法等国政府及欧盟纷纷在2009年启动金融改革计划,并将对金融消费者的保护作为本次金融改革的重心,以重建金融消费者对金融市场的信任。在工业现代化及知识经济的冲击下,各行各业创新进展迅速,社会财富增长持续。在金融领域,金融市场的飞速发展使金融产业以前所未有的速度覆盖了广大消费者的生活领域,金融商品与金融服务日益走近普通消费者。消费者不仅在证券市场购买金融商品、银行理财产品及投资连结保险等新型金融商品,甚至包括一些金融创新产品、金融衍生商品等也成为他们的选择。在金融创新的形势下,越来越多的金融商品与金融服务介入社会生活的各个方面,消费者为满足自己的消费需求,开始广泛地接受金融机构所提供的金融服务,"金融消费者"的概念也已经被金融服务业发达的国家使用。

自20世纪80年代以来,各国金融市场经历了跌宕起伏的变化过程,从严格的金融管制发展到金融自由化,体现为从分业监管向混业监管转变,突破行业界限,整合金融产品与服务规范,走上了从分业立法向统一立法迈进的世界性金融改革路线。如英国于1986年开始的所谓金融“大爆炸”(Big Bang)式的金融改革就率先在全球掀起了金融改革的高潮。随后,1996年日本也模仿英国发动了金融“大爆炸”改革,美、加、韩等国也加入到放松金融管制,鼓励金融创新的浪潮中。在金融自由化改革的强劲冲击下,政府对金融市场服务者的管制大幅度放松,金融业分业经营界限被打破,自由化程度大大提高,消费者由过去的储蓄消费迅速转向金融投资消费。以日本为例,金融“大爆炸”改革将其自20世纪80年代开始的渐进式改革进程大大提速,混业经营、金融产品创新、利率自由化等改革措施一次性集中推行,使得新兴的金融商品极其丰富并充斥于日本金融市场。外国货币市场基金、外国货币保本型基金、对冲基金等投资基金成为日本金融市场的焦点商品,吸引了大量消费者购买;而贷款抵押、私募基金、房地产抵押资产证券化产品等金融创新类商品不断推向市场,更刺激了市场的消费趋势。与此同时,分业经营模式的打破促进了金融市场的竞争,金融服务者为保持原有的市场份额与客户群而纷纷采取各种销售手段,金融消费者选择机会增多的同时,也因为自身对于金融创新产品的认知不足及金融服务者的不当劝诱而导致权益受损。据统计,1997年日本全国消费者中心收到的银行投诉案件为2168件,与1988年相比增加了近四倍;证券类商品与保险类商品的投诉更是增至六倍与十倍之巨。面对急速涌现的金融消费者问题对金融改革带来的消极影响和存在的巨大隐患,各国开始高度重视由金融“大爆炸”带来的金融消费者问题的“大爆炸”,纷纷通过修订金融立法保护金融消费者的利益。1999年美国以《金融服务现代化法》的颁布废止了《格拉斯—斯蒂格尔法》,确立了混业经营下金监局统一领导下的多头监管模式,并将保护金融消费者权益作为监管重点。2000年的英国《金融服务和市场法案》更将金融市场集中统一监管模式发挥到了极致,并在对金融经营者的监管方面加入了针对金融消费者保护的内容。日本在借鉴和模仿英国与美国法律制度的前提下,结合本国实际,出台了《金融商品销售法》与《金融商品交易法》统一对金融消费者进行保护,同时修改《分期付款销售法》及《贷金业法》以及制定统一金融服务法的呼声也促使日本的金融消费者保护立法日益走向统一化。韩国也在2009年2月试行了《证券市场和投资服务法》,并于2009年10月正式实施。

我国自2001年加入世界贸易组织以来,金融制度改革才开始推行,与发达国家相比,虽然我国金融市场发展相对滞后,但金融改革所涉的深度与广度并不亚于其他国家的金融“大爆炸”。随着金融改革的深化,我国金融商品交易中的侵害消费者权利问题开始凸显并呈迅速扩大的趋势,相关法律的不完善也日渐显露出来。近年来,以证券市场虚假陈述为焦点的事件层出不穷,远的如银广夏、琼民源、蓝田事件,近的如科龙、五粮液事件,其对金融消费者的损害之大之广有目共睹;银行业的垄断经营带来的信用卡消费纠纷呈上升趋势,跨行收费、信用卡年费等大量纠纷引发对于银行经营“潜规则”的质疑;保险人与投保人之间的保险合同争议诉讼数量大幅增长,尤以保险人说明义务不足、销售误导为焦点,如 2006 年的“友邦重疾险”争讼案件、投连险退保事件等。随着分业经营要求的松动,银行理财产品又成为金融消费者问题的新焦点,银保产品、银证产品等也成为消费者与金融机构纠纷的热点,因银行销售保险产品的欺诈与误导导致的争议不断,消费者投诉直线上升,如理财产品客户诉渣打银行案。与日益频繁而大量涌现的金融领域消费者问题相比,一个尴尬的事实是,目前,我国金融消费者权利保护方面的法律法规并不健全,我国《消费者权益保护法》仅仅确定了消费者的基本概念及基本权利,对金融消费领域消费者不能起到切实的保护作用;我国《证券法》《商业银行法》《保险法》《信托法》《银行业监督管理法》等涉及金融领域行为规制的法律中,对于金融消费者的权益保护亦模糊而且原则化,不易操作。长期以来,我国金融立法以“行、刑”为主,重“行”“刑”而轻“民”,对于金融市场中侵害金融消费者的行为,以行政责任和刑事责任代替民事责任的承担,金融消费者的权益保护无法真正得以实现。2003 年,我国最高人民法院颁布的《关于受理证券市场因虚假陈述引发的民事赔偿案件的若干规定》初步确立了证券虚假陈述行为的民事赔偿规则,打破了金融立法忽视证券投资者民事权利保护的状态。随后,2005 年《证券法》的修改增加了对虚假陈述、内幕交易、操纵市场、欺诈客户行为等民事责任承担的规定,体现了对于金融消费者民事权益的关注。在大力推进金融改革的今天,混业经营已在实践中进行,金融消费者作为金融活动的一方参加者,其权益的维护事关金融市场的稳定与发展。毋庸讳言,我国的国情决定了其所进行的金融改革引发的金融消费者问题将较之任何一个国家更为严重,而现行的立法无法承担金融消费者保护的艰巨任务。当前,我国立法、司法、行政各部门已经开始关注金融消费者权利保护问题,并着手进行相关政策措施的制定,《消费者权益保护法》也在紧锣密鼓的修订过程中。在金融危机转化为经济危机并进一步影响各国经济体系的大趋势下,我国金融体系及金融立法面临着严峻的困难与挑战,可以预言,金融消费者保护问题在今后一段时间内仍将成为日益突出的社会矛盾。

(二)我国金融消费者保护如何在金融市场的发展与稳定之间寻求平衡点

自由贸易区需要一定程度地放开管制、放松监管,而无论基于金融危机后全球经济复苏伊始的现状,还是我国经济结构乃至政治体制的改革关键期,世界各国包括我国在内,总体监管趋势还是以谨慎为主线。那么我国金融消费者保护如何在金融市场的发展与稳定之间寻求平衡点？也就是如何解决好社会转型期间的金融效率与金融安全问题,才既能实现金融消费者保护,同时又不影响行业的正常发展？好的结果应是两者共同增长的良性局面。

通过对金融危机治乱循环的考察,邢会强博士认为立法者和监管者一直在金融安全和金融效率之间徘徊,并且很难平衡二者之间的关系。为了破解这一难题,他提出了金融法中的“三足定理”,即将消费者保护与金融安全、金融效率同时作为金融法制的三个足,金融立法、金融监管目标的设定、金融体制改革的指导原则都应该在这三足之间求得平衡。[①]

金融市场的健康有序发展与完善的金融法制须臾不可分离。金融法制一方面是构成金融市场环境的一种资源禀赋,另一方面是影响金融市场发展的一种制度结构,金融法制与金融市场由此循环往复地进行着互动。完善的金融法制可以为金融市场的健康发展提供强大的制度助力,促进和优化金融市场功能的发挥。因此,立足我国转型时期的具体问题,审慎把握金融法制的价值目标,明确金融法制变革的使命与任务,对于发挥金融法制对金融市场的良性影响和推动作用显得尤为重要。我国金融市场的发展虽取得了丰硕的成果,但仍面临着诸多问题与挑战。客观而言,我国金融市场的效率仍旧偏低,创新程度不够,运作尚不规范,缺乏国际竞争力。与此同时,我国金融市场还面临着后危机时代加强金融监管与维护金融安全的世界性难题。此外,我国金融市场还存在着发育不均衡,金融资源在行业、地区之间配置失衡,收入差距不断扩大,社会财富分配不公导致的社会矛盾日益凸显,金融发展支持收入分配合理化的效应不甚显著等问题。以上种种问题皆是金融市场发展不完善的体现,而这都需要金融法制加以解决和矫正。

体现在金融消费者保护这一金融市场发展的重要环节上,其相关立法绝对是金融法制完善的重要一环,而其立法过程中,“三足定理”将消费者保护同金融效率与安全紧密联系在一起。这种关联在全国适用,在自由贸易区也应该适用,因此在自由贸易区内的金融消费者保护立法必须在金融市场的发展与稳定之间寻求平衡点,而这个平衡点的寻求将会是一个动态的过程,随着自由贸易区的试点与创新以及市场开放程度的进程而改变。

---

① 参见邢会强:《金融危机治乱循环与金融法的改进路径——金融法中“三足定理”的提出》,载《法学评论》2010年第5期。

六、金融危机后全球金融消费者保护格局的变化

(一)金融危机前以“金融效率”马首是瞻

以美国为例,在过去半个多世纪里,美国经济越来越多地由放贷机构和交易员驱动,两党政客们通过了一系列放松监管的立法帮助他们铺平道路,如允许银行跨界经营、出售保险、交易证券,金融机构因此不断壮大,利润越来越丰厚,却也越来越不透明。① 与此同时,房贷机构肆无忌惮放贷,大量投资活动转移至神秘的私募基金和对冲基金,高达700万亿美元规模的衍生品,甚至陷入监管真空,而政府对此视而不见。1999年《金融服务现代化法》颁布以后,美国放松了金融管制,取消了分业经营的规定,允许金融机构进行业务交叉,实行混业经营,而金融衍生工具的创新与高度发展在推动金融市场发展的同时,也放大了交易风险。

金融资产的证券化导致金融衍生产品的无节制创新和泛滥,严重脱离了实体经济的需求。金融衍生产品本身十分复杂,甚至银行家们都不知道风险传递到了哪里,金融消费者更没有能力弄清楚金融衍生产品的整体情况。以金融衍生品为代表的金融创新不断突破已有的金融监管框架,各类金融监管准则严重滞后于金融创新的速度,造成了衍生产品领域的监管空白,导致市场参与者的误判。同时,衍生产品复杂隐秘的风险转移机制与不断延伸的金融产业链又进一步加大了监管当局的监管难度。金融产品与服务本身具有无形性、专业性、高风险性等特点,加上单个金融消费者专业知识、经济实力、信息收集等方面的欠缺,在交易中经常处于严重的信息不对称状态,仅靠自身的力量很难正确有效地把握金融商品的重要信息和规避不适当的风险。而维持现代金融市场稳定的一个重要因素就是市场主体的信心,一旦金融消费者自身权益受到侵害又得不到保护,往往会影响外界对未来经济走势的判断,造成金融市场的剧烈震荡,对一国金融市场秩序与经济发展势头造成巨大冲击。②

---

① 例如,1995年底,美国国会通过了《证券私人诉讼改革法案(Private Securities litigation Reform Act),对集团诉讼中的原告资格规定了一套全新的、更为严格的标准,同时为公司的“前瞻性披露中的欺诈行为”(Forward-looking Frauds)创建了一套安全港规则,限制了原告提起集团诉讼的能力,严格了因果关系的法律认定,并对此类诉讼的个别责任和连带责任的适用,规定了更为严格的条件。1998年,国会进而通过了《证券诉讼统一标准法案》(Securities Litigation Uniform Standards Act),取消了各州证券集团诉讼的做法,而转由联邦制定统一的规则。

② 参见李瑞娟、燕慧娟:《对我国金融消费者权益保护制度的法律思考》,载《法制与社会》2011年第1期。

(二)金融危机后以金融消费者保护为终极理念

美国过去30年信用市场的繁荣很大程度上得益于管制放松,可以说当时政府对这些信贷产品基本上没怎么监管。① 危机爆发前的数年来,金融监管者基于"市场机制是最有效率的"基本判断,过于信赖新型金融机构自身的风险评估模型和管理力,放任金融创新的过度发展。② 而金融危机使美国奉若神明的"最好的监管就是最少的监管"的新自由主义监管理念受到重创,《多德—弗兰克华尔街改革和消费者保护法》(Dodd-Frank Wall Street Reformed Consumer Protection Act)(以下简称(《多德—弗兰克法案》)终结了这样一个自由市场被封为圭臬的时代,全美的金融机构将接受更严厉的监管。该法案结束了长达一年的金融新规则较量,也将改变过去数十年美国金融监管演进的大方向。③

在该法案中,曾经缺乏监管的场外衍生品市场被纳入监管范围,大部分衍生品须在交易所内通过第三方清算进行交易。在衍生品交易方面,法案要求银行将农产品掉期、能源掉期以及多数金属掉期等风险较大的衍生品交易业务拆分到附属公司。依据法案进行的金融监管改革,对美国银行业2013年净利润的影响可达176亿美元,占总利润的14%。④ 对此,美国证券行业与金融市场协会(SIFMA)首席执行官Tim Ryan说:"这是一项严格的法律,会对大多数金融服务机构以及金融市场的运营和成本架构产生深远影响。"⑤

以高盛为例,该机构必须分离其自营交易部门。截至2010年第一季度末,高盛对冲基金和私募基金投资风险敞口是154亿美元,另外还有121亿美元无资金支持承诺的投资。按照3%的限制,高盛至少需要将这方面的投资削减至21亿美元。高盛在自营投资方面投入巨大,业内人士多称之为全球最大的对冲基金。过去的一些年,华尔街其他投行都在向高盛学习,大力发展自营交易,但《多德—弗兰克法案》颁布后,布兰科芬很可能会成为高盛最后一位以交易为导向的首席执行官。至于摩根士丹利,已经大举招聘了数百名投资银行家,看起来

---

① 此间,美国金融界制造了市值高达数千亿美元的次贷及其衍生金融产品,国内金融市场一派欣欣向荣。与此同时,美国在全球金融市场份额不断提升,以花旗、四大投行等为代表的金融机构在世界范围内影响力与日俱增,美国的金融霸权地位看似牢不可破。所有这些,被美国的金融监管者视为放松监管、鼓励创新带来了高市场效率的明证,更强化了其醉心于追求效率而忽略消费者保护等金融监管其他基础价值的监管理念。

② 参见代兵:《美国次贷危机及其影响》,东北师范大学出版社2009年版,第254页。

③ 参见施继元、陈文君:《美国金融消费者保护立法的突破和妥协》,载《金融与经济》2010年第9期。

④ 参见石国臣:《美国金融监管制度改革及其借鉴》,吉林大学出版社2010年版,第120页。

⑤ 转引自冯宗敏、曾智萍:《美国金融改革法案终成法律》,载《中国金融》2010年第16期。

已准备好向传统的投资银行回归。

(三)美国金融消费者保护格局的变化引发思考

在2008年开始的这场严重国际金融危机中,以美国为首的主要市场经济国家和地区纷纷加强对金融消费者的保护,无论是部门设置还是立法颁布,其对于消费者保护所显现出的异乎寻常的重视发人深省。这些国家和地区在金融消费者保护的问题上无一例外采取的措施是加强金融监管,而一反历史上经济衰退时期放松金融监管的做法。通常而言,经济萧条导致市场机会减少,资金流动速度变缓,金融市场首当其冲地受到影响而萧条。国家为了活跃经济,拉动增长,除了在经济上扶持(如巨额资金注入股市)之外,往往会在管理层面有所松动,最明显的就是放松金融市场的监管。而所有这一切对于克服危机、使经济持续发展都具有直接或潜在的危害。

金融危机后,以美国为代表的这些国家和地区在金融监管方面已经形成了统一的立场,金融监管的重要目标之一就是维护金融消费者的权益。正是因为有了这一底线,这些国家和地区在应对经济危机时才会无一例外地都加强了金融监管的力度。这种变化背后的深层次原因给我国的金融消费者保护带来了极为重要的启示。

七、自由贸易区背景下我国金融消费者保护的立法展望

金融危机暴露出美国现行的金融监管体系对消费者和投资者利益保护的不足,美国金融危机后金融监管改革最显著的特征就是将消费者权益保护提到前所未有的高度。奥巴马在金融监管改革法案——《2010年华尔街改革和消费者保护法》的签署仪式上说:这项法案不仅对消费者有利,对整个美国经济都有利。此次改革是美国历史上最有力的消费者金融保护。

根据新的监管改革法案,美国将成立消费者金融保护署(CFPA),以保证美国消费者在选择使用住房按揭、信用卡和其他金融产品时,得到清晰、准确的信息,同时杜绝隐藏费用、掠夺性条款和欺骗性的做法。该机构设在美联储系统内,但保持独立的监管权力,署长由总统直接任命。由于消费者金融涉及面很广,该机构可以监管各类银行和非银行机构,包括所有资产规模在100亿美元以上的信贷机构和各类金融中介,而且可以独立制定监管条例并监督实施。在新成立的机构中,CFPA将是最强势的监管机构之一。因为消费者金融涉及几乎所有信贷机构和各种金融中介,包括房屋按揭、车贷、信用卡贷款、各种消费者保

险等各种金融产品,所以未来 CFPA 将成为混业监管格局中的主力之一。美国将金融消费者保护作为金融监管的重要目标,并且设立专门实施机构,保护消费者免受金融消费中不公平和金融欺诈等行为的侵害的做法,对我国的金融消费者保护是一种启示。

参考美国的做法可以发现:金融监管在传统上以维护金融业的稳定为主旨,保护的是"经营者主权"。从 20 世纪末起,消费者保护逐渐进入监管者的视野和金融监管的目标体系中,"消费者主权"开始取代"经营者主权"。[①] 尤其是此次次贷危机之后,对消费者权益的保护成为各国稳定金融市场的重要步骤。当然,金融消费者保护也离不开金融法和金融监管的有效实施。

(一)坚持金融消费者保护是我国金融监管的目标之一

金融市场的国际化是金融业的发展趋势。金融产品在全球范围内流动,一国金融机构可以为全球的消费者提供服务,在其他国家纷纷采取严厉措施保护金融消费者的同时,我国最终可能会因为缺乏明确的、高标准的金融消费者保护法律而使国际市场上的金融欺诈服务、信息不透明的金融产品流进国门。一旦发生纠纷,消费者维权或很困难,或与立法完善的发达国家的金融消费者"区别对待"。将金融消费者保护作为金融监管的重要目标,其理念在于金融业中金融产品和服务的提供者与消费者之间存在极大的信息不对称,这会给提供者利用信息优势欺凌盘剥消费者提供渠道和机会。消费者的利益如果得不到应有的保护和保障,则会动摇公众对金融业的信心,危及一国的整个金融体系和经济,因此,金融消费者保护应是金融体系的一个重要基石。

(二)确立宏观审慎为我国金融监管的原则之一

审慎监管原则是市场监管法的宗旨和要求,以保证市场体系的运行安全,防范市场风险为目标。其定位于一方面尽量由市场机制解决市场问题,监管要避免给市场带来较大的震动;另一方面也需要保证监管秉持审慎态度,使监管空白尽可能地缩小。[②] 宏观审慎监管原则是在一般审慎监管的基础上,对金融市场的安全监管更具有宏观性、目标性和原则性。

---

① 英国经济学家迈克尔·泰勒(Michael Taylor)提出了著名的"双峰"(Twin Peaks)理论,认为金融监管并存着两个目标:一是审慎监管目标,旨在维护金融机构的稳健经营和金融体系的稳定,防止发生系统性金融危机或金融市场崩溃;二是保护消费者权利的目标,通过对金融机构经营行为的监管,防止和减少消费者受到欺诈和其他不公平待遇。

② 参见吴弘、胡伟:《市场监管法论——市场监管法的基础理论与基本制度》,北京大学出版社 2006 年版,第 58 页。

传统的以规则为基础的监管模式缺乏应有的适应性和灵活性,难以应对日益复杂的金融创新活动和瞬息万变的金融市场环境,其弱点在此次金融危机中暴露无遗。新兴的以原则为基础的监管模式强调以概括性的原则作为主要的监管依据,其既能够确保监管的有效性,又能够合理配置监管资源并培育监管对象的创新能力。以原则为基础的监管模式实现了公共目标和商业价值的融合,代表了金融监管模式的发展方向。①

原则监管模式并非要求完全以原则取代规则,而是旨在提升原则在监管规范体系中的地位,使之在建立和发展监管标准方面发挥基础性的作用,并最终以监管目标的实现与否作为监管评价标准。一方面,原则是制定规则的依据,现有规则细化和明确了原则所确立的监管标准;另一方面,对于某些事项,即使原则所确立的监管标准尚不十分明确,也不再制定规则来解释原则的要求。除此之外,原则可以作为独立的执法依据。英国金融服务局认为,原则本身就是一种监管规范,金融服务局有能力并且也的确在单独依据原则采取监管措施。原则监管模式在一定程度上将没有具体法律法规可参照的金融消费者保护纳入监管范围,从框架上为金融消费者保护寻求了可能性。

(三) 完善金融法作为金融监管中消费者保护的法律依据

为了规范证券中介服务机构的行为,将证券市场中的股票持有者、债券持有者视为金融消费者未尝不可——从强调规范证券发行和交易转变为规范证券中介机构等金融服务者的行为。但是,我们更应该看到股票持有者作为公司股东的身份,债券持有者作为公司债权人的身份。为了保护中小股东、公司债权人的权利,公司法、证券法、破产法中设计了股东大会资本多数决制度、类别股份表决制度、累计投票表决制度、派生诉讼制度、董事信义义务制度、公司债权人会议制度、公司债受托管理制度等。关于这些制度,公司法、证券法发展出了成熟的理论:委托代理理论、信息不对称理论、集体行动理论、不完备合同理论等。因此,在资本市场上,我们对中小投资者的保护,无须完全摒弃既有的资本市场投资者保护理论与制度,代之以金融消费者身份去保护。这也是为什么美国在此次金融监管改革中,金融消费者权益保护机构并没有削弱证券交易委员会(SEC)和商品期货交易委员会(CFTC)的监管权力,资本市场中投资者保护的主要职责还是交给了 SEC 和 CFTC 的原因之一。进一步说,完善金融法律法规对于现阶段金融消费者的保护更具有现实的、可操作的意义。

---

① 参见刘轶:《金融监管模式的新发展及其启示——从规则到原则》,载《法商研究》2009 年第 2 期。

纵观我国金融法律法规,总体来看对金融消费者的保护还是存在着以下不足:其一,消费者保护的金融法律数量少且规定原则,缺乏可操作性。尽管许多金融立法都以金融消费者保护为首要立法目的,但在措施上不够具体。[①] 其二,维护金融消费者利益的部门规章数量众多,内容相对具体,但是,有的规章与上位法冲突,或者同等效力的规章之间相互重叠交叉。目前我国的主要金融服务产品包括存款、保险、基金等,涉及诸多金融分业领域,各分业领域对金融消费者权利的规制原则及具体内容不尽相同。[②]

针对我国金融法律法规在消费者权益保护方面的不足,我们应该进一步完善现有法律法规体系。一是提高立法层级,尽快制定和颁布有关的专门法律法规,除去现有立法中矛盾重复的规定,完善有关金融消费者保护中有关民事责任的规定。比如,制定《个人信息保密法》用以明确个人信息特别是金融信息的收集和使用范围,加大对违法使用个人信息的惩罚力度,禁止个人金融信息被用于法律规定以外的其他目的。二是根据不同行业金融消费的特点,在部门规章中制定完善的消费者保护条款。三是严格规制格式条款。侵害金融消费者权益的典型方式之一就是金融机构利用格式条款,剥夺消费者的合法权益,免除其应当履行的法律义务,因此,维护金融消费者权益应强化对格式合同的规制。监管机构应制定与推广格式条款范本,避免金融机构各自制定格式条款,不合理地剥夺消费者的权利。同时应加强对格式条款适用的检查,对使用格式条款的不当行为予以纠正。

---

① 具体表现在:《商业银行法》第三章只有5条规定了对存款人的保护。《银行业监督管理法》第1条中有保护存款人和其他客户的合法权益的规定,但是在第三章"监督管理职责"中却没有关于金融消费者保护的特别规定。

② 例如,券商集合理财和信托公司的集合理财是十分相似的两类业务,却要分别适用《证券公司客户资产管理业务试行办法》和《信托公司资金信托业务管理办法》的规定,形成代理关系和信托关系两个不同的法律关系,接受证监会与银监会两个不同监管部门规章的调整。

个股期权强行平仓的法律性质与责任分配

谭　婧

个股期权业务作为我国资本市场的一项重大创新业务，正处于酝酿筹备阶段。其中，风险控制制度设计是一个重要环节。个股期权业务中应当充分借鉴期货市场已有的风控制度，包括在期货市场行之有效的强行平仓制度。不可忽视的是，强行平仓制度由于涉及交易所对其会员、期货经纪机构对其客户持仓的直接处置，若制度设计或者业务操作不当，容易引发纠纷。将这一制度引入个股期权业务时，应当首先厘清其基础法律关系、实施方式与环节、法律后果分配等基础问题，以使相关制度的设计更为合理和完整。本文就上述问题进行探讨，以期为个股期权制度建设提供参考。

一、个股期权强行平仓的基础法律关系

强行平仓，是指仓位持有者以外的第三人（期货交易所或者期货经纪公司）强行了结仓位持有者的仓位，又称被斩仓或者被砍仓。[①] 由于期权交易具有杠杆性，可以以相对少量的资金撬动大额收益或者损失，其风险可能被极大地放大。强行平仓的制度逻辑，是通过了结持有人的仓位，而防止持有人、期货经纪机构、交易所及其整个市场的风险继续扩大。个股期权的强行平仓，其基本模式应当与期货市场现有平仓制度类似，包括交易所实施的强行平仓和期货经纪机构（含证券公司）实施的强行平仓。如何界定两种强行平仓情形下的法律关系，是决定制度设计和法律责任分配的基础问题。

（一）基础问题：期货市场现有司法解释的适用性

个股期权业务属于《期货交易管理条例》规定的期货业务范畴，但业务开展

---

① 参见刘敏：《强行平仓的法律属性及其条件探讨》，载《法律适用》2002 年第 11 期。

的场所和主体与现有期货市场有所不同。个股期权业务将在证券交易所开展，证券公司可以作为经纪机构参与该业务。值得注意的是，期货市场的法律体系中，《期货交易管理条例》作为行政法规规定了期货业务的基本架构，但在具体法律关系的界定、纠纷处理和责任分配上，最高院2003年《关于审理期货纠纷案件若干问题的规定》发挥了关键作用。该司法解释主要针对以期货交易所、期货公司为主体的现有期货市场进行规定，其中关于强行平仓中的各方权利义务、法律责任等核心问题亦有详细的规定。在研究个股期权的强行平仓制度时，需要关注其能否适用该司法解释。

笔者认为，个股期权业务原则上应当适用最高院2003年司法解释，但较为稳妥的方式，是由最高院制定相关补充规定，明确2003年司法解释适用于个股期权纠纷案件的审理。首先，该司法解释附则中明确了“本规定所称期货公司是指经依法批准代理投资者从事期货交易业务的经营机构及其分公司、营业部等分支机构”。由此，该司法解释中的“期货公司”是一个广义的概念，证券公司若代理投资者从事个股期权交易，同样也可以适用该司法解释。其次，期货交易中的保证金制度、强行平仓制度等风险控制制度具有共性，法律关系界定及其责任分配的原则也应当一致，不应当因为品种、交易场所的不同而采取不同的处理原则。

（二）期货经纪机构强行平仓的基础法律关系

根据最高院2003年《关于审理期货纠纷案件若干问题的规定》的相关规定，期货经纪机构对客户的强行平仓主要基于四种前提：一是客户保证金不足，二是客户持仓超限，三是客户从事违规行为，四是交易所要求的其他情形。而在决策程序上，由《期货交易管理条例》和目前期货市场的实践看，期货经纪机构的强行平仓可能由其自行决定或者根据交易所、结算机构的要求作出。

对于期货经纪机构而言，其在客户保证金不足时进行强行平仓的必要性，一方面在于控制客户的投资风险，避免使客户的损失过分扩大；另一方面也在于控制经纪机构自身的风险。这是因为期货经纪机构是以自己的名义代客户参与清算交收，在客户履约不能时需要代为承担相关责任，因此其需要随时关注客户保证金的充足性，并将客户违约风险保持在可控范围内。

期货经纪机构对客户进行强行平仓的基础法律关系，是其与客户之间的经纪关系。期货经纪关系作为一种混合了行纪和代理色彩的法律关系，当事人的具体权利义务由期货经纪合同详细约定。由于强行平仓涉及对客户财产的直接处置，期货经纪机构应当与其客户在经纪合同中，就强行平仓的情形、操作方式、责任分配等作出明确约定，作为强行平仓的依据。一般而言，在双方约定的情形之外,期货经纪机构不应对其客户进行强行平仓。

(三) 交易所强行平仓的基础法律关系

交易所的强行平仓主要系针对会员即期货经纪机构作出,同样基于四种情形,即会员保证金不足、会员持仓超限、会员或者投资者存在违规行为及交易所的紧急措施。

交易所对会员进行强行平仓的基础法律关系,是其与会员、交易参与人之间的自律管理关系。交易所作为组织、管理市场交易的自律管理机构,出于维护市场秩序、防范参与人违约和市场整体风险的目的,需要在一定情形下进行强行平仓,消除参与人持仓导致的重大风险状态。同时,就保证金不足的强行平仓而言,交易所在一定程度上也是基于担保人的角色,通过强行平仓减弱被担保一方的违约风险,进而防止自身因承担担保交收责任而遭受损失。[①]

强行平仓作为交易所自律管理的一种手段,应当在交易所及其指定的登记结算机构的业务规则中明确规定,交易所应当按照规则规定的条件、程序和标准进行操作,不应超越业务规则规定的范围实施强行平仓。

(四) 强行平仓的法律性质

保证金不足时强行平仓的法律性质如何,是交易所、期货经纪机构的权利还是义务,一直以来颇具争议,学界存在权利说、义务说、权利转义务说、权利义务说等多种观点。[②] 争议的根本原因是相关法规和司法解释的表述存在差异。

权利说的依据是最高院2003年颁布的《关于审理期货纠纷案件若干问题的规定》,其中第36条规定:“期货公司的交易保证金不足,又未能按期货交易所规定的时间追加保证金的,按交易规则的规定处理;规定不明确的,期货交易所有权就其未平仓的期货合约强行平仓”,“客户的交易保证金不足,又未能按期货经纪合同约定的时间追加保证金的,按期货经纪合同的约定处理;约定不明确的,期货公司有权就其未平仓的期货合约强行平仓”。按上述规定,保证金不足时如何处理,首先要遵循交易所规则和期货经纪合同,而在规定和约定不明确时,期货公司和交易所有权进行强行平仓。若交易规则和期货经纪合同约定了

---

① 个股期权业务的保证金收取方式与目前国内期货市场类似,采用分级收取的方式,不同的是收取保证金的主体是登记结算机构而非证券交易所。具体而言,登记结算机构向其结算参与人收取,结算参与人再向客户收取。登记结算机构作为个股期权清算交收的中央对手方承担了担保交收责任,为防范自身风险及市场风险,登记结算机构需要在结算参与人保证金不足且未按要求补足时,直接对其名下(含客户)的持仓予以强行平仓。为行文方便,本文将交易所和登记结算机构统称为“交易所”。

② 参见刘敏:《强行平仓的法律属性及其条件探讨》,载《法律适用》2002年第11期。

强行平仓之外的其他处理措施,亦应当按其处理,不进行强行平仓。即使规定不明确,期货公司和交易所对于是否强行平仓亦具有选择权,并非必须为之。

义务说的依据是国务院于2007年颁布的《期货交易管理条例》(2012年修订),其中第35条规定,期货交易所会员保证金不足且未在规定时间内追加保证金或自行平仓的,期货交易所"应当"对其强行平仓;客户保证金不足且未在规定时间内追加保证金或自行平仓的,期货公司"应当"对其强行平仓。两个"应当"的用词,使得强行平仓似乎成为期货交易所和期货公司的法定义务。

权利转义务说认为,强行平仓首先体现为交易所和期货经纪机构的权利,但在期货经纪机构和客户透支交易时,强行平仓就成为一种义务。权利义务说则认为,强行平仓兼有权利和义务的性质。

本文原则上支持权利转义务说,但认为其中的划分需要细化。首先,一般情况下,强行平仓是交易所和期货经纪机构的权利。《期货交易管理条例》作为行政法规,主要偏重于行政监管方面的要求,其中提出的要求并不一定构成民法意义上的权利和义务;而最高院《关于审理期货纠纷案件若干问题的规定》作为对民事审判的指导意见,偏重于民事权利义务的界定,其中的规定更能构成民法上的权利义务划分。对强行平仓法律性质的认定应与其基础法律关系相匹配。就交易所而言,其强行平仓的基础法律关系是交易所与会员、投资者之间的自律管理关系,因此交易所的强行平仓是一种介于一般民事权利和行政监管权力之间的自律管理权利;就期货经营机构而言,其强行平仓的基础法律关系是其与客户之间的经纪合同关系,从期货业协会制定的《期货经纪合同示范文本》看,系将强行平仓作为期货经营机构的权利而非义务对待,个股期权经纪合同宜与此保持一致。其次,特定情况下,强行平仓成为交易所和期货经纪机构的义务。特定情况主要是指期货公司或其客户穿仓的情形。根据最高院司法解释的规定,期货公司和客户穿仓造成的损失分别由期货交易所和期货公司承担。由此反推,在期货公司或者客户穿仓或即将穿仓时,交易所和期货公司具有强行平仓的义务。

二、个股期权强行平仓的实施方式

(一)个股期权强行平仓中的通知义务

个股期权业务中,对于因持仓超限、违法违规行为或者紧急情况而实施的强行平仓,相关法律法规、司法解释均未对其程序作出规定,可以认为强行平仓方并无提前通知被强行平仓方的法定义务。但从国内期货市场看,为了最大限度地保护投资者的合法权益,主要期货交易所的业务规则均对强行平仓前的通知程序作出了明确规定,①个股期权业务规则亦宜参考作出相应规定。

对于因保证金不足而实施的强行平仓,最高院的相关司法解释对通知义务作出了规定。一是最高院1995年《关于审理期货纠纷案件座谈会纪要》明确规定:“交易所或经纪公司未履行通知义务而强行平仓,给经纪公司或客户造成损失的,应承担赔偿责任”。二是最高院2003年《关于审理期货纠纷案件若干问题的规定》规定:“期货公司的交易保证金不足,期货交易所未按规定通知期货公司追加保证金的,由于行情向持仓不利的方向变化导致期货公司透支发生的扩大损失,期货交易所应当承担主要赔偿责任,赔偿额不超过损失的60%”。二者同样是对未尽通知义务的责任规定,但规定的角度有所不同,前者是对于未通知即进行强平时造成损失的赔偿责任,后者是对于未通知也未强平的情况下、继续持仓扩大损失的赔偿责任。可见,只要期货公司或其客户保证金出现不足的情况,交易所或者经纪公司即负有通知义务,若其未履行通知义务,此后无论其是否进行强行平仓,均需要对相应的损失承担一定的赔偿责任。

值得关注的是,上述通知义务是否可以由交易所规则规定或经纪合同约定免除?实践中,有期货公司为便于自身操作,在经纪合同中约定由于市场行情急剧变化导致客户保证金不足时,期货公司可以不通知客户而直接强行平仓。已有法院生效判决明确否定了此种约定的效力。法院在判决中认为,强行平仓前的通知义务应为期货公司的法定义务,为保障客户权益,规范期货公司强行平仓行为,是保障期货市场顺利发展所必需,期货公司无权通过约定予以排除;同时,此种约定作为格式条款,实质上剥夺了客户对其持仓及保证金情况应当享有的知情权以及客户自行平仓或追加保证金的权利,根据我国合同法的相关规定,应为无效条款。②

(二)追加保证金的合理期间

交易所、期货经纪机构履行通知义务之后,并不能立即强行平仓,而需要给被通知方保留合理的期间用于追加保证金。这是因为,强行平仓是对期货公司及其客户权利的限制,该种限制必须在合理的范围内,包括追加保证金的数额要合理以及给予被通知方合理的期间,以保证其行使选择权,即自行平仓或减仓、

---

① 如《中国金融期货交易所风险控制管理办法》第22条、《上海期货交易所风险控制管理办法》第36条,都对交易所强行平仓前的通知程序作了规定。

② 参见严帮平诉申银万国期货有限公司成都营业部、申银万国期货有限公司期货强行平仓纠纷案,上海市第一中级人民法院(2010)沪一中民六(商)初字第22号。

追加保证金还是放任不管等待强行平仓等。[1] 关于合理期间的界定，笔者认为至少应当符合以下特征：一是具有追加保证金的客观条件；二是对一般主体来说，足以完成转入保证金的动作。

根据中国金融期货交易所、上海期货交易所等期货交易所业务规则的规定，交易所一般给被通知方留有半个交易日的时间追加保证金或者自行平仓，半个交易日的时间应当足够期货公司进行转账、平仓的操作，符合合理期间的一般认识。个股期权业务可以借鉴之。

根据期货业协会制定的期货经纪合同指引，期货公司的追加保证金通知在日终结算时发送给客户，客户应当在下一交易日开市前及时追加保证金或者在开市后立即自行平仓。对于要求开市前追加保证金的合理性，最高院2010年在范有孚诉银建期货一案的判决书中实际上予以了否定。该判决认为期货公司在前一交易日盘后发送通知书并要求客户在次日9:00开盘前补足保证金，而在此期间，银行等金融机构处于休息状态并不营业，原告没有追加保证金的可能，因此认定期货公司没有给原告以追加保证金的机会。[2] 该判决可作为合理期间界定的一个参考，但并未考虑到新兴的网上银行、手机银行等电子转账方式，可以做到在银行下班后仍实时转账。随着上述电子银行业务的进一步普及，上述判决认定的非合理期间今后也可能将转化为合理期间。对于要求客户在开市后立即自行平仓的约定，笔者认为其表述得过于含糊，“立即自行平仓”的用词具有随意性，在实践中较难把握和界定，个股期权业务中，可进一步明确为如“开市后半个小时内自行平仓”的约定。

（三）个股期权强行平仓的方式

强行平仓是交易所或期货经纪机构对他人持有的期权合约的直接处置，在何时点，以何种交易方式、何种价格进行处置，将对持仓人的财产权益产生直接影响。为保证在实现强行平仓目的的同时充分保护持仓人的合法权益，强行平仓操作中需要关注以下问题，并在交易所业务规则和期货经纪合同中予以明确：

首先，个股期权的强行平仓申报以谁的名义发出？强行平仓需要申报并通过市场竞价交易实现，其成交对手方为不特定的市场参与人。对于对手方而言，强行平仓的申报与其他申报并无实质差异。与申报相关联的是成交后的清算交收，尽管是由交易所和期货经纪机构进行操作，但处置的对象是被强平方账户内

---

① 参见付大伟：《期货强行平仓规则与投资者保护——从范有孚案说起》，载《金融法苑》总第84辑，中国金融出版社2012年版。

② 范有孚与银建期货经纪有限责任公司天津营业部期货交易合同纠纷再审案，最高人民法院(2010)民提字第111号。

的资产,清算交收责任亦归属于被强平方。为保证市场的正常秩序,强行平仓时宜以被强平方的名义进行申报,但需要在申报信息上注明"强行平仓",以表明其与正常申报的区别,避免该申报对市场主体的判断造成误导,并为事后的纠纷及其责任认定提供依据。

其次,个股期权的强行平仓数量如何确定?根据最高院《关于审理期货纠纷案件若干问题的规定》的规定,期货交易所或者期货公司强行平仓数额应当与期货公司或者客户需追加的保证金数额基本相当。因超量平仓引起的损失,由强行平仓者承担。因此,强行平仓方应当根据保证金缺口金额计算出需要强行平仓的数量并进行操作,以免对被强平方的财产权益造成不必要的损害。

最后,个股期权的强行平仓在何时点以何价格进行?强行平仓是特殊情况下采取的风险控制措施,在操作时需要保证其及时性、有效性。较为合理的时点,是在通知追加保证金或者自行平仓的时限届满后立即进行强行平仓。同时,为便于尽快成交,强行平仓宜以较高的价格挂出买单或者以较低的价格挂出卖单,具体的申报价格确定方式可以在相关规则或者合同中明确。

三、个股期权强行平仓的法律后果

个股期权的强行平仓本身会产生一定的交易费用,并会因交易结果而产生收益或者损失。判断上述法律后果归属时大致可以分为两种情形,即依规强行平仓的法律后果和违规强行平仓的法律后果。

(一)依规强行平仓的法律后果

交易所、期货经纪机构依法规进行强行平仓时,其费用和损失总体上由被强平方承担。相关行政法规和司法解释对此均有相应规定。《期货交易管理条例》规定,交易所因会员未及时追加保证金或者自行平仓进行强行平仓的,强行平仓的有关费用和发生的损失由该会员承担;期货公司因客户出现上述情形强行平仓的,费用和损失由该客户承担。最高院《关于审理期货纠纷案件若干问题的规定》在再次确认了上述规定的同时,还对因超仓等违规行为进行强行平仓的法律后果归属作出了规定,即期货交易所因期货公司违规超仓或者其他违规行为而强行平仓的,造成的损失由期货公司承担;期货公司因客户违规超仓或者其他违规行为而强行平仓的,造成的损失由客户承担。

就个股期权依规强平的法律后果,尚有以下两个问题值得关注:

一是因交易所对会员名下账户进行强行平仓时,非直接责任客户被平仓的损失和费用由谁承担?交易所因会员经纪业务保证金不足对其强行平仓的情况下,其所关注的是会员客户整体的保证金是否充足,而并不直接计算到会员的每一个客户;但国内交易所的交易和结算模式下,期权合约的持仓系以客户为单位进行登记,交易所在强行平仓时,需要根据既定的原则选择强平的投资者账户及其合约,但被选定的账户持有人未必是导致会员保证金不足的直接责任人,因而可能产生部分客户被无辜平仓的情况。对于这种情况,最高院《关于审理期货纠纷案件若干问题的规定》仅规定了"期货交易所依法或依交易规则强行平仓发生的费用,由被平仓的期货公司承担;期货公司承担责任后有权向有过错的客户追偿",但未就其损失等如何承担作出规定。笔者认为,上述情况下,期货经纪机构应当明知其若不及时补足保证金或者自行平仓,会导致相关客户被交易所强行平仓。就其与客户的合同关系而言,其负有保障客户资产安全、避免因其违规行为导致无过错的客户资产被监管机构处置的义务。因此,当期货经纪机构未履行上述义务并导致客户资产受损时,应当就此向客户承担相应的违约及侵权责任,具体为期货经纪机构应当先行赔偿客户被无辜强平而遭受的损失,其后再向负有直接责任的客户追偿。

二是个股期权强行平仓产生的盈利如何处理? 目前相关规定和研究多涉及强行平仓的损失和费用承担,对盈利的探讨较少。首先,对商品期货交易所强行平仓的盈利归属有明确规定。财政部于1997年《关于商品期货交易财务管理有关问题的补充通知》中规定,期货交易所按规定,采取强制平仓措施"实现的平仓盈利,如属于期货交易所因会员或客户违规而强制平仓的,由期货交易所计入营业外收入处理,不再划给违规的会员或客户;如因国家政策变化及连续涨、跌停板而强制平仓的,则应划给会员或客户"。该规定的立场是违规会员被强平产生的盈利由交易所罚没,合规会员因被强平产生的盈利则归其自身。其次,金融期货等其他期货市场强行平仓的盈利归属尚不明确。《中国金融期货交易所风险控制实施细则》中规定,由会员执行的强行平仓产生的盈利归直接责任人;由交易所执行的强行平仓产生的盈亏相抵后的盈利按照国家有关规定执行。而其中的"国家有关规定"所指不明,且上述的财政部规定明确针对商品期货,似无法直接适用于金融期货。个股期权业务中强行平仓的盈利如何处理,还需要在相关规定中进一步明确。

(二)违规强行平仓的法律后果

违规强行平仓包括未按规定或者约定的程序、方式、时间、价格等进行强行平仓的情况。违规强行平仓若对被平仓者造成一定的损害,实际上构成了侵权损害,强行平仓者应当承担相应的侵权责任。最高院《关于审理期货纠纷案件若干问题的规定》对此作了概括性的规定:"期货交易所对期货公司、期货公司对客户未按期货交易所交易规则规定或者期货经纪合同约定的强行平仓条件、时间、方式进行强行平仓,造成期货公司或者客户损失的,期货交易所或者期货公司应当承担赔偿责任”。同时,在其他规定和条款中亦零散规定了超量强行平仓、未履行通知义务的强行平仓等的法律责任。

具有实际意义的问题是因违规强行平仓导致损失的责任范围及其承担方式。民法上承担侵权责任的方式有多种,其中最有可能适用于强行平仓的为恢复原状和赔偿损失。一般来说,由于期货市场价格波动可能较大,且合约本身有存续期间并因时间流逝而损失时间价值,即使恢复持仓也难以恢复其原有的价值,因此以赔偿损失的方式承担法律责任更具可行性和合理性。

损失范围的界定需要根据个案情况作出判断。需要考虑的是,违规强行平仓之后的市场价格变化带来的预期利益损失能否纳入损害赔偿的范畴。该种损失属于间接损失,对于间接损失能否纳入侵权赔偿的范围,一直以来都有争议。最高院在范有孚一案判决中认为,期货市场上对已经发生的价格走势,谁都可以作出准确判断并可以选择有利于自己的价格去适用,但对尚未发生的价格走势预测,谁也不能十分肯定其判断就一定准确。所以,基于已经发生的强行平仓事实,不能往后寻找而只能往前寻找强行平仓损失的计算基准点,才是客观和公正的。基于这一观点,最高院将因违规强行平仓导致的损失范围界定为强行平仓后的亏损与前一交易日收市后的浮动亏损之间的差值。也有法院判决持不同立场。上海二中院在王振先诉山西三立期货经纪有限公司因保证金、强制平仓等纠纷期货交易代理合同案一案中提出,对超量平仓所造成的损失计算不仅应考虑开仓价与斩仓价之间的差额,还应考虑当天行情及以后行情可能给客户造成的机会利益丧失、期货公司所收取的交易手续费以及行为人违法所造成的后果等因素,酌情予以确定。可见,司法机关对于违规强行平仓的损失计算方式存在不同的立场和观点,具体根据何种原则进行计算,是否需要考虑因强平导致的机会利益损失等间接损失,尚待进一步研究和统一。笔者较为支持最高院的判决立场。因为期货市场的价格瞬息万变,若以未来不可测的价格变化作为计算损失的依据,对于市场各方而言均具有不可预见性,不利于市场的稳定正常运行。同时,《侵权责任法》第 19 条明确规定:“侵害他人财产的,财产损失按照损失发生时的市场价格或者其他方式计算”,这一规定也排除了损失按照未来价格计算导致的不确定性,因此,强行平仓的损失计算应当遵循该条的原则。

论资产证券化语境下评级机构监管目标

——以美国法为样本的考察

李　彧

一、资产证券化中的信用评级

资产证券化交易结构复杂，产品链条较长，从结构设计到产品定价及发行都需要评级机构的参与。本文拟就资产证券化中评级机构的评级方法和作用进行分析，发现传统的信用评级在这一新形势下出现的问题。

(一) 资产证券化的本质特征和交易结构

1. 资产证券化的本质特征

资产证券化本质上是利用特定资产未来产生的现金流(或称为未来收益)进行融资的过程，对发行人而言，也可称为结构性融资。不同的学者从不同的角度对其有着不同的解释，[①]目前并没有一个公认的关于资产证券化的准确定义。

① See Paul W. Freeney, Securitization: Redefining the Bank, New York, St. Martin's Press, 1995, at 1. 原文为："a process, or a vehicle, for matching up savers and borrowers either wholly or partly through financial markets. Open market credits (through financial markets) are used to replace, or instead of, closed market credits via banks and other financial institutions." Yuliya A. Dvorak, Transplanting Asset Securitization: Is the Grass Green Enough on the Other Side? Houston Law Review 38:541(2001), at 545—546. 原文为："Securitization is a financing technique whereby a company transfers rights in receivables or other financial assets to an entity that serves as a 'special purpose vehicle' (SPV), which inturn issues securities to capital market investors and uses the proceeds from the issue to pay for the financial assets." Leon T. Kendall and Michael J. Fishman, A Primer on Securitization, The MIT Press, Massachusetts. 原文为："Securitization can be defined as a process of packaging individual loans and other debt instruments, converting the package into a security or securities, and enhancing their credit status or rating to further their sale to third-party investors." Joseph C. Shenker & Anthony J. Colletta, Asset Securitization: Evolution, Current Issues and New Frontiers, 69 Texas Law Review 1369 (1991),

这在某种意义上也说明,资产证券化目前尚处于发展阶段,不同的金融创新形式借由资产证券化的方式付诸实践。金融创新的多样性决定了在现阶段很难用一个固定的概念去框定资产证券化。

但是,通过对现有资产证券化路径进行总结,可以归纳出资产证券化业务的一些特征和普遍使用的交易结构。借助于此,才能够分析评级机构在其中扮演的角色。

资产证券化有以下特征:

(1) 独立性特征。与传统的通过评价融资人资信决定融资条件的方式不同,资产证券化是以独立的资产作为判断融资条件的依据,即只以基础资产的未来现金流作为判断融资条件的依据,排除了原始权益人的信用和其他资产负债对融资的影响。资产证券化通过设立的 SPV 以"真实出售"的方式实现资产的转移,将基础资产从融资人资产中独立出来。

(2) 结构性融资。资产证券化将基础资产所对应的有价证券按照不同标准进行设置,根据风险、收益、期限等要素的不同,分为不同的类别,以满足不同的资金需求。

(3) 低成本融资。资产证券化有着复杂的交易结构,交易过程中各中介机构收取的费用远高于传统融资手段。但是,资产证券化运用的交易架构和信用增级手段使得资产支持证券有较高的信用等级,一般都能以较高的价格发行,而且能够根据基础资产规模合理预测融资额,相比传统融资方式更具有确定性。

2. 资产证券化的交易结构

资产证券化的上述特征是由其交易结构所决定的。资产证券化的交易运作较为复杂,但是基本结构不变。典型的资产证券化基本运作流程如下图所示,发起人创设金融资产,选择符合条件的资产汇集成资产池,向信托受托人转让该资产池,换取基础资产所有权权益的转递凭证或者向商业信托受托人或 SPV 转让资产池,然后 SPV 以这些资产为支撑发行资产支持证券,同时聘请信用增级机构和评级机构对证券进行增级、评级定价,聘请承销机构制订销售方案,最终将证券出售给投资者,聘请登记托管机构并实现在二级市场上市流通。

(接前页注) at 1374—1375. 原文为:"We will define 'securitization' for our analysis as the sale of equity or debt instruments, representing ownership interests in, or secured by, a segregated, income-producing assetor pool of assets, in a transaction structured to reduce or reallocate certain risks inherent in owning or lending against the underlying assets and to ensure that such interests are more readily marketable and, thus, more liquid than ownership interests in and loans against the underlying assets."

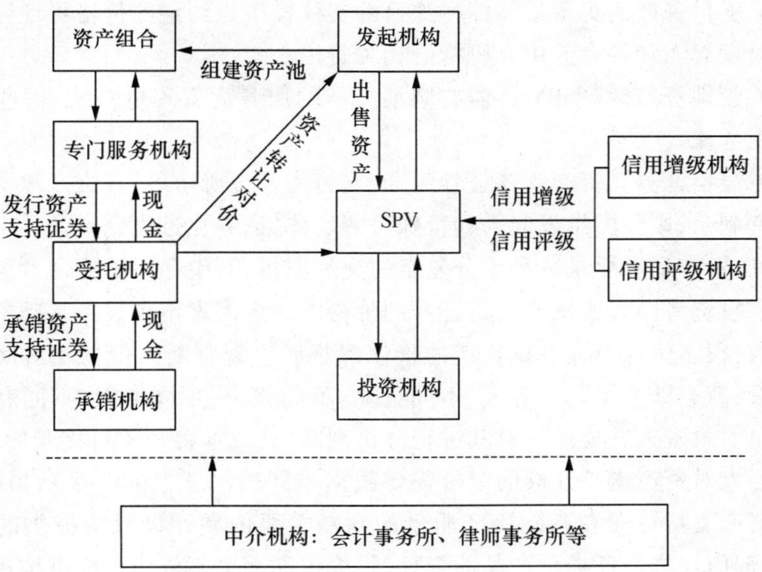

具体而言，一次资产证券化交易一般需要以下运作步骤：

(1) 发起人选择被证券化的资产，构建资产池。可证券化的资产一般应具备资产数量多、资产相似、债务人的地域和人口统计分布广泛、现金流可预测且稳定、资产的历史状况较好、被原始权益人持有较长一段时间且信用记录良好、资产抵押物的变现值高等特征。

(2) 设立特殊目的实体(SPV)。

(3) 资产的真实销售。将发起人手中的被证券化资产转移到 SPV，以保证资产的独立性，这一过程使得资产证券化成为一种表外融资。

(4) 信用增级。SPV 取得证券化资产后须采用内部和外部信用增级来提高拟发行资产支持证券的信用等级。

(5) 信用评级。信用评级涵盖发行阶段与交易阶段。在发行阶段，信用评级实际上包含两个部分：第一部分是对基础资产的评级：确定基础资产的风险级别和偿债能力；第二部分则是对所出售证券的评级：根据每笔资产证券化交易的具体设计，综合考虑资产支持证券档次结构、信用增级等因素，以已有的基础资产评级作为基础，对不同档次的证券进行评级。在交易阶段，即资产支持证券的流通期内，评级机构还要定期对证券进行评级，发布项目运行报告，以保障评级结果的时效性。评级结果高则证券风险低，这为投资者选择证券提供了依据。

(6) 发售证券。接下来由 SPV 作为发行人向投资者销售资产支持证券，出售主要通过各类金融机构如银行或证券承销商等，而购买者主要是机构投资者。

(7) 支付资产购买价款。即特殊目的实体按事先约定的价格将证券发行收入支付给发起人和各专业中介机构的相关费用。

(8) 管理资产池。SPV 还需要聘请专门的服务商管理资产池,回收资产所产生的现金流。

(9) 清偿证券。资产支持证券到期,支付完各方所得后,若资产池所产生的收入仍有剩余,则分配给发起人和特殊目的实体,证券化过程完毕。

可见,资产证券化是一种十分复杂的交易安排,其中存在着非常严重的信息不对称。投资者购入的资产支持证券的价格的决定因素不仅仅是基础资产的价值,甚至在很多情况下连基础资产的价值都难以直观判断。仅从相对简单的信贷资产看,就会涉及不同债务人、不同行业、不同规模、不同期限、不同利率的贷款资产包。投资人若要逐一对其进行分析判断,其成本将是不可接受的。

发行人对资产支持证券的定价需要根据不同档次证券的评级结果确定;投资者对资产支持证券和基础资产质量的判断主要依靠评级机构提供的评级结果;监管部门对资产证券化产品的管理,很大程度上也要依赖评级机构提供的评级结果。因此,评级机构在资产证券化中不是一般的中介机构,而是起着至关重要的作用。评级结果直接影响到资产证券化业务的成败、价格和未来风险。

(二) 资产证券化中的评级方法

过去,债券的发行主体是政府、企业等实体,但资产证券化中证券的发行主体 SPV 并非一个实体,其本质是大量资产的集合。正因为如此,它们不受 SEC 有关登记注册等法规的审查,也没有足以支持评级机构正当评级的文件或附属协议。因此,评级机构要运用独特的评级方法对其进行评级。

1. 为取得高评级所做的信用增级

资产证券化产品的规模大,其销售对象主要是机构投资者(包括很多共同基金、保险公司和市政基金等)。但是,这些机构投资者被法律要求只能投资安全性高的金融产品。而判断安全性高低的依据就是该产品的评级。[①] 发行人为了扩大金融产品的受众范围,就需要采用金融工程的方法对其产品进行信用增级,以满足投资者对产品评级的需求。方法主要有以下几种:

(1) 次级安排。作为资产池法律实体的 SPV 发行不同层级的证券,分层的意义在于高层级证券要比低层级证券优先得到支付,即在基础资产出现违约时,

---

① AAA 评级是个大评级机构对某一产品的最高评级。拥有大量资金的机构投资者都被要求将全部或较高比例的资金投资于取得该评级的产品。我国目前的债券市场也采用了同样的做法,将评级较高的债券品种的投资比例作为判断产品风险、监管措施的依据。

高层级证券在低层级证券完全损失前可得到保护,风险相对较小。次级安排就是在同一基础资产池所对应不同等级证券中创设了“吸收损失的等级制度”。[①]因此,在基础资产整体不能取得最高评级时,通过次级安排,提高了最高等级证券的安全性,也就有可能使该层级证券达到最高评级。

(2)超额担保。超额担保是指 SPV 资产池的资产规模超过发行证券的本金金额。它实际上就是利用超额的资产作为风险发生时的缓冲。

(3)超额利差。与超额担保类似,唯一区别是它所指的是超额利息的数量,即贷款池应向证券持有者承担的利息支付的义务,而非超额担保所指的有关债券本金的支付数量。这些超额利差有时会同超额担保一起,被用来建立损失储备或者支付违约的到期债券的利息。

从理论上看,不同的信用增级形式在不改变基础资产状态的情况下,通过设置不同风险承担梯次、提供超额缓冲资产的方式提高了资产证券化产品的安全性。以上信用增级方法的有效性完全取决于基础资产是否会出现高违约风险。基础资产庞大的规模将判断风险的重任完全放到了信用评级机构的身上。这是信用评级机构在资产证券化业务中至关重要的原因。但是,很不幸,次贷危机的发生证明了评级机构过于乐观估计了基础资产的违约风险,也轻信了资产证券化产品的增信措施。

2. 评级结构性金融产品的基本程序

资产证券化的过程中,评级机构要对资产证券化产品整体和不同层级进行评级。评级结果代表着评级机构对产品违约可能性的预测。

现以 RMBS 为例,主要信用评级机构对资产证券化产品的评级程序大致如下:

首先,RMBS 需要向评级机构提供基础资产中各笔贷款的信息,这包括本金数量、资产的地理分布、借者的信用历史以及 FICO(Fair Isaac Corporation)得分[②]、贷款数量对财产价值的比率以及贷款类型等。同时,SPV 还将提供建议的资本结构以及建议的信用增级水平等。评级机构将指定一个首席分析师,以上述信息和建议为基础,分析贷款池,建议资本结构和建议信用增级水平,最终形成评级建议提供给评级委员会等。评级委员会由分析师和(或)高级分析人员组成。

---

① See A. Brooke Murphy, Credit Rating Immunity? How the Hands-Off Approach Toward Credit Rating Agencies Led to the Subprime Credit Crisis and the Need for Greater Accountability, Oklahoma Law Review, Summer 2010, pp. 5—8.

② Equifax、Experian、TransUnion 等消费者信用评级公司用 FICO 软件向借出者提供的消费者信用得分值。FICO 评分范围从 350 分到 850 分,越高越好。

其次,被指定的首席分析师对基础资产在各种假设环境下的违约比例进行预测。这种评估包括利用定量预计损失模型和其他定性分析因素,也包括在抵押品赎回权被取消以后贷款本金的回复率。为了评估在各种可能情况下贷款的潜在违约表现,每一家评级机构通常用特殊的信用特征去分析担保池中的每一笔贷款。这些特征除包括上述贷款信息外,还包括借款人在他们房屋中的净资产数量、借款人提供的校验资产和(或)收入水平的证明,以及借款人是否有意出租或者居住其房屋的证明文件。这种损失分析的目的是决定对于一个给定的层级需要多大的信用增级才能达到需要的评级的特殊类别。运行最严厉的"压力测试"(将导致基础贷款间最大数量的违约)是为了达到一个 RMBS 的层级所希望的最高评级,从而决定必需的信用增级的数量。紧接着是在最严重的压力测试之后的测试,其目的是为决定下一层级所必需的信用增级的数量,以下的资本结构以此类推。最低评级的层级是在一个正常市场情境下进行的。因此,它要求信用增级的水平是基于给定整体经济压力最低可能水平下,正常过程的预期违约率的贷款数量。

再次,分析师会评估发行人已建议的 RMBS 的资本结构,即 RMBS 的层级并与特定评级的要求相比较。如果对 RMBS 的层级评级之后,分析师认为 RMBS 不满足想要得到的信用等级的评级标准,分析师将通知发行人。发行人则被给予机会重新建构 RMBS 的次级安排表,以使其最高层级获得最大提升的信用等级。在重新调整 RMBS 结构的过程中,评级机构会积极建议发行人怎样安排层级和信用增级才能获得最高的评级。通常,发行人的目标在于最大可能性的高层级,因为最高层级——最高信用增级——将支付较低的利率,将会使发行人以较低的成本融资。

最后,分析师对 RMBS 的现金流计划表进行分析。这包括运用数量现金流模型,该模型是用来假定在各种压力环境下,从借款人每月可预期的本金和利息支付角度来看 RMBS 可持续性的高低。即每一个月份从贷款池中产生的现金流是否能够覆盖 RMBS 不同层级债券的生命周期的本金支付。模型的结果是与层级序列中的每一个等级的支付水平相对比,从而确立是否某种超额担保或超额利差能够使 RMBS 满足其对债券持有人的支付义务。如果超额担保和超额利差与 RMBS 的优先支付层级不相吻合,则本金和利息支付将进行再分配,直到最低水平的超额担保以及利差被重新建立。最终,每月来自于贷款池的本息支付必须足以满足发行人偿付投资者的本息以及能够覆盖信托管理费用。分析师也检查信托的法律文档去评估它是否与破产隔离,即与安排人的潜在破产或者无力支付的影响相隔离。

在上述步骤之后,分析师对每一个 RMBS 层级形成了评级建议,并且将此建议提交到评级委员会。评级委员会投票决定每一个层级的评级并与安排人交换该评级的意见。最终,评级决定被公布,随后进入监测程序监督。只有信用评级被公布之后评级机构才会收到支付。CDO 的评级程序是类似的,也涉及该 CDO 每一个分级的信用价值的评估。类似于 RMBS,程序的中心放在对信托持有的资产池的检查,以及分析各自的表现和在各种压力情境下的相互关系。可是,这种分析主要依靠资产池中的每一个 RMBS 或者 CDO 的信用评级,并不包括分析 RMBS 的基础资产池。①

二、资产证券化中评级的意义和存在的问题

(一) 信用评级机制的内容及意义

上文已经阐明,在证券化过程中,存在着各种信息不对称,因此建立信用评级体系对投资风险给予评价十分重要,这有助于投资者作出相对正确的投资决策。对普通公司债券进行评级,主要是对发债公司的经营历史和发行条件等信息的评价,信用评级结果相对稳定。评级机构对基础资产的评级与此类似,属于传统的评级范围。但是,在资产证券化中,更重要的是对其产品即资产支持证券进行评级。在这一部分评级中,评级结果受证券化资产和交易结构等可变因素影响很大,即使资产信用质量可完全控制,评级结果仍然面临交易中主要参与方的信用质量、破产隔离是否有可靠的法律保障等主要交易结构风险等因素的影响。

美国的信用评级体系以《消费者诚实信贷法》为基础,评估风险主要是由信用评级机构完成的,这是金融市场上一个重要的服务性中介机构,从而决定债券发行人能否向投资人偿付所承诺的本金和利息。② 不单是评级体系来源于美国,目前国际上公认的最具权威性的专业信用评级机构也全部来自于美国,分别是穆迪、标准普尔和惠誉。它们创建于 18 世纪末、19 世纪初,拥有丰富的经验,是受到市场普遍认同的评级机构。在美国,这三大评级机构已经初步建立了对证券化产品的评级框架:预评抵押资产并选择和设置评级模型及相关参数,综合评估待发行的证券的风险特性,在证券发行后对组合资产现金流、资产质量等进行跟踪评级。③

---

① 参见李国民:《金融危机的成因与教训——基于估值、保证金、杠杆和流动性角度分析》,中国经济出版社 2010 年版,第 103—106 页。

② 参见张利:《美国资产证券化研究》,吉林大学 2013 年博士学位论文,第 130 页。

③ 同上。

信用评级机构对在发行前和发布后的评级报告中披露的有关的基础资产池内容作出了明确规定,例如,对基础资产池加权平均信用等级要求包括入池贷款所涉及的借款人及保证人的信用级别判定依据、按未偿本金余额和借款人户数等统计的借款人信用级别分布情况或考虑贷款担保后的信用等级分布情况等。

评级等级一般分为九个级别,①这种评级制度安排层次清晰,结构简单,便于投资者判断。这样保证了证券的安全度,减少了投资者资产质量风险损失,避免了各种证券化结构风险。美国评级机构的权威性与评级技术的专业性,特别是其公信力,在很大程度上降低了由信息不对称产生的资产证券化交易成本,促进了美国金融市场的发展。

(二)现有信用评级机制存在的问题

在美国资产证券化运作过程中,十分依赖于标准普尔、穆迪等信用评级机构的专业性与权威性。但是,面对次贷危机,美国信用评级机构却突然集体失灵。即使评级机构在作出评级时可能没有把市场风险以及流动性风险涵盖在内,对客户的信用风险评价也可能会与实际情况发生偏差,但这些应该是偶然性的个案问题,如此大规模的危机爆发,说明全美国的国家利益将次级衍生品的违约风险大幅低估,最终酿成了金融危机的爆发。美国信用评级机制主要存在以下几方面问题:

1. 评级机构缺乏竞争

如今的评级市场不是一个充分竞争的市场。据美国 SEC 2003 年估计,从 1999 年到 2002 年期间,全球有 130—150 个评级机构,这些评级机构大部分专注于特定区域的特定行业。而穆迪、标准普尔和惠誉三大评级机构却在全球超过 70 个国家开展业务,覆盖了大多数评级业务类型。三大评级机构占所有类别的评级数量的 99%。另外,NRSRO 的总体 HHI 指数为 3778,②各分类别指数也全面高于适宜值。以评级数量占第二位的资产支持证券类证券评级为例,在接近 40 万个评级中,有接近 39 万个评级是由三大评级机构所作。③

2. 证券化产品评级存在利益冲突

在资产证券化过程中,评级机构一方面对这些产品进行评级,另一方面又收

---

① 根据偿还债务能力由强向弱递减(即风险由低向高递增)排序设立了从 AAA 到 C 级的九级评级体系。

② HHI 指数又称赫芬达尔—赫希曼指数,是一种测量产业集中度的综合指数。该指数的计量方法是指各市场竞争主体所占市场份额的平方和,数值从 0 到 10,000。当市场份额最平均时趋向于 0。根据美国司法部的规定,HHI 指数在 1000 到 1800 之间被视为适宜,超过 1800 即被视为市场集中。

③ 参见李国民:《美国金融危机的成因与教训——基于估值、保证金、杠杆和流动性角度分析》,中国经济出版社 2010 年版,第 120—122 页。

取发行方的咨询手续费，由于利益驱动，评级机构可能从主观上一定程度地放松了信用评级的标准，发行方付费的业务模式可能会在一定程度上影响评级机构的独立性、公正性。同时，由于利益关联，信用评级机构还非常鼓励各种证券化产品的发展，从而容易忽视对金融创新产品的风险特性研究，甚至没有充分积累一些必要的数据，使得证券化产品的风险定价和流动性十分脆弱。

3. 评级制度是个“黑箱”

首先，评级公司难以剖析被评级对象的本来面貌，因为证券化产品本身构造非常复杂，各种复杂的创新手法将产品进行了多次组合和分层，评级机构难以检查基础资产池中具体贷款的风险。对于这些被多次转卖和包装的贷款，现有的信用评级机制决定了信用评级机构只能依靠大量记录在案的历史数据或发行机构和贷款机构提供的数据用模型计算给出评级结果，而不可能是预测数据，评级结果存在较高的模型风险。这些严重影响了证券化产品的评级质量和评级客观性、独立性和连续性。

其次，评级机构在进行评级时往往只是对外公布简单的评级方法，而监管部门、机构投资者等社会各方对于证券化产品的核心的评级方法以及详细评级数据都无法获悉，也无法详细了解评级数据来源的真实性，评级的不透明性使得市场和监管机构约束减弱，评级机构容易出现道德风险。

最后，美国资产证券化评级制度对于次级贷款证券化产品的风险定价往往低估、评级过高，而这类产品过于复杂的设计使得投资者不可能评估其价值和风险，只能依赖于评级机构，所以评级机构过高的评级存在误导市场的现象，助长了非理性投资。

综上，评级机构缺乏竞争、发行人付费造成重大利益冲突以及评级机制的不透明性，都是评级机制存在的问题，这些问题在某种程度上成为引发次贷危机的重要因素。造成这些问题的原因以及为应对这些问题进行的监管理念变革，将在后文中阐述。

（三）资产证券化中不当评级的危害

信用评级机构的积极作用在于弥补市场上的信息不对称，提高风险清晰度，引导投资决策，降低交易成本。其消极作用在于对风险的错误判断，特别是过于乐观地估计未来风险。本次危机中，评级机构给予次贷产品的虚高评级催生了金融危机的爆发；而在危机爆发后，评级机构立即调低对资产证券化产品以及对相关主体的评级，又严重打击了投资者信心，加速了危机的发展。评级是判断投资风险的重要依据，不当评级对经济的危害表现在以下几个方面：

1. 过高评级助力市场过度扩张

评级机构应当扮演市场“守门人”的角色,通过评级区分产品的风险供投资者判断。在一个正常的、高关联性的市场环境下,获得最高安全等级的产品比例必然是有限的。然而,在此次危机中,评级机构过多地给予金融产品 AAA 的评级。以往,美国非金融企业发行的证券能得到3A 评级的比例很小,但近年来几乎 90% 的次级债被评为 3A。[①] 仅 2002 年到 2007 年间,三大评级机构就将华尔街制造出的数千种创新债券评为最适宜投资的 3A 级。[②]

简而言之,评级机构对资产证券化产品违约率的计算方式取决于基础资产违约率的相关性。如果基础资产的违约率相关性很小,则资产证券化产品的违约概率就可以明显降低。[③]

所以,最终的资产证券化产品的风险等级关键取决于评级机构对基础资产违约风险相关性以及信用增级方案的假设。然而,这种评级方式的安全性已经被事实无情地否定。宽松的信贷政策降低了银行的贷款门槛,基础资产的质量严重下降。但投资者无法对经过复杂的包装的资产证券化产品的实际风险进行评估,只能依赖评级结果。所以,评级机构在判断产品风险中的失当,是导致此次危机的一个重要原因。

2. 不当降级加大顺周期效应并加速危机

在危机爆发后,评级机构大幅调低评级,加剧了市场恶化。主要表现在以下几个方面:

第一,触发监管要求。根据各国的监管规定,对银行等机构投资者资产安全

---

① 参见吴世良、马刘霞:《次贷危机中的资信评级研究》,载《华北金融》2010 年第 2 期,第 35 页。

② 参见彭秀坤:《国际社会信用评级机构规制及其改革研究》,苏州大学 2012 年博士学位论文,第 44 页。

③ 举例说明:评级机构将两个面值为 1 亿美元、违约率为 10% 的贷款资产组合起来,构成面值总额为 2 亿美元的资产池,以此为抵押发行两个级别的新债券:优先级和次优先级。优先级的偿付条件是:只有两个原始资产同时违约时,优先级债券才蒙受损失,除此之外任何情形下,优先级债券皆确保获得面值和利息收入。次优先级的偿付条件是:只要两个原始资产中任何一个违约(当然包括两个资产同时违约),次优先级即蒙受损失。那么,新发行的优先级债券(CDO)的违约率是多少呢?这完全取决于评级机构如何假设两个原始资产违约率的相关性。假设两个原始资产违约率完全相关,新发行的优先级债券之违约率与原始资产则完全一致,新发行的优先级债券无法获得高信用级别。然而,假设两个原始资产违约率完全不相关,那么两个原始资产同时违约的概率立刻降为 10% ×10% =1%。新发行的优先级债券违约率急剧下降,信用级别自然立刻大幅度提升。假若资产组合里面包含三个资产,且违约概率互不相关,那么优先级违约概率则神奇地降为 0.1%。参见彭秀坤:《国际社会信用评级机构规制及其改革研究》,苏州大学 2012 年博士学位论文,第 44 页;向松祚:《国信用评级机构如何影响国际货币金融体系》,载《价格与市场》2010 年第 6 期,第 14—15 页。

性的判断要根据评级情况确定。① 当机构投资者持有的资产评级下降,将触发监管的相关规定,导致增加资本金或减少持仓比例等。在机构投资者筹集资金或抛售相关产品的过程中,又进一步导致资产价格下跌,促发更严苛的监管规定。

第二,可能引发死亡螺旋(death spiral)。作为基础资产的贷款包含一种触发机制,即当公司的信用评级被降至某个特定级别时,其贷款将视为到期。所以,一旦基础资产的融资人被信用评级机构降低评级,那么很可能导致大量原本未到期的贷款到期,被迫破产。

第三,担保品失格。许多资产证券化产品作为一种金融资产,被当作其他契约的担保物。当评级下降,会触发担保品管理条款,这些原来合格的担保品不再合格,担保人按照契约触发被迫对这些担保品进行清理,并需要用合格的担保品或者现金补足担保品数量。②

全球金融体系的联系十分紧密,通过上文的分析更能发现现代金融市场对评级的依赖程度更高。作为寡头的评级机构无论是在经济发展时期的虚高评级还是在经济危机出现时的不当降级,都会加剧经济周期效应。

三、评级机构监管的历史与变革

通过上文的分析可以看出,信用评级的重要作用与其目前的实际表现并不相符,金融体系甚至世界经济已经为这种不相符付出了巨大的代价。危机发生以来,对传统信用评级体系的检讨就一直不断,并取得了丰富的研究成果。③

尽管信用评级体系出现的诸多问题成因复杂,但是,监管的缺位是其中不容忽视的重要原因。世界各主要经济体在危机爆发后进行的信用评级体系改革,也将加强监管作为重要的改进措施。在 G20 伦敦金融峰会上,就提出把信用评级纳入国际监管的范畴。④

---

① 举例而言:按照巴塞尔协议(Basel Ⅱ)的要求,CDO 资本会以指数的方式增加。这使 CDO 组合容易遭受多倍的降级,特别是急剧下跌的保证金要求。例如,在 Basel Ⅱ之下,一个 AAA 级证券要求的资本分配只是 0.6%,一个 BBB 级证券要求的资本分配是 4.8%,一个 BB 级证券要求的资本分配是 34%,而 BB - 证券要求的资本分配是 52%。See B. Becker & T. Milbourn, Reputation and Competition: Evidence from the Credit Rating Industry, HarbardBusiness School, Working Paper 09-051, 2008, page 8.

② 参见彭秀坤:《国际社会信用评级机构规制及其改革研究》,苏州大学 2012 年博士学位论文,第 46—47 页。

③ 同上书,第 50—70 页。

④ 参见胡文莲、孙哲、肖瑞婷:《后危机时代国际信用评级业改革趋势及其启示》,载《中国金融》2010 年第 8 期,第 73 页。

(一) 评级监管基础理论

对信用评级行为和评级机构在理论上的认识直接决定了对其进行监管的方式和程度。因此,本部分对信用评级和评级机构主流监管理论进行简要说明,以厘清信用评级监管的理论脉络。

1. 声誉资本理论

自亚当·斯密开始,经济学中一直把声誉作为保证契约诚实执行的重要机制,丧失未来收益的威胁使双方缔结的合同自动实施,即使每一方都意识到另一方是狭隘自利的,出于声誉的考虑,包含潜在机会主义行为的交易也会持续下去。新制度经济学认为,重视个人声誉是一种良好的意识形态资本,起到对经济人行为的激励作用。[①] 随后,西方大量的经济学和管理学文献研究了信誉或声誉的问题,将人们利用信誉的产生、累积、运作等手段广泛作为激励、约束和惩罚经济主体所作出的制度安排统称为信誉机制或声誉机制。

从法学视阈看,人们通常将信誉机制视为隐含契约,与明确契约相对。所谓明确契约,是指明文规定或法律认可的交易关系。契约的实施依靠第三方(如法院或其他权威机构)所强加的明确惩罚来约束。交易双方发生争执,交由第三方进行裁判。历史和现实均已证明,即使是在法治程度高的国家,明确契约也难以界定人类所有的交易行为和交易关系,因此明确契约总是不完全的。这一方面大大提高了发生契约纠纷的可能性和重新谈判(或缔约)的事后成本,从而使交易费用增加;另一方面,契约双方无法通过对契约的最优设计,形成有效的监督与约束机制以规范行为主体未来在实施契约过程中的所有行为,导致契约行为主体违约现象的出现,造成社会资源的浪费。因此,虽然法治社会与明确契约在人类历史上获得巨大发展,但信誉机制的作用并没有消失。我们通常可以看到,人的良好信誉会给当事人带来长期收益。为了获得长期的收益,当事人要树立良好信誉,而要得到良好信誉,需要当事人采取他人认可、赞许的行为,虽然这些行为对于当事人现阶段而言可能是一种“损失”或负担,当事人仍心甘情愿为之,旨在树立良好信誉,获得长期收益。信誉机制作为一种激励约束人行为的机制,其作用机理就在于此。由此可见,明确契约非但不能完全取代隐含契约,而且因为隐含契约存在于行为主体内部并长期发挥作用,反而可能在某些情境中取代明确契约,如未来发生难以预料的变化,或外部人难以察觉的隐蔽行为等情况下。我国学者纪凤兰对信誉机制作用的概括非常精辟,她认为,真正的信誉

① 参见皮天雷:《国外声誉理论:文献综述、研究展望及对中国的启示》,载《首都经济贸易大学学报》2009年第3期,第95页。

机制,参与者并非是以获取信誉为目的,而是以获得的信誉去追求利益,同时对于利益的持久追求又要求其不放弃良好的信誉,这里"名"和"利"是紧密相连的。[①]

根据这一理论就可以发现,评级机构的存在基础就是其声誉资本,其收入就是声誉资本的价值体现。这与评级机构本质上具有的减少信息不对称、降低交易成本作用是一致的。标普这样描绘信用评级业务:"从评级用户的角度观察,评级结果是公开的,因此是可观察的、连续性的、重复性的,投资者可以很容易对信用评级结果建立起累积印象。这种状况迫使信用评级机构必须建立起'一贯正确'的声誉,否则经常失真、失灵的信用评级会损害其作为标准的权威性。"[②]

该理论的逻辑结果就是,在评级市场中,评级机构为了保持自己赖以生存的声誉,将最为关注评级结果的准确性与有效性,并竭力保持,因此,并不需要监管机构的介入。这一市场可以完全凭借自律良好运转。"评级机构有足够的动机提供准确和有效的评级,因为它们的利润直接与声誉相联系。历史数据证明声誉驱动是足够的。因此评级机构的额外监管会苛加不必要的成本并因此减损了效率。"[③]有学者认为,可能也是基于相信声誉的力量,SEC 对评级机构采取的是轻度管制方法(light-handed approach)。[④] 还有学者认为,安然丑闻后,评级机构以声誉资本观点击退 SEC 对于它们是否应当受到更加严格监管的调查。而美国国会大体上同意声誉资本理论,拒绝对 NRSRO 施加更加严格的责任或者更加主动的监管。[⑤]

2. 监管许可理论

监管许可理论指的是,信用评级如此重要的原因并不是由于其能够提供有价值的信息,而是因为大量的监管法规的实施依赖评级,特别是 NRSRO 的评级。这种依赖意味着监管法规赋予了少数 NRSRO 的产品取得监管利益的

---

① 参见纪凤兰:《声誉机制与经理人激励》,载《东北财经大学学报》2006 年第 3 期,第 28 页。

② 张强、张宝:《金融危机背景下我国信用评级机构声誉机制研究》,载《经济经纬》2010 年第 1 期,第 150 页。

③ Steven L. Schwarcz, Private Ordering of Public Markets: The Rating Agency Paradox, University of Illinois Law Review, Vol. 2002, No. 1, 2002, p. 26.

④ See John Patrick Hunt, Credit Rating Agencies and the "Worldwide Credit Crisis": The Limits of Reputation, the Insufficiency of Reform, and a Proposal for Improvement, Columbia Business Law Review, Vol. 2009, No. 1, 2009, p. 155. 转引自聂飞舟:《信托评级机构法律监管研究——美国法的考察和中国借鉴》,华东政法大学 2011 年博士学位论文,第 62 页。

⑤ See Kia Dennis, The Ratings Game: Explaining Rating Agency Failures in the Build Up to the Financial Crisis, University of Miami Law Review, Vol. 63, 2009, pp. 1131—1132. 转引自聂飞舟:《信托评级机构法律监管研究——美国法的考察和中国借鉴》,华东政法大学 2011 年博士学位论文,第 62 页。

使用价值。[①]

支持这种理论的依据在于:评级机构的发展历史表明,20 世纪 30 年代和 70 年代是评级机构的两个繁荣发展期,在这两个时期评级机构的表现都不突出。特别从 20 世纪 70 年代中期以后信用评级的信息价值急剧下降,不可预料的违约和突然而至的下调评级成倍发生。[②] 依据声誉资本理论,此时评级的质量下降将导致评级机构的发展停滞,甚至衰退,但事实却正好相反。

按照监管许可理论的逻辑,如果取消出于此种目的使用信用评级,那么就减少了市场对信用评级的依赖程度。所以,评级产生问题的核心是评级过度地被监管规则所依赖。只要在监管规则中减少以评级作为依据,那么评级可能对经济产生的负面影响就会减少。虽然评级机构利益集团强烈反对监管许可理论,但该理论已经得到包括监管部门在内的越来越多的认可,并对评级机构监管法律规范产生直接影响。多德法案已经修改部分使用 NRSRO 及其信用评级的法律,美国法将来会更多地去除对 NRSRO 的依赖。

(二)危机前信用评级监管

基于声誉资本理论和监管许可理论,信用评级业一直缺乏外部监管,主要采取自律方式进行成员监督。美国作为信用评级的发源国,其对评级监管的发展过程就能很好说明危机前的评级机构监管状况。

1. 自律管理

信用评级行业在早期没有准入限制,其评级结果也不作为政府监管任何其他行业的依据。评级机构的生存完全取决于其评级报告的销售情况。因此,评级的准确性决定了评级机构的生存。名誉、诚实、独立、客观是评级机构最为重视的资本。市场竞争是评级行业进行自律的最大动力。

2. NRSRO 管理

1975 年,SEC 为了实施对证券监管的“净资本规则”,使用了 NRSRO 的概念。通过指定评级机构,即 NRSRO 的评级结果确定对证券的不同监管待遇。第一批 NRSRO 就是现今占有市场绝大份额的标普、穆迪和惠誉。但在此阶段,NRSRO 严格意义上说并非是对于评级机构的监管,而是将指定评级机构的评级结果作为监管依据。

---

① See Frank Partnoy, The Paradox of Credit Ratings, in Richard M. Levich, Carmen Reinhart, and Giovanni Majnoni, eds., Ratings, Rating Agencies, and the Global Financial System, Kluwer, 2002, p. 66. 转引自聂飞舟:《信托评级机构法律监管研究——美国法的考察和中国借鉴》,华东政法大学 2011 年博士学位论文,第 65 页。

② 同上书,第 65 页。

安然事件[①]之后，人们对评级机构在其中的表现不满。在处理安然事件的过程中，也对评级机构监管的问题进行了讨论并形成了一系列监管意见，[②]为之后的监管法规的出台奠定了基础。

3.《信用评级机构改革法案》(2006 年)

2006 年 9 月 29 日，国会通过《信用评级机构改革法案》(CreditRating Agency Reform Act of 2006，简称“2006 年改革法案”)。该法案奠定了美国评级机构监管的基本框架和制度，其主要内容有：(1) SEC 拥有对 NRSRO 注册登记和监管的权力；(2) 确立 NRSRO“注册制”取代此前“指定制”；(3) SEC 将通过注册、检查、强制行为对 NRSRO 进行监管；(4) 授权 SEC 发布有关利益冲突以及防止非公开信息非法使用等方面的规则；(5) NRSRO 有义务披露有关信息，包括所使用的评级程序和方法以及存在的利益冲突，以满足行业透明性的提高。2007 年，SEC 分别针对 NRSRO 的注册申请、记录保留、年度财务报告、重大非公开信息、利益冲突、禁止行为制定了六项规则(简称“2007 年 SEC 规则”)。[③]

但该法案由于历史局限性，未能完善监管方式。比如，法案对“发行人付费”收入模式导致的利益冲突虽然有所意识，但却低估了它可能带来的灾难性后果；评级机构参与结构化金融产品的构建基本上不受法案的限制；法案没有授权监管部门对评级机构的评级方法、评级模型等实质性内容进行监管，评级的准确性得不到根本保障。这种“权重责轻”式的立法为评级机构肆无忌惮地给予次贷产品虚高评级埋下了制度隐患。[④]

通过考察次贷危机前的评级监管，可作出如下总结：

第一，评级监管的发展过程与金融市场复杂化的过程同步。评级机构的诞

---

① 安然事件的具体过程参见 http://baike. baidu. com/link? url = yCO1pslQMqqT_qSx9U91oCR4mJqjRHk0l-OCa2m4gpfDJuWVpPEOaCnqKROEgEDX.

② 2002 年 1 月，参议院政府事务委员会(Senate Committee on Governmental Affairs)启动对安然破产的调查，聚焦于政府和私人领域“看门狗”(watchdog)在察觉安然问题或者避免安然破产中的角色。2002 年 3 月 20 日，委员会举行名为“对评级者的评级：安然和信用评级机构”的听证会，对于为什么安然宣布破产前 4 天评级机构继续给予投资级别评级以及如何避免将来和安然同样的灾难再次上演，听证会试图寻求答案。2002 年 10 月 8 日，委员会发布《对安然的金融监管：SEC 和私人领域的看门狗》报告(Financial Oversight of Enron: The SEC and Private-Sector Watchdogs)。2002 年萨班斯法案(Sarbanes-Oxley Act)命令 SEC 对评级机构在安然事件中的评级表现进行调查。SEC 对三家 NRSRO 展开的检查发现，评级机构采取发行人付费模式以及提供附属服务可能产生利益冲突，保护非公开信息的政策和程序没有有效实施以及没有保留评级记录，从而事实上妨碍检查等方面的问题。2002 年 11 月 15 日、21 日，SEC 召开两场听证会。议题涉及评级机构现有的角色和作用、信息流、利益冲突、竞争不足和监管对策等，并在 2003 年形成《信用评级机构在证券市场中的作用和功能报告》。

③ 参见戴莹：《证券信用评级监管法律问题研究——美欧信用评级监管改革新规则与借鉴》，华东政法大学 2011 年博士学位论文，第 59—62 页。

④ 参见聂飞舟：《信托评级机构法律监管研究——美国法的考察和中国借鉴》，华东政法大学 2011 年博士学位论文，第 54 页。

生原因就是其能够起到提供交易信息、降低交易成本的作用。随着金融产品结构愈加复杂,其信息的获取难度就越大,市场交易主体和监管机构对评级的依赖也越强。但判断评级机构提供产品的质量却更加困难。这又产生了新的信息不对称现象。因此,评级机构的监管模式同样需要与评级机构所发挥的作用相匹配。从最初的自律管理,到进行监管,以保障评级机构的巨大影响不会被滥用。

第二,评级监管加强具有被动性。评级机构监管的每次加强,都伴随着不同的经济事件。如为应对债务危机而产生的 NRSRO,安然事件催生了评级机构改革法案,包括后来因次贷危机所产生的各种监管规则。由于关于评级的基础理论以声誉资本理论从本质上排除了监管的价值,加之评级机构事实上的寡头垄断地位,[①]只有在出现了重大危机之后才能够对评级机构的既有缺陷进行修补,评级监管的被动性导致评级监管一直处于头痛医头、脚痛医脚的状态,未能在理论和立法上进行全面彻底的改革。

(三)次贷危机后的监管

次贷危机促使人们认真反思一直以来对评级机构缺乏监管的问题。SEC 于 2008 年公布了对评级机构的调查结果:《SEC 工作人员对特定信用评级机构检查相关问题的报告摘要》,并提出多方面监管规范修改建议,其中部分已被采纳为最终规则付诸实施。SEC 前主席 Cox 指出,评级机构改革"涉及评级过程的方方面面……从利益冲突到公开评级方法,再到披露评级记录……这些规则将解决评级机构严重的缺陷,以便投资者和市场获得更充足的信息指导投资决策"[②]。

这些紧急出台的新一轮的监管规范可以看作是对 2006 年改革法案和 2007 年 SEC 规则在次贷危机中出现漏洞的"补丁式"修改,原有监管方案的根本和实质没有改变,比如 SEC 对评级机构日常监管仍然缺失,评级机构的"发行人付费"模式没有动摇,评级机构仍然豁免于法律责任之外等等。

更进一步地,在 2010 年 7 月美国通过的被誉为美国金融史上与《格拉斯—斯蒂格尔法案》比肩的又一座金融监管里程碑并可能成为全球金融监管改革新

---

① 据美国 SEC 2003 年估计,从 1999 年到 2002 年期间,穆迪、标普和惠誉三大评级机构在全球超过 70 个国家开展业务,覆盖了大多数评级业务类型。三大评级机构占所有类别的评级数量的 99%,从单项业务类型看,三大评级机构在保险机构的评级数量中占比最低,为 75%。据国际清算银行报告,在世界所有参加信用评级的机构中,穆迪涵盖了 80% 的银行和 78% 的公司,标普涵盖了 37% 的银行和 66% 的公司,惠誉涵盖了 27% 的银行和 8% 的公司。

② U. S. Securities and Exchange Commission, SEC Approves Measures to Strengthen Oversight of Credit Rating Agencies, http://www.sec.gov/news/press/2008/2008-284.htm, October 28, 2013.

标尺的《多德—弗兰克华尔街改革和消费者保护法案》(简称《多德法案》)[①]在解释立法旨意时指出:因为信用评级系统性的重要性以及个人、机构投资者和金融监管者对信用评级的依赖,信用评级机构是资本信息、投资者信心以及美国经济高效表现的中心,因此包括 NRSRO 在内的信用评级机构的行为表现事关国家公众利益。在最近的金融危机中,结构化金融产品的评级被证明很不准确,极大地引起了金融机构和投资者风险管理不当,对美国经济以及全球经济带来负面影响,提高信用评级机构的可责性非常必要。

《多德法案》是迄今最为全面和严格的评级机构监管规范,主要包括设立专门监管机构,强化信息披露,增加评级机构法律责任等诸多方面。这一方案体现了最新的评级机构监管理念。笔者将在下文以该法案为基础阐述美国评级机构监管的变革。

四、评级监管的理念变革

从上述评级机构监管的基础理论和立法演变可以看出,评级机构的监管一直以来都是伴随着金融市场的发展而逐渐深化完善的。以资产证券化为代表的新一轮金融创新中,由于巨大的信息鸿沟,投资者和监管机构对信用评级的依赖远超以往。从某种意义上说,评级结果直接决定了资产证券化的成败。这对评级机构监管提出了新的要求。次贷危机已经证明了原有的、并不完备的评级监管方式不能适应新的形势。

从评级机构监管的发展历史看,过去都是集中在出了问题后对某些具体制度的修补。事实证明,在不变革评级监管基本理念的情况下,仅仅依靠头痛医头、脚痛医脚的方式并不能避免问题的再次发生。评级机构的监管改革应当是从基础理念出发,到具体制度和规则的全面变革。本文拟结合美国在次贷危机后评级监管的变革,探讨在资产证券化语境下的评级机构监管的理念和原则。

(一) 传统理论的扬弃

一项制度的各种规则都围绕着其赖以建立的理论基础,评级制度也是如此。作为评级基础理论的声誉资本理论一直以来都被作为论证评级行业可以依靠自律保证评级结果的准确性,而不需要外部监管的依据。“监管许可”从另外一个角度说明了评级的问题不是来源于评级本身,而是由于政府在对其他机构监管时过多依赖了评级。解决评级遇到问题的方法应当是减少监管对评级的依赖,

---

① 参见伍巧芳:《〈2010 年华尔街改革和消费者保护法〉述评》,载《法学》2010 年第 8 期,第 110 页。

而非监管评级机构。所以,评级机构监管的变革必然需要建立在对上述理论的扬弃上。

1. 声誉资本理论的局限性

声誉资本理论的核心在于说明评级无须通过外部监管,仅仅依靠市场调节就可以保证其产品质量,从理论上排除了监管的必要性和合理性。但是,从评级诞生以来的无数实例已经证明了,自律监管对保证评级质量并非十分有效。声誉资本理论有其自身的局限性:

(1) 理论假设前提

声誉资本理论假定评级质量能够被监督,即低质量的评级结果能够在市场上被准确发现。但评级所表示的仅仅是对未来的预测,依据个别的事件不能充分判断整体上的预测质量。某个评级结果的不准确是否能够代表评级机构作出的评级质量整体不佳,这点难以确认。

(2) 声誉资本滥用

声誉资本存在因短期利益被滥用的可能性。在通过提供高质量产品取得声誉价值后,评级机构的产品已经产生了溢价。而提供低质量产品导致声誉资本贬损需要较长的周期,并且由于评级本身具有的不确定性,还存在"蒙混过关"的可能性。在产品使用者判断评级质量方面,由于评级行为的专业性、复杂性和封闭性,存在着严重的信息不对称。由于信息反馈周期长、相关性弱,导致更加难以及时进行质量判断。同时又由于评级机构存在竞争性,当存在较高的短期利益的驱动如扩大市场份额时,评级机构就有可能滥用其声誉资本。

(3) 羊群效应

评级机构具有羊群效应倾向性,这在危机时期尤其明显,"为了避免成为唯一错误者,评级机构们会增加它们的共同意见,从而产生类似的评级"[①]。市场参与者对此难以辨别,从而削弱声誉的约束作用。

应该说,声誉资本理论与法律监管存在某种程度的紧张关系,因为声誉约束主要是发挥市场机制的作用,而不需对评级机构进行外来监管。即使承认评级市场存在"失灵",需要政府监管介入,在声誉资本理论看来,监管的重心放在恢复或者创造让评级机构相互竞争的市场环境就已经足够,监管不能造成对评级机构评级实质内容的干涉。这种思想已在美国对评级机构监管的法律规范上有所体现,比如强化评级机构信息披露责任,增加评级透明性,降低市场准入门槛,

---

① D. Kerwer, Standardising as Governance: The Case of Credit Rating Agencies, Max-Plank Institute, 2001, p.25.

提高评级机构间的竞争等。①

2. 对监管许可理论的批评

监管许可理论只是从一个侧面解释了评级机构在特定时期(20世纪70年代)蓬勃发展的原因,即对其他机构的监管大量地依赖评级。评级,特别是NRSRO的评级结果被事实上赋予了"准监管"的地位,提升了评级机构的重要性。但若是全面考察评级发展的历史,监管许可理论可能有点以偏概全,过于强调信用评级的监管标准功能,忽略了信用评级在当今金融市场中发挥的信息媒介功能等正常性作用。监管许可理论只能解释在某一个时间段,评级行业的发展依靠了监管许可。但是,评级的产生本身就是市场应对信息不对称和信息获取成本过高的方式,其提供交易信息、降低交易成本的功能不容忽视。

从现实的经验也可以看出,发行人通常从一家以上评级机构购买信用评级,通常是两个大的评级机构穆迪和标普,这很难以监管许可理论加以解释,因为如果发行人从一家信用评级机构得到了监管待遇,则没有必要再耗资取得第二个评级机构的评级。

此外,按照监管许可理论提出的解决目前困境的方案,需要取消或者减少对信用评级的监管依赖。但这是否必然会减少市场投资者对信用评级的自愿依赖?答案并不确定,亦即投资者在作出投资决策时,可能仍然愿意相信信誉卓著的评级机构的评级结果,而不是花费时间去关注和分析市场上信贷利差的价格信息。决定投资者对评级依赖性的根本还是评级信息能够降低交易成本。特别是在资产证券化业务中,评级的存在首先是为了满足投资者获取资产证券化产品质量信息的需求。监管对评级的要求与其说是评级在其中发挥重要作用的原因,倒不如说是评级发挥了重要作用的结果。

但是,监管许可理论所提供的思路依旧十分有价值。减少监管规则对信用评级,特别是对NRSRO的评级的不必要的依赖,回归信用评级提供有价值信息,降低交易成本,才是解决目前问题的最优方法。

总而言之,对评级基础理论的批判并不是要否认上述理论的价值。监管的意义在于调节市场失灵。换言之,在市场能够发挥作用的地方,来自外部的监管就不应当存在;在市场调节手段不足的薄弱环节,外部监管的作用就是协助市场手段发挥作用。以声誉资本理论为代表的评级自律基础理论需要随着金融市场的发展而修正。外部的监管正是这种修正的实践。下文以资产证券化所引发的金融市场环境变化为基础,探讨在此环境下评级监管的目标。

---

① 参见聂飞舟:《信托评级机构法律监管研究——美国法的考察和中国借鉴》,华东政法大学2011年博士学位论文,第64页。

(二) 监管目标设定

综上,自律监管对解决信用评级的问题力有不逮,外部监管有其存在的现实意义。

声誉资本理论等传统理论的产生有其历史合理性,更有其现实存在的价值。声誉资本理论未能发挥预期作用的重要原因是现在的市场环境和市场对评级的依赖程度已经与过去大相径庭。任何一种理论要发挥作用必须建立在对环境的意义上,约束条件的改变会改变理论的效果。作为实践反应的理论也应当适应现状的需求,关于评级监管的理论也概莫能外。

近几十年来,信息技术的发展和全球经济一体化的进程让金融业有了超乎以往的发展。资产证券化起源于 20 世纪 70 年代的美国,而现代评级业却起源于 19 世纪,[①]如果以商业信用机构的产生作为评级的起源,那么还要更早。评级行业所面对的外部环境和评级行业本身都已经发生了巨大的变化。下面,笔者将以现金资产证券化语境下的现实情况为基础,探讨在目前的各项约束条件下,评级监管针对评级行业出现的主要问题应当设定怎样的目标。

1. 引入有效竞争

上文已经介绍过目前评级市场实际上是寡头垄断的现状。造成评级市场缺乏竞争的原因有:第一,评级行业具有自然垄断特性。评级市场原是自由竞争的市场,不存在入门门槛,但是经过百年来的发展,只有积累较高声誉的机构能够保留下来。三大评级机构的声誉就逐渐成为新的竞争者进入的壁垒。第二,美国 NRSRO 制度给予了少数评级机构特权地位。美国监管部门利用信用评级作为行业监管的依据,如 SEC 规定外国筹资者在美国金融市场融资时必须接受 NRSRO 的评估。但同时为了防止滥发高等级评级,又对 NRSRO 的标准设置严苛,只有已取得市场份额、声誉和影响力的机构才能进入,这样就通过"监管许可"为评级机构间的竞争设置了障碍。

所以,声誉资本理论具有有效性的前提是在评级市场存在有效竞争。在评级市场上,质量可能无法预先决定,但对于不断累积信誉资本的评级机构而言,人们会事先确信其评级的高质量并愿意支付高对价,这是信誉资本带来的奖赏和收益;而对于信誉较差的评级机构,市场会在反复博弈的过程中,将其淘汰,作为对低质量评级机构的惩罚。在寡头垄断的情况下,评级首先带有了强制性质,投资者也无法通过选择评级机构促进评级质量的提高。

---

① 参见郭敏华:《信用评级》,中国人民大学出版社 2004 年版,第 14 页。

2. 避免利益冲突

在现行的评级结构下，评级机构由被评级的发行人支付费用，一般将其称为“发行人付费”模式，虽然评级机构有时也会进行主动评级。在此模式下，评级机构的服务对象就从原来购买评级的投资者转变为发行人。这样的利益冲突关系干扰了评级机构客观地批判债券价值的能力，甚至“评级购买”现象也开始流行，即如果发行人或承销商无法从一个评级机构那里获得高评级，它会寻找另一评级机构。因此，发行人能够对评级机构形成可靠的威胁，如果他不能获得满意的高评级，将从此评级机构挪走其业务。

然而，在次贷危机爆发之前，此种能轻而易举看出不合理性的模式并没有受到太多批判。其原因在于声誉资本理论的支持：评级机构出于对信誉的考虑会顶住发行人虚高评级的压力，而且按照监管部门的要求，评级机构都在内部建立、维持、执行一定的程序和政策以合理地解决和管理利益冲突。①

在传统的债券、证券评级中，信誉资本可以避免发行人付费引发的利益冲突，但在资产证券化业务中，“发行人付费”的模式使得利益冲突无法避免，原因如下：

第一，客户集中度高。在传统的金融市场，如债券市场中，发行人分散每次评级行为中评级机构面对的都是不同的客户。发行人的分散性和力量相对弱小使评级机构冒失信危险的收益较低，这是传统工具评级不易受发行人付费冲突影响的主要原因。但资产证券化市场的客户数量远小于传统债券市场，证券化产品的市场由少数机构控制。② 这种集中使得单次、分散的交易变成了少数主体间的重复交易。评级机构可以从固定的客户取得的利益越多，其冒损失信誉风险的激励就越大。

第二，证券化产品评级的复杂性。信用评级涵盖资产证券化的整个过程，从基础资产的筛选到增信措施的构建，再到最终产品的结构分层。这一系列活动作

① 根据美国国会2006年通过的《信用评级机构改革法》，它授权 SEC 采取措施来处理评级机构存在的利益冲突问题，SEC 也在此领域作出了相应的规范。但是，SEC 在 2007 年颁布的规章条例过于谨慎，评级机构仅被要求披露发行人付费的情况以及它们内部控制利益冲突的程序。SEC 既没有致力于也没有打算致力于对评级机构的内控程序进行任何实质审查。例如，SEC 人员在对 2007—2008 年 CRA 的检查报告中只提出评级机构的程序是否充分的疑问，并建议机构审查自己的程序。SEC 的规范和做法似乎反映出一种观点，即处理评级机构的利益冲突无须严厉的监管权力的干预，信誉机制的功效以及评级机构自身便能解决这一问题。参见彭秀坤：《国际社会信用评级机构规制及其改革研究》，苏州大学 2012 年博士学位论文，第 51 页。

② SEC 对三家主要评级机构的检查发现：在大约 642 个交易中，22 个不同的安排人为次级 RMBS 交易提供承销，其中，12 个安排人无论交易数量还是美元数量均占交易的 80%。与此类似，对于 368 宗以 RMBS 为基础资产的 CDO 交易的检查发现，26 家不同的安排人为 CDO 提供承销，其中 11 家安排人占总计交易的 92%，占 80% 的美元数量。此外，最大的 13 家 RMBS 中的 12 家承销人也是 12 家最大的 CDO 的承销人，进一步加剧了承销功能的集中，也使评级机构的收入流的来源集中。See S. N. Lynch, SEC to Examine Oversight of Credit-Rating Agencies on Wednesday, Dow Jones Newswire, April 14, 2009, p. 1.

为一个有机整体将直接决定最终的评级结论。理论上,评级机构应当是站在局外人的立场客观中立地评判基础资产到产品的风险,但是在实际操作流程中,评级机构是直接参与到产品设计中的。在基础资产没有改变的情况下,通过改变产品的机构和组合形式,可以取得不同的评级结果。评级从一种外部审查变成了量身订制。市场竞争迫使评级机构满足发行人的需求。资产证券化的复杂性和评级本身所带有的一定主观性相结合,也为修饰证券化产品评级提供了操作的空间。

3. 加强信息披露

虽然美国对于资本市场的法律监管一直奉行的主要理念就是“披露和更多的披露”,并为 NRSRO 规定了在注册程序中强制性的信息披露要求,而且评级机构本身为取得投资者的信任,也自愿进行持续的信息公开,但是,金融危机过后,人们仍发现信用评级的透明度严重不足。

客观地讲,在世界金融危机爆发之前,监管者便对促进评级机构的透明度感兴趣,而在危机开始之后,由于人们对评级机构信息披露方面的普遍指责,监管机构对加强透明度兴趣更加浓厚。这一主题通常包含了两种类型的透明度:方法透明(这使外部人有能力辨别评级机构是怎样作出评级的)和业绩透明(这使外部人有能力决定机构的评级表现是否够好)。

(1) 方法透明。美国2006年改革法案以及SEC在2007年颁布的实施细则都试图对评级机构方法透明的问题加以处理,主要是要求 NRSRO 向公众披露其注册资料,包括评级程序在内。NRSRO 也必须及时更新和修改其注册资料,以确保这些资料仍然有效。但这些法律规范的实施似乎并没有增加有关机构评级方法的有用信息,原因是主要的几家评级机构在 SEC 登记的文件中关于其评级过程的描述相当模糊。相比已经适用的方法披露的规范而言,SEC 加大披露的部分几乎很少。特别是在结构金融领域,评级机构已经制作了关于它们可能的评级种类的浩繁信息,并且这些信息看起来要比在 SEC 登记的信息更加详细而实用,虽然仍有评论家指出这些信息不够具体,以至于外部人难以准确地理解评级机构是怎样给出这样的评级结果的。对于结构性金融产品,SEC 在2008年建议披露出信用评级决定是如何融入基础资产获得批准的相关信息以及资产发起人的品质等因素的。但是,这些披露的标准似乎有些太难以操作。SEC 对方法披露的建议追求的是新和全面,这其中又会产生太多的弹性,可以说评级机构遵守了公开披露的标准,因为结构金融产品的评级方案在本质上是灵活的、主观的,而大多数书面的标准是细节性的和规定性的。另外,由于评级结构金融证券的政策和程序缺乏令人满意的说明性文件,SEC 的员工很难确定评级方法和程序实质上是否满足有关评级机构披露的一般政策。缺乏说明将阻止对评级机构的内部和外部监督、审计等活动。因此,当采用这些规则只显现出有限的影响时,为方法透明度的各种监管都像是空头支票,SEC开始假设更大的透明度会使投资者能够更好地控制评级机构并使信誉机制运行得更好。

(2)业绩透明。美国2006年改革法案和2007年SEC规则都处理了业绩透明的问题,主要是要求评级机构能够使公众知晓它们的历史评级行为以及机构业绩的统计数据,以便投资者能够对特定机构的评级质量形成独立的观点并能在全行业范围内广泛比较不同机构的业绩。危机之后,美国有关世界信用危机的调查报告显示机构在此领域同样存在透明度不足,并且SEC员工建议重新审查其业绩披露是否符合现行法律规定。SEC在2008年的建议中包含了大量的披露规定以促进业绩透明,但仅有一条规定得极度“缩水”的版本被采用。目前看,世界主要评级机构都已发布了常规性的业绩报告,并且SEC拒绝为业绩报告提供标准化的表格。这似乎表明机构必须要做的只是使其已经公布的业绩报告通过年度审查即可。这使人们非常怀疑监管机构的努力以及CRA危机后在披露方面的自查和革新本质上能否加大市场的透明度。

评级机构的透明度对于信誉机制至关重要,以至于没有公开和透明,信誉机制便无法得以运作。“信息、信用和信心”是金融体系的三大支柱,只有信息的充分公开,融资人的信用才能得以确立,投资者对其投资也才能获得信心。评级机构作为重要的金融中介机构,如果不能使公众知晓并理解其评级的立场和价值观、评级的方法和过程、评级的观点和结论,如何使公众对其产生信任。评级机构的声誉和权威是建立在畅通的信息渠道、充分的信息交流的基础上的。另外,评级机构作为证券发行的信用风险的监测人和评估人,要想维持其声誉,同样必须做到公开、公平和公正,从某种意义上说,公开又是公平和公正的前提。金融危机之后,监管部门以及评级机构主要在加大信息披露方面废旧革新,本质上是希望能够对危机中受损严重的信誉机制加以修补,从而使信誉机制能够恢复良好运作。

(三)美国评级监管改革考察

次贷危机后,美国总结引发此次危机的各种教训,出台了一系列的法规,弥补之前的漏洞。其中最具有代表性的就是《多德法案》。该法被广泛誉为1929年“大萧条”以来最广泛、最严厉的金融监管变革,可称为“华尔街的百年立法”。①

① 这部新的历史性法案由16部分构成,共800多页,1000余条,对包括银行、证券、保险、对冲基金、信用评级机构、交易商、投资咨询机构、会计制度、上市公司等在内的金融体系运行规则和监管架构进行了全面的改革与修订。新的规制法案只是确定改革的框架,其实施还有待相关监管当局制定进一步的细则。因此,《多德法案》责成监管者进一步制定243项规则,进行67个领域的研究,并定期发布22份报告,所以该法案的细节还需跟踪研究,其全面的影响还有待长期观察分析。参见《多德—弗兰克华尔街改革与消费者保护法案》,董裕平、全先银、汤柳、姚云等译,中国金融出版社2010年版。

此部法案第九章“投资者保护与证券监管改进”中对评级机构规制改革的内容以整节的形式作出立法规定。《多德法案》第九章第三节“改进信用评级机构的监管”共包含九条规定:(1) 认定;(2) 增强 NRSRO 的监管、责任和透明度;(3) 私人诉讼心理状态;(4) 向执法、监管机关举报;(5) 评级决定对发行人之外其他来源信息的考虑;(6) 信用评级分析师的资格标准;(7) 颁布监管条例的时间;(8) 通用评级符号;(9) 取消信用评级的法定参照。其中第 939 条“取消信用评级的法定参照”又具体包括:(1) 审查对评级的依赖;(2) 取消豁免适用公平披露规制;(3) SEC 研究加强信用评级机构的独立性;(4) 政府问责署对替代业务模式的研究;(5) 政府问责署研究设立独立专业分析师组织;(6) 指派信用评级研究和规则制定;(7) 规则 436(G)的效力;(8) 国会的意图。

上述各种规定中关于监管的内容可以分为三类,目标分别是促进竞争、避免利益冲突和加强信息披露。下面笔者从上述三方面来考察《多德法案》带来的改革启示:

1. 促进竞争

次贷危机证明了“监管许可”理论的实践价值。监管部门开始检讨对评级的过于依赖可能导致投资者轻信和误导。《多德法案》显然赞同减少甚至取消制定法中对国家认可的评级机构评级结果的援引,该法案第 939 条规定取消信用评级的法定参照,为此修订了《联邦存款保险法》《联邦住宅企业融资安全和稳健法》《1940 年投资公司法》《美国制定法修订大全》《1934 年证券交易法》以及 H. R. 4645 法案等法律,这些法律中对债券有“投资级别”①的限制。修订删除了“投资级别”的表述,取而代之由公司自己确定信用风险的标准。②

另外,值得一提的是,关于受人诟病的 NRSRO 的准入条件问题实际一直在进行改革,到 2006 年改革法案中已形成了较为合理的规定,所以《多德法案》没有特别强调。在 2006 年改革法案中,明确了以注册登记程序取代无异议函程

① 所谓的投资级别指某个证券得到一个国家认可的评级机构(如果该证券只被一个国家认可的评级机构评级),或者两个及以上国家认可的评级机构给出四个最高评级类别之一。

② 例如,该法案对于《联邦存款保险法》修正如下:删除其第 7 条和第 28 条中的“非投资级”表述,插入“达不到联邦存款保险公司确定信用标准的”。再如,《1940 年投资公司法》修正为:删除“由不低于一家的全国公认统计评级组织评为投资级的”,插入“符合 SEC 所通过的信用标准的”。除了上述修订取消信用评级的法定参照之外,法案还要求取消条例中的参照。该法案第 939A 条规定:自本法颁布之日起一年内,每一联邦机构应当在可操作的限度内审查该机关制定的、要求使用证券或货币市场工具信用评估的条例以及该等有关信用评级的任何说明或要求。每一联邦机构应修正经审查所认定的任何该等条例,以取消对信用评级的参照或依赖要求,并在该等条例中换上每一相关机构认为就该等条例而言适当的信用标准。在进行决定时,联邦机构应在可行限度内制定每一该等机构使用的统一信誉标准,指定该标准时要考虑每一联邦机构所监管的实体,并考虑该实体为何目的依赖该信誉标准。联邦机构在得出审查结论后,均应向国会提交报告,说明其修正条例的情况。

序，明确了 NRSRO 的定义及其申请注册的条件和程序。

2. 避免利益冲突

资产证券化中，投资者的分散性使得取代发行人付费模式的成本过高，不具有经济合理性，而且根据声誉资本理论，发行人付费模式所带来的问题可以通过加强评级机构内控体系、加强信息披露等方式避免。所以，《多德法案》应对利益冲突的主要手段还是加强对评级机构内部管理的监管。

主要措施有：一是设立内部防火墙，将评级与营销分离，防止评级机构基于营销的考虑影响到评级结果的公正性和独立性。法案授权 SEC 发布评级与营销分离的具体规则，对于违反该等防火墙规定的评级机构，可以中止或者撤销注册。二是建立评查要求。该法要求受评主体的员工或发行受评证券的主体的员工，如果在评级前一年期间被 NRSRO 雇用且确定该等实体或证券的信用等级时，NRSRO 应审查确定任何该员工的利益冲突是否曾影响信用评级，并采取行动，对评级进行适当的修改。SEC 则应定期对 NRSRO 实施此政策的情况加以审查，以确保其设计、实施合理。SEC 每年及在出现重大修改或修正时，必须审查每一评级机构的道德操守和利益冲突政策，以最有效地化解利益冲突。三是公开披露聘用过渡情况的要求。每一 NRSRO 应向 SEC 报告，近 5 年与该机构关联的人在被聘用前 12 个月期间在被评级工具实体处的聘用情况。SEC 将公布该信息，此等报告要求仅限于高管和参与确定该实体评级的人。四是禁止兼对发行人提供咨询和评级。该法案规定，SEC 应行使规则制定权，防止 NRSRO 的员工向证券发行人提供与签发信用评级无关的服务，包括顾问、咨询和其他服务所引起的不适当利益冲突。

另外，《多德法案》要求每个评级机构建立、维护和实施并记录旨在确定信用评级的政策、程序和方法的执行和遵守情况的内部控制结构。SEC 应当制定规则要求每个评级机构提交一份由其首席执行官（或相当职位的人员）签署的年度内部控制报告，描述其在建立和维护内部控制结构上的管理责任以及评估内部控制结构的有效性。除此以外，《多德法案》特别规定了评级机构董事会和合规监察员在内部控制结构中的重要地位。[①]

3. 信息披露

《多德法案》对信息披露的要求包含了评级程序方法的透明和评级业绩透明：

在加强披露评级程序方法方面，为保护投资者、维护公共利益，《多德法案》

① 参见聂飞舟：《美国信用评级机构法律监管演变与发展动向——多德法案前后》，载《比较法研究》2011 年第 4 期，第 148—149 页。

要求SEC应就每一NRSRO使用的程序和方法,包括定性、定量数据和模型,制定规则。[①]《多德法案》还就审查信用评级方法和信息的透明度,要求SEC通过规则规定NRSRO披露以下相关信息:信用评级程序和方法的基本假设,确定信用评级所依赖的数据,以及如适用,要披露评级机构如何及以何种频率使用服务商报告,以监督信用评级。具体而言,披露的内容要求可分为定性内容与定量内容,甚至包括披露的具体方式。[②]

在提高业绩透明度方面,法案要求SEC制定规则让每个评级机构公开披露其作出的初始评级及此后评级变化信息(包括评级上调、下调、列入观察名单等),以便评级用户评估评级的准确性以及比较不同评级机构的表现。SEC依据法案制定的规则,应当规定信息披露的最低要求。[③]

---

① 法案要求NRSRO:① 确保信用评级的决定是使用评级机构的董事会或履行与董事会类似职能的机构批准的程序和方法,并且符合NRSRO制定、修改信用评级程序和方法的政策、程序。② 确保在信用评级程序和方法出现重大变化时,该等变动一致适用于变动后程序和方法所适用的所有信用评级。在对信用评级监督程序和方法进行变动的限度内,变动在SEC确定的合理期间适用于评级机构作出的当时有效信用评级。评级机构还应当公开披露变动原因。③ 向信用评级使用者通知:就特定信用评级使用的程序或方法,包括定性方法和定量信息等;何时对信用评级程序或方法作出了重大变动;何时发现了程序和方法中可能导致信用评级诉讼的重大错误;分析程序或方法的重大变动导致当前信用评级发生变化的可能性。

② 定性内容包括:① 本机构评定的信用评级。② 在构造程序和评级方法(包括定性方法和定量信息)中使用的主要假定和原则,以及在评定结构化产品等级中使用的基础资产间违约关联性假定。③ 信用评级的潜在局限性,以及NRSRO未予评价的(包括流动性、市场和其他风险在内)被排除在信用评级外的各类风险。④ 信用评级的不确定性信息,包括:与确定信用评级所依赖的数据可信度、准确性和质量有关的信息;对确定信用评级至关重要的数据可信度或局限性程度相关的说明(包括有关历史数据范围的任何限制和某些文件或有助于更好进行信用评级的其他类型信息可得性方面的限制)。⑤ NRSRO是否以及在何种限度内使用了第三方尽职调查服务,说明该第三方在尽职调查中审查过的信息,并说明该第三方的认定结果或结论。⑥ 说明为确定信用评级所依赖的与债务人、发行人、证券或货币市场工具有关的数据。⑦ 包含就债务人、证券或货币市场工具进行评级中提供并考虑的信息质量总体评估的说明,与在对类似发行进行评级时NRSRO可用的信息的质量对照。⑧ 与NRSRO利益冲突相关的信息。⑨ SEC要求的其他信息。定量内容包括:① 对信用评级潜在波动性的说明或量度,包括任何可能导致信用评级变动的因素以及信用评级使用者在不同市场条件下所预期变动的程度。② 评级内容的信息,包括评级的历史表现和预期违约率与发生违约情形时的预期损失。③ 评级机构所作假定敏感性的信息,具体是指评级过程中所作的、在不考虑其他因素情况下一旦被证实有错误或不准确将对评级产生最重大影响的5种假设,并使用具体例证就此5种假设分别如何对评级产生影响进行分析。④ SEC要求披露的其他信息。除内容要求外,法案规定评级机构应当采用的披露格式为:① 易于适用且使信用评级使用者便于理解报告中包含的信息。② 以能使不同类型证券具有直接可比性之方式提供上述内容。③ 按SEC通过规则确定的电子或纸质形式便于信用评级使用者取得。

③ 包括:① 使各家NRSRO之间具有可比性,以便信用评级使用者可在各家评级机构之间比较其信用评级表现。② 向利用或可能利用信用评级、对投资复杂性有全面认知的投资者提供清晰、明确的信息。③ 包含数年内的业绩信息和进行各种不同类型信用评级的业绩信息,包括由该评级机构撤销的信用评级。④ 被披露的信息应由NRSRO免费公布、提供并按要求在其网站上容易访问的部位提供,还应提供书面形式。⑤ 与NRSRO的商业模式相适应。⑥ 每一个NRSRO均应就其发布的信用评级提供核证,说明评级过程未受任何其他商业行为影响,评级仅建立在评级工具实质的基础上,且评级是对评级对象的风险和实质作出的独立评估。

五、结　　论

通过上文的分析可以发现,金融市场的不断创新和评级行业百年来的不断发展,使得原有的自律规则的有效性大打折扣。但是,理论和制度的发展总是落后于现实的需求,只有在出现问题后才能进行改正。对评级监管而言,在旧制度不适应新需求导致出现问题后,才引发了一次又一次的改革。

次贷危机又一次说明了在资产证券化语境下,以自律为基础、外部监管为辅的评级监管方式无法保障评级制度的稳定健康发展。评级监管必须从基础理论出发,进行较为彻底的变革。只有自律与监管相结合,以促进竞争、避免利益冲突、加强信息透明度为目标,才能建立起适应以资产证券化为代表的日益复杂的金融创新的需求。

互联网金融的法律规制

黄 臻

随着近二十年互联网技术的普及与应用，互联网在社会生活中的作用逐步扩大和丰富，从原先单一的信息传播作用，逐步融入社会生活的方方面面。特别是在传统商业方面，互联网直接促成商业模式的创新，近两年来电商发展的如火如荼直接对传统零售商业构成巨大冲击，并且大有取代之势。然而，互联网并没有停止其创新的脚步，互联网与金融的结合和互补，直接促成了互联网金融这个全新的金融商业模式。随着互联网金融的快速发展，人们对互联网金融法律规制有了许多思考。互联网金融作为新兴的事物，缺乏成熟的商业惯例或习惯加以借鉴，放眼于世界，也鲜有专门的法律加以规范，为了保障互联网金融的健康发展和互联网金融各方参与者的合法权益，亟待解决互联网金融的法律规制问题。

一、互联网金融的定义和模式

互联网金融一词成为现今最炙手可热的词语之一，不断见诸媒体和网络。许多商界和金融界大佬对互联网金融都有自己的观念、看法以及对其未来的憧憬。但是，很少有人会纠问互联网金融的内涵与定义边界是什么。就现在人们的认识而言，互联网金融可以是与电商密切结合的第三方支付业务，可以指借助于互联网拓展传统的银行业务，也可以指互联网现在正蓬勃发展的"点对点信贷"（P2P）等。

笔者认为，互联网金融不能被机械地认为是互联网技术与金融简单叠加所形成，也不只是传统金融行业在互联网方面的延伸，更不能只要同时与互联网和金融要素沾边的，都笼统归为互联网金融。互联网金融的实质应是构建在"互联网思想的金融”。[①] 谢平先生则认为,互联网金融模式是“既不同于商业银行的间接融资,也不同于资本市场直接融资的第三种金融融资模式”[②]。

相较于传统的金融业务而言,互联网金融模式主要有以下特色:

(1) 交易和运营成本的降低。互联网技术的广泛运用,使得网络强大的数据收集、分析得以运用到金融交易中,从而使信息的对称性在最大程度上得以实现,降低了各方交易成本,提高了交易效率。同时,互联网金融可以轻易地摆脱物理网点和人员等有形成本的束缚,而这种交易与运营成本的降低,对于本质是服务业的金融行业至关重要,它是服务业竞争发展的总体趋势之一,说明其具有强大的生命力。

(2) 提供错位服务,更关注金融的“民主性”。相较于传统金融的代表之一商业银行,互联网金融所提供的服务往往更加亲民。互联网金融通过提供余额宝等理财产品极大地降低了理财门槛,使金融服务更加惠及广大民众。[③] 同时,互联网金融有效解决了小微企业的融资困难。这些业务都是以往的传统金融较少涉及的领域,丰富了社会金融生活。

(3) 推动金融脱媒。互联网金融充分运用其信息优势,迎合了当前金融脱媒的发展趋势,使传统金融机构特别是商业银行的原有中介功能有边缘化或弱化的趋势。这些脱媒既表现在第三方支付业务也体现在融资方面。

(4) 通过大数据的发掘与整合,准确迎合市场需求。对于数据梳理和整合,互联网具有无可比拟的显著优势,可以通过处理分析大量数据,找出精准的市场定位,从而将资金的供需双方进行最大程度的匹配或帮助金融机构作出正确的市场判断。此类优势,使互联网金融在某种程度上具有市场价格发现功能,而使利率市场化和透明化。这也为正确运用市场资金和形成良性投资回报与循环创造了有利的环境。

有鉴于此,笔者认为对于互联网金融的界定应明显有别于传统金融服务,突出传统金融服务所不具备的优势。只有这样才有助于突出互联网金融的特色,也有助于制定针对性的法律规章保障互联网金融的发展。目前,互联网金融正在经历快速发展的时期,只能根据现有互联网金融的模式作大致和粗浅的分类。

国内互联网金融业务模式大致有三种类型。

一是第三方支付,典型的如支付宝。多数的第三方支付是以互联网作为媒

---

① 参见李钧:《互联网金融是什么?》,载《第一财经日报》2013 年 3 月 15 日。

② 谢平、邹传伟:《互联网金融模式研究》,载《金融研究》2012 年第 12 期。目前,有两类金融中介在资金供需双方之间进行融资金额、期限和风险收益的匹配:一类是商业银行,对应着间接融资模式;另一类是资本市场(股票和债券市场),对应着直接融资模式。

③ 余额宝,是网络购物参与者的待用购物资金,通过主动财富管理获得额外投资收益。

介,起到传统银行与用户之桥梁的作用。近年来随着互联网商业和技术的快速发展,第三方支付早已突破早期纯粹互联网的局限,而延伸至线下商业生活,成为一个综合支付手段。

二是作为融资业务中介而存在,其中又可分为P2P网贷、众筹和第三方金融产品中介三种形式。在P2P网贷模式中,互联网扮演着重要的媒介作用,向借方与贷方提供重要的市场需求信息,并且撮合双方,使他们达成合意。就贷方而言,通过互联网,既可以获取必要的借款方面的相应资信信息,也可以通过与其他贷方一起联合向借方提供信贷从而分散风险。对于借方而言,互联网可使相应的贷款利率变得更加透明,从而选择更有利于自己贷款的方式。区别于P2P点对点的模式,众筹模式更趋向于项目或公司资金的筹措。第三方金融中介服务是指通过互联网平台销售金融产品或提供第三方金融产品信息,如余额宝等,目前阶段以各类高端理财服务和理财产品为主。

三是信息化平台,主要为大数据金融。互联网利用其拥有的技术(主要是云计算)与信息优势,可以有效地收集、挖掘、分类和整理客户全方位信息数据。根据分析所得的客户金融习惯和偏好,制定有针对性的金融市场服务策略和风险控制策略。电商京东的供应链金融是运用信息化平台的典型代表。

二、互联网金融面临的风险及规制的法律选择

(一)互联网金融面临的风险

基于互联网快速发展并不断向金融业渗透,金融业的行业结构已悄然发生了相应的改变。较传统金融业而言,一些互联网金融产品往往体现出收益率高、投资或资金回笼简便和迅速等特点,为投资者所追捧。另外,开发这些产品的互联网企业的强大影响力也为这些互联网金融产品增色不少,如近期百度与华夏基金联合发售的百发基金,首期10亿元人民币产品,发行当天即销售一空,投资者的争相认购一度还引发了网络阻塞,传统金融业务受到了很大的冲击和影响。据统计,“2012年移动支付占全球支付市场的比例达2.2%,尽管比例很小,但其年平均增长速度却超过40%,第三方互联网支付的增长速度甚至达到100%;而网上银行对柜面的替代率普遍超过50%”①。随着互联网金融的发展与壮大,其风险也与日俱增,对我国的金融安全防范体系乃至经济安全都构成了重大的挑战。就目前而言,互联网金融风险具体表现为以下几个方面:

① 丁昱:《互联网金融——变革、挑战与机遇》,载《金融科技时代》2013年第8期,第70页。

1．互联网金融泡沫化的风险

互联网金融的蓬勃发展，在让人们感受到创新、便利以及光明前景的同时，也或多或少产生了风险。近期，比特币所引发的过山车般的行情，就引起了部分人对于金融泡沫的担忧。当互联网产业刚刚崛起时，受众多投资者的追捧，而后引发纳斯达克的泡沫，而当年资产证券化的创新成为引发次贷危机的原因之一。对于金融创新服务，必须对其潜在风险有清醒的分析并进行监控，以防由于市场投资过热或不理智，而形成相应的金融泡沫，进而引发整个金融机构的系统性风险，最终影响到该行业的可持续发展。

2．信用或信誉风险

互联网金融具有虚拟、隐名和广泛参与等特性。通常情况下，在利益的驱使下，人本身的道德自律并不值得信赖，取而代之的是自利化倾向明显增强。因此，互联网金融机构发生信用或信誉风险远较金融传统机构中的可能性大。就现状而言，互联网金融体系还缺乏有效的信用或信誉评估体系，会导致相当部分的客户受益后可能拒绝履行对等合同义务，而造成互联网金融的履约风险。另外，就各互联网金融服务的提供者而言，如果互联网金融所提供的相应金融服务或产品不能满足公众所预期的水平或者无法有效管控风险，就有可能导致社会负面影响，互联网金融就有可能出现信誉危机，严重的还可能波及整个社会的金融安全，从而影响社会公众对互联网金融的商业信心。由此可见，信用或信誉的根基在于社会关系，是社会诚信程度的集中体现和反映，互联网金融在运行过程中出现的信用或信誉风险不仅会影响到单个金融交易达成与否，而且还会波及整个互联网金融的健康发展乃至整个金融产业的安全，必须将该风险控制在可控范围内。

3．技术风险

互联网金融业务与交易模式所依赖的是计算机网络的构建，计算机网络系统的任何一个子系统或技术缺点，都有可能构成潜在的互联网金融风险，如计算机病毒、黑客攻击或不完善的加密技术等。另外，从事互联网金融业务的公司或机构，在网络构建和安全保障上可能并不专业，会将此类部分专业业务外包，由第三方负责技术构建和安全，而此种技术外包也可能造成部分技术安全机密的外泄，给第三方攻击创造可能性。

4．操作风险

互联网金融交易要求交易主体熟悉且准确了解交易过程和相关指令，任何交易主体的操作失误，不管是客户还是互联网金融机构，都可能构成交易损失。近期光大证券的乌龙事件，就为我们演示了计算机网络系统缺陷可能造成的业务损失，虽然这个案例并不完全属于互联网金融领域，但也足以为互联网金融交易敲响技术安全的警钟。因为,在互联网金融交易中,参与者有充分的选择权利,所以,考虑到互联网金融的虚拟性,交易准确达成与否在很大程度上依赖于双方准确的操作。

5. 法律风险

目前,互联网金融业务在许多国家处于快速发展的阶段,由于其交易操作模式与传统金融模式大相径庭,大多数国家在这方面相配套的法律法规体系均严重滞后,如我国的证券法、保险法、银行法都是根据传统金融交易习惯而制定的,与互联网金融交易的发展不相适应,未能完全将互联网金融交易涵盖其中,无法对交易主体之间的交易行为进行有效规范。因此,互联网金融在开展业务时存在法律法规监管的盲区,存在着相应的交易风险,制约了互联网金融市场的进一步发展。另外,由于各国监管法律不尽相同,互联网金融机构往往选择跨国操作,以逃避监管。例如,借助互联网的全球化,将市场扩大到外国或通过在国外注册互联网金融机构吸引本国客户,发售的电子货币可能在注册地以外流通,使得金融机构得以逃避该国法律监管,从而为金融监管或消费者维权带来不少困难。

(二)对互联网金融进行法律规制的必要性分析

有学者奉行自由主义思想,认为互联网金融的发展应基于"高效共享、平等自由、信任尊重"原则。[①] 由此下结论,互联网金融应自由发展,遵循市场的价值规律,而不需要其他手段的干预。

笔者对此持不同意见,认为从建立一个健康有序的金融市场而言,无论其采取什么交易方式或凭借什么样的技术,运用法律手段对市场进行适度的规制和调整都是必须的。互联网金融作为一种金融模式而言也不能例外,其也具有市场经济本身难以克服的缺陷。另外,互联网金融依赖于网络形式而存在,其除具有市场经济的缺陷外还同时兼具网络传播形式方面的缺陷和不足,更加决定了互联网金融需要法律规制为其健康发展保驾护航。

1. 法律规制的必需性。首先,从自由与规则的取舍层面而言,法律产生和规制的过程往往经历自由与规则取舍的一个过程,其取舍的合适与否是一个永恒的法律价值判断过程。自由是人类生活和发展的必需品。网络应用的发展显示了强大的创新性,人们在运用网络的过程中也充分显示了其自由的特性。在现代社会中,规则是现代社会存在与发展的必要条件,其对自由作了规制,不允许妨碍社会公序良俗,任何自由都必须圈定在合理规则限度内,以防自由的滥觞

---

① 参见李钧:《互联网是什么?》,载《第一财经日报》2013年3月15日。

造成对整个社会发展的倒退。其次,从法律的调整角度而言,行为本身具有引发争议或分歧的可能性,无论传统金融行业还是新兴的金融行业,法律都有必要介入定分止争。法律介入的前提条件是行为是否具有法律效力,是否会引起一定的法律后果。以P2P网贷模式为例,其中就体现了合同关系、债权关系、物权关系等多种法律关系;若其中引起纠纷还可能产生诉讼关系。互联网金融行为的诸多元素具有法律意义,须接受法律的调整。再次,从业界自律层面而言,互联网金融本身需要法律规制的程度与本身能否建立或存在一套有效自律机制有关。就人类社会发展而言,法律来源于人们共同遵守规则,而规则经常来源于人们已形成共识的习惯。大多情况下,这种由习惯而规则再至法律的演化过程是一个渐进的过程。新兴的互联网金融,无法在短时间内迅速确立起自身市场习惯,并形成人们的共识,得到自觉遵守。在其自律规则和自身市场习惯缺失的情况下,法律介入保障互联网持续健康发展,显得尤为必要。法律的迅速确立能避免事物发展过程中的诸多陷阱或市场混乱,节省发展成本。法律的介入和确立,可缩短人们规则的形成时间,避免规则探索而消耗的社会资源,是对互联网金融自治的有效补充,对互联网金融发展具有不可替代的支持作用。

2. 经济法干预的必要性。人们已有共识,对于市场经济而言,完全依靠民商法来调整市场经济并不可行,民商法缺乏对于整个市场经济全局调整的能力,特别是在市场失灵或市场缺陷的时候,对互联网金融亦不例外。互联网具有虚拟性、匿名性、广域性等特性,与传统金融有相当大的差异,这种差异性并不会阻碍市场价值规律在互联网金融领域的发挥。相较于经济法,民商事法律更专注于市场个体的权利义务,倾向于行为和利益保护,但市场个体完美保护并不能实现社会整体利益的最大化和市场整体资源的优化配置。因此,经济法相较于民商法,更易于起到协调市场个体与整个市场的作用,使其达到最优配置、平衡和结合。

互联网金融的发展立足于现代科技,然而由于市场本身发展的不平衡或科技发展及信息的不对称性,会损害到市场主体参与的平等性。经济法介入或干预有助于保证信息充分透明,确保市场主体或其相对平等性,保证互联网金融健康有序发展。

(三)互联网金融业务的界定及其法律选择

作为新兴的金融模式,互联网金融正处于不断发展壮大时期。在其成长过程中既有本身的特殊缺陷或障碍,同时还面临着传统金融行业所共有的一些风险问题。要让法律能合理和完善地规制风险问题,必须对互联网金融有清楚的分析和界定。同时,由于互联网金融属于金融业务的一种模式,对其监管需要结合互联网金融业务的特点,借鉴现有的传统金融的法律规制。

互联网金融模式下,支付与信息处理系统相较于传统金融业有着根本区别。主要体现在以下方面:

1. 在支付方面,形成系统支付与个体支付的统一

支付是金融业基础,可以对上层金融活动产生影响。就现阶段的互联网金融支付模式而言,移动支付是其最大的特点,通过移动通信设备和无线通信技术进行支付与清偿。这种支付系统不会对央行现有货币法律制度形成冲击和改变。但值得关注的是,目前有些电商平台或社会网络会在其网站内通过发行相应的虚拟货币建立内部支付系统,用于抵扣、支付或结算等,对于这部分业务的法律规制几乎没有。

2. 对于信息处理和风险评估大多通过网络进行,大大降低了市场信息的不对称性

信息在金融业中有着至关重要的地位,金融资源的合理配置有赖于准确高效的信息和资金供需双方的信息。传统金融业中,有专门从事信息搜集、供给与分析的支持机构,典型的如证券公司与信用评级机构;同时,政府或监管机构亦会要求公司向市场披露相应信息。互联网金融模式下的信息处理来源更为广泛,信息量也更加繁杂,这时云计算的应用保证了海量信息的高速处理和筛选能力。

3. 资金供需双方可直接通过网络交易,削弱了传统中介如银行、券商和交易所等金融媒介的作用

基于互联网金融在支付与信息方面的特点和作用,赋予直接金融交易全新的生命力,突破了以往借贷靠"熟人"社会关系的模式,使个体之间资金供求的可能性有了相当大的提升。

4. 通过直接网络交易,降低了期限匹配与风险分担等方面的交易成本

互联网金融日益显示出信息完全透明和定价完全竞争的趋势,使得供需双方大大减少了以往花在寻找匹配度和降低风险方面的成本。

以上这些方面,促使互联网金融业务的市场供需配置更为有效,可以达到与现在资本市场直接融资与银行间市场间接融资一样的资源配置效率。[①] 尤其重要的是,通过互联网金融,传统金融业的分工和专业化被大大淡化了,代之以一些互联网及相关电脑硬件与软件的技术,这也使得互联网金融可以在一夜之间迅速普及于一般百姓之间。

有鉴于以上互联网金融的区别和特点,对于互联网金融的监管应与传统金

① 参见谢平、邹传伟:《互联网金融模式研究》,载《金融研究》2012 年第 12 期,第 12 页。

融的“分业经营、分业监管”的监管模式加以区别，以改变传统金融分业监管模式，并就互联网金融特殊之处加以特殊规定。

三、互联网金融的法律规制现状及存在的问题

（一）立法方面瑕疵致互联网金融法律体系存在结构性缺陷

我国互联网金融法律规制大部分沿袭传统金融，散见于各种法律法规，尚无针对互联网金融特点所制定的单独法律规制。因此，现存能对互联网金融起规制作用的法规，大部分仍坚持“分业经营、分业监管”的原则，涉及互联网金融的规定基本上存在于各种单项的金融法律法规中。

分业监管模式的优点是专业性和针对性比较强，“概括性的权力比较大”①，有利于发挥专业优势。然而，就互联网金融业务而言，这种分业监管模式亦存在结构方面缺陷，主要表现在以下几个方面：

首先，互联网金融法律法规缺乏整体性和协调性。由于互联网金融模式形成时间并不长，导致我国在现行的互联网金融法律规制方面立法滞后。虽然有一些散见于各专项规章的针对互联网金融的条文，但缺乏一部统一的综合性互联网金融法律，从而导致法规条文之间缺乏整体性和协调性。

其次，互联网金融法律存在立法真空。目前，我国互联网金融立法大多见于传统金融法规，主要集中于如银行、证券期货、保险、信托等法律法规。然而，随着互联网金融业的迅速发展，形成一些交叉行业、影子银行等方面的金融风险问题，对此，目前立法显然未有涉及，同时也无法完全按照现有的传统金融立法加以规制。

最后，互联网金融法律法规方面存在监管差异，或缺位或重叠。由于我国金融监管体制采取的是“一行三会”的分业监管模式，即由中国人民银行、银监会、证监会、保监会分别对相应金融市场主体进行监管，监管主体的不一致，使得在不同金融行业使用的法律规范、宽严程度以及标准也有所差异。这就造成面对一些创新互联网金融产品时，多个监管主体共同监管或者都不监管的局面。

（二）程序制度不完善致使对互联网金融的法律制约不足

金融法律监管是通过立法建立起来的对金融业的监督管理体系。它是国家

---

① 王晓君：《政府危机管理法律问题研究》，山东人民出版社2008年版，第282页。

进行宏观调控、确保金融运营安全的根本保障。① 随着互联网的广泛应用,资金可以在瞬间通过网络拨付到全世界各地,极大方便人们的资金来往,人们亦可以通过网络参与各种互联网金融行为。人们得到方便快捷的同时,也可能在无意中因操作不慎引发系统问题。也正是由于互联网传播的高效便捷,可能会使原本一些小问题与小危机迅速发展成为系统危机,其传播速度和规模非传统金融危机所能比拟。因此,为杜绝相关互联网金融问题衍变成系统性危机,必须区别于传统金融法律法规,在程序上建立起新的一套能迅速反应的类似防火墙的程序监管制度。

另外,由于各个国家的金融法律制度存在着显著差异,国际上一些资本投资机构或公司,为实现其利益最大化,充分利用这一显著差异,通过互联网进行遥控操作,以逃避相应当事国监管,选择相对有利的监管或税收。目前,各国互联网的监管程序多局限于一国的管辖范围内,且大多情况是针对实物货币或票证进行监督,对于开放和自由流动的互联网金融的程序监管少之又少。

(三)法律对互联网金融交易业务规范的缺位制约了互联网金融的合法性

从互联网金融的交易形式看,互联网金融的支付以电子货币为主要形式,这种形式区别于传统的纸质货币,对原有以纸质货币为基础而制定的金融法规形成了巨大的挑战,同时也说明原有金融法律应顺应互联网金融发展趋势作相应变化。例如,在传统的金融交易中,以纸质票证作为支付工具,银行通过票据交换持对方银行票据,扣清该收、该付的款项,或者在中央银行或国际清算银行开设商业银行活期存款账户,票据的收付差额通过中央银行或国际清算银行的存款账户间转账来完成。② 但是,互联网金融介入之后,只需通过电子资金划拨系统,资金的支付或划拨的任务就能即刻完成。在国内,支付宝就提供了此种服务。传统金融法律无法完全涵盖或调整此种通过互联网支付的手段。

从互联网金融交易内容看,部分交易的法律主体的权利义务分配尚缺乏针对性法律规定,互联网金融交易的达成,不仅有我们通常所熟知的交易双方,还存在为使交易达成而提供互联网软、硬件设备的第三方以及促成交易的互联网服务提供方。这些法律主体是互联网金融交易中不可或缺的,其权利义务需要明确界定。另外,现行网络中如众筹等网络筹资方式,是否触犯刑法,亦需明确界定。

互联网金融交易打破了传统交易对各方主体进行身份确认的方式,交易参

---

① 参见徐亮:《论网络金融的法律规制——网络金融立法构想》,载《河北法学》2005 年第 8 期,第 135 页。

② 同上书,第 136 页。

与主体呈现出虚拟性的特点,存在网上身份与交易主体现实身份不同的情况,主体变得多样化、模糊化或边缘化,从而增加了身份核实的难度,对互联网交易安全性构成了威胁。然而,现行法律对互联网交易信息及主体真实性的核实方面并无专门规定。

(四) 互联网金融纠纷的争端解决机制远不足以适应互联网金融发展的需要

争端解决机制在交易主体之间无法通过协商就交易纠纷、分歧或争端达成一致时,往往通过法律途径解决。现实中有关互联网的争端解决机制远远落后于互联网金融的快速发展,主要表现在以下几个方面:

第一,法律管辖方面。民商事法律中管辖的确定需与一定的固定因素相联结,如当事人所在地、标的物所在地、交易行为发生地或履行地及侵权行为发生地等都可以构成行使法律管辖权的基础。[①] 互联网的虚拟性、广域性、交互性等特点,使管辖因素难以确定。同时,互联网金融交易主体可能分布于不同国家和管辖区域内,这也为确定管辖增加了难度。

第二,互联网为跨国的金融交易提供了方便,但是由于各国之间或多或少存在金融法律法规的差异,导致对于互联网交易行为规制方面存在冲突,同时也造成争端解决方面法律法规的选择存在困难,除非当事人就法律适用达成明确一致的约定。

第三,我国法院对于互联网金融争端解决机制尚存在一些不足,缺乏统一的标准:一是法院对于互联网金融交易争端受理范围并无十分清晰的界定;二是审查判案标准或尺度并不统一;三是法院对于被监管部门已受理或已作出处罚的一些互联网金融的相关民事诉讼采取中止审理或者不予受理措施,使相关权利人在某些情况下无法获得民事法律救济。

四、建立与完善互联网金融法律规制的对策思考

(一) 互联网金融法律规制的基本思路

1. 市场自我调节与国家监督管理相结合

互联网金融作为市场经济的一部分,在发展过程中亦会形成其自身的市场规律调节机制。然而,市场规律并不是万能的,经济波动或危机原因复杂和多

---

① 参见徐亮:《论网络金融的法律规制——网络金融立法构想》,载《河北法学》2005 年第 8 期,第 136 页。

变,互联网金融亦难独善其身。因此,在市场自我调节和基本市场规律失灵的时候,国家监管和调节,特别是以法制为基础的监管和调节必不可少。然而,国家监管与调节不应无限扩大,应该节制在合理范围内。因为从既往金融发展的历史看,过度的国家管理会抑制市场自我调节功能,妨碍市场活力和创新功能的发挥。因此,国家监管与调节互联网金融,应该更关注于非市场因素对市场的干扰,如欺诈、不公平交易、盗用、窃取与洗钱等违法犯罪行为,破坏市场经济秩序,损害社会公共利益。[①] 国家对于互联网金融监管和调节的最终目的是恢复市场自我调节功能和基本规律,纠正市场失灵。

2. 稳定市场金融秩序

现代金融是经济的核心,经济的稳定发展首先需要金融的稳定。互联网金融业显示出高度网络化和广域化的特点,其问题具有很强的连锁性与外部性。一家金融机构发生问题,可能会波及与其相关的交易及其他金融机构。现代传媒业高度发达,互联网本身即是很好的信息传播载体,互联网金融的参与者易受到各种信息传染、影响或蛊惑,产生不当的恐慌与不信任心理,进而可能构成系统性与区域性的金融危机。因此,对于互联网金融法律制度的设计,必须首先着眼于维持金融秩序稳定,保证金融体系的有序运转。在对付已发生的互联网金融风险时,要立足于公众利益,不局限于对个体金融机构的救助,尽快阻断金融风险的传播,避免引发更大连锁性危机,危及整个互联网金融,甚至整个实体经济和国家经济安全。

另外,互联网金融的特殊性在于其与互联网相联系,因此,互联网的操作安全,亦会影响互联网金融安全与稳定。2014 年 1 月,网贷公司人人贷、好贷网、拍贷网接连遭受黑客攻击,使网站服务器瞬间瘫痪,不能进行任何操作,就是最好的例证。互联网的开放性,使整个互联网金融在交易处理过程中相较于传统金融更易受侵害,使参与者遭受损失。这里面既包括外部原因如计算机病毒、电脑黑客的攻击以及自然灾害等,也包括内在原因如人为失误、个人资料无意地泄漏。近年来,互联网金融安全防范费用日益高企就是对网络安全重要性最好的注解。因此,对于维护互联网金融安全,网络本身的安全是一个不能回避的问题,必须在制定互联网金融法律时加以考虑。

3. 平衡法律价值

对于互联网金融法律的制定,首先要考虑到与现有金融法律的延续与对接,不能因为互联网金融法律有别于其他传统金融而造成法规之间的冲突与矛盾。因为互联网金融仍属于金融业范畴,金融业现有的一些原则仍适用于互联网金

---

① 参见齐爱民、陈文成:《网络金融法》,湖南大学出版社 2002 年版,第 34 页。

融，所以新制定的互联网金融法规应平衡现有金融法律法规。另外，要平衡各参与主体的利益，达到公平正义的最大化。在互联网金融交易中，参与者的地位应是平等的，互联网金融法规亦应达到价值中立。这主要包括各种信息公正透明公开，在法律落实执行方面，渠道公正，内容准确。渠道公正是指各参与主体都能平等地通过公开渠道获得信息，无任何附加条件或歧视。内容准确是指各参与主体获得的信息内容准确，预防虚假和伪造的信息。在互联网金融法律规制的实施阶段，也要做到公平公正，不因主体的不同和业务模式的不同而在法律执行方面区别对待。

4. 灵活处理，原则监管

互联网金融是一种创新的业务、新兴的金融商业模式，其便捷的操作和广大的社会参与热情，给金融业注入了一种全新的活力。由于互联网金融处于开拓与发展阶段，缺乏法律规制，但如果立即制定严格的法规进行监管，可能会阻碍互联网金融的发展。因此，对于互联网金融的法律规制，不能过分严苛，应对事物创新的发展留有余地，可参照英国金融监管的原则与监管模式，灵活监管互联网金融。

（二）互联网金融的基础性立法

1. 立法模式的选择

就立法模式而言，大致可归纳为三种，即集中立法、分散立法和折中立法。集中立法和分散立法模式，各有利弊。集中立法体现出统一的优势，其立法规范且明确，但是有时过于粗线条，个别法规不够细致，不具可操作性。分散立法较之集中立法恰好相反，能够尽可能地根据各具体领域、具体行业的特点，有针对性地作出细致的规范，设计出比较合乎实践需要的互联网金融法律制度。但分散立法的缺点在于各部法律之间难以有统一的标准、程序等。折中立法模式兼具集中立法和分散立法模式的优点。目前，互联网金融领域是以参与主体为监管依据，如银行的互联网金融业务服从银监会监管，以阿里金融为代表的小贷公司则由地方政府监管，以宜信为代表的人人贷业务、以支付宝为代表的电子支付业务则无明确的监管部门，主要依靠行业自律。所以，就我国而言，宜采用折中模式进行立法，即统一的互联网法律规范与分散的专项的互联网金融单行法相结合。互联网法律规范的重点是对综合性互联网金融交易的实体要件、程序要件、启动的监督机制作出明确的规定。分散的单行法包括《中国人民银行法》《商业银行法》《银行业监督管理法》《证券法》《保险法》等，对互联网金融交易的法律行为构成予以设定。

2. 互联网金融法律的立法构想

马克斯·韦伯曾经指出:"对于那些对市场经济感兴趣的人们而言,法律的一般理性化和系统化,以及在法律程序中具体的可预见性,是经济活动尤其是资金活动存在的重要条件。没有了法律保障,这一切是不可想象的。"①如果没有法律的规定,一切监管实践便无从谈起。法律的制定,是监管的依据和基础,适度监管是互联网健康发展的保证。从我国目前互联网金融基本的立法情况看,现有金融法律的立法基础大多是传统金融行业和金融业务,普遍没有考虑到互联网金融的发展特性。互联网金融领域存在着立法空白,导致部分监管真空,无法确保我国互联网金融的健康有序发展,因此关于互联网金融的法规应尽早修立。

对于互联网金融立法,首先,要梳理传统金融法律和互联网金融法律法规制度,分离出法律需要解决的互联网金融问题,厘定互联网金融法律的框架,包括界定互联网金融的范畴、分析市场主体、规范市场交易行为等。针对一些互联网技术上的问题,比如网络运营保护、信用评定、电子签名、证书等,应有针对性地加快单项法规的建设。其次,要特别重视修正和完善个人信息保护等互联网金融配套法律体系,以有利于互联网金融的整体发展。最后,应从速制定互联网金融相关的部门和国家技术标准,如支付技术、客户识别技术、身份验证技术等。现在互联网内有相当部分技术标准由互联网服务提供企业自主制定,没有部门和国家的技术标准可循。为此,国家需要协调各部委,适时制定和推出相应的互联网技术标准。此外,还应制定互联网金融相关的部门规章,发布网络金融行为指引文件和国家标准,规范和引导金融交易的运营商、出借人、借款人等相关参与者。

(三)建立与完善互联网金融交易的安全保障制度

1. 加强互联网金融交易安全保障立法

互联网金融是互联网与金融的结合,因此互联网本身的安全问题会影响到金融交易本身的安全,确保互联网安全是互联网金融发展与运行的必要条件。出于这种考虑,人们设计出防火墙、数据加密、建立安全的电子记录等技术,因此必须制定相配套的互联网络安全法律,以严厉打击互联网金融交易中的犯罪行为,如通过互联网金融进行欺诈、洗钱、"电子钓鱼"等。

2. 完善互联网金融交易的身份认证制度

互联网金融的广域性与虚拟性,改变了传统金融从事业务的方式,如在交易

① 〔德〕马克斯·韦伯:《论经济与社会中的法律》,张乃根译,中国大百科全书出版社 1998 年版,第 312 页。

对象身份认证方面。在传统金融中,如纸质票据往往需要签名与盖章等形式作为票据生成法律效力的要件,以此完成身份认证的程序。这种形式显然不能适应电子票据的开具需要。随着互联网技术的发展,法律应适时对于互联网身份认证规则作出法律调整与规制,以符合互联网金融交易安全的要求。另外,互联网金融交易提供商也要从互联网安全角度建立严格的互联网经纪服务认证资格制度,对供应商资格认证的原则、条件、程序等作出相应规定,以确保互联网金融交易服务提供商纳入监管范围,确保互联网金融交易参与人身份经过严格认证。

(四)建立与完善互联网金融的法律调解与救济制度

鉴于互联网金融的特点,有必要在传统的法院解决制度外,大力发展金融仲裁与调解制度,同时建立有效的投诉机制。

1. 对互联网金融交易设立多种争端解决机制

互联网金融交易提升了金融的社会参与性,使得更多民众有机会参与金融活动,创造了很大的金融交易量。随之而来的是,金融交易争端的上升。另外,互联网金融交易具有快捷的特点。已有的争瑞解决方式已不能有效处理有相当数量和讲求效率的互联网金融纠纷。基于此,应发展多种争端解决机制,以有效处理互联网金融纠纷。引导仲裁更多介入互联网争端解决,不失为一种明智之举。相较于法官,仲裁员序列中包含更多的专业人士,有更好的专业背景知识处理互联网金融交易争端。相较于固定法庭程序,仲裁程序更为简便,易于快速处理大量争端。另外,我国法院调解制度也可以发挥相当作用,法院调解制度引导双方在法院主持下通过协商就争端达成妥协。这种方式既保证了法院处理争端的权威性和严肃性,亦有利于快速解决争端并节省司法资源。同时,双方达成的调解协议具有强制性与约束性,有国家强制力的保证。

2. 建立便捷的互联网金融消费者投诉机制

互联网金融服务和产品的提供者应在提供相应产品与服务之前,以明确和合理的方式告知消费者投诉程序和选用的争端解决制度。

我国并未设立专门的互联网金融消费者投诉机制,消费者可通过一般消费者投诉渠道或传统金融投诉渠道进行投诉,但其在保护消费者权益方面的表现并不能达到令消费者满意的程度。其原因在于,投诉处理的渠道没有权威性和强制性,消费者投诉在很多情况下作为建议提供给金融服务或产品提供者。因此,应在投诉渠道中加入相应监管,让实际有权监管的部门介入和监督,实现专人处理,并明确告诉消费者相关的程序,规定合理的反馈期限等。

另外,可建立互联网金融行业自律机构,发挥自律机构的优点,提供一套方便、快捷的低成本的行业内投诉机制。在互联网金融消费者口头或者书面向行业机构或者消协提出处理申请时,自律机构或者消协应立即要求相关互联网金融服务或产品提供者在规定时间内说明情况,并将情况告知消费者,协助消费者和金融机构双方进行协商解决。

(五)建立与完善应对互联网金融风险的管理控制制度

1. 建立防范风险的理念

互联网金融突发事件具有快速传播的特点,需及时采取措施防止突发事件扩大。互联网金融突发事件的发生,往往是由于经济状态先行失衡、金融机构运营决策或操作失误引起的。建立风险预防的理念可以有效预防互联网金融突发事件。当监管机构或互联网金融服务提供者发现有相应的证据或迹象表明存在经营安全问题或这种安全问题会引发潜在危险时,应及时采取预防措施妥善处理金融风险。

一是树立风险预防意识。风险意识的树立有助于尽可能早地识别和预防金融风险和突发事件。缺乏风险预防意识的互联网金融机构会丧失预防金融风险和突发事件的最好机会,以避免经营失败或陷入困境。缺乏风险预防意识的金融监管机构可能无法意识到酝酿中的金融突发事件或风险,更不可能采取有针对性的预防措施,表现为体制性迟钝,从而有意或无意地放任突发事件或风险的发生,从而造成金融市场巨大动荡。

二是建立金融突发事件预警系统。我国对于金融风险预警的研究开始于20世纪80年代中期。在预警指标体系的选取上,许多学者建立了信号分析法、概率模型分析法和因子分析法等危机预警指标体系模型。在分析的路径上,这些预警体系模型都具有以下共性:根据经济发展的历史经验及参考不同发展阶段的特征,综合运用系统分析的方法对各项指标设定临界值,旨在对指标取值综合得分处理的基础上,核算金融风险的综合指数及风险等级运用概率,从而显示金融风险状态,并得出预警结论。[①] 我国当下互联网金融危机的预警理论非常不成熟,有待发展。建立金融风险预警体系的根本在于充分认识诱发金融突发事件的因素,科学设计预警指标临界值与权重、危机分析监测机制、预警反馈机制、危机预警处置机制等金融突发事件预警指标体系子系统。

三是建立金融应急预案制度。金融突发或应急事件应急预案可以帮助金融监管机构或金融服务提供者在面对突发事件或风险时,能及时采取正确的措施,控制、减轻或消灭相应事件或风险,将可能造成的损失或危害降到最低。针对性措施是建立突发事件或风险的应急预案的前提和核心。但是,由于突发事件或

---

① 参见黎四奇:《对我国金融危机预警法律制度构建的思考》,载《甘肃政法学院学报》2010年第1期。

风险的起因众多,因此需要根据可能发生的突发事件或风险的各种性质,制定不同的针对性措施。从节省成本的角度考虑,可将针对性措施分为一般性措施与特殊性措施。对于一些特殊的规模较大的突发事件,应着力于社会的联动效应,使措施的实施不局限于某一类金融监管机构,而是由一系列社会管理机构共同采取,以期取得整体社会效应。应急预案制度规定了危机应对中应该采取的步骤和程序,保证处理行为的正确性,有助于减少金融突发事件发生时的混乱,保证危机得到尽快、有效的解决。

2. 建立应对互联网金融风险的应急管理体制

建立互联网金融应急管理体制的意义主要在于直接决定着政府能否以理性、合法的方式有效应对金融突发事件,应对紧急危险。法律有必要对金融紧急权作出分类,对不同严重程度的突发事件适用相应等级的应急管理手段。具体立法构想如下:

第一,健全我国互联网金融应急管理主体。在理顺互联网金融应急管理主体的权限关系和健全协调机制的同时,应择机推出电子货币的存款保险制度,达到保护网络银行和存款人以及对投保网络银行进行监管、救助、处置和清算的效果,从而健全完善我国的金融安全网。

第二,完善金融紧急权的设定制度。对应急状态下金融紧急权的设定主体、设定程序、设定内容、设定形式等方面作出详尽规定。在应急状态期间,金融紧急权的设定主体可适当扩大、程序可适当简化、内容可适当扩张、形式可适当放宽。

第三,完善金融紧急权的实施制度。一方面,对金融应急管理的实施主体等作出规定。对于不同的突发事件,实施紧急权的主体应有所不同。由全国性、系统性金融风险引发的应急状态的实施主体应适当提高级别,以有效集中资源应对危机,行业性、地区性应急状态的实施主体应当注意其技术水准、资金充裕程度等方面,对金融紧急权的授权与委托应当作出规定,以发挥非政府性社会组织的特殊资源优势。另一方面,对金融应急管理的方法作出原则性规定。对不同类型、不同强度的应急状态,设定大致的应急处置方法。具体的应急方法,可由《中国人民银行法》《证券法》等单行法律法规来规定。

第四,建立金融应急成本评估机制。在金融紧急权实施前,要详细规定受助银行所承担的担保义务和偿还责任,避免受助银行的道德风险。通过规定“小成本”原则、市场约束原则,改变应急管理理念,选择采用成本最小的救助方案,实行救助资金的有偿使用。

五、结　　语

信息化时代,互联网金融作为网络信息技术与现代金融相结合的产物,是未来金融业发展的目标模式。互联网金融的发展速度不断加快,吸纳了更多的新主体参与到金融市场中,这必然冲击到建立在传统金融业务基础上的法律与制度安排,需要增补立法或者对原有立法进行修改。总之,互联网的市场机遇与风险并存,需要不断挖掘平台商务能力,进一步整合各种资源,渗透传统产业,强化自身生存之本;与此同时,国家应立足于发展思维,为这种新型经济模式的发展提供良好的经济、法律和政策环境,使互联网金融在发展中逐步形成立法规范,实现可持续发展。